DROIT DES GENS

—

LA NATIONALITÉ

AU POINT DE VUE

DES RAPPORTS INTERNATIONAUX

DROIT DES GENS

—

LA NATIONALITÉ

AU POINT DE VUE

DES

RAPPORTS INTERNATIONAUX

PAR

George COGORDAN

DOCTEUR EN DROIT
ATTACHÉ AU MINISTÈRE DES AFFAIRES ÉTRANGÈRES

—

PARIS

L. LAROSE, LIBRAIRE-ÉDITEUR

22, RUE SOUFFLOT, 22

—

1879

CHAPITRE Ier

CONSIDÉRATIONS PRÉLIMINAIRES

---

§ I. — Définition de la Nationalité.

Quel que soit le point du globe, quelle que soit l'époque
de l'histoire où on les observe, les hommes apparaissent
toujours vivant en société et formant des groupes sociaux
plus ou moins analogues à ceux qui existent autour de
nous. En bas est la famille, groupe primordial, imposé
par les nécessités mêmes de la nature physique ; en haut
l'État, association fondée sur une conception politique et
ayant ce double caractère de posséder au dedans un pouvoir
destiné à assurer le bon ordre par l'exécution des lois, et au
dehors d'être sur un pied d'égalité ou au moins d'indépendance avec les autres États. Entre ces deux extrêmes se
placent des associations intermédiaires : les unes comme
les *gentes* romaines, les *phratries* de la Grèce, les *clans* de
l'Écosse sont des survivants d'un état social antérieur ;
les autres, comme autrefois par exemple les centaines et
les dizaines des peuples saxons et scandinaves, comme
aujourd'hui les municipalités, les provinces ou les dépar-

tements, sont des créations postérieures qui ont pour but
de faciliter le rôle du pouvoir central en divisant l'administration.

L'individu est lié à chacun de ces groupes sociaux par
des attaches particulières qui lui imposent des devoirs et
lui confèrent des droits. Il a, en effet, des droits et des
devoirs spéciaux à comme membre d'une famille, il en a
comme bourgeois d'une cité, comme habitant d'une commune ; il en a d'autres enfin comme appartenant à l'État.
Le lien qui unit l'individu à l'État, c'est-à-dire au groupe
social suprême et indépendant, est ce que l'on appelle la
nationalité.

Ce mot, aujourd'hui d'un emploi si fréquent, n'est pas en
usage depuis bien longtemps dans notre langue[1]. Son
apparition coïncide avec le grand changement opéré par
le renversement de la monarchie traditionnelle de la
France et l'entrée en scène de la démocratie. Sous l'ancien
régime, la patrie n'était certes pas un vain mot. Dès l'âge
héroïque dont la chanson de Roland est comme l'Iliade, le
sentiment patriotique existe et c'est pour la *France dulce*
que Roland tombe avec ses compagnons sous les coups des
Sarrasins d'Espagne. A l'époque de la guerre de Cent ans,
ce sentiment est déjà plus nettement dessiné, et, jusqu'à
la révolution, il va toujours s'accentuant à mesure que
l'union de nos provinces est plus fortement cimentée sous
le sceptre de nos rois. Mais alors la France et le roi qui
la personnifiait se confondaient en quelque sorte dans les
esprits : l'amour du roi occupait dans le patriotisme au
moins autant de place que l'amour du pays. Ce sentiment

---

[1] C'est dans l'édition de 1835 que le mot *nationalité* a figuré pour la première fois au *Dict. de l'Académie française*.

de fidélité et d'attachement chevaleresque à la personne du souverain est un legs du régime féodal qui dura jusqu'à la veille de 1789. Lorsque le renversement de la royauté eut détruit l'ancienne personnification vivante du pays, on la remplaça par une personnification d'ordre moral, la nation. C'est à la nation désormais qu'on voue l'amour et la fidélité jadis voués au prince : on va jusqu'à lui rendre une sorte de culte. Les événements tragiques et glorieux de la révolution et de l'empire, en développant l'idée de la cohésion et de la solidarité entre les membres de la patrie française, contribuèrent pour une large part à exalter le sentiment national.

Nos doctrines se propagèrent hors de la frontière française et envahirent l'Europe. Les vaincus, les opprimés s'en emparèrent; le races écrasées ou divisées par le caprice des traités, par le hasard des guerres, commencèrent à avoir conscience d'elles-mêmes. Les peuples en vinrent à penser que les États qui se divisent le monde ne doivent pas être le résultat de la force brutale, et qu'à l'ordre de choses fondé par le sort des armes, devait succéder une organisation nouvelle, où il serait tenu compte de leurs aspirations. Une nation, en effet, dans le vrai sens du mot, n'est pas une agglomération d'hommes courbés sous un même sceptre par la chance de la victoire : c'est un groupe d'individus unis par la similitude des goûts, des usages, des intérêts, des sympathies, si bien qu'il règne entre eux une cohésion intime, une puissante solidarité qui leur fait souhaiter de vivre sous les mêmes lois, et de marcher ensemble aux mêmes destinées. L'identité de la race et de la langue et plus encore le souvenir d'un long passé commun contribuent grandement à créer une telle union, qui, lorsqu'elle existe, confère une sorte de droit naturel à

former un État. Ainsi comprise, la nationalité est indépendante des divisions factices que les guerres et les traités
ont pu tracer sur la carte du monde. Et le principe des
nationalités, qui est si souvent invoqué de nos jours, a précisément pour but de faire coïncider les frontières des
États avec celles des nations. Il a pris une si haute importance et jouit d'une telle popularité que les États sont
obligés de l'appeler à leur aide, même lorsqu'ils le violent.

Voilà ce qu'est devenue la nationalité dans la politique.
Il en est tout autrement dans les sphères tranquilles
du droit pur et c'est dans ce domaine seulement que
nous aurons à l'envisager. Ici, il importe d'écarter
tout d'abord ce qui est affaire de sentiment, de race et de
sympathie, et de regarder les choses non pas comme elles
devraient être, mais comme elles sont. Il est indifférent
que les États soient légitimes ou non, qu'ils aient été
créés conformément au principe des nationalités ou de tout
autre manière. Dès qu'un État existe, c'est-à-dire qu'il est
reconnu par ses sujets et par les autres puissances, il
imprime une marque particulière à chacun de ceux qui le
composent et chacun d'eux se rattache à lui par le lien
juridique de la nationalité.

Du reste, la nationalité, dans ce sens spécial, n'a pas été
sans subir aussi l'influence de la révolution. Autrefois
elle n'était que le lien d'allégeance, de sujétion à la personne du souverain. Elle a pris aujourd'hui un caractère
nouveau, qui est de reposer davantage sur le peuple et la
race : elle est devenue l'expression de la solidarité nationale. Aussi a-t-elle dans le droit moderne une importance
considérable qu'elle n'avait pas dans le droit ancien. Il
y a un siècle, il n'y avait aucune partie de la législation
qui fut plus négligée et plus soumise à l'arbitraire du

prince. Ce n'est guère qu'à propos du droit d'aubaine que nos anciens auteurs parlent des modes d'acquérir et de perdre la qualité de Français. Aujourd'hui, en France et dans presque toute l'Europe, la législation, sur le point qui nous occupe, s'est peu à peu complétée, et cela grâce à des causes inconnues sous l'ancien régime qui en ont rendu les applications singulièrement plus fréquentes. Nous voulons parler des grands mouvements de circulation qui entraînent des milliers d'habitants de chaque pays à chercher fortune au dehors et les mettent ainsi dans le cas d'avoir à justifier de leur statut personnel : nous voulons parler aussi du service militaire obligatoire dont l'usage tend à s'implanter de plus en plus dans le monde et qui, frappant tous les nationaux de chaque État, mais les nationaux seulement, donne un intérêt capital à la connaissance de la nationalité de chaque individu.

§ 2. — Théorie de la nationalité des individus au point de vue international.

I

La nationalité établit une sorte de contrat entre l'État et ses ressortissants. A ceux qui sont unis à lui par ce *vinculum juris*, l'État impose non seulement de se soumettre à ses lois, ainsi qu'à ses volontés légales, mais encore de lui rendre certains services déterminés. Tout dépend ici de l'organisation intérieure et de la constitution. On conçoit qu'entre le despotisme des souverains de l'Orient qui disposent *ad nutum* de la vie de leurs sujets, et le régime slave du *liberum veto*, où une loi n'est obligatoire que si elle a été approuvée par l'unanimité des députés, il y a place pour une variété infinie de systèmes gouvernementaux. — Inversement, l'État accorde à ces nationaux certains avantages particuliers, soit vis-à-vis des puissances étrangères, comme la protection diplomatique, soit à l'intérieur, comme par exemple en France le droit de ne pas être expulsé, sauf en cas de bannissement, et de ne pas être livré à un État étranger à la suite d'une demande d'extradition, le droit à l'assistance publique, etc., etc. Il leur confère en outre une aptitude à jouir des droits civils et politiques établis par les lois nationales. Nous disons aptitude, parce qu'en effet le national d'un État n'a pas, comme tel, l'exercice, ni même toujours la jouissance des droits privés et publics. Pour avoir plus que cette aptitude, il faut qu'il remplisse les autres conditions requises par les lois particulières. On appelle en général citoyen le national investi de la plénitude des droits. Il ne faut pas confondre, comme on le fait trop souvent, ces deux termes. Tout national, en effet, n'est pas citoyen, si tout citoyen est national [1]. En France, par exemple, les mineurs, les femmes mariées, les interdits ne sont pas citoyens, mais sont pourtant de nationalité française : ils sont privés des droits politiques et n'ont que la jouissance des droits civils. Les Algériens n'ont pas même la jouissance des droits civils : ils suivent la loi musulmane en matière privée, et cependant ils ont été solennellement déclarés Français par le *sénatus-consulte* de 1865, et la jurisprudence leur avait déjà auparavant reconnu cette qualité à plusieurs reprises.

Il ne sera question, bien entendu, ici, que de la nationalité nue, et nullement des droits qui en sont ordinairement

---

[1] Voir Bluntschli. *Théorie de l'État,* trad. de Riedmatten, page 183 et s.

la conséquence, mais qui, on le voit, n'ont pas avec elle un lien essentiel et nécessaire.

II

Cette sorte de contrat existant entre l'État et les sujets doit être librement consentie pour être valable en droit pur. La volonté est, en effet, le fondement indispensable de tout contrat, et elle doit être aussi celui de la nationalité. Sur ce point, d'ailleurs, la législation française est presque irréprochable et nous verrons que les lois de la plupart des autres pays tendent à en adopter les principes.

La volonté est tacitement manifestée par celui qui, sujet d'un pays dès sa naissance, ne fait rien pour secouer cette sujétion. Son silence vaut adhésion et acquiescement à la nationalité qui lui est conférée soit par la *lex originis*, d'après laquelle le fils suit la condition de ses parents, soit par la *lex soli*, d'après laquelle l'enfant naît sujet du pays sur lequel il a vu le jour, même si ses parents sont étrangers. Toutefois, cette adhésion tacite n'a de valeur qu'autant qu'il peut rompre l'allégeance naturelle, si ses goûts, ses intérêts, ses besoins le poussent à se rattacher à une nouvelle patrie. Il serait choquant et contraire à la liberté humaine qu'un individu fût indéfiniment enchaîné dans l'allégeance que sa naissance lui a attribuée, ce serait comme une sorte de servage, à laquelle répugnent tous les esprits libéraux. Dans l'antiquité on ne connaît guère que Sparte. — État bizarrement constitué qui a le privilège de montrer la réalisation de théories plus singulières que celles des rêveurs comme Platon ou Thomas Morus — où un citoyen ne puisse pas se dépouiller de sa nationalité.

A Rome, le *ne quis invitus in civitate maneat* de Cicéron était le droit commun. Il est vrai qu'en Angleterre la doctrine de l'allégeance perpétuelle a été admise jusqu'en ces derniers temps ; mais le bill du 12 mai 1870 [1] a fait cesser cette anomalie, qu'un ministre américain qualifiait brutalement de « reste des temps de barbarie ». Les États-Unis qui avaient tout naturellement hérité de la législation anglaise au moment de leur séparation d'avec la métropole, ont commencé aussi à répudier cette doctrine rigoureuse. Les attorneys généraux Cushing et Black l'ont combattue avec un grand acharnement en la représentant comme à la fois tyrannique et contraire à la loi naturelle, et le bill de 1868, sur la protection des Américains à l'étranger, a rendu le droit d'expatriation indiscutable en théorie, en le déclarant « un droit naturel et inné de tous les « hommes, qui peut seul leur permettre de jouir de leur « droit à la vie, à la liberté, et à la recherche du bonheur [2] ». Le principe n'est pas encore entré absolument dans la pratique, faute d'une loi en réglant l'application, mais il ne tardera pas sans doute à passer dans la jurisprudence de tous les tribunaux de l'Union [3].

On ne pourrait soutenir les avantages de l'allégeance perpétuelle qu'en se plaçant au point de vue de l'attachement à la patrie, qui a pour cause principale le milieu dans lequel on a été élevé. L'homme conserve au fond de l'âme l'amour de son pays d'origine, comme il porte sur ses traits l'empreinte de la race à laquelle il appartient ; on peut douter qu'il apporte autant de dévouement et de fidélité à servir une nouvelle patrie. Mais, comme le pensaient les

[1] Annexe N.
[2] Lawrence. *Comment. sur Wheaton*, t. III, p. 239 et s.
[3] *American Law Review*. Vol. XL, n° 2, p. 447 et s.

publicistes américains, il y aurait une tyrannie, peu conforme aux idées de liberté qui ont cours dans la société moderne, à retenir de force dans les liens d'une sujétion devenue odieuse une personne chez qui des circonstances particulières et des aspirations légitimes ont pu faire naître le juste désir de rompre les liens qui l'unissaient à sa patrie d'origine, pour se rattacher à une autre nation. Un homme, retenu contre son gré, ne sera-t-il pas un plus mauvais citoyen dans le pays qui l'enchaîne, malgré lui, que dans le pays qu'il s'est librement choisi ? Enfin, une pareille règle est peu conforme à l'intérêt des individus et des États : or l'intérêt, en ces matières, n'est-il pas le premier but à poursuivre ? Un État a souvent besoin d'attirer les étrangers pour propager des arts ou des connaissances utiles, et d'autre part un individu pauvre et malheureux dans son pays, qui émigre parce qu'il se sent capable de gagner plus facilement sa vie dans un autre, n'obéit-il pas à un sentiment honorable et légitime, s'il veut unir dorénavant son sort à celui de la contrée où il réside ?

La France n'a admis à aucune époque la pérennité du lien de sujétion. Cependant elle n'admet pas non plus qu'on puisse perdre la nationalité par une simple renonciation. L'union qui existe entre le citoyen et l'État ne doit pas se rompre par un caprice, sous peine de ne plus être qu'une association passagère et instable. La dénationalisation ne doit pouvoir s'effectuer que sous des conditions déterminées. Il faut entourer de certaines formalités et de certaines précautions l'abandon de la nationalité. On verra plus loin les dangers qui peuvent résulter, soit de la déchéance de la qualité de sujet prononcée par beaucoup de législations, la nôtre en particulier, comme une sorte d'excommunication, soit du droit d'abdication pur et simple, concédé

aux nationaux de certains pays, qui peuvent rompre le
lien d'allégeance par une simple manifestation de volonté.
La perte de la nationalité doit, suivant nous, être nécessairement liée avec l'acquisition d'une nationalité nouvelle.

III

En effet, au principe que tout homme doit pouvoir
changer de nationalité, il faut ajouter immédiatement cette
seconde règle que nul ne peut rester sans nationalité.

L'humanité s'est groupée, dès l'origine, en un
certain nombre d'États, dont la raison d'être réside
dans ce caractère de l'espèce humaine qui faisait dire à
Aristote que l'homme est un être sociable. La société
étant aussi indispensable à l'homme que la famille,
le droit des gens ne peut admettre qu'un homme vive
en dehors de tout État. Chacun de nous a besoin pour
son éducation, pour la formation intellectuelle et physique de son être, du concours de ses semblables ; il
leur doit en revanche de se soumettre aux mêmes charges
publiques. En pratique, il y a malheureusement beaucoup
d'individus qui n'appartiennent à aucune nationalité. Ils
profitent des immunités qui, dans les États civilisés,
sont accordées aux étrangers à titre de réciprocité, et
au nom de ce vague principe de la *comitas gentium*, la
politesse internationale. Ils vivent paisiblement dans le
pays qui leur donne l'hospitalité, s'y enrichissent et ne
subissent nulle part les charges nationales. En général,
s'ils sont indigents, ils reçoivent des secours (c'est du
moins ce qui a lieu en France) des autorités locales [1], ils

---

[1] Fournir des secours aux indigents est affaire d'humanité, et souvent

envoient leurs enfants dans les écoles publiques ; s'ils sont malades, ils sont admis dans les hôpitaux. Arrive une guerre, ils ne prennent point les armes et vivent paisiblement pendant que les autres exposent leur vie. On comprend très bien que des étrangers aient des immunités quand, dans leur propre pays, les nationaux des pays qui les accueillent ont des avantages de même ordre, mais pour les individus sans patrie, les mêmes raisons n'existent plus et l'injustice est flagrante.

Frappé de leur situation, Proudhon avait proposé d'en faire une classe d'individus, à part, intermédiaire entre les nationaux et les étrangers pouvant prouver de quel pays ils relèvent : *l'incolat* aurait été l'objet de lois parti- culières [1]. Mais cette proposition n'a jamais abouti. Cepen- dant l'Assemblée nationale a compris, en 1850, qu'il était nécessaire de prendre des mesures préventives contre la multiplication indéfinie des gens sans patrie : la loi du 7 février 1851 a décidé qu'à la deuxième génération la naissance en France entraînerait *ipso facto* la qualité de Français, sauf une clause résolutoire. Plus tard la loi du 16 décembre 1874 a fait un pas de plus dans la même voie en imposant à l'enfant né en France d'un père étranger,

les gouvernements doivent en donner à des étrangers, à plus forte raison à ceux qui ne peuvent se réclamer d'aucun État. Le parlement belge a voté, dans la séance du 5 avril 1879, des secours destinés à des indivi- dus d'origine russe qui avaient émigré en Amérique, et qui, n'ayant trouvé que la misère dans la République Argentine, revenaient dans leur ancienne patrie par Anvers. La Russie, à qui la Belgique s'adressa pour subvenir aux premiers besoins de ces malheureux, répondit qu'ils avaient perdu la qualité de Russe, sans doute conformément à l'art. 3 de la loi militaire du 1er jan- vier 1874 (voir ci-après ch. III, § 4, Russie). Quant au gouvernement de Buenos-Ayres, on pouvait encore moins compter sur lui, et le parlement Belge a dû voter une somme assez importante pour assurer le retour en Russie des intéressés. Voir l'*Indép. Belge* du 6 avril 1879.

[1] *Tr. sur l'état des personnes*, t. I, p. 190.

qui lui-même y est né, l'obligation de prouver, s'il veut rester étranger, qu'il est reconnu comme sujet de l'État dont sa famille est originaire [1].

La Belgique, depuis 1870, a pris aussi des mesures contre les individus sans patrie. Elle ne les considère pas comme Belges, mais elle les enrôle sous ses drapeaux, sous le nom d'individus dont la nationalité est indéterminée [2].

C'est surtout les États confédérés, comme l'Allemagne et la Suisse, qui ont eu à s'occuper de cette catégorie de gens qui, par la force des choses, se multipliaient chez eux plus qu'ailleurs. En Suisse, le *heimathlosat*, comme on dit à Berne, s'est développé extraordinairement pendant les derniers siècles. Chaque canton était encombré d'un nombre considérable d'individus qui se disaient Suisses, et qui ne possédaient ni la bourgeoisie dans une commune, ni le droit de cité dans le canton, deux éléments indispensables de la nationalité helvétique. Les concordats passés entre les cantons avaient été impuissants : en 1848, la constitution déclara [3] que le *heimathlosat* était chose fédérale, et une loi fédérale ne tarda pas à être rendue[4], d'après laquelle les *heimathlosen* devaient être répartis entre les cantons par le Gouvernement fédéral, et *incorporés* dans les communes par les gouvernements cantonaux, travail qui est aujourd'hui achevé. — En Allemagne, une convention du 15 juin 1851, entre tous les États de la confédération germanique, stipule que chaque Gouvernement doit accorder la naturalisation à toute personne,

---

[1] Voir ci-après, chap. II, § 6.
[2] Loi belge sur la milice du 3 juin 1870.
[3] Art. 56, confirmé par l'art. 83 de la Constitution de 1874.
[4] Loi du 3 décembre 1850.

dont la nationalité étrangère ne peut être établie, qui demeure sur son territoire depuis cinq ans après sa majorité, ou depuis six semaines après son mariage, ou qui est née sur le territoire [1].

Des mesures de cette nature devraient être prises aussi entre les États qui, bien que non confédérés, ont, par le fait du voisinage et des communications quotidiennes, des rapports sans cesse plus étroits. Mais rien n'a été fait jusqu'à présent en dehors des lois française et belge citées ci-dessus. Et pourtant il y aurait un moyen bien simple de couper court pour l'avenir à ce vagabondage international : ce serait d'interdire la dénationalisation à quiconque n'acquiert pas une nationalité nouvelle à la place de celle dont il est dépouillé. Sur ce point, malheureusement, la plupart des législations auraient besoin d'être réformées [2].

IV

Cette mesure devrait, en outre, être complétée par une autre règle, aux termes de laquelle nul n'obtiendrait la naturalisation sans être dégagé de tout lien d'allégeance envers son ancienne patrie. De la sorte, on éviterait en même temps le manque et le cumul de nationalité. Les individus qui ont deux patries sont en droit pur une anomalie, comme ceux qui n'en ont aucune, et un danger. Invoquant leurs patries l'une contre l'autre, ils risquent d'apporter le trouble dans les relations d'État à État.

Cependant, certains pays et certaines législations ne prohibent point le cumul de deux nationalités chez la même personne. Sans parler des nombreux gentilshommes

[1] Voir Bluntschli, *Droit int. cod.* Trad. Lardy, art. 369, note 1.
[2] Voir ci-après le chapitre VI, § 1.

allemands qui ont des terres dans plusieurs des pays
fédérés et sont membres tout à la fois des Chambres
hautes de Munich, de Dresde, de Berlin, — on peut citer
le Danemark. Le ministre des affaires étrangères à Copenhague écrivait, le 28 mai 1863, au ministre d'Angleterre, à
propos d'un Anglais qui avait prêté le serment de bourgeoisie dans une ville de la Zélande [1] : « notre législation
« ne s'oppose pas à ce que la coexistence de deux nationa-
« lités puisse être admise dans la personne du même indi-
« vidu, seulement, en principe, sa qualité d'étranger ne
« doit porter aucune atteinte à l'accomplissement des
« devoirs auxquels il est astreint, comme sujet danois ».
Une doctrine absolument différente a prévalu en France.
Une curieuse correspondance échangée en 1848 entre lord
Brougham, qui demandait à se faire naturaliser français,
et M. Crémieux, ministre de la justice, montre bien
l'esprit de la jurisprudence française. « Je dois vous aver-
« tir des conséquences qu'entraînera, si vous l'obtenez, la
« naturalisation que vous demandez, disait M. Crémieux.
« Si la France vous adopte pour l'un de ses fils, vous
« cesserez d'être Anglais. Vous n'êtes plus lord Brougham,
« vous devenez le citoyen Brougham. Vous perdez à l'ins-
« tant tous privilèges, tous avantages de quelque nature
« qu'ils soient, que vous tenez, soit de votre qualité
« d'Anglais, soit des droits que vous confèrent jusqu'à
« ce jour les lois ou les coutumes anglaises, qui ne peuvent
« se concilier avec notre loi d'égalité entre tous les
« citoyens ». Lord Brougham ayant répondu qu'il garde-
rait ses privilèges en Angleterre seulement et qu'en France
il ne les invoquerait pas, M. Crémieux répliqua en ces

---

[1] Voir le *Report of royal commissionners on naturalization and allegiance*, remarquable enquête parlementaire anglaise de 1869, page 66.

termes : « la France n'admet pas de partage, elle n'admet
« pas qu'un citoyen Français soit en même temps citoyen
« d'un autre pays. Pour devenir Français il faut que vous
« cessiez d'être Anglais. Vous ne pouvez être Anglais en
« Angleterre, Français en France : nos lois s'y opposent et
« il faut nécessairement opter. »

Cette manière de voir est aujourd'hui partagée par tous
les jurisconsultes. L'idée même de patrie, qui suppose
la fidélité et l'attachement, est incompatible avec la coexistence de plusieurs nationalités chez le même individu.
Mais, en pratique, les conflits positifs de nationalité, où deux
pays réclament le même individu comme national, sont
une cause fréquente de difficultés entre les États. On
en verra de nombreux exemples dans la suite.

Ici encore, c'est d'un État fédératif, de l'Allemagne,
que vient l'exemple de la manière de procéder, qu'il conviendrait d'appliquer entre tous les États. A la suite du
cartel de 1831, relatif à l'extradition de déserteurs entre
tous les États de la confédération germanique, l'usage
fut adopté par les gouvernements confédérés de ne pas
recevoir parmi leurs nationaux un national d'un État allemand, sans qu'il fût en règle vis-à-vis de son pays [1] d'origine
et qu'il y eût obtenu un permis d'émigration. La Russie
procède à peu près de même à l'égard des nationaux des
pays avec lesquels elle est liée par des conventions de cartel du même genre. [2] Enfin la Suisse [3] et le Luxembourg [4]
ont inséré dans leurs nouvelles lois sur la naturalisation

[1] Renseignements consignés dans l'exposé des motifs de la loi luxembourgeoise du 27 janvier 1878, sur la naturalisation. Voir ch. III, § 8.

[2] De ce nombre sont l'Autriche (convention des 12-24 mai 1815 et 14-26 juillet
1822) et la Prusse (convention du 25 juillet. 10 août 1857). Voir ci-après,
ch. III, § 8, *Russie* et annexe X, art. 7.

[3] [4] Voir ci-après ch. III. § 8, *Suisse, Luxembourg.*

des dispositions identiques. Il y a donc un courant bien
marqué dans ce sens, — quoiqu'en fait les cas de double
nationalité soient encore aussi nombreux que jamais.

§ 3. — Objet du présent ouvrage.

Chaque État, étant indépendant des autres, est libre de
régler à sa guise les formalités et conditions d'où il fait
dépendre l'acquisition et la perte de la qualité de national.
Aussi existe-t-il une grande variété dans les différentes
législations sur la question qui nous occupe. Ici, la naissance sur le sol suffit à conférer la nationalité ; là, elle
n'appartient qu'aux enfants des nationaux, sans égard
pour le lieu où ils ont vu le jour. Ici, la naturalisation est
une simple formalité, et s'accorde facilement à qui en fait
la demande, où quelquefois même s'impose à l'étranger
domicilié ; là, elle n'est concédée qu'après un long stage,
ou par un acte du pouvoir législatif lui-même. Ici, la
qualité de sujet est indélébile, et rien ne peut la faire
disparaître ; là, au contraire, l'expatriation est facile et ne
dépend que de la volonté de l'intéressé.

Si chaque État pouvait faire abstraction des autres, ces
différentes règles seraient d'une application facile, et nul
ne pourrait se plaindre de leur variété. Mais, indépendants en droit, les États ont en fait des obligations réciproques résultant des nombreux rapports qui s'établissent nécessairement entre eux. Et il n'est aucune branche
de la législation où la non-concordance des dispositions
légales donne lieu à plus de conflits. En effet, dans le
monde tel qu'il est organisé aujourd'hui, et avec le perpétuel va-et-vient des individus à travers les frontières

des contrées les plus lointaines, un nombre toujours croissant de personnes sont intéressées à ce que leur nationalité
soit reconnue non pas seulement par un État, mais par
tous. Il importe, par exemple, que lorsqu'un Anglais se fait
naturaliser Allemand, il soit sûr que sa nouvelle nationalité lui sera reconnue non seulement par sa nouvelle
patrie, mais aussi par l'Angleterre.

Nous partirons, en général, de l'étude des lois françaises,
et, en les interprétant, nous serons naturellement amenés
à étudier les lois étrangères, pour rechercher dans quelle
mesure elles sont en harmonie ou en opposition avec les
nôtres. Pour cela, nous parcourrons successivement les
hypothèses où un individu est considéré comme Français
diverses ou comme étranger par la France, en examinant la
situation qui lui est faite en même temps par les législations
étrangères qui peuvent prétendre à connaître de son statut
personnel. Ce n'est donc pas un traité de droit civil que
nous nous proposons d'écrire, mais de droit des gens. Aussi
serons-nous bref sur les controverses d'école qu'on trouve
chez tous les commentateurs du Code civil, pour nous
étendre particulièrement sur les questions et les recherches
d'ordre international. Et nous essayerons de mettre en
lumière les mesures qui, suivant nous, seraient les plus
propres à assurer l'application universelle de la triple règle
à laquelle nous avons été conduit par l'étude purement
théorique de la nationalité au point de vue international,
savoir :

1° Que tout homme doit posséder une nationalité.

2° N'en avoir qu'une.

3° Pouvoir la changer.

CHAPITRE II

ACQUISITION DE LA NATIONALITÉ PAR LA NAISSANCE

§ 1. — Aperçu historique.

Tout homme devant appartenir à un État, il est nécessaire qu'une nationalité lui soit attribuée dès sa naissance. Quelle sera cette nationalité ? Si ses parents sont nationaux du pays où il est né, il n'y a pas de doute possible; mais, dans le cas contraire, si ses parents sont étrangers, l'enfant suivra-t-il leur nationalité, ou tombera-t-il sous l'allégeance du souverain ₜterritorial? — L'un et l'autre système ont été successivement adoptés dans l'histoire.

I

Le premier fut celui de toute l'antiquité classique. Chez les Grecs et les Romains, la nationalité avait un fondement dans la religion. Transmis de génération en génération, le culte de la famille ne pouvait être suivi que par les

membres de la famille. De même, les Dieux de la cité, qui
n'est qu'une famille plus étendue, ne pouvaient avoir
d'autres adorateurs que ceux à qui la religion était transmise avec le sang. Aussi le barbare, le pérégrin, tout
homme né dans une autre contrée, restait-il absolument
en dehors de l'église nationale; il pouvait avoir ses Dieux
domestiques particuliers, au culte desquels ses enfants lui
succédaient, mais il ne pouvait prendre part au culte de la
cité, et ses enfants pas plus que lui. De même que le mariage avec un étranger a été longtemps interdit, de même
l'introduction dans la cité du descendant d'un étranger
était impossible, à moins de formalités particulières,
comme une sorte d'adoption.

En Grèce, comme à Rome, la qualité de citoyen appartenait aux descendants des citoyens, et la naissance sur
le sol de l'État ne pouvait conférer aucun droit au fils d'un
étranger. Il en fut du moins ainsi aux âges classiques, et
on sait que, dans toutes les villes, des populations d'origine
étrangère vivaient pendant de longues générations côte à
côte avec les citoyens sans jamais pouvoir s'élever à leur
niveau. Qu'étaient les *métèques* d'Athènes, les *pérégrins*, si
nombreux à Rome qu'un préteur avait été institué spécialement pour eux, sinon des étrangers tenus à l'écart, en dehors
de la cité et admis seulement à une sorte de cohabitation?
Quand, dans la suite, tous les citoyens de l'Empire reçurent le
droit de cité, sous Caracalla, on ne peut pas même dire que
le principe changea, car ceux-là seuls parmi les pérégrins
qui vivaient au moment où l'édit fut rendu furent investis
du *jus civitatis*, et le transmirent à leurs enfants. Et plus
tard, quand l'Empire fut envahi par les barbares, jamais
ceux-ci, même légalement établis sur les terres impériales, ne songèrent à se réclamer de la législation de

Caracalla pour revendiquer la cité romaine. Ces peuplades barbares du nord qui se jetaient sur l'Empire avaient des statuts auxquels elles étaient attachées par un amour religieux, et même au milieu des provinces romaines où il leur fut souvent permis d'élire domicile, elles conservaient leurs lois comme leurs mœurs. Les populations se pénétrant les unes les autres, mais sans se confondre, vécurent ainsi côte à côte pendant plusieurs siècles. Agobard, évêque de Lyon au VIIIe siècle, raconte que de son temps, lorsque plusieurs hommes étaient réunis, il était rare que deux d'entre eux obéissent aux mêmes lois. Chacun conservait le statut personnel de sa race. On sait à quelles difficultés ces diversités dans la législation donnaient lieu pour l'administration de la justice. Avant de commencer à instruire un procès, le juge devait demander aux parties sous quelle loi elles vivaient : *qua lege vivis?* On appelait la *professio legis* l'acte que le plaideur devait fournir au juge pour constater sa nationalité.

Cette confusion, d'ailleurs, n'est pas pour nous étonner. Un fait analogue se produit de nos jours dans les pays de capitulations, où les chrétiens jouissent de leurs droits et de leurs lois nationales sous la protection des consuls, malgré la domination turque sur le sol. En Algérie, il n'y a que peu d'années, les Juifs vivaient mêlés aux colons français et sujets de la France sans être régis par les lois françaises. Encore aujourd'hui les Arabes soumis à la France ne sont pas citoyens Français, et leur statut personnel reste réglé par la loi musulmane.

II

Ce régime bizarre, où la personnalité de la loi était poussée à ces dernières limites, ne pouvait durer longtemps.

Une fusion devait par la force des choses s'opérer entre les peuples. La vigueur que montra pendant quelques années la royauté carlovingienne fut pour beaucoup dans ce résultat. Les langues barbares disparurent peu à peu pour faire place à des idiomes d'origine latine, d'où devait sortir le Français et qui, malgré leurs divergences, établissaient pourtant, par leur origine même, une sorte de communauté entre ceux qui les parlaient. Quand la royauté carlovingienne tomba pour laisser la France dans l'anarchie de trois siècles, pendant laquelle s'élabora le régime féodal, les individus se trouvaient plus disposés à se rapprocher et à s'entendre, et peu à peu, quelquefois de force, plus souvent de plein gré pour leur sécurité, ils furent amenés à se grouper autour des demeures fortifiées des seigneurs qui, devenus souverains depuis que leurs fiefs leur avaient été laissés à titre héréditaire, couvrirent le pays de forteresses et formèrent d'innombrables États dans l'État. Dans ce groupement, il ne fut plus question de race : il n'y avait que des sujets autour d'un maître. Les coutumes, qui jusque-là avaient été purement personnelles, cessèrent de distinguer entre Romains, Germains, Burgundes, ou Visigoths. Elles s'appliquèrent à tous les ressortissants d'un même fief : et en même temps que les coutumes devenaient réelles, la nationalité devint territoriale. C'est, d'ailleurs, un caractère bien remarquable du régime féodal qu'une union plus intime que celle créée par le droit actuel de propriété existait entre l'homme et la terre. Au bas de l'échelle était le serf, esclave du sol où il était né ; au sommet était le gentilhomme qui devait à sa terre son nom, ses droits, ses privilèges. L'aubain n'avait aucun droit sur le territoire d'un seigneur féodal ; mais il sembla naturel d'accorder la qualité de sujet et les

charges et avantages y attachées à ses enfants nés dans le
pays. C'était une vraie faveur pour ces derniers, étant donnée la situation précaire de l'étranger d'après l'ancien droit
français ; c'était en même temps un avantage pour le seigneur terrien qui gagnait à cela d'augmenter le nombre
de ses ressortissants.

C'est ainsi qu'on en vint à ne plus s'occuper de la nationalité du père pour apprécier celle du fils, et il fut admis
en principe, en France, que tout homme né sur les terres
du roi était sujet français. Cependant, vers la fin de l'ancien régime, on cumula les deux systèmes ; on décida que
non seulement tout enfant né en France de parents français ou étrangers serait Français, mais aussi que l'enfant
né à l'étranger de parents français relèverait du roi de
France. C'est la théorie de Pothier : elle demeura en
vigueur jusqu'au Code civil.

Il ne paraît pas utile de revenir sur les détails connus de
l'élaboration du Code civil, en ce qui concerne la nationalité. Le système qui faisait dépendre la nationalité du
hasard du lieu de naissance parut devoir être abandonné
comme ne répondant plus à la nouvelle idée que l'on se
faisait de la patrie française. Il était logique, en effet,
sous l'ancien régime, d'attribuer la qualité de Français à
quiconque était né sur le sol de France, puisque la nationalité n'était que la soumission au roi ; mais, quand parut
le sentiment de la race, l'idée de la patrie française
existant en elle-même, abstraction faite du roi, et résidant
dans l'ensemble des Français, il était juste de revenir à la
filiation, puisque c'est par la famille qu'on acquiert les
qualités physiques et morales qui rattachent l'homme à
une race et à une patrie. D'ailleurs, au moment où le Code
civil a été rédigé, on était imbu des idées du xviiie siècle

sur le contrat social, qui ne furent peut-être pas ici sans influence. — On verra que, sur ce point, il s'en faut de beaucoup que tous les pays soient tombés d'accord pour l'adoption d'un système commun. Un nombre assez important de législations sont restés fidèles à la règle suivie dans l'ancienne France.

§ 2. — Détermination de la nationalité par la filiation.

Le Code civil ne contient aucune déposition explicite portant en termes exprès que les enfants suivent la nationalité de leurs parents. La rédaction du titre de *la jouissance et de la privation des droits civils* est peu logique et assez confuse. C'est de l'article 9, d'où il résulte que l'enfant né en France de parents étrangers n'est pas Français de plein droit, et de l'article 10, d'après lequel l'enfant né en pays étranger d'un Français est lui-même Français, que ressort indirectement la règle générale [1] ; et il est permis de dire, en combinant les dispositions des deux articles, que l'enfant né de parents Français est toujours Français, quel que soit le lieu où il a vu le jour. Mais la loi Française ne renferme aucune proscription de nature à faciliter la solution des nombreuses difficultés qui surgissent dès qu'on veut examiner les différentes hypothèses où un enfant peut naître d'un *Français*. L'enfant, en effet, peut être soit légitime, soit naturel reconnu ou non, il peut avoir été légitimé, il peut enfin avoir été l'objet d'une adoption. De là des questions fort complexes

[1] Voir annexe A.

et qui n'existaient pas dans l'ancienne France , quand
on attribuait indistinctement la qualité de Français à tous
les natifs. Il importe, aujourd'hui, d'entrer dans certains
détails.

I

Si le père et la mère de l'enfant sont mariés et Français
l'un et l'autre, pas de difficulté possible. Mais supposons
que l'un des deux soit étranger (on verra plus loin que le
cas peut se présenter dans notre législation). Quelle sera la
condition de l'enfant? Ici encore le Code est muet ; mais il
n'y a pas de place au doute : il est juste que le père , chef
de la famille, qui transmet son nom à son fils, lui transmette
aussi sa nationalité. C'est du reste la règle romaine, passée
par tradition dans le droit moderne. L'enfant né de justes
noces suivait à Rome la condition de son père : *connubio
interveniente, liberi patrem sequuntur,* dit Ulpien [1]. — Il ne
faudrait pas, cependant, aller jusqu'à dire que, si le père
n'a aucune nationalité, tandis que la mère légitime en
possède une, l'enfant légitime sera *heimathlos :* nous pensons que, dans cette hypothèse, l'enfant suivrait la nationalité de sa mère.

Dans le cas où l'enfant prend la condition de son père,
et où celui-ci a changé de nationalité entre le moment de
la conception et celui de la naissance, auquel de ces deux
moments faut-il se placer pour apprécier la nationalité de
l'enfant? Il semble que , toutes les fois qu'il s'agit du
père dans ses rapports avec ses enfants, c'est à la conception qu'on doit se référer. On peut dire, en effet,

[1] Frag., v. 8.

qu'après cette époque l'œuvre du père est terminée. Nous ne croyons pas pourtant qu'on puisse adopter cette manière de voir, en présence des termes catégoriques du Code civil dans les articles 9 et 10 précités. D'ailleurs, un enfant conçu n'existe pas pour son pays : qu'on l'habilite à être investi de certains droits de famille, rien de plus juste ; mais, il serait bizarre qu'on lui attribuât une nationalité avant qu'il fut entré dans la société. Nous admettrons donc que l'enfant prend la nationalité qui, au moment de sa naissance, appartenait à son père.

Il est pourtant une circonstance où la nationalité de l'enfant légitime ne pourra pas être déterminée suivant cette règle : c'est le cas du posthume. Il y aura alors transmission de la nationalité que le père possédait au moment de sa mort. Il serait absurbe, en effet, que le père ne laissât pas sa nationalité à son fils posthume comme il lui laisse sa fortune et son nom. Il en sera de même aussi, quand l'enfant, né plus de trois cents jours après la mort du mari de sa mère, est inscrit comme légitime. L'article 315 du Code civil, en admettant que la légitimité de cet enfant pourra être contestée, reconnaît par cela même qu'il sera réputé légitime, tant qu'il n'y aura pas eu une instance judiciaire. Mais si une action en contestation de légitimité vient à être intentée, l'enfant déclaré naturel ne pourra en aucune façon se rattacher au mari de sa mère. Il sera traité pour la nationalité comme les autres enfants naturels.

Nous venons de dire que, pour fixer le statut personnel d'un enfant légitime, il faut se placer au moment de sa naissance et chercher la nationalité qu'avait alors son père. Si le père a changé de nationalité entre le moment de la conception et celui de la naissance de l'enfant, ce dernier ne pourrait-il pas du moins invoquer la règle *infans conceptus pro nato habetur quoties de commodis ejus agitur*, s'il avait intérêt à se rattacher à la nationalité que son père possédait au moment de la conception. Plusieurs commentateurs du Code civil ont soutenu cette opinion [1], qui est assurément fort [spécieuse. Il nous semble pourtant que c'est là un abus de la maxime *infans conceptus*. Faite pour certains cas particuliers, cette règle ne doit pas, pensons-nous, être étendue arbitrairement à ceux pour lesquels elle n'a pas été établie. Enfin, il y aurait un grave inconvénient à permettre à l'enfant de réclamer ainsi contre sa nationalité : ce droit laisserait planer sur son statut personnel des doutes qui pourraient, dans bien des circonstances, être préjudiciables. Il importe non seulement aux particuliers, mais encore à l'État, que la nationalité soit déterminée, et ne reste pas en suspens pendant de [longues années. Il est aujourd'hui facile de changer de nationalité, quand on y a intérêt; mais il ne faut pas qu'on puisse tenir en réserve toute sa vie un moyen de renoncer avec effet rétroactif au statut personnel que l'on possède en fait depuis sa naissance.

II

S'agit-il d'enfants naturels, la question se complique singulièrement. L'enfant peut n'être reconnu par personne, l'être par un de ses deux auteurs, l'être par les deux. Le premier rentre dans la classe des enfants de parents inconnus, qui feront l'objet d'un paragraphe spécial [2]. Quant aux autres, nous examinerons leur

[1] M. Laurent, entre autres.
[2] Voir § 7 du présent chapitre.

situation en prenant successivement les diverses hypothèses qui peuvent se présenter.

Dans l'hypothèse la plus simple, quand l'enfant est
reconnu seulement soit par la mère, soit par le père, la
solution s'impose d'elle-même. Par cela même que l'enfant
se rattache à l'un d'eux, il se trouve, en vertu du principe de la filiation, être investi de sa nationalité. En fait
il est rare qu'un enfant ne soit pas reconnu par sa mère, ou
du moins que son acte de naissance ne porte pas le nom de
la mère : cette insertion, faite par les officiers de l'état
civil, n'est pas strictement une reconnaissance légale,
puisqu'un acte de cette nature ne peut être fait que par la
personne intéressée et, qu'en général ce n'est pas la mère
qui peut présenter son enfant à la mairie. Mais en pratique la mention du nom de la mère vaut comme reconnaissance, et, tant qu'elle n'est pas attaquée, l'enfant est considéré comme fils de la femme désignée comme lui ayant
donné le jour : il suivra donc la nationalité de cette femme.

Il peut arriver que l'acte de naissance ne porte pas
la mention du nom de la mère, mais que l'enfant soit
reconnu par son père, ou tout autre individu se disant tel.
Cette reconnaissance est sujette, et bien plus que celle de
la mère, à être attaquée par l'enfant. On ne peut admettre,
en effet, qu'un homme soit tenu de considérer comme son
père le premier individu qui prendrait la fantaisie de le
reconnaître. La jurisprudence a si bien compris cette considération qu'elle n'attribue à un enfant naturel la nationalité du père qui l'a reconnu, qu'autant que cette reconnaissance a été acceptée. S'il est prouvé que l'enfant a connu
la reconnaissance et n'a pas protesté, — qu'il a accepté la
succession de celui qui l'avait reconnu, — mieux encore,
qu'il a possession d'état de fils naturel de cet individu, —

alors les tribunaux décident que la nationalité du fils doit être celle du père. C'est une question de fait et d'appréciation. Peut-être serait-il préférable que la loi fut précise sur ce point, qu'un délai fut laissé à l'enfant, après qu'il a connu la reconnaissance, pour protester. S'il laissait passer un an, par exemple, après le moment où il l'a connue, ou après sa majorité, si la reconnaissance a été faite pendant qu'il était mineur, il serait juste de lui attribuer la nationalité de l'homme qui se serait déclaré son père et qu'il aurait accepté pour tel. — Il devrait en être de même pour la reconnaissance faite par la mère, quoiqu'elle présente un plus grand caractère de certitude.

La plus grande difficulté se présente quand l'enfant naturel est reconnu à la fois par son père et sa mère. Si, par exemple, le père est Français et la mère Italienne, sera-t-il Français ou Italien ? Le Code est muet, et c'est là une grave lacune que nous voudrions voir combler par une loi. En l'absence de toute disposition légale, on ne peut que raisonner par analogie et invoquer des arguments peu concluants.

Les anciens commentateurs, Duranton en tête, ont adopté la théorie romaine, d'après laquelle l'enfant naturel suit la condition de sa mère. Quoi de plus de juste, en l'absence de toute disposition du Code civil, que de remonter à l'ancien droit et au droit romain, qui sont absolument d'accord pour appliquer à la nationalité de l'enfant naturel la règle *partus ventrem sequitur* ?

Cette théorie est cependant aujourd'hui presque unanimement abandonnée par les auteurs et par la jurisprudence. On peut voir à ce sujet un récent arrêt de la Cour de Cassation du 22 décembre 1874. Et par quels motifs la repousse-t-on ? On dit que le père naturel exerce de

préférence à la mère la puissance paternelle, on dit qu'il
confère son nom à son fils. Mais si la loi a préféré le père
à la mère, pour l'exercice de la puissance paternelle, c'est
qu'il était absolument nécessaire de donner à l'un des
deux un droit supérieur à celui de l'autre, et qu'en
pareille alternative, il fallait nécessairement préférer le
père. Ce n'est pas le père qu'on préfère à la mère, c'est
l'homme qu'on préfère à la femme, suivant l'habitude générale des rédacteurs du Code civil, imbus plus ou moins
inconsciemment des vieilles idées sur la *fragilitas sexus*.
Quant au nom, il suffit de répondre que le fils porte le nom
de celui de ses auteurs qui l'a reconnu le premier.

Nous n'hésitons pas à nous en tenir au système romain
appuyé par toute la tradition de l'ancien droit. On dit,
il est vrai, que la reconnaissance des enfants naturels
n'existait pas à Rome. C'est exact : la reconnaissance
n'existait pas dans le sens moderne du mot; mais quels
sont les enfants naturels, dont parle Ulpien, quand il dit :
*Connubio interveniente liberi semper patrem sequuntur, non
interveniente connubio matris conditioni accedunt?* ce sont
les enfants nés du concubinat légal. Or il y a précisément
une ressemblance frappante entre les enfants nés de ce
concubinat légal et ceux qui, nés hors mariage, sont
reconnus par leur père et leur mère. Les uns et les autres
sont tenus à certains devoirs envers leur père, et il existe
entre eux et lui des droits successoraux restreints. Et
cependant on sait parfaitement qu'à Rome les enfants
nés du concubinat suivaient la qualité de leur mère. Comment pourrait-on soutenir que l'application, aux enfants
naturels reconnus, de la même règle, n'est pas une simple
continuation du principe romain ?

Du reste, la règle *non interveniente connubio matris conditioni accedunt* n'a pas seulement les avantages que donne à une théorie la faiblesse des arguments de la thèse inverse : elle vaut même par elle-même, et par les avantages pratiques qui en découlent. La maternité est un fait facile à prouver, et dont le Code admet la recherche, tandis qu'il interdit la recherche de la paternité, si ce n'est dans le cas bien rare de l'article 340. La paternité, en outre, est toujours entourée de mystère, et par suite d'incertitude, dès que cessent les effets de la présomption *pater is est*. Enfin, ainsi qu'on l'a vu ci-dessus, un enfant a presque toujours une mère connue, d'après son acte de naissance. Il a, en conséquence, une nationalité dont, suivant notre système, il ne sera pas exposé à changer parce qu'il plairait à quelqu'un de le reconnaître pour son fils. Ajoutons que la reconnaissance du père a beaucoup plus de chance d'être contestée que celle de la mère : il peut même arriver que plusieurs personnes se déclarent pères du même enfant. Quelle sera alors, dans le système adverse, la nationalité de ce dernier ? Pourra-t-il choisir, comme le veulent quelques auteurs ? Gardera-t-il la nationalité du premier qui l'aura reconnu ? On ne saurait pas plus faire dépendre une question de statut personnel du caprice de l'intéressé, que du hasard de la date d'une reconnaissance. — Si, au contraire, on se réfère à la nationalité de la mère, des difficultés de ce genre seront bien rares, puisqu'il ne peut guère arriver en pratique que plusieurs femmes reconnaissent le même enfant. Si par impossible le fait se présentait, la vérité aurait mille fois plus de chance d'être établie pour la mère que pour le père.

La valeur de ces considérations est telle que la plupart

des législations étrangères se sont rangées à la règle romaine, et non seulement des nations ayant des lois spéciales, comme l'Allemagne [1], l'Autriche [2], et la Suisse, mais même des États régis par des codes imités du nôtre.

Nous ferons observer en terminant que la reconnaissance d'un enfant naturel lui confère la nationalité qu'avait celui qui le reconnaît, au moment où l'enfant est né. C'est, en effet, un principe de notre droit que la natio-nalité d'une personne ne peut être échangée sans une libre manifestation de sa volonté. La reconnaissance ne fait qu'apporter une rectification dans l'état civil et établir par suite publiquement ce qui excitait en droit antérieu-rement : si un enfant de quinze ans, par exemple, est re-connu par une mère qui était Allemande au moment où il est né, et qui est devenue Française dans l'intervalle, l'enfant devra être regardé comme Allemand. En effet, à sa naissance il était Allemand, et c'est par erreur et ignorance qu'il n'avait pas été considéré comme tel pen-dant quinze ans. La reconnaissance rétablit la situation : elle est purement déclarative.

Cette solution paraît devoir être donnée également au cas où un enfant est légitimé : dans quelque pays, la légi-timation est un mode de changement de nationalité : il en est ainsi, par exemple, en Allemagne [3]. Mais, en France, on ne peut, dans le silence de la loi, créer un mode nouveau de perdre ou d'acquérir la nationalité française. On doit donc regarder la légitimation comme une simple reconnais-sance [4].

[1] Loi du 1er juin 1870, art. 3, annexe M.
[2] Voir Püttlinger, *Handbuch des in Oesterreich-Ungarn geltenden inter-nationalen privatrechtes.* Wien, 1878.
[3] Loi du 1er juin 1870, art. 2 et 4. Annexe M.
[4] Elle en diffère toutefois en ce que l'enfant ne peut pas refuser la légiti-mation, tandis qu'il peut rejeter la reconnaissance.

Les enfants adultérins ou incestueux sont, en général, sous le rapport de la nationalité, traités comme les enfants de parents inconnus. Il y a cependant des cas où, sans qu'il y ait une véritable reconnaissance, leur filiation est judiciairement établie : telle est l'hypothèse de l'enfant adultérin, quand il y a un désaveu de la part du père, ou qu'une action en contestation de légitimité a été intentée. Dans ces circonstances, les enfants adultérins sont assimilés aux enfants naturels reconnus.

III

L'enfant adoptif conserve en France la nationalité que la filiation naturelle lui a conférée. La question a été tranchée dans ce sens par la Cour de cassation [1].

§ 3. — Enfants nés hors de France de parents français.

En se plaçant uniquement au regard de la loi française, il n'est pas douteux que l'enfant né à l'étranger de parents français ne naisse Français. L'article 10 du Code civil le dit en termes formels ; mais cette qualité lui sera-t-elle également reconnue par l'État sur le territoire duquel il est né ? Pour répondre à cette question, il faut rechercher la situation faite dans les différents pays aux enfants qui y naissent de parents étrangers. Sous ce rapport les États peuvent se diviser en trois classes : — ceux qui, poussant à ses dernières limites le système de la filiation, regardent l'étranger né sur leur sol du même œil que tout autre étranger et ne lui facilitent en aucune

---

[1] Arrêt du 22 mai 1825.

façon la naturalisation, — ceux qui attribuent la nationalité locale à tout enfant qui a vu le jour sur leur territoire,
ainsi que cela avait lieu en France avant la promulgation
du Code civil, — ceux enfin qui font un compromis entre
les deux systèmes, soit en ne reconnaissant la nationalité
au natif que sous certaines réserves, soit en le regardant
comme étranger, mais en lui donnant un moyen de devenir
sujet à l'aide de formalités plus simples que celles auxquelles les autres étrangers sont tenus de se conformer. Ce
dernier système est précisément celui adopté par la France
et dont l'examen fera l'objet des §§ 5 et 6 du présent chapitre.

I

En Allemagne, en Autriche-Hongrie, en Suède, en
Suisse, l'enfant de parents étrangers naît et demeure
étranger, sans que le fait de sa naissance puisse être
invoqué par lui pour obtenir plus facilement la nationalité
suisse, suédoise, autrichienne ou allemande. Un Français,
né dans un de ces États, pourra donc toujours faire
reconnaître sa qualité par le Gouvernement local, et il n'y
aura jamais de conflit possible avec la France.

On remarquera que l'adoption de ce régime n'est guère
compatible qu'avec des législations qui, comme celles des
pays que nous venons de citer, n'exigent pas un long stage
des personnes qui demandent la naturalisation. Il serait
trop rigoureux d'imposer plusieurs années d'attente à un
individu qui est né sur le sol et y a vécu pendant toute sa
jeunesse [1].

[1] Voir pour l'Allemagne, annexe M. pour la Suisse, annexe Z. On
remarquera que les deux ans de domicile exigés par la loi fédérale suisse
peuvent être comptés pendant la minorité. Le natif devenu majeur n'a plus à
attendre dans ce cas. Voir aussi ch. III, § 8.

II

Plus nombreux sont les États qui admettent que la nationalité appartient nécessairement à quiconque naît sur leur territoire. De ce nombre sont l'Angleterre, le Danemark [1], le Portugal et la plupart des États de l'Amérique : États-Unis, États de Colombie, Chili, République Argentine, Pérou, etc.

Angleterre. — L'Angleterre qui, par le bill du 12 mai 1870, a renoncé à l'ancien système de l'allégeance perpétuelle, n'a pourtant pas fait encore une réforme complète en matière de nationalité. Elle persiste à imposer la nationalité britannique aux enfants nés de parents étrangers dans les Trois-Royaumes. Un enfant né de parents Français en Angleterre est donc Anglais au delà de la Manche et Français en deçà. Ajoutons que le bill du 12 mai 1870, article 4, permet à l'individu qui se trouve dans cette situation de choisir à sa majorité entre les deux nationalités ou plus exactement de renoncer à la nationalité anglaise pour garder exclusivement l'autre. Dans beaucoup de cas cette option évite des conflits : mais si l'intéressé refuse de se dépouiller de la qualité de sujet britannique, il pourra se trouver soumis en France aux lois françaises. De là un conflit possible entre les législations des deux pays et entre les deux Gouvernements.

Les réclamations se sont parfois présentées de la part d'individus invoquant en France la qualité d'Anglais pour se soustraire au service militaire obligatoire. L'esprit éminemment pratique du gouvernement anglais a inspiré une

[1] Voir ch. III, § 8, *Danemark.*

sage solution. Une dépêche écrite par Lord Malmesbury
à Lord Cowley, ambassadeur de S. M. Britannique à Paris,
le 13 mars 1858, expose nettement que, si l'Angleterre
reconnaît comme Anglais les enfants nés dans les îles Britanniques de parents étrangers, elle ne prétend nullement
les protéger comme tels contre les autorités du pays d'où
relèvent leurs parents, et qui les réclament légalement,
cela surtout quand ils sont volontairement retournés dans
ce pays. Le Français né en Angleterre serait protégé par
l'Angleterre en Allemagne, en Italie, partout excepté en
France [1], où il pourra légalement être appelé au service
militaire, et où son extradition serait refusée même à
l'Angleterre.

Portugal. — Le code civil portugais, dans son article 18,
considère comme Portugais tous les individus nés dans le
pays, à moins qu'ils n'expriment le désir de garder la
nationalité de leurs parents. Ils peuvent donc, émancipés,
ou devenus majeurs, opter pour la nationalité de leur
famille. Leur père peut même opter pour eux quand ils
sont mineurs : à leur majorité, ils pourront réclamer
contre la nationalité qui leur aurait été donnée de la sorte.

C'est à peu près le système introduit en Angleterre par
le bill sus-mentionné de 1870.

Il est fait une exception formelle pour les fils d'étrangers demeurant en Portugal pour le service de leur pays
d'origine.

Le traité hispano-portugais du 21 avril 1866 donne aux
enfants nés en Portugal de parents espagnols, une situation privilégiée : ils restent Espagnols jusqu'à leur majo-

---

[1] *Report of royal com.*, p. 67.

rité et leur émancipation, et ne deviennent Portugais que
s'ils continuent de demeurer en Portugal après cette
époque. Ce simple fait est considéré comme présumant
l'intention de l'intéressé qui reste, d'ailleurs, libre de conserver la qualité d'Espagnol en faisant une déclaration
spéciale devant les autorités portugaises. Si le père du
jeune Espagnol était au service de l'Espagne, son fils ne
pourrait devenir Portugais qu'en réclamant expressément
cette qualité [1].

Amérique. — C'est surtout de l'Amérique latine que
nous avons à nous occuper : les États-Unis d'Amérique
n'ayant pas la conscription, la principale cause de conflits
n'existe pas avec eux. On peut présumer du reste qu'ils
mettraient en pratique la règle anglaise citée ci-dessus.

L'histoire de nos relations avec les républiques de
l'Amérique du Sud abonde en réclamations de Français,
revendiqués comme citoyens par les autorités locales,
et qui invoquent l'appui diplomatique de la France, en se
fondant sur nos traités d'amitié.

Longtemps le Gouvernement français avait espéré que
le principe de notre Code civil triompherait en Amérique.
Plusieurs États de l'Europe ont insisté avec nous dans ce
sens auprès des Républiques latines du nouveau monde.
Pour expliquer notre insistance, nous faisions valoir, non
sans quelque apparence de raison, qu'en France un fils
d'étranger est étranger, et toujours traité comme tel, à
moins qu'après sa majorité il n'opte pour la nationalité
française. Nous réclamions donc seulement la réciprocité.
Mais une demande de cette nature qui semblerait fort

[1] Voir Janer, *Tratados de España.*

modérée envers un pays européen, était une assez lourde exigence envers les États de l'Amérique du Sud. La prospérité des républiques américaines ne peut avoir d'autre source que l'immigration, et si la plupart des immigrants conservaient, pendant plusieurs générations, leur statut personnel d'origine, la plus grande partie des habitants se trouverait en dehors de l'allégeance territoriale, et exemptée des charges locales. Comment dans ces conditions, les gouvernements pourraient-ils lever des troupes ? Ils craignent, en outre, qu'en présence de si nombreux immigrants vivant sous la protection diplomatique de leur pays d'origine, leurs républiques ne deviennent bientôt comparables aux pays de l'Orient, dans lesquels les étrangers groupés en nations forment un État dans l'État. Ces considérations étaient trop puissantes dans l'esprit des Américains pour qu'ils consentissent à se rallier à notre jurisprudence. Nous ne connaissons que le Mexique et le petit État de Costa-Rica qui reconnaissent la qualité d'étranger à l'enfant né sur leur territoire. Au Mexique l'individu né de père étranger, ou de mère étrangère et de père inconnu, reste étranger tant qu'il est soumis à la puissance paternelle. S'il est émancipé avant d'avoir vingt-cinq ans, il doit déclarer dans le délai d'un an l'intention de rester étranger, sinon il est naturalisé Mexicain par l'effet de la loi. S'il est émancipé à sa *mayor edad* (vingt-cinq ans) ou après, il doit faire la déclaration dans l'acte même d'émancipation [1]. Ce sont là de sages dispositions grâce auxquelles il n'y a guère de conflits à redouter. Dans l'État de Costa-

---

[1] Voir Aspiroz. *Codigo de la Estrangeria en los Estados Mexicanos,* art. 46. Pour comprendre ces dispositions, il faut se rappeler que le Mexique doit sa législation à l'Espagne, où la puissance paternelle, comme à Rome, survit à la majorité (*mayor edad*) de l'enfant.

Rica la situation des fils d'étranger est plus conforme
encore à la doctrine française. Une loi du 20 juillet 1861, a
déclaré que les fils d'étranger nés sur le territoire costari-
cain seraient réputés étrangers, sauf le droit d'opter à leur
majorité pour la nationalité locale. Dans la république
Argentine, une loi de 1857 avait mis le même principe en
vigueur, mais elle a été abrogée quelques années plus tard :
la loi du 1er octobre 1869, qui l'a remplacée, déclare
Argentins tous les natifs du territoire de la République,
excepté les fils d'agents diplomatiques et consulaires.

La même règle, en général avec la même exception, est
en vigueur dans les autres États de l'Amérique latine :
Uruguay, Vénézuéla, Haïti, Colombie, Chili, Pérou, Équateur, Bolivie, Guatémala, Brésil. Dans quelques-uns pourtant, on reconnaît au fils d'étranger une sorte de droit de
recouvrer plus tard la nationalité de son auteur. Ainsi l'enfant né dans la république de Guatémala de parents étrangers perd la nationalité guatémalienne, au moins dans l'interprétation donnée par le gouvernement à la constitution,
s'il retourne dans le pays d'où sa famille est originaire.
Dans l'empire du Brésil, une loi du 10 septembre 1860 a
décidé que l'état civil étranger serait appliqué aux fils
d'étranger pendant leur minorité. On avait espéré pouvoir
profiter de cette loi pour régler la situation des fils de
Français : mais, par cela même que la loi déclare elle-même
qu'elle ne fait nullement échec à la nationalité brésilienne, elle n'a pas pu être invoquée [1].

En somme, la situation des fils de Français nés en Amérique est assez précaire en droit : ils sont plus ou moins
favorablement traités en pratique suivant les circonstances

---

[1] Annuaire de lég. étrang., 1878, page 837.

politiques et les dispositions des autorités locales. C'est
ainsi qu'au Vénézuéla le principe est appliqué dans toute
rigueur, s'il faut en croire les termes d'une note envoyée
en 1874 par le Gouvernement de cette République au
Représentant de l'Italie. « Ce qui précède suffira pour
« convaincre V. E., disait le ministre des affaires étran-
« gères de Caracas, que la Constitution du Vénézuéla,
« ayant posé en principe que tout individu né sur le terri-
« toire de la République est Vénézuélien, quelle que soit la
« nationalité de ses parents, les fils d'Italien nés au Véné-
« zuéla sont Vénézuéliens, quelles que soient les disposi-
« tions du Code italien..... Cette loi étrangère n'a aucune
« force sur le territoire de la République. En conséquence,
« le Gouvernement tiendra pour Vénézuéliens, de droit et
« de fait, les fils nés au Vénézuéla de parents Italiens,
« sans aucune exception, et les regardera comme investis
« des droits et soumis aux obligations que la constitution et
« les lois de la République accordent ou imposent aux
« autres citoyens. » Une note semblable aurait été passée
à la légation de France [1]. — En Brésil, au contraire, un
tempérament est apporté à la rigueur du principe : les fils
nés de Français dans l'Empire, sans être officiellement
exemptés du service militaire, sont en fait omis volontairement par l'autorité locale sur les listes de la conscription.
Dans beaucoup d'autres pays, il en a été de même à de certains moments, sans que théoriquement la question eût encore été résolue. On a recours à la production de certificats
d'immatriculation, on évite de faire inscrire la naissance
des enfants ailleurs qu'au consulat. Mais, si quelquefois la

[1] Voir les *Estudios sobre nacionalidad, naturalizacion y ciudadania por un primer secretario de Legacion*, Madrid, 1878, pages 252 et 253.

faiblesse ou les bonnes dispositions des Gouvernements hispano-américains établissent en fait et momentanément un *modus vivendi*, le conflit n'est pas moins absolu au fond, et souvent il a pris une tournure aiguë.

L'Espagne et l'Angleterre ont essayé, comme nous, de faire prévaloir leur législation en Amérique. L'Angleterre, en effet, comme notre ancienne jurisprudence, admet à la fois que la naissance et la filiation donnent la qualité de sujet britannique. Mais, par cela même qu'elle reconnaît comme ses nationaux les fils d'étranger nés sur son sol, elle ne pouvait réclamer avec autant de force une exemption dont elle n'offrait pas la réciprocité. Contre la France, les Hispano-Américains devaient se borner à invoquer la différence des situations ; à l'Angleterre, ils pouvaient objecter les lois mêmes de l'Angleterre. Aussi cette puissance ne crut-elle pas devoir persévérer dans ses prétentions. Elle adopta de bonne heure une règle fort sage à l'égard des fils nés à l'étranger de parents anglais. Les instructions envoyées le 20 décembre 1842 au consul d'Angleterre à Montevideo, sur l'avis conforme de l'avocat général de la reine, portaient : « les enfants, nés hors des possessions « Britanniques de père ou même de grand-père anglais « né, sont Anglais en Angleterre, mais ils ne peuvent pas « invoquer cette qualité contre le gouvernement du pays « où ils sont nés, du moins tant qu'ils y demeurent. « Par la commune loi anglaise, les enfants nés en An- « gleterre de parents anglais ou étrangers sont Anglais, « et, si la loi d'un État étranger est conçue de la même « manière, cet État a le droit de considérer comme sujets « les enfants nés sur son sol. » — Donc, ajoutait la dépêche anglaise, les Anglais nés hors de Montevideo de parents anglais, seront protégés contre la république de

Montevideo comme des Anglais nés; mais il n'en sera pas de même de ceux nés à Montevideo [1]. C'est la réciproque des instructions envoyées à Lord Cowley, ambassadeur à Paris, et que l'on a vues ci-dessus [2].

Les Anglais évitèrent, grâce à une jurisprudence si libérale, la plupart des difficultés que la France a eues trop souvent avec les républiques américaines sur cette question. Ils faisaient une application de cette idée fort logique, qu'un pays ne doit pas refuser de reconnaître chez lui les effets d'une loi étrangère identique à la sienne. Quand on a la prétention de regarder comme Anglais les fils d'étranger nés en Angleterre, on serait mal venu à refuser la qualité de Chiliens ou d'Argentins aux enfants nés de parents Anglais au Chili ou à Buenos-Ayres, qui invoquent une loi calquée sur la loi britannique. Cette jurisprudence a été, d'ailleurs, formellement adoptée par l'article 4 du bill du 12 mai 1870, qui permet même à l'Anglais, qui se trouve d'avoir en même temps une autre nationalité, de cesser d'être Anglais.

L'Espagne, qui envoie de nombreux colons dans ses anciennes possessions américaines, a cherché aussi à établir une règle commune de nature à satisfaire les intérêts opposés en cas de conflit concernant la nationalité des enfants nés de parents espagnols. Dans la plupart des traités conclus avec les Républiques hispano-américaines, elle a dû renoncer à faire reconnaître à ces enfants la qualité d'Espagnol. On lit, par exemple, dans le traité de 1840 avec l'Équateur [3] : « Sont tenus et considérés dans la Répu-

---

[1] *Report of royal commissionners on naturalization,* etc.
[2] Page 36.
[3] Voir la brochure de M. Garcia intitulée : *Repuesta al folleto intitulado : Diplomacia de Buenos-Ayres,* etc., Madrid, 1864. Voir aussi les *Estudios sobre Nacionalidad, naturalisacion y Ciudadania por un primer secretario de Legacion,* Madrid, 1878.

« blique de l'Équateur comme sujets Espagnols les indivi-
« dus nés dans les territoires actuellement soumis à
« l'Espagne, et leurs enfants, à condition que ces derniers
« ne soient pas natifs du territoire équatorien. »

Cette clause se retrouve exactement reproduite dans le
traité du 25 avril 1844 avec le Chili. La plupart des autres
conventions, celles entre autres du 30 mars 1845 avec le
Vénézuéla, du 21 juin 1847 avec la Bolivie, du 10 mai
1850 avec Costa-Rica, du 25 juillet suivant avec le Nicara-
gua, contiennent, en outre, une disposition pour régler le
passé. Elles permettent aux Espagnols et à leurs enfants
mineurs qui avaient dû acquérir la nationalité dans le
pays de l'Amérique où ils étaient fixés, de recouvrer la
qualité d'Espagnol par une déclaration d'option [1] ; mais
pour l'avenir elles reviennent à la règle ordinaire et
décident que les natifs des pays contractants seront tenus
de part et d'autre pour nationaux du pays où ils sont nés.

Avec la Plata, à cause de l'émigration basque, la question
a plus d'importance encore. Le traité hispano-argentin de
1859 admit l'Espagne à bénéficier de la loi argentine de 1857,
citée ci-dessus, qui établissait un droit d'option analogue
à celui de l'article 9 du code civil français. L'article 7
de la convention portait que, pour déterminer respectivement la nationalité d'individus dont le statut personnel était
l'objet de contestation, on se conformerait à l'article 1 de la
constitution espagnole et à la loi argentine du 9 octobre
1857 ; mais par la convention du 21 septembre 1863, l'ar-

---

[1] Cette option se faisait dans un délai d'un an pour les individus résidant
dans le pays. Pour les autres, le délai était de deux ans. Les mineurs suivaient la nationalité de leurs parents ; les enfants majeurs pouvaient opter
pour leur propre compte. — Toutes ces clauses sont suivies de dispositions
réciproques pour les citoyens des Républiques américaines se trouvant
en Espagne. — Voir Janer, *tratados de Espana*, Madrid, 1869.

ticle a été modifié comme il suit : « afin d'établir et consolider « l'union qui doit régner entre les deux peuples, les deux « H. P. C. conviennent que, pour régler la nationalité des « Espagnols et des Argentins, on observera respectivement « dans chaque pays les dispositions de la constitution et « des lois de ce pays. » Ainsi quand un individu réclame la nationalité argentine ou espagnole, s'il se trouve en Espagne, on statue d'après la loi espagnole, s'il se trouve dans la Plata, on suit la loi argentine. C'est là une intéressante application d'une théorie importante à qui, peut-être appartient l'avenir du droit international : la théorie de la territorialité de la loi. Il importe de noter dès à présent cet article comme une apparition dans le domaine de la pratique d'une idée féconde et appelée peut-être à supplanter la vieille théorie classique des statuts, bizarre règle coutumière importée, on ne sait pourquoi, dans le droit international.

Mais ce traité avec la République Argentine constitue une exception dans le droit public espagnol. Obligé par la force des choses de céder presque toujours, et, malgré sa législation qui attribue la nationalité espagnole à tout enfant d'Espagnol en quelque endroit qu'il soit né, forcé trop souvent de reconnaître une nationalité étrangère aux enfants nés en Amérique de parents espagnols, le Gouvernement de Madrid voulut du moins régulariser leur situation par une loi. Tel fut l'objet de la loi du 20 juin 1864. Cet acte pose en principe que le Gouvernement doit toujours s'efforcer de faire reconnaître la qualité d'Espagnol aux enfants nés à l'étranger de parents espagnols, et qui, d'après la Constitution, possèdent cette nationalité. Mais quand la législation étrangère, comme c'est le cas dans les Républiques américaines, est en opposition absolue avec cette règle, quand, par conséquent, il serait impossible d'en faire admettre les conséquences par un traité, le Gouvernement doit faciliter le retour à la nationalité espagnole à ceux qui l'auraient perdue dans ces circonstances [1].

On voit que l'Espagne, comme l'Angleterre, a dû céder. Il y eut un moment où la France, renonçant à l'espoir de voir le principe du Code civil admis dans l'Amérique latine, et voyant les autres puissances chercher des transactions, songea aussi à résoudre la difficulté en réformant sa propre législation. Le gouvernement impérial fut, en 1857, sur le point de prendre l'initiative d'une modification de l'article 10 du Code civil, qui déclare Français les fils de Français nés à l'étranger. M. Waleski, ministre des affaires étrangères, dans une conversation avec l'ambadasseur anglais [2] parla d'une apparente *antinomie* entre les articles 10 et 17, qu'il fallait résoudre législativement. On pensa à obliger les enfants nés à l'étranger de parents français à réclamer la qualité de Français comme au cas de l'article 9. D'autres voulaient modifier les règles de l'article 17 de manière à permettre aux Français nés à l'étranger de se dénationaliser plus facilement. Il fut même question, mais plus vaguement, d'appliquer le principe que nous avons signalé dans le traité hispano-argentin de 1863.

En 1858, une commission fut réunie à Paris, au ministère des affaires étrangères, pour examiner ces diverses propositions. Mais le rapporteur présenta une solution mixte, qui fut acceptée par les commissaires, et qui offrait l'avantage considérable de ne rien innover dans les lois qui

---

[1] La loi du 20 juin 1864, est citée par Janer, *Tratados de Espana.*

[2] Voir le *report of royal commissionners on naturalization*, etc.

régissent la nationalité française, et de ne pas toucher au Code civil, lequel évidemment ne doit être amendé qu'en cas de nécessité absolue.

Il s'agissait de rappeler d'abord aux agents diplomatiques et consulaires que, si l'*immatriculation* sur les registres des chancelleries est obligatoire à la fois pour le Français, qui doit la requérir, et pour le consul, qui ne peut pas se refuser à l'ordonner, il en est tout autrement de la *protection*, faveur purement administrative, que l'agent est libre d'accorder ou de refuser, suivant qu'il le juge convenable. Les représentants de la France à l'étranger seraient invités à ne pas protéger ceux de leurs nationaux qui ne se seraient pas fait immatriculer ; et on leur indiquerait certaines règles à suivre pour apprécier l'opportunité de l'intervention diplomatique en faveur des particuliers. Pour l'Amérique du sud spécialement, les agents français devraient rejeter les demandes de protection formées par des Français refusant de se rendre sous les drapeaux en France, se livrant au commerce des esclaves, ayant épousé une femme américaine ou possédant des immeubles. On pensait pouvoir, par ce moyen, éviter le plus grand nombre des conflits de nationalité, et on n'avait pas besoin pour cela d'introduire aucune innovation dans la législation existante : en effet, le commerce des esclaves entraîne d'après nos lois la perte de la qualité de Français, et le mariage avec une femme étrangère, ainsi que l'acquisition de biens fonds, laissent supposer l'établissement sans esprit de retour, qui est une cause de dénationalisation, d'après l'article 17 du Code civil. Quant au refus d'obéir à un ordre de route envoyé par le ministre de la guerre, c'est au moins une preuve que l'on est singulièrement détaché de sa patrie, puisqu'on n'en veut plus accepter que les avantages, et, dans ces conditions, n'est-on pas indigne de la protection, lors même qu'aux termes du droit strict on conserve encore la qualité de Français?

Le rapport qu'on vient d'analyser sommairement donna lieu à un projet de circulaire aux agents diplomatiques et consulaires français dans l'Amérique du Sud, qui demeura toujours à l'état de projet. La question resterait donc entière aujourd'hui, n'étaient les nouvelles instructions envoyées en 1873 aux représentants de la France à l'étranger pour assurer l'application de la loi militaire du 27 juillet 1872 aux Français demeurant hors de France. Tel a été l'objet de la circulaire ministérielle du 16 juin 1873. Après avoir indiqué les pénalités auxquelles sont exposés les insoumis en France, le ministre termine en ces termes : « Enfin, je n'hésite pas à vous autoriser à « refuser votre protection aux Français qui, à dater de « cette année, ne se soumettraient pas aux obligations mi- « litaires [1]. » Ainsi dorénavant nos nationaux ne pourront plus invoquer l'appui des consuls, quand ils auront échappé au service militaire. Quant aux Français nés dans l'Amérique du Sud, comme la plupart d'entre eux n'invoquaient la nationalité française que pour se soustraire à la conscription locale et à la milice, les consuls les inviteront d'abord à répondre à l'appel sous nos drapeaux. Ceux-là seuls qui obéiront jouiront de la protection française, qui s'exercera avec autant plus de force qu'elle aura pour objet des individus la méritant mieux.

Il n'est pas douteux que cette règle, si on l'applique, aura pour effet d'écarter, dans un grand nombre de cas, les difficultés qui naissent entre la France et les gouver-

[1] Voir le *Livre jaune de* 1873.

nements de l'Amérique du Sud, mais elle ne supprime
pas le conflit de lois latent qui, en mainte occasion, se
manifestera dans toute son intensité. On se trouve,
en effet, en présence non seulement d'une question de protection qu'on peut toujours facilement trancher en abandon-
nant l'intéressé, mais d'une divergence de lois civiles entre
lesquelles il n'y a pas d'accord possible. Il nous semble
que la solution la plus légitime serait de concéder aux
jeunes gens qui sont nés en Amérique de parents français, un droit d'option, pendant l'année qui suit leur
majorité. Ce serait de toute justice puisqu'ils se trouvent
dans une impasse dont aucun moyen légal ne peut
aujourd'hui leur permettre de sortir. Il faudrait pour cela
une disposition légale permettant aux Français d'abdiquer
leur nationalité, quand ils en ont acquise une autre *jure soli*.
L'Angleterre, dans le bill du 12 mai 1870 [1], nous donne
l'exemple de cette manière de procéder, en autorisant les
enfants nés de parents anglais en pays étranger, à renoncer à la qualité d'Anglais, s'ils sont citoyens du pays
où ils sont nés. Les jeunes Français restant en Amérique auraient ainsi, à partir de vingt et un ans, une
situation normale et régulière. Et il ne serait peut-être
pas bien difficile d'obtenir des Gouvernements locaux qu'ils
cessassent de considérer comme leurs nationaux ceux qui
reviendraient habiter la France.

Sans doute, cette combinaison n'est pas absolument
satisfaisante : il y aura toujours conflit pendant la minorité des intéressés. Et s'il s'agit d'organiser leur tutelle,
de liquider leur succession, et dans beaucoup d'autres cas,
des difficultés pourront surgir ; mais ces difficultés sont

---

[1] Art. 4. — Voir annexe N.

inhérentes à la divergence même des lois, et il faut en prendre son parti, puisqu'elles dureront tant qu'un des deux systèmes opposés n'aura pas prévalu sur l'autre. Le droit d'abdication aurait du moins toujours l'avantage de régulariser, à partir de la majorité, une situation qu'il est impossible aujourd'hui de rendre régulière. Il faudrait du reste compléter la réforme en retardant de deux ans l'appel des intéressés sous nos drapeaux, pour leur laisser le temps de choisir librement, dans l'année qui suit leur majorité, entre le statut qu'ils tiennent du *jus originis* et celui que le *jus soli* leur a conféré. Pour cela, un article devrait être inséré dans la loi militaire afin d'ajourner jusqu'après leur vingt-deuxième année l'appel des jeunes gens qui se trouvent dans cette catégorie, comme on ajourne celui des jeunes gens nés en France de parents étrangers qui eux-mêmes y sont nés, à qui l'on permet de renoncer à la nationalité française à leur majorité [1]. L'innovation ne serait pas bien grave, puisque ces derniers sont des Français tout aussi bien que les jeunes gens nés de parents français en Amérique, et, dans l'un et l'autre cas, l'ajournement aurait le même motif: la nécessité de tenir compte des effets de la loi étrangère, et de laisser pleine et entière liberté à l'intéressé de manifester librement sa volonté.

III

Les autres législations ont fait des compromis entre les deux systèmes opposés qui viennent d'être étudiés. De ce nombre est la législation française qui, sans attribuer de plein droit la qualité de Français aux individus nés en France

---

[1] Loi militaire du 27 juillet 1872, art. 9.

de parents étrangers, leur accorde la faculté de la réclamer
à leur majorité. Et si le séjour en France d'une famille
étrangère se prolonge, nos lois vont plus loin, et déclarent Français de plein droit l'enfant né en France de
parents étrangers qui eux-mêmes y sont nés, — sauf à
l'intéressé à revendiquer à sa majorité la nationalité de sa
famille. Ces dispositions, qui seront examinées ci-après en
détail, se retrouvent dans l'esprit, sinon dans la lettre,
chez les peuples suivants :

Belgique. — En Belgique le Code civil français est en
vigueur. Le fils d'étranger est donc étranger et peut
seulement opter pour la Belgique dans l'année qui suit
l'époque de sa majorité. La naturalisation ainsi acquise est
la *grande* naturalisation, qui lui confère, par conséquent,
la plénitude du droit de cité.

Ce système est en vigueur depuis 1830 : auparavant la
naissance sur le sol belge, aux termes de l'article 8 de la
constitution du royaume des Pays-Bas, suffisait pour
conférer la nationalité.

Une loi du 1er avril 1879 a ouvert un délai exceptionnel
d'un an pour permettre l'option aux natifs qui ont omis
de faire en temps utile la déclaration de l'article 9, ainsi
qu'à d'autres catégories d'étrangers [1].

Espagne. — La Constitution du 30 juin 1876 qui régit
aujourd'hui l'Espagne, porte dans son article 1er la disposition suivante : « Sont Espagnols : 1° ceux qui sont nés sur
« le territoire Espagnol [2]..... » Il semble qu'on doit conclure de cette disposition que la naissance sur le sol

---

[1] Voir annexe P. 5°. — Voir aussi ch. III, § 8, au mot *Belgique.*
[2] *Annuaire de législation étrangère.* Année 1877.

national suffit en Espagne, comme en Angleterre, pour
conférer la qualité de sujet, quel que soit le statut personnel des parents. Il n'en est rien pourtant, et en fait
c'est le système français et non le système anglais qui est
en vigueur dans la Péninsule.

L'article 1er, 1o de la Constitution de 1876 a été reproduit de toutes les Constitutions qui se sont succédées
en Espagne depuis celle de 1812, où il figure pour la première fois. Insérée dans le projet de Constitution soumis
aux Cortès de 1837 par le Gouvernement de la Reine
Régente, cette disposition attira l'attention du Gouvernement français qui avait eu l'occasion d'en reconnaître
plusieurs fois les inconvénients. Sur les représentations de
l'Ambassadeur du Roi des Français, le ministère Cala-
trava se détermina, tout en gardant l'article, à faire
aux Cortès une déclaration de nature à en limiter la
portée. Dans la séance du 11 mai 1837, M. Olozaga,
président de la Commission chargée d'élaborer le projet,
exposa solennellement l'interprétation à donner au texte
constitutionnel :

« Quelques députés ont cru, a-t-il dit, et il paraît qu'on
« a cru aussi en dehors de cette enceinte, que concéder
« la qualité d'Espagnol aux étrangers nés fortuitement
« en Espagne était la même chose que leur imposer l'obli-
« gation d'être Espagnols. Ceux qui parlent ainsi n'ont pas
« compris le laconisme et la précision avec lesquels il
« convient de rédiger des lois fondamentales comme celle-
« ci. On a pensé qu'il fallait ne placer dans la Constitution
« que les principes essentiels du droit public, et laisser
« aux lois particulières le soin de les expliquer. »

Et M. Olozaga continuait en déclarant que l'individu
né en Espagne de parents étrangers pourrait seulement

choisir entre la nationalité de sa famille et celle que lui conféré la Constitution espagnole, qu'en tout cas, jamais cette dernière nationalité ne lui serait imposée. M. Cala- trava, président du conseil des ministres, prenant acte de la déclaration du président de la Commission, ajoutait que le Gouvernement se trouverait souvent dans un grand embarras, si les Cortès n'acceptaient pas l'interprétation demandée, et l'accord fut établi entre le pouvoir exécutif et l'assemblée pour maintenir le texte intact, tout en admettant qu'en fait les intéressés pourraient toujours con- server la nationalité de leurs parents.

C'est donc à vrai dire, dans cette singulière interpréta- tion de la Constitution, une simple offre de la nationalité espagnole qui est faite aux fils d'étranger. Les Français seront d'autant plus aptes à réclamer l'application de cette jurisprudence que la déclaration du 11 mai 1837 a fait l'objet d'une communication spéciale du Gouvernement royal à l'Ambassadeur français, — communication qui peut être considérée comme constituant un véritable arrangement diplomatique [1].

Deux lois postérieures, venant à l'appui de la déclaration de 1837, ont établi dans la Péninsule un régime à peu près identique à celui de l'article 9 du Code civil. Le texte constitutionnel n'a donc plus qu'une signification tout à fait vague, et veut dire seulement que le droit d'être Espagnol appartient *virtuellement* à tout natif du territoire péninsu- laire. Ces deux lois sont: 1° le décret du 17 novembre 1852 sur les étrangers dont l'article 1er, 3° déclare étrangers les individus nés en Espagne de parents étrangers ou

---

[1] Voir le *Diario de las Sesiones de Cortès.* Année 1837, et les *Estu- dios sobre nacionalidad naturalizacion, y ciudadania..... por un primer secretario de Légacion.* Madrid, 1878.

même de père étranger et de mère espagnole, s'ils n'ont pas réclamé la qualité de sujet espagnol ; — 2° la loi de 1870 sur l'enregistrement des actes de l'état civil, dont l'article 103 prévoit la forme et la procédure de l'option exigée des fils d'étranger qui désirent devenir sujets du roi d'Espagne. Il n'est pas sans intérêt de signaler, d'ailleurs, que dès 1860, la jurisprudence du tribunal supérieur de Madrid avait pris parti pour le décret de 1852 et contre le sens apparent de la Constitution [1].

Les autorités ayant la mission de recevoir l'option de l'étranger né en Espagne qui désire devenir Espagnol sont : 1° la municipalité du lieu où l'intéressé réside en Espagne ; 2° la direction général de l'état civil à Madrid, si l'intéressé n'a pas encore choisi une résidence dans une commune de la Péninsule ; 3° les représentants diplomatique ou consulaire de S. M. C., s'il demeure à l'étranger. L'option doit être effectuée, si l'intéressé a été émancipé, dans l'année qui suit sa majorité, c'est-à-dire sa vingt-cinquième année, s'il ne l'a pas été, au moment de son émancipation [2]. On remarquera ici que, quoique non véritablement Espagnol, puisqu'il doit opter pour le devenir, le fils d'étranger est déjà soumis à la loi espagnole pour l'appréciation de sa capacité. Nous retrouverons plus loin pareille inconséquence dans la loi française.

---

[1] Arrêt du 16 juillet 1860. Voir la *jurispr. civil de Espana* par Zuniga, Madrid, 1869.

[2] Voir *Montalban, Elementos de derecho., etc., de Espana*, T. I., page 328 et ss. et 650 et ss. — La puissance paternelle en Espagne ne cesse pas par la majorité du fils : elle cesse seulement par la mort ou la disparition du père, l'élévation du fils à un emploi public, l'émancipation. L'émancipation se fait par une déclaration devant le juge municipal ; elle est la conséquence forcée du mariage, et le juge peut l'imposer au père qui abuse de ses droits.

Grèce. — La Grèce a adopté la disposition du code civil français. L'individu né en Grèce de parents étrangers naît donc étranger; seulement il peut devenir sujet Grec à trois conditions :

1° déclarer, lorsqu'il réside en Grèce, que son intention est d'y fixer son domicile, et l'y établir dans l'année à compter de l'acte de sa soumission,

2° faire cette déclaration et cette soumission dans l'année qui suit sa majorité,

3° prêter le serment de sujet hellène devant le no-marque compétent [1].

Italie. — Le Code italien admet exactement la disposition de notre article 9 pour les enfants nés dans le royaume de parents étrangers, à la condition toutefois que ces derniers résident dans le pays depuis moins de dix ans. L'enfant, dans ce cas, naît étranger et peut devenir italien en optant dans l'année qui suit sa majorité. Si ses parents demeurent depuis plus de dix ans dans le royaume au moment de sa naissance, il naît Italien, et peut opter dans l'année qui suit sa majorité pour la nationalité de ses parents.

Luxembourg. — Le Luxembourg, comme la Belgique et la Grèce, a adopté notre article 9. Le natif du Grand-Duché, dont les parents sont étrangers, peut donc réclamer à sa majorité la qualité de sujet luxembourgeois. Il n'y a d'exception que celle introduite par une loi du 12 novembre 1859, d'après laquelle l'enfant né dans le Luxembourg d'un étranger militaire ou même simple fonction-

---

[1] Note de M. Rhally, conseiller de la légation d'Angleterre à Athènes. — Voir *Report of royal commiss. on natur. and alleg. page* 143.

naire civil attaché au service de la forteresse de Luxembourg et de la garnison fédérale, ne peut pas user du bénéfice de l'art. 9 du Code civil. Les étrangers au service de la Diète germanique étaient censés se trouver non dans le Grand-Duché, mais sur le territoire de la Confédération. C'est le même principe qui régit la situation des représentants diplomatique. Les enfants des militaires anciennement attachés au service de la forteresse de Luxembourg sont donc réputés n'être pas nés dans le Grand-Duché.

Une loi toute récente, du 27 janvier 1878, a apporté un tempérament dans un sens opposé au système du Code civil. La loi du 12 novembre 1859 a pour objet d'empêcher que certaines personnes n'abusent des facilités légales pour devenir Luxembourgeoises. Celle du 27 janvier 1878 se propose au contraire d'empêcher d'autres personnes de profiter des mêmes dispositions légales pour rester indéfiniment étrangères : elle a adopté, à cet effet, une règle imitée de la législation française [1]. Le gouvernement grand-ducal avait été frappé des inconvénients du régime du Code civil, qui permet à des familles étrangères de vivre indéfiniment sous la loi de leur pays d'origine et de se soustraire aux charges qui frappent les nationaux du pays de leur résidence. Par le système de l'article 9, disait le directeur général de la justice dans l'exposé des motifs soumis au Parlement, « la condition d'étranger peut se perpétuer durant plusieurs générations jusqu'à ce que le souvenir de l'origine étrangère se soit effacé. Si un pareil étranger est appelé comme témoin d'un testament, l'acte est nul. Pour prévenir entre autres ces embarras, les lois

---

[1] Voir ci-après, chap. II, § 6.

françaises des 7 février 1851 et 16 décembre 1874 ont réglé la condition des étrangers établis hors de leur patrie sans esprit de retour. Aux termes de cette nouvelle législation, les enfants nés en France d'un étranger qui lui-même y est né, naissent Français et le restent, à moins que dans l'année de leur majorité ils ne réclament la qualité d'étranger et ne prouvent qu'ils la possèdent encore.

« Je pense qu'il convient d'adopter ce système dans notre législation.

« Le principe de cette disposition ne nous est pas étranger. La loi fondamentale de la Hollande (art. 8) et l'ancien droit français attachaient, comme la loi anglaise, la nationalité à la simple naissance sur le sol du pays. La nouvelle loi française revient en partie à ce principe, toutefois avec cette modification que l'étranger peut, s'il le veut, réclamer sa nationalité d'origine pour autant qu'il l'ait encore conservée.

« En introduisant cette modification dans notre Code, nous remplirons un devoir international en diminuant dans la mesure du possible le nombre de ceux que l'on a qualifiés à bon droit du nom de « vagabonds internationaux » et qui sont un embarras constant pour leur patrie d'origine comme pour les pays qu'ils habitent. Nous pouvons le faire d'autant plus facilement que, au point de vue du domicile de secours, nous n'avons guère l'espoir de voir entretenir par un État étranger des personnes nées dans notre pays de parents qui y sont également nés, et que, d'autre part, on doit admettre que, par le séjour prolongé dans notre pays, ces personnes sont devenues Luxembourgeoises de fait et d'intention, par leur éducation, leurs affections, leurs mœurs et leurs habitudes. »

Conformément à ces vues, le gouvernement a proposé d'adopter la disposition de l'article 1er de la loi française du 16 décembre 1874 [1]. Le Conseil d'État du Grand-Duché appelé à donner son avis, se prononça nettement « contre toute disposition ayant pour but de conférer la nationalité de Luxembourgeois à l'individu né dans le Grand-Duché d'un étranger qui lui-même y est né et attribuant cette qualité au seul fait de la naissance sur le sol grand-ducal, fait qui peut être le résultat d'un cas fortuit, d'une visite, d'un voyage à travers le pays.

« On comprend qu'en France, ajoutait-il, on ait pu introduire une pareille disposition à cause des charges publiques, militaires et autres, auxquelles échappent les étrangers. Mais ce motif n'a pas la même valeur chez nous, dans l'état de notre législation internationale et constitutionnelle.

« Pour donner la qualité de Luxembourgeois à un étranger, il faut que ce dernier présente des garanties suffisantes de moralité ; il faut que, par son éducation et par l'étude qu'il a pu faire des affaires du pays, il ait pris à celles-ci un intérêt particulier. C'est ce que l'on obtient par une résidence d'une certaine durée. On ne doit pas forcer un étranger de devenir Luxembourgeois par simple inadvertance et omission de faire une déclaration. Il faut priser plus haut la qualité de Luxembourgeois et les droits qui en découlent.

« Il semble, d'ailleurs, qu'il ne convient pas qu'un étranger devienne Luxembourgeois sans qu'un acte authentique constate ce changement de qualité. Les principes et les dispositions du Code civil suffisent à toutes les situations concernant les étrangers nés sur le sol luxembourgeois. »

[1] Voir annexe A. 8°.

En présence de cette opposition du Conseil d'État,
M. Eyschen, directeur général de la Justice, proposa de
modifier la rédaction de la loi, en ce sens que le simple fait
de la naissance du fils et du père sur le sol luxembourgeois
ne serait pas suffisant, mais que l'un et l'autre devraient
avoir leur domicile dans le Grand-Duché pour que la nationalité fut acquise de plein droit à l'enfant. L'article fut donc
libellé et présenté à la Chambre des Députés sous la forme
suivante :

« Est Luxembourgeois tout individu ayant son domicile
« dans le Grand-Duché et né dans le pays d'un étranger
« qui y est né lui-même et y a eu son *domicile* jusqu'à la
« naissance de cet enfant, à moins que dans l'année qui
« suivra l'époque de sa majorité, telle qu'elle est fixée par
« la loi luxembourgeoise, cet enfant ne réclame la qualité
« d'étranger. A cet effet il devra en faire la déclaration
« devant l'autorité communale du lieu de sa dernière rési-
« dence, et justifier d'avoir conservé sa nationalité d'ori-
« gine par une attestation en due forme de son Gouver-
« nement, laquelle restera annexée à la déclaration.

« Est également Luxembourgeois celui qui, lors de la
« promulgation de la présente loi, jouit des conditions
« énumérées à l'alinéa précédent, mais a déjà atteint l'âge
« de la majorité d'après la loi luxembourgeoise, à moins
« que dans l'année qui suivra la publication de la loi, il ne
« remplisse les devoirs imposés par le dit alinéa à ceux
« qui veulent conserver la qualité d'étranger. »

Adoptée par la Chambre avec cette seule modification
que la *résidence* du père de l'intéressé sera suffisante, sans
qu'il ait son *domicile* légal dans le Grand-Duché, cette

disposition fait partie de la loi du 27 janvier 1878 sur la naturalisation [1].

Monaco. — La législation de Monaco, divise en trois catégories les enfants nés sur le territoire princier de parents étrangers :

1° Ceux dont les parents sont nés hors de la principauté peuvent opter pour la nationalité monégasque à leur majorité conformément à l'article 9 du Code civil;

2° Ceux dont les parents sont eux-mêmes nés dans les États du Prince sont déclarés sujets du Prince, à moins que, dans l'année qui suit leur majorité, ils ne réclament la qualité d'étranger par une déclaration faite devant l'autorité municipale. Cette disposition a été établie par l'ordonnance princière du 8 juillet 1877, — elle est textuellement empruntée à la loi française de 1851, mais le gouvernment de Monaco n'a pas adopté la modification apportée à cet acte par notre loi du 26 décembre 1874 [2];

3° Enfin les enfants des individus de la 2ᵉ catégorie sont nécessairement sujets du Prince. C'est la seule disposition originale de l'article 1ᵉʳ de l'ordonnance du 8 juillet 1877. Elle empêche donc que les familles étrangères ne se perpétuent pendant plus de deux générations sur le sol de la principauté.

Pays-Bas. — Il faut distinguer, pour apprécier la situation du fils de l'étranger, si ce dernier est ou non regnicole établi. Sont regnicoles établis les individus qui résident depuis trois ans sur le territoire néerlandais, et ceux qui y demeurent depuis dix-huit mois, s'ils ont déclaré à la municipalité du lieu de leur résidence l'intention de conti-

---

[1] Voir annexe T.

[2] Voir ci-après, § 6 et annexe U.

nuer d'y demeurer. — Les enfants nés de regnicoles
établis sont, de plein droit et dès leur naissance, sujets
néerlandais. Les enfants nés d'autres étrangers sont étrangers, mais ils peuvent acquérir la nationalité néerlandaise
en déclarant à la municipalité l'intention de demeurer
dans le pays, et cela dans l'année qui suit le moment où ils
ont accompli leur vingt-troisième année [1].

Russie. — La loi russe ne reconnaît dans aucun cas au
fait de la naissance sur le territoire de l'empire le pouvoir
de conférer la nationalité russe; mais un enfant né dans
l'empire de parents étrangers, et qui a été élevé en Russie,
peut réclamer dans l'année qui suit sa majorité, la qualité
de sujet du czar [2].

Turquie. — La loi ottomane donne au fils d'étranger le
droit d'opter pour la nationalité turque : le délai de l'option commence à courir au jour où l'intéressé a atteint sa
vingt et unième année et dure trois ans [3].

IV

Les législations de cette catégorie, malgré leur analogie, parfois même leur identité, avec la législation française, ne sont pas sans donner lieu fréquemment à des
difficultés.

Écartons d'abord le cas où l'enfant de parents français naît sujet du pays où il vient au monde, par le motif

[1] Voir annexe V.
[2] Voir annexe X.
[3] Voir annexe AA.

que ses parents y résident dans des conditions déterminées. C'est ce qui a lieu aux Pays-Bas, quand les parents sont domiciliés, et en Italie quand ils habitent le royaume depuis plus de dix ans. Il est manifeste que nous retrouvons ici la situation que nous avons déjà étudiée dans l'Amérique du Sud. Il faudrait accorder au Français un droit d'abdication. Ce droit, il en aura besoin même avec l'Italie qui lui permet cependant d'opter à vingt et un ans pour celle des deux nationalités qu'il préfère. Car, s'il veut choisir la nationalité italienne, qui lui est donnée par la loi locale, il se trouvera aujourd'hui dans l'impossibilité absolue de se dépouiller de la qualité de Français. Pour se dénationaliser, suivant la jurisprudence française, il faut, en effet, un acte volontaire de naturalisation, — acte que ne pourra jamais effectuer le fils né en Italie de parents Français y demeurant depuis dix ans, par la raison qu'il est Italien dès sa naissance aux yeux des autorités locales.

La difficulté est plus grande encore quand l'enfant, né à Luxembourg de parents français qui eux mêmes y sont nés, se trouve sujet du souverain territorial en vertu d'une règle dont la France serait d'autant plus mal venue à se plaindre qu'elle l'applique chez elle. Quand il s'agit d'un individu né en Italie dans les conditions sus-mentionnées, s'il veut rester Français il le peut du moins, et sa situation se trouve régularisée. Dans le Luxembourg, l'enfant né de parents Français, qui eux-mêmes y sont nés, et qui veut rester Français vis-à-vis de la loi luxembourgeoise, doit présenter un certificat constatant que la qualité de Français lui est reconnue en France. Mais quelle est l'autorité française qui pourra délivrer ce certificat? nous n'en voyons aucune. Chez nous, la nationalité ne peut être appréciée

que par les tribunaux, qui rendent des jugements et ne
donnent pas des avis. On ne voit guère comment la justice
française pourrait être saisie dans l'espèce. Si l'intéressé
résidait à l'étranger, les autorités grand-ducales se con-
tenteraient peut-être d'un certificat d'immatriculation dans
un consulat français. — A Monaco, où une loi du même
genre existe, on n'exige pas de certificat de nationalité du
gouvernement dont l'intéressé se prétend le ressortissant.
C'est une complication de moins : on se trouvera pourtant
encore en présence de cette anomalie de voir la France
refuser de reconnaître les effets d'une loi étrangère identique à la sienne. Dans l'un et l'autre cas, ce qui devrait être
établi, c'est, pensons-nous, quelque chose de plus qu'un
droit d'abdication pour le Français arrivé à sa majorité.
Cette abdication n'est qu'un palliatif, destinée à établir
un *modus vivendi* entre deux systèmes incompatibles;
elle présentera toujours, comme on l'a dit, ce grave inconvénient que celui qui a le droit de l'effectuer ne pourra
jamais régulariser sa situation qu'à sa majorité. Pendant
sa minorité, il aura cumulé deux nationalités, et quoique
la question soit moins importante pour un incapable, il
y aura pourtant des cas où l'on se trouvera embarrassé
pour savoir suivant laquelle des deux lois on devra organiser sa tutelle, régler sa succession, etc.... — Quand les
lois étrangères sont identiques à la loi nationale, l'équité et
le bon sens exigent qu'on en reconnaisse les effets. Pour
cela il faudrait décider par convention que les individus nés
à Monaco ou au Luxembourg de parents français qui eux-
mêmes y sont nés, seront sujets du pays de leur naissance,
même au regard de la France, jusqu'à ce qu'ils aient opté
pour la France, auquel cas ils seraient considérés par les
deux gouvernements comme Français.

Ce n'est pas seulement ce régime spécial qui donne lieu à de singulières difficultés avec les pays qui nous l'ont emprunté. C'est même aussi la simple disposition de l'article 9 du Code civil. Ici, il est vrai, la situation est au point de vue civil parfaitement régulière. Le Français qui est né à l'étranger, en effet, devient étranger à nos yeux au moment même où il fait sa déclaration d'option. Et jamais il n'a cumulé deux nationalités. Mais, au point de vue militaire, il se présente des difficultés particulières : l'appel sous les drapeaux, étant antérieur à la majorité, précède l'époque où s'ouvre le droit d'option, et entrave ce droit. Ainsi le jeune Français, né en Belgique, a le droit d'opter à vingt et un ans pour la nationalité belge: mais à vingt ans il est porté en France sur la liste du recrutement et par suite il est soldat ou insoumis au moment où il peut opter. La dénationalisation ne saurait purger le délit d'insoumission et l'optant se trouve dans l'impossibilité de rentrer dans son ancienne patrie, sans être poursuivi comme réfractaire. Il a usé d'un droit qui bien incontestablement lui appartenait, puisque les lois de son pays d'origine et celles du pays de sa naissance étaient d'accord pour le lui reconnaître, et cependant, quelle que soit sa bonne volonté, il lui est impossible de régulariser sa position.

C'est par des conventions diplomatiques, et par là seulement, qu'on pourrait remédier à ces inconvénients. Il est probable qu'à un moment donné la France sera liée par des arrangements relatifs au recrutement militaire avec tous les pays qui l'entourent. Jusqu'à présent, un seul arrangement de cette nature a été conclu. C'est avec l'Espagne, en 1862; mais, préoccupés seulement d'empêcher que personne ne pût se soustraire au service, les négociateurs de la con-

vention consulaire franco-espagnole de 1862 convinrent
(art. 5) que les Français nés en Espagne et appelés au
service militaire en Espagne pourraient s'exempter en produisant un certificat attestant qu'ils ont tiré au sort
en France. Réciproquement il fut stipulé que les Espagnols nés en France ne seraient pas enrôlés dans notre
armée, s'ils produisaient la preuve qu'ils ont satisfait à
leurs obligations militaires en Espagne. Cette double clause
a été souvent attaquée comme conduisant à des conséquences absurdes. En Espagne, elle pourrait se conce-
voir, si la règle insérée à l'art. 1 de la constitution avait
une valeur pratique : mais les explications données
ci-dessus ont montré que l'Espagne, en permettant
à nos nationaux, nés au delà des Pyrénées, de se soustraire au service dans son armée, nous faisait une
concession plus apparente que réelle. En ce qui concerne
l'Espagnol né en France, l'arrangement est tout à fait
inadmissible. En effet, un enfant né en France de parents
espagnols est Espagnol, et comme tel, il ne peut être appelé
au service que par erreur, et il n'a qu'à invoquer sa nationalité devant le Conseil de révision, ou contre le préfet
devant le tribunal, pour être immédiatement rendu à la
vie civile. La convention a abouti en pratique à ce résultat singulier qu'on a refusé de libérer des Espagnols,
parce qu'ils ne pouvaient prouver qu'ils avaient servi en
Espagne : comme si jamais un étranger pouvait faire
partie de l'armée française ! Et d'autre part, pouvait-on
prétendre que la convention eût établi un nouveau mode
de devenir Français, particulier aux Espagnols nés en
France? C'est insoutenable. Il faut, croyons-nous, suivre la
convention seulement en ce qu'elle contient relativement
aux Français nés en Espagne, mais on ne saurait hésiter

à libérer des Espagnols, qui feraient partie de notre armée par la raison qu'ils n'auraient pas tiré au sort dans leur pays.

C'est d'un tout autre principe qu'il importerait de partir dans les conventions que nous voudrions voir signer avec d'autres puissances voisines. L'arrangement franco-espagnol soumet la loi civile à la loi militaire. Il conviendrait, au contraire, de mettre la loi militaire en harmonie avec la loi civile. Il n'est pas bien difficile de trouver une combinaison qui concilie tous les intérêts. Il s'agirait seulement, ainsi qu'on l'a déjà proposé ci-dessus, pour les jeunes Français sujets des pays étrangers où ils sont nés, de retarder l'appel sous les drapeaux jusqu'après le moment où l'option de nationalité a pu être effectuée. Avec l'Espagne, l'accord ne serait peut-être pas facile à établir sur ces bases, par le motif que l'âge de la majorité dans la Péninsule est vingt-cinq ans et que, en outre, l'émancipation est nécessaire pour qu'un jeune homme puisse changer sa nationalité. Mais avec la plupart des autres pays voisins, où la majorité est la même qu'en France, ne pourrait-on pas s'entendre facilement? Il s'agirait seulement de faire pour les jeunes Français nés dans ces pays, ce que nous faisons pour les jeunes gens nés en France de parents étrangers qui eux-mêmes y sont nés, à qui la loi militaire du 27 juillet 1872, accorde un ajournement de deux ans pour leur permettre d'opter avant l'appel. Les uns et les autres étant Français, ce ne serait donc pas une innovation véritable qu'il s'agirait d'introduire dans la loi, mais seulement une extension à une classe d'individus d'un avantage accordé à une autre.

C'est surtout avec la Belgique que les inconvénients de l'état de choses actuel, se sont fait sentir, à cause du nombre

5

considérable de nationaux de chaque pays qui naissent dans l'autre. Une interpellation qui a eu lieu au parlement belge, dans la séance du 5 décembre 1877, montre quelle importance on attache à Bruxelles à l'établissement d'un accord entre les deux législations. « Les contradictions qui existent entre les lois des deux pays, disait M. Visart, membre de la Chambre des Représentants [1], donnent lieu à des inconvénients si graves, qu'il devient tout à fait urgent d'y porter remède par une convention internationale.

« Le texte et l'interprétation actuelles des lois existantes en France et en Belgique mettent une foule de familles dans la situation la plus pénible et la plus difficile et provoquent même entre les deux pays des conflits extrêmement fâcheux.

« Vous savez tous, Messieurs, qu'il y a aujourd'hui un grand nombre de Français établis et résidant en Belgique et un nombre beaucoup plus grand encore de Belges résidant en France.

« La situation de ceux qui sont nés dans le pays auquel ils appartiennent est très simple, ils doivent le service à leur pays d'origine. Mais les Belges nés en France et les Français nés en Belgique se trouvent dans une position tout à fait différente, qui donne lieu à des réclamations incessantes.

« L'article 9 du Code civil, qui est en vigueur dans les deux pays, leur donne le droit d'opter, dans l'année de leur majorité, entre les deux nationalités. La Belgique, comme la France, accorde cette faculté à l'étranger né sur

---

[1] Voir le compte-rendu officiel des séances de la Chambre des Représentants de Belgique.

le territoire, et néanmoins chacun des deux pays en refuse l'exercice aux nationaux nés en pays étranger, de telle sorte que l'article 9 du Code civil est lettre morte pour tous les Belges nés en France et tous les Français nés en Belgique. En effet, les deux gouvernements considèrent, chacun pour ce qui concerne ses sujets, la nationalité comme résultant nécessairement de la filiation. Tout fils de Belge, quel que soit le lieu de sa naissance ou de sa résidence, doit le service militaire en Belgique, et tout fils de Français doit le service militaire en France. C'est en vain qu'un Belge né en France ou un Français né en Belgique veut faire usage de l'article 9 du Code civil; son pays d'origine lui dit : Avant votre majorité vous me deviez le service militaire; un fait postérieur ne peut vous décharger de cette obligation, et du reste vous n'avez pas le droit de renoncer à votre nationalité.

« Cette jurisprudence étant appliquée en Belgique comme en France, il en résulte qu'il y a aujourd'hui des milliers d'individus devenus Français ou Belges qui sont réfractaires aux yeux de leur pays originaire, ils ne peuvent passer la frontière sans s'exposer à être saisis et incorporés dans l'armée d'un pays qui leur est devenu étranger.

« Je suppose, Messieurs, qu'il suffit de dépeindre une telle situation, pour convaincre Monsieur le Ministre des affaires étrangères qu'il est désirable au plus haut point d'y porter remède par des négociations internationales. Chacune des deux nations doit vouloir que ses lois, sur son territoire, puissent être librement exécutées et que la naturalisation puisse être acquise chez elle sous les conditions que le gouvernement a déterminées. Cette prétention est légitime surtout vis-à-vis d'une nation qui a une législation identique et à laquelle on offre une parfaite réciprocité.....

« Il me semble que des négociations entamées sur cette question auraient d'autant plus de chance d'aboutir heureusement que la solution en est tout indiquée et s'impose pour ainsi dire. Il n'y a pas d'autre moyen de concilier l'article 9 du Code civil et le droit qu'a la Belgique, comme la France, de faire acquérir la naturalisation à des étrangers, avec les lois militaire des deux pays, que de retarder pour tous les Belges nés en France et pour tous les Français nés en Belgique l'inscription militaire jusqu'à leur majorité.

« Il serait juste et rationnel d'en agir ainsi, puisqu'on veut leur laisser jusqu'à vingt et un ans accomplis le choix de leur nationalité et qu'en principe c'est à sa patrie seulement qu'on doit l'impôt du sang.

« Il est probable que le gouvernement français accepterait sans difficulté un tempérament de ce genre, car il en a pris l'initiative dans un cas analogue. Aujourd'hui déjà, tous ceux qui sont nés en France de parents qui eux-mêmes y sont nés ne participent au tirage au sort que dans l'année qui suit leur vingt et unième accomplie. Ils sont Français en principe, mais le gouvernement français veut respecter le droit qu'ils ont encore d'opter pour une autre nationalité et dans ce but consent à abréger de deux ans la durée effective de leur service militaire. Cela résulte clairement de l'article 9 § 2 de la loi du 27 décembre 1874..... »

Directement mis en cause par M. Visart, M. d'Aspremont Lynden, ministre des affaires étrangères, a fait la déclaration suivante :

« La situation dont l'honorable M. Visart vient d'entretenir la Chambre est réelle. Les Belges nés en France de même que les Français nés en Belgique sont soumis au service militaire dans leur pays d'origine et cela à un âge où ils ne sont pas à même de bénéficier de l'option que leur accorde l'article 9 du Code civil. Mais, Messieurs, ce n'est pas la seule difficulté que nous rencontrions dans l'application des lois de milice. Plusieurs réclamations nous ont été adressées par divers gouvernements en nous faisant observer que certains articles de la loi du 3 juin 1870 [1] donnent lieu à des difficultés au moins égales à celles soulevées par l'honorable membre.

« Nous avons cru qu'il était opportun d'y chercher un remède au moyen d'arrangements internationaux, et de faire cesser ainsi tous les inconvénients qui nous sont signalés.

« Pour arriver à ce résultat, un travail préparatoire était nécessaire, une commission comprenant des fonctionnaires des départements de la justice, de l'intérieur et des affaires étrangères, a été chargée d'arrêter les bases d'un arrangement préliminaire à intervenir entre les divers gouvernements intéressés dans la question. Cette commission n'a pas perdu de temps ; elle a eu déjà plusieurs réunions ; en ce moment elle siège encore, et j'ai tout lieu d'espérer que, dans un délai très bref, son travail sera terminé et que nous pourrons commencer les négociations ».

Postérieurement à cette déclaration ministérielle, un haut fonctionnaire du département de l'Intérieur de Belgique, a publié un rapport sur cette question dans le bulletin de la « Société de législation comparée ». Il en

---

[1] Il s'agit ici des individus dits de nationalité indéterminée qui sont appelés sous les drapeaux belges.

résulte que les points sur lesquels on désirerait, à Bruxelles, conclure une convention avec la France sont plus nombreux que les explications fournies au parlement ne le laissaient supposer. Néanmoins la première et la plus importante disposition de l'arrangement à intervenir aurait précisément pour objet de retarder jusqu'à la vingt-deuxième année l'appel sous les drapeaux, dans les deux pays, des jeunes gens nés, dans un des deux États, de parents nationaux en l'autre et à qui le Code civil commun accorde le droit d'opter entre les deux nationalités quand ils ont atteint la vingt et unième année [1]. Ce serait, pensons-nous, une mesure sage et équitable, et la France ne saurait avoir à s'en plaindre, car si nous perdions quelques hommes parmi les Français nés en Belgique et dont beaucoup seront peut-être disposés à choisir cette dernière nation, où les charges sont moins lourdes, nous en gagnerions bien certainement, parmi les Belges nés en France, qui, dans l'état de choses actuel, sont appelés à dix-neuf ans à servir la Belgique, et par suite ne sont guère disposés à effectuer plus tard une option qui les ferait tomber sous le coup de la loi militaire française.

Il faudrait, cependant, que les intéressés ne fussent pas privés de l'avantage d'entrer, s'ils le veulent, avant l'âge de vingt-deux ans dans l'armée ou dans les écoles militaires du pays auquel ils appartiennent, étant mineurs. Pour cela, il y aurait lieu de les autoriser à renoncer au droit d'option, avec l'autorisation de leurs représentants légaux, ainsi qu'il a établi, par la loi du 16 décembre 1874, pour les jeunes gens nés en France de parents français qui eux-

[1] Voir, annexe DD., la communication de M. Lecmans à la Société de législation comparée.

mêmes y sont nés [1]. — En pratique, il serait facile d'assurer l'application de ces mesures, puisque les listes de recrutement des Français résidant en Belgique sont dressées
par nos agents diplomatiques, qui n'auraient qu'à renvoyer
à deux ans les individus nés dans le royaume, sauf le cas
où ils demanderaient eux-mêmes, dûment autorisés, à être
appelés en même temps que les autres Français de leur
âge.

§ 4. — Enfants nés de parents ayant perdu la qualité de Français.

I

L'article 10 de notre Code civil décide que : « tout
enfant né d'un Français en pays étranger est Français ».
C'est la disposition qui vient d'être expliquée. Dans sa
seconde partie, le même article donne une nouvelle application de la règle que la filiation détermine la nationalité.
Il suppose un enfant né à l'étranger de parents ayant perdu
la qualité de Français : cet enfant « pourra toujours recou-
« vrer cette qualité en remplissant les formalités pres-
« crites par l'article 9 ». Ainsi, le législateur a voulu que
l'enfant d'un individu qui a été amené à se faire naturaliser étranger, ou qui est déchu de sa nationalité, mais qui
est de race française, pût par simple déclaration, obtenir
la qualité de Français. Il dit même *recouvrer*, quoique
jamais cet enfant n'ait perdu une qualité qu'il n'a jamais
eue, mais parce qu'on le rend pour ainsi dire solidaire de

_____
[1]Voir ci-après § 6.

sa famille. C'est donc une extension au principe de la filiation qui est sanctionnée par notre article. La déclaration
pourra être faite pendant toute la vie de l'intéressé, à la
seule condition de son retour en France.

On peut s'étonner des mots *nés en pays étranger*, que
renferme la deuxième disposition de l'article 10. C'est une
trace, qui eût dû être effacée, de la première rédaction
du Code qui rattachait la nationalité à la naissance sur le
territoire français. Il était naturel alors qu'on parlât des
enfants nés à l'étranger, ceux qui naissaient en France
étant tous Français. Il faut admettre, *à fortiori*, que l'enfant
né en France d'un ci-devant Français pourra invoquer l'article 10. Il aura donc sur l'enfant d'un simple étranger
l'avantage de pouvoir opter à tout âge.

Nous pensons, avec la majorité des auteurs, qu'il faut
accorder le bénéfice de l'article 10 à l'enfant d'une femme
qui a perdu sa nationalité par le mariage. C'est à cause
du sang français, qui coule dans ses veines, qu'on permet à l'enfant de l'article 10 de devenir si facilement
Français : le fils de la femme française mariée à un étranger a donc autant de droit que celui de l'ex-Français à
réclamer cette faveur [1].

Cette considération du droit du sang a été bien certainement le motif déterminant de la règle de l'article 10. Mais
il ne faudrait pas pourtant aller jusqu'à en refuser l'application aux personnes qui tiennent seulement à la France
parce que leur père a été sujet français momentanément
sans que d'ailleurs il fût un Français de race. On s'est
demandé, par exemple, si le bénéfice de l'article 10

[1] Cette solution, qui paraît adoptée en France par la Chancellerie, a été
repoussée par la cour de cassation de Belgique, le 24 février 1874.

peut être invoqué par l'enfant de celui qui est devenu temporairement Français par la réunion de son pays
à la France, et qui a cessé de l'être par la séparation
de ce pays du territoire français. La négative est soutenue par M. Demangeat [1] et par les annotateurs de
Zachariæ; l'affirmative a été défendue avec beaucoup de
talent par M. Mourlon, dans une savante dissertation publiée en 1858 dans la *Revue pratique* [2]. La question s'était
posée à l'occasion du fils d'un Piémontais qui s'était fixé en
France pendant le premier empire, et qui, en 1814, avait
omis de remplir les formalités requises pour conserver
la nationalité française. L'intéressé pouvait-il en 1857 faire
valoir que son père avait été quelques années Français,
pour réclamer l'application de l'article 10 du Code ? Nous
ne voyons aucune raison sérieuse de ne pas répondre
affirmativement. Les tribunaux ont tranché la question
différemment, en invoquant un soi-disant principe de droit
des gens, d'après lequel les habitants d'un pays cédé
seraient supposés avoir toujours été sous l'allégeance de
leur dernier maître. Rien n'est plus contestable que ce
prétendu principe, qui n'a jamais existé ailleurs que dans
l'imagination des théoriciens.

Quoique partisan d'appliquer largement la règle de
l'article 10, nous croyons pourtant qu'il faut se borner à la
première génération et ne pas accorder la même faculté
aux descendants d'un autre degré. Seule, une loi d'exception, la loi des 9-15 décembre 1790, a permis à une catégorie d'individus descendants de familles françaises,

---

[1] Demangeat et Fœlix, *Droit international,* t. I, p. 214, note 12. —
Aubry et Rau, 4ᵉ édition, t. I, § 70, p. 240, note 12.

[2] *Revue pratique,* correspondance par M. Mourlon, année 1858, t. V.,
p. 245 et suiv.

quelle que fut la distance qui les séparât de leur auteur français, de réclamer la qualité de Français [1].

II

Loi du 9-15 décembre 1790. — La disposition capitale de la loi est la suivante : « Toutes personnes qui, nées en « pays étranger, descendent en quelque degré que ce soit « d'un Français ou d'une Française expatriés pour cause « de religion sont déclarés naturels Français et jouiront « des droits attachés à cette qualité, si elles reviennent en « France, y fixent leur domicile et y prêtent le serment « civique. » Il s'agissait de faire disparaître les consé- quences de la révocation de l'édit de Nantes, et de mar- quer toute la réprobation que l'on ressentait contre les mesures qui avaient obligé tant de malheureux à chercher un asile hors de leur pays.

Le rapporteur de la loi considérait qu'en droit naturel les religionnaires fugitifs n'avaient jamais cessé d'être Français, puisque leur départ avait eu lieu en vertu d'or- donnances tyranniques ayant méconnu les premiers droits de l'humanité. Mais, en droit positif, il fallait effacer l'effet de nombreuses ordonnances qui, depuis 1669, avaient dé- claré aubain tout Français sortant de France sans une

---

[1] La disposition de l'article 10 est d'une des dispositions légales qui occasionnent des difficultés avec la Belgique au point de vue du service militaire. Dans les idées du gouvernement belge, on devrait ajourner aussi, jusqu'à la vingt-deuxième année, l'appel des jeunes gens nés de parents ayant perdu l'une des deux nationalités pour acquérir l'autre, et à qui l'art. 10 du Code civil commun aux deux pays reconnaît le droit d'opter à leur majorité pour la première nationalité de leur famille. C'est une proposition fort équitable. Voir annexe DD.

autorisation du roi. En vertu de la loi de 1790, la qualité de Français était virtuellement reconnue à tous les descendants des fugitifs, qui n'avaient à remplir qu'une facile condition de retour et prêter serment pour devenir citoyens. La loi ne distingue pas entre les descendants des hommes et les descendants des femmes : il suffit qu'ils aient dans les veines du sang français pour qu'ils puissent invoquer les effets de la loi.

S'ils sont majeurs, point de difficulté ; mais les mineurs pourront, le texte le dit expressément, user de leur droit avec l'autorisation de leur père, mère, aïeul ou aïeule.

Quelques controverses se sont élevées au sujet de cette loi, qui reçoit encore de nos jours d'assez fréquentes applications. Et d'abord, la loi se borne-t-elle aux individus nés au moment où elle a été promulguée ? L'affirmative a été quelquefois soutenue : on la trouve même dans une circulaire ministérielle du 22 décembre 1842. Mais, dans la jurisprudence, elle n'a pas prévalu : un arrêt de la Cour royale de Paris du 29 septembre 1847 a attribué le bénéfice de la loi à des individus qui n'étaient pas encore nés en 1790. Plusieurs autres sentences ont été rendues dans le même sens.

Faut-il du moins que, depuis le 15 décembre 1790, les personnes qui invoquent la loi ou leurs descendants n'aient pas commis d'actes qui, en droit commun, leur eussent fait perdre leur qualité de Français ? On soutient l'affirmative en disant que les religionnaires, ayant été déclarés véritablement Français par la loi de 1790, ont pu perdre cette qualité par tous modes prévus par le Code civil, comme les autres Français. C'est l'opinion soutenue par la Cour de cassation dans un arrêt du 13 juin 1811, mais un arrêt récent de la Cour d'Aix [1] a rompu avec la juris-

---

[1] Arrêt du 15 mars 1866.

prudence de la Cour suprême et s'est rangé à un système
beaucoup plus large. Il s'agissait de statuer sur la nationalité d'un avocat près la Cour d'Aix qui avait exercé en
Suisse des fonctions publiques, et qui postérieurement
avait réclamé la qualité de Français en vertu de la loi de
1790. La Cour pensa que « si aux termes de l'article 17 du
« Code civil, l'acceptation de fonctions publiques à l'étran-
« ger, sans autorisation du gouvernement, entraîne la
« perte de la qualité de Français, il ne saurait être
« qu'en exerçant ces fonctions publiques en Suisse où il
« vivait, le demandeur eût perdu l'aptitude spéciale qu'il
« puisait dans la loi de 1790 et qui ne pouvait sortir à
« effet que le jour où il reviendrait en France. »

Ce raisonnement paraît juste : malgré les termes de la
loi, ce n'est pas une véritable naturalisation qu'on accorde,
mais une facilité pour devenir effectivement Français. Cette
manière de voir offre d'ailleurs l'avantage d'être plus conforme au droit des gens. Il serait en effet inadmissible
qu'un individu tenu pour Italien ou Suédois par son gouvernement pût tout à coup, sans être jamais venu en
France, se dire Français et être déclaré tel par une loi
française.

§ 5. — Enfants nés en France de parents étrangers nés hors de France.

La loi française, comme on vient de le voir, reconnaît aux
fils de Français la qualité de Français, en quelque pays
qu'ils soient nés. Par une juste réciprocité, elle regarde
comme étrangers les fils d'étranger quel que soit le lieu de

leur naissance. L'enfant né en France d'un étranger est donc étranger. Il ne faut pas oublier que c'est une innovation du Code civil : sous l'ancien régime, l'individu né sur le sol français tombait par cela même sous l'allégeance du roi de France, et rien ne fut changé à cette règle par les lois de la période révolutionnaire. Les personnes nées en France avant le 8 mars 1803, date de la promulgation du titre 1er du Code, sont donc de plein droit françaises, lors même que leurs parents seraient d'origine étrangère. C'est seulement aux personnes nées postérieurement à cette date qu'il faut appliquer la nouvelle règle.

I

Il eût toutefois paru bien rigoureux de n'attacher absolument aucun effet au lieu de la naissance : la transition eût été trop brusque et, comme d'autre part le système de l'ancien régime comptait beaucoup de partisans, on tempéra dans l'application la rigueur du principe nouveau. Sans cesser d'admettre que la nationalité provient de la filiation, on inséra dans le Code une disposition qui facilite la naturalisation aux enfants nés en France de parents étrangers. On fit une sorte de compromis entre le système du tribunat qui demandait l'assimilation pure et simple des étrangers nés en France aux autres étrangers, et le système du premier consul qui réclamait le maintien de l'ancienne règle, sans doute pour avoir le droit d'appeler à la conscription tous les natifs du sol français. De là sortit l'article 9, rédigé dans les termes suivants : « Tout individu né en France d'un étranger « pourra, dans l'année qui suivra l'époque de sa majorité,

« réclamer la qualité de Français, pourvu que, dans le cas
« où il résiderait en France, il déclare que son intention
« est d'y fixer son domicile, et que, dans le cas où il rési-
« derait en pays étranger, il fasse sa soumission d'établir
« son domicile en France, et l'y établisse dans l'année, à
« compter de l'acte de soumission. » C'est donc une sorte
de naturalisation privilégiée, mais qui se distingue de
l'autre en cela surtout qu'elle constitue un droit, tandis
que la vraie naturalisation est une faveur.

Tout enfant né sur le sol français est donc apte à faire
dans le cours de sa vingt-deuxième année la déclaration
de l'article 9. Il faut entendre le mot sol dans son sens
le plus large. Un navire français serait certainement considéré comme territoire français, en pleine mer. Mais dans
les eaux territoriales d'une puissance étrangère, le navire
de guerre seul, ou le paquebot qui jouit des immunités des
vaisseaux de guerre, est regardé comme prolongement
du territoire. Quant aux ambassades et légations, elles ne
sont exterritorialisées que pour la sûreté de l'ambassadeur, la garde et la sécurité de ses archives, et elles
ne peuvent pas être considérées comme consacrant une
véritable aliénation de territoire. Un étranger né à Paris
dans l'hôtel d'une ambassade étrangère serait certainement
admis à invoquer l'article 9. Inversement un étranger né à
l'étranger dans l'hôtel d'une ambassade française, ne pourrait pas réclamer à vingt et un ans l'application de notre
article. — On a quelquefois admis à bénéficier de cette
faveur les enfants nés de parents étrangers sur le sol d'un
pays cédé à la France, après la naissance de l'intéressé.
Cette décision qui repose sur un prétendu principe juridique d'après lequel un pays cédé serait supposé avoir

toujours appartenu à l'État cessionnaire, ne saurait être admise [1].

L'article 9 exigeant positivement que l'étranger soit né en France, il n'y a pas lieu d'assimiler à l'enfant né celui qui a seulement été conçu en France. Il pourrait arriver, par exemple, qu'un étranger qui demeurait en France étant mort, sa femme enceinte allât accoucher à l'étranger : la maxime *infans conceptus* n'est pas applicable, suivant nous [2].

La déclaration prévue par l'article 9 doit se faire devant la municipalité de la commune où réside le déclarant, et dans l'année qui suit l'époque de sa majorité. De quelle majorité s'agit-il ? Quelques jurisconsultes ont soutenu qu'ils s'agissait de la majorité française, c'est-à-dire de l'âge de vingt et un ans. Si le droit des gens actuel admettait la théorie de la territorialité de la loi à laquelle il a été déjà fait allusion ci-dessus, il serait possible de s'arrêter à cette opinion ; mais, ou la règle des statuts est une absurdité qu'il faut rejeter dans tous les cas, ou il faut la suivre dans la circonstance où elle s'applique le plus justement. Si la majorité n'est pas du statut personnel, qu'est-ce qui pourrait en faire partie ? Le fils d'étranger naissant étranger, n'est majeur qu'au jour où la loi étrangère lui attribue la pleine et entière capacité. D'ailleurs, la France n'admet pas qu'un Français puisse se dépouiller de sa nationalité avant sa majorité [3] : comment pourrait-elle soutenir

---

[1] C'est pourtant la doctrine de la Chancellerie, suivant une lettre du Garde des Sceaux au Préfet de la Gironde, du 17 novembre 1876, relative à un Suisse né avant 1860 en Savoie. Voir le *Journal du droit international privé*. Année 1877, page 101.

[2] Voir ci-dessus, page 27, les motifs que nous avons donné pour écarter, en matière de nationalité, l'application d'une fiction qui doit être limitée aux questions de succession.

[3] Voir chap. III, § 7.

contre un pays étranger la nationalité française d'un individu qui aurait fait à vingt et un ans la déclaration de l'article 9, tandis que, d'après sa loi d'origine, il n'était capable qu'à vingt-trois ans. Avec les Pays-Bas, par exemple, un pareil conflit pourrait se présenter, et nous n'aurions assurément pas la bonne cause. Il faut pourtant apporter à cette solution une restriction imposée par la logique : si la loi étrangère fixe la majorité à un âge moins avancé que la loi française — ce qui a lieu dans quelques cantons suisses, — il serait difficile d'admettre que l'intéressé dût encourir la déchéance du bénéfice de l'article 9, s'il ne le réclame pas dans l'année qui suit sa majorité. L'option qu'il ferait ainsi avant l'âge de vingt et un ans, quoiqu'il fût capable d'après sa loi personnelle, ne pourrait pas lui profiter, puisque, le lendemain même, il redeviendrait mineur. Il faut donc, en résumé, que l'étranger soit majeur d'après sa loi d'origine, mais à la condition que, d'après cette loi, la majorité ne soit pas fixée au-dessous de vingt et un ans.

Souvent, du reste, il y aura coïncidence, car dans la plupart des législations l'âge de vingt et un ans est aujourd'hui celui de la majorité. Il est évident, en outre, que cet âge sera celui auquel les fils d'étrangers n'ayant pas de patrie pourront faire la déclaration. On s'est parfois demandé si ces jeunes gens ne devraient pas être traités purement et simplement comme Français, et c'était l'opinion de M. Demante ; mais nous ne pouvons nous ranger à cet avis. Un étranger, en effet, n'est point nécessairement un individu qui se rattache à une nationalité étrangère reconnue : c'est un individu qui n'est pas Français. Comment dès lors ne pas assimiler les *heimathlos* aux étrangers [1] ?

---

[1] On remarquera, d'ailleurs, que depuis la loi du 16 décembre 1874 le danger

Reste à examiner la question si souvent débattue de savoir si la déclaration de notre article a un effet rétroactif, c'est-à-dire si l'étranger qui l'a faite doit être considéré comme ayant toujours été Français depuis le jour de sa naissance. La rétroactivité est une anomalie : comme telle, il ne faut l'admettre qu'à bon escient et en présence d'un texte impérieux. Or, l'article 9 n'est nullement explicite. En vain dira-t-on que, la naturalisation privilégiée et instanée qu'il établit se fondant sur la naissance, il faut en faire remonter les effets jusqu'au moment de la naissance? En vain ajoutera-t-on que l'article 20 qui règle la non-rétroactivité de la naturalisation ne vise point l'article 9 ? Ce ne sont que des considérations secondaires qui tombent absolument devant une explication rationnelle de notre texte. — Lors de l'élaboration du Code civil, le premier Consul proposait, comme on l'a dit, de le rédiger, conformément aux anciens principes, en ces termes : « *Tout individu né en France est Français.* » Sur les observations du Tribunat, on adopta la rédaction actuelle; mais l'article 20 avait déjà été accepté et ne fut pas mis en harmonie avec cette modification. Ainsi s'explique qu'il ne vise pas l'article 9. D'ailleurs, il serait singulièrement illogique de faire remonter la nationalité au jour de la naissance, puisque l'article est fondé précisément sur le principe que les enfants suivent le statut personnel de leurs parents, principe qui, quoique non formellement exprimé, plane sur toute notre législation en cette matière [1].

des *heimathlos* est beaucoup moins à craindre. Les partisans de l'opinion de M. Dumante ne peuvent donc plus invoquer l'utilité sociale qui était leur meilleur argument.

[1] Notre système est celui de la Cour de cassation de Bruxelles (arrêt du 8 janvier 1872. Voir Dalloz. 1872. 2. 13) En France la Cour de cassation a adopté le système de la rétroactivité, qu'un grand nombre de commentateurs ont admis également. Les arguments qu'ils font valoir bien résumés

II

L'application de la loi militaire aux fils d'étranger nés
en France, donne lieu à un certain nombre de difficultés
pratiques qu'il importe d'élucider. Tandis que le naturalisé ordinaire est, ainsi qu'on le verra ci-après, exempté,
par erreur sans doute, de tout service dans l'armée française, le fils d'étranger, qui a fait la déclaration de l'article
9, est appelé sous les drapeaux. Seulement au lieu d'être
appelé avec la classe à laquelle il appartiendrait par son âge,
s'il était Français, il marche avec la première levée faite
après qu'il a effectué sa déclaration. Il n'est astreint toute-

par M. Stoïcesco. Il faut se rappeler, dit-il, qu'avant le Code « tout individu
né sur le sol français était réputé Français de naissance ; le projet avait
reproduit cette idée, et ce fut à la suite des discussions élevées au Tribunat,
et de la conférence entre la section de législation du Tribunat et celle du
Conseil d'État, qu'on abandonna l'ancien principe, consacré par le projet,
et que l'article 9 passa dans le Code. Cet article est, comme nous l'avons
déjà dit, le résultat d'une transaction admise après les observations du Tribunat ; l'individu né en France de parents étrangers ne devenait plus Français par le fait de la naissance, mais devait réclamer cette faveur après sa
majorité. La qualité de Français lui était conservée sous la condition de la
réclamer ; voici en quels termes s'exprimait le tribun Gary, à ce propos,
dans son discours au Corps législatif : « Le bonheur de sa naissance n'est
« pas perdu pour lui ; la loi lui offre de lui assurer le bienfait de la nature ;
« mais il faut qu'il déclare l'intention de le *conserver*. » Du reste, le mot
réclame qui se trouve dans l'article 9 prouve une fois de plus, que la
qualité de Français, est un droit préexistant, en faveur de celui qui est né
sur le sol français de parents étrangers ; on ne réclame pas un droit qu'on
n'a point, au moins sous condition ; on l'*acquiert*. Et comme le législateur
s'est servi du mot *réclame*, il est évident qu'il a voulu consacrer le système de la rétroactivité. »

Cette explication du mot *réclamer* nous paraît un peu fantaisiste, et
c'est faire peu d'honneur aux rédacteurs du Code que de croire que, s'ils
avaient voulu une bizarrerie comme la rétroactivité, ils se seraient si mal
expliqués.

fois qu'au service de la classe, où ont été versés les jeunes Français de son âge [1].

Dans la pratique, il arrive assez souvent que le fils d'étranger est porté sur la liste du recrutement après qu'il a atteint sa vingtième année, par ignorance de sa nationalité : par cela seul qu'il est né en France, il est présumé Français, et c'est à lui à établir son extranéité, pour se faire rayer des listes du recrutement. Il fera cette preuve en établissant que son père était étranger, soit devant le maire de sa commune, soit devant le tribunal de l'arrondissement devant lequel il actionnera le préfet du département, soit devant le conseil de révision, s'il a négligé de le faire auparavant. Si l'intéressé est fils d'Anglais, il pourra toujours être rayé en produisant un certificat dont la forme a été déterminée entre les gouvernements français et anglais, et par lequel le ministre de l'Intérieur de Grande-Bretagne atteste que son père est sujet anglais. Nous reviendrons ci-après sur cet arrangement par lequel le ministère français de la guerre a laissé l'Angleterre juge de la nationalité d'un certain nombre d'individus, dont le statut personnel devrait être déterminé en France et par la loi française [2]. Il pourra arriver en fait, qu'un individu, né en France d'un père français, mais né en Angleterre, obtienne le certificat du ministre de l'Intérieur de Londres, par le motif que son père est Anglais, suivant la loi anglaise. Un Français pourra donc, grâce à ce subterfuge, échapper à la loi militaire. Il semble que le désir

---

[1] Loi du 27 juillet 1872, art. 9. D'après le compte-rendu du recrutement de l'armée en 1878, le nombre des jeunes gens se trouvant dans le cas de l'art. 9 a été de deux mille trente-neuf, dont six cent quatre-vingt-onze ont opté pour la nationalité française.

[2] Circulaire du ministère de la guerre du 16 février 1876. Voir annexe CC.

de simplifier le recrutement et de faciliter la tâche des maires a entraîné trop loin l'administration de la guerre. Du reste, les tribunaux français, seuls juges de la nationalité, ne sauraient nullement être influencés par des certificats qui n'ont qu'une valeur administrative et ne doivent pas présumer le fond de la question. — Des arrangements semblables n'ont pas été conclus avec d'autres États [1] : on aurait pourtant pu le faire à peu près sans danger avec la Belgique, l'Italie, et les autres pays dont les lois sur la nationalité sont à peu près analogues aux nôtres.

Le jeune homme, qui s'est fait rayé des tableaux de recrutement de la classe à laquelle il appartenait par son âge, peut faire ensuite la déclaration de l'article 9, et il est inscrit d'office pour le service. Quant à celui qui n'a pas réclamé sa radiation, ou qui s'est engagé dans l'armée française, il pourra faire la déclaration de l'article 9 non seulement dans l'année qui suivra sa majorité, mais en tout temps. Notre article a été, en effet, modifié sur ce point par une loi des 22-25 mars 1849, qui autorise à réclamer à tout âge la nationalité française l'étranger né en France qui remplit l'une des deux conditions suivantes : « 1° s'il « sert ou a servi dans les armes françaises de terre ou « de mer ; 2° s'il a satisfait à la loi du recrutement sans « exciper de son extranéité. » — La loi suppose que le fils d'étranger a été appelé par suite de l'ignorance où se trouvaient les autorités locales de sa nationalité, ou admis par erreur à contracter un engagement dans l'armée ; car, dans la légion étrangère seule, il aurait pu s'engager en faisant connaître sa véritable qualité. Le service dans les corps d'ouvriers dispensés du service militaire proprement

---

[1] L'arrangement franco-espagnol de 1862 est inapplicable. — Voir ci-dessus, page 63, et ss.

dit par leur emploi dans les ports, les arsenaux, les manu-
factures nationales d'armes, etc., est assimilé dans la
pratique au service dans l'armée, pour l'application de la
loi des 22-25 mars 1849 [1].

La chancellerie a tiré profit de cette loi pour donner
un moyen de devenir postérieurement Français aux fils
d'étranger qui ont omis de faire leur déclaration dans le
délai fatal de l'article 9. On les autorise à se faire inscrire,
comme omis, sur les listes de recrutement, ce qui peut être
fait jusqu'à l'âge de trente ans, puis on leur applique la
loi de 1849. C'est évidemment un mode inadmissible
d'éluder une disposition du Code civil. Un étranger qui se
déclare omis ne doit pas être écouté, car il n'est nullement omis, n'ayant jamais été dans le cas d'être appelé
au service militaire. Aussi approuvons-nous complétement
la Cour de cassation qui s'est déclarée absolument opposée
à cette singulière application de l'article 9 du Code, com-
biné avec la loi du 22 février 1849 [2]. Aujourd'hui surtout,
en présence de la facilité avec laquelle on peut être naturalisé d'après la loi de 1867, il faut renvoyer à la naturalisation ordinaire les individus qui voudraient, après vingt-
deux ans, sans avoir servi, invoquer l'article 9. La jurisprudence pourtant n'a pas toujours été hostile à ce subterfuge : un arrêt de la Cour de Douai, du 10 février 1868, a
reconnu pour Français un individu qui avait effectué la
déclaration de l'article 9 après le délai, quoiqu'il eût été
rayé sur sa demande des contrôles du recrutement, parce
qu'il s'y était fait rétablir plus tard. Le système de la
Cour de cassation nous paraît beaucoup plus juste et seul
conforme à la loi.

[1] Voir annexe A 4°
[2] Arrêt du 27 janvier 1869.

La règle établie par la loi militaire est, ainsi qu'on l'a dit, d'appeler des étrangers nés en France après leur déclaration faite conformément à l'article 9. On a vu qu'ils ne sont soumis qu'aux obligations de la classe dans laquelle ils eussent été versés, s'ils étaient nés Français. C'est un avantage bien légitime, puisque rien ne les forçait à accepter les charges de la nationalité française. Ces jeunes gens pourront, en outre, bénéficier des avantages du volontariat d'un an [1]. Il est un point seulement sur lequel ils sont dans une situation moins favorable que les Français de naissance : ils ne peuvent pas entrer dans les écoles du gouvernement, où l'on n'admet que des candidats non encore majeurs. Cependant les écoles polytechniques et de Saint-Cyr ne leur sont pas absolument fermées. Les instructions ministérielles pour l'admission à l'École polytechnique en 1877, après avoir indiqué comme conditions générales d'admission la qualité de Français et l'âge de seize à vingt et un ans avant le 1er janvier de l'année du concours, contiennent une disposition qui permet aux étrangers, devenus Français après vingt et un ans,

---

[1] La circulaire du ministre de la guerre du 14 juin 1878, relativement à l'engagement conditionnel d'un an, contient les dispositions suivantes :

L'instruction du 1er décembre 1872 (§ numéroté 2°) reconnaît aux étrangers nés en France, qui réclament la nationalité française dans l'année de leur majorité, par application de l'article 9 du Code civil, la faculté de contracter l'engagement conditionnel d'un an, après avoir signé leur déclaration, pourvu qu'ils n'aient pas encore participé au tirage au sort.

J'invite les préfets à recommander aux maires de prévenir les jeunes gens qu'ils ont, pour faire cette déclaration, toute l'année qui s'écoule depuis le jour où ils atteignent l'âge de vingt et un an jusqu'au jour où ils complètent leur vingt-deuxième année, et que, par conséquent, il leur importe, s'ils veulent bénéficier du volontariat d'un an, de faire coïncider la date de leur déclaration avec la seule époque à laquelle les demandes d'inscription pour le volontariat puissent être reçues, c'est-à-dire du 1er juillet au 31 août.

Jouissent également de la faculté de souscrire l'engagement conditionnel d'un an avant le tirage au sort, les Français, ayant perdu cette qualité, qui la recouvrent en vertu de l'article 18 du Code civil.

d'entrer à l'École, à condition d'avoir servi deux ans dans
l'armée et d'être âgé de moins de vingt-cinq ans au 1er juillet de l'année du concours auquel ils veulent prendre
part [1]. Une règle analogue est en vigueur pour l'École
militaire de Saint-Cyr.

III

Au point de vue purement théorique, la disposition de
l'article 9 du code civil est inattaquable. M. Bluntschli,
dans un projet d'unification des lois sur la nationalité, la
recommande comme un sage adoucissement de la règle que
la nationalité s'acquiert par la filiation [2]. En effet, à l'âge
de la majorité, l'intéressé pourra opter et, selon son intention de vivre dans le pays de ses parents ou dans celui de
sa naissance, il se prononcera en toute liberté et en pleine
connaissance de cause. Mais est-il certain que la nationalité française ainsi accordée sera reconnue par l'État à qui
l'étranger appartient par sa famille ? Nous examinerons
plus loin les précautions qui devraient être prises par le
Gouvernement français pour ne jamais accorder la naturalisation qu'à des individus qui ne soient plus revendiqués
à l'avenir par leur ancienne patrie. On verra qu'il suffirait
d'un peu d'attention dans l'examen des demandes pour
arriver à un résultat satisfaisant, sans rien changer aux
lois actuelles. Dans le cas de l'article 9, au contraire, le
jeune étranger peut exiger que la qualité de Français lui
soit attribuée, et, qu'il appartienne ou non à un pays disposé à reconnaître ce changement d'allégeance, force sera

---

[1] *Journal officiel* du 5 avril 1877, § 3.
[2] Voir la *Revue de droit international de Gand,* année 1872.

au maire de recevoir la déclaration qui entraîne sa naturalisation. Il pourra donc être que l'intéressé cumule les
deux nationalités. Ce danger serait facilement écarté, si
l'on imposait au jeune homme né en France de parents
étrangers de produire, en faisant sa déclaration, la preuve
qu'il a cessé ou cessera d'être sujet de son pays d'origine.
Le bénéfice de l'article 9 devrait lui être refusé, s'il n'était
pas en mesure de faire cette constatation. Ainsi seulement
pourrait être assurée l'application de la règle internationale qui interdit qu'une même personne ait deux nationalités à la fois [1].

L'appel sous les drapeaux étrangers du jeune homme se
trouvant dans le cas de l'article 9 peut, en l'obligeant à
entrer dans l'armée de son pays d'origine, le mettre dans
l'impossibilité d'opter pour le pays où il est né. Il faudrait
retarder cet appel jusqu'après la vingt-deuxième année
ainsi qu'il en a été question ci-dessus, dans les explications
que nous avons données sur le projet d'arrangement diplomatique proposé par la Belgique, en vue de mettre la loi
militaire en harmonie avec la loi civile [2].

§ 6. — Enfants nés en France de parents étrangers qui eux-mêmes y sont nés.

I

On vient de voir que, dans la pure doctrine du Code
civil, un individu d'extraction étrangère, né sur le territoire

---

[1] Voir ci-après chap. III, § 4.
[2] Voir ci-dessus, page 65 et ss. — Voir aussi l'annexe DD.

français, demeure étranger, et que l'article 9 lui donne
seulement le moyen de se faire plus facilement naturaliser
Français. Ce système ne tarda pas à donner lieu à des
abus. Outre la difficulté pour un Français de prouver sa
nationalité autrement qu'en attestant qu'un de ses ascen-
dants était né en France avant la promulgation du Code
civil, inconvénient qui devenait plus grave, à mesure que
que l'on s'éloignait de cette époque, il ne tarda pas à se
former une classe d'individus qui, conservant la qualité
d'étranger, étaient en fait installés définitivement sur
notre territoire, jouissaient des avantages que nos lois
accordent si libéralement à tous les individus qui les
invoquent sans s'inquiéter de leur origine, et n'excipaient
de leur extranéité que lorsqu'il s'agissait de refuser le service militaire. Beaucoup d'entre eux passaient même hors
de France pour Français. Les départements frontières,
surtout celui du Nord[1] étaient de plus en plus envahis par
cette population interlope, contre laquelle on sentit vers
1850 la nécessité de prendre des mesures. A cet effet, fut
proposé à l'Assemblée législative un projet de loi qui fut
adopté le 12 février 1851 sous la forme suivante : « Est
« Français tout individu né en France d'un étranger qui
« lui-même y est né, à moins que, dans l'année qui suivra
« l'époque de sa majorité, telle qu'elle est fixée par la loi
« française, il ne réclame la qualité d'étranger par une
« déclaration faite soit devant l'autorité municipale du
« lieu de sa résidence, soit devant les agents diplomatiques
« ou consulaires accrédités en France par le gouvernement
« étranger. »

---

[1] Ces individus étaient en 1851 dans ce seul département au nombre de
77,000 ; en 1866, on en comptait 183,000, nombre qui a certainement beaucoup augmenté depuis.

Cette loi rompait dans une certaine mesure avec le principe du Code civil qui fait dépendre la nationalité uniquement de la filiation : jusque-là les fils d'étranger nés en
France, même après deux générations, avaient été considérés comme étrangers, s'ils ne réclamaient pas l'application de l'article 9. Dorénavant, ils devenaient de plein
droit Français : on leur permettait seulement de conserver
à vingt et un ans la nationalité étrangère en le déclarant
explicitement. Mais la déclaration pouvant être faite
devant un maire français, rien ne prouvait que le déclarant
eût réellement conservé la nationalité étrangère qu'il invoquait et qu'il fût compté comme sujet par l'État auquel il
prétendait ressortir. Les inconvénients du *heimathlosat*,
que le législateur avait voulu éviter, subsistèrent donc, du
moins en grande partie. Les statistiques montrent, d'ailleurs, que la population étrangère n'a fait qu'augmenter en
France dans les vingt-cinq dernières années. Cette situation attira l'attention d'un certain nombre d'hommes politiques, parmi lesquels M. des Rotours, représentant dans
le Corps législatif de l'Empire et dans l'Assemblée nationale de 1871, du département le plus intéressé, celui du
Nord. Il sembla qu'on ne devait pas seulement demander
aux fils d'étranger nés en France une attestation de leur
intention de rester étranger, mais une preuve qu'ils étaient
reconnus par le gouvernement de leur pays d'origine. Et
comme c'était surtout au point de vue du service militaire
que la question se posait, une proposition fut faite en 1868
au Corps législatif pour appeler au service militaire les
jeunes gens nés en France de parents étrangers qui y
étaient nés eux-mêmes, à moins qu'ils ne pussent établir
qu'ils avaient satisfait à la loi de recrutement dans le pays
étranger dont ils se réclamaient.

Il ne fut pas donné suite à ce premier projet, mais après la guerre de 1870-71 la question fut de nouveau agitée et l'Assemblée nationale fut appelée à se prononcer sur un projet de loi qui fut accepté le 16 décembre 1874 [1], et dont l'article 1 est conçu en ces termes :

« L'article 1 de la loi du 12 février 1851 est ainsi modifié :

« Est Français tout individu né en France d'un étranger
« qui lui-même y est né, à moins que, dans l'année qui
« suivra l'époque de sa majorité, telle qu'elle est fixée par
« la loi française, il ne réclame la qualité d'étranger par
« une déclaration faite, soit devant l'autorité municipale du
« lieu de sa résidence, soit devant les agents diplomatiques
« ou consulaires de la France à l'étranger, et qu'il ne jus-
« tifie avoir conservé sa nationalité d'origine par une
« attestion en due forme de son gouvernement, laquelle
« demeurera annexée à la déclaration. »

« Cette déclaration pourra être faite par procuration
« spéciale et authentique. »

II

Tel est l'article principal de cette loi de 1874, qui, quoiqu'elle soit bien nouvelle, a déjà donné lieu à bien des critiques de la part des jurisconsultes et des gouvernements. Nous remarquerons tout d'abord qu'elle aurait dû tout au moins décider — et ce reproche s'applique aussi à la loi de 1851 — que l'enfant né en France d'un étranger né lui-même en France, ne sera Français qu'au moment de sa majorité, si, dans le délai voulu, il n'a pas

[1] Voir annexe A. 8°.

produit le certificat attestant qu'il est resté sous l'allégeance d'un gouvernement étranger. D'après notre texte, au contraire, cet enfant est Français dès sa naissance, et il lui est seulement loisible de devenir étranger après sa vingt et unième année, de renoncer par conséquent à la qualité qui lui a été conférée de plein droit par la naissance.

On a voulu prétendre quelquefois qu'il en est de l'article 1er de notre loi comme de l'article 9 du Code civil, qui laisse au fils d'étranger la qualité d'étranger pendant sa minorité, avec la différence que, dans le premier cas, la qualité de Français s'acquiert par le fait négatif de ne pas faire de déclaration, tandis que dans le second on l'obtient par le fait positif de la déclaration à la mairie. Ce système est fort séduisant à cause des conséquences regrettables où entraîne la thèse adverse, mais malheureusement il n'est pas soutenable devant l'affirmation du texte *est Français*, et devant l'opinion bien connue des législateurs de 1851, y compris M. le professeur Valette, qui lui a même proposé, pour plus de clarté, de substituer les mots *est Français*, à ceux *sera Français*, que portait une première rédaction du projet de loi. Force est donc de reconnaître que l'enfant d'un étranger né en France est de plein droit Français.

Un avis du Conseil d'État, antérieur à la promulgation de la loi de 1874 [1] et les explications présentées à la tribune de l'Assemblée nationale par M. Desjardin, sous-secrétaire d'État, confirment, d'ailleurs, l'interprétation que nous avons donnée, quoique la question n'y soit qu'incidemment traitée. C'est un abandon partiel de la doctrine du Code civil, qui fait dépendre la nationalité de la filiation, et les

[1] Voir annexe C.

dangers en sont manifestes au point de vue international.
L'enfant, déclaré Français par la loi du 16 décembre 1874,
sera en effet dans un très grand nombre de cas sujet d'un
pays étranger : la loi française sanctionne ainsi une situation fausse, irrégulière et pouvant entraîner des difficultés
pour l'application des lois sur la tutelle, la succession, la
capacité, l'extradition même. Si au contraire la loi du
16 décembre avait déclaré que l'enfant devient Français
quand, dans le cours de sa vingt-deuxième année, il n'a pu
établir qu'il appartient à un État reconnu, le but qu'elle
poursuit eut été tout aussi sûrement atteint, et les principes eussent été respectés.

L'article 2 de la loi du 16 décembre 1874 contient une disposition également nouvelle dans notre législation sur la
nationalité. Les jeunes gens se trouvant dans le cas de
l'article 1er ne sont pas appelés au service avant leur
vingt-deuxième année, afin qu'ils aient le temps de choisir
leur nationalité ; mais ils peuvent avoir un intérêt sérieux
à faire leur choix avant leur majorité. L'article 2 de la loi
leur permet de renoncer, par anticipation, au droit que
leur donne l'article 1er de réclamer la qualité d'étranger
dans l'année de leur majorité ; mais cette faculté est
limitée à trois cas spéciaux que la loi a pris soin d'énumérer et qui sont les suivants :

1° L'engagement volontaire dans les armées de terre et de
mer ;

2° L'engagement conditionnel d'un an, conformément
à la loi du 27 juillet 1872 ;

3° L'entrée dans les écoles du Gouvernement à l'âge
fixé par les lois et règlements.

Le ministère de la guerre estime que ce serait donner à

1 Circulaire du 16 février 1875.

cette loi une extension dont ne sont pas susceptibles les dispositions législatives consacrant une exception au droit commun, que d'étendre le bénéfice dudit article à d'autres cas que ceux qui y sont formellement spécifiés. Ainsi, par exemple, on ne pourrait admettre un jeune homme à déclarer par avance qu'il renonce à répudier, à sa majorité, la nationalité française, pour obtenir son inscription sur les listes de tirage avant d'avoir atteint l'âge de vingt-deux ans, prescrit par l'article 9 de la loi du 27 juillet 1872.

La renonciation prévue par l'article 2 de notre loi est reçue par les officiers de l'état civil. Elle ne peut « être « faite qu'avec le consentement exprès ou spécial du père « ou à défaut du père, de la mère, ou, à défaut de père « et de mère, qu'avec l'autorisation du conseil de « famille. » C'est une dérogation à la règle que les mineurs ne peuvent résoudre les questions relatives à leur nationalité, même avec le consentement de leurs représentants légaux. Jusqu'alors, il n'avait été fait d'exception à cette règle, hors le cas des annexions ou cessions de territoire, que pour les descendants des religionnaires fugitifs, à qui la loi de 1790 restituait la nationalité de leur famille. — On comprend, du reste, l'utilité de la disposition de l'article 2 de la loi du 16 décembre 1874 : il était, en effet, difficile de ne pas recevoir les jeunes gens de l'article 1er dans les écoles du gouvernement ou dans l'armée, puisqu'ils sont Français, et on ne pouvait pas non plus les autoriser à opter pour une nationalité étrangère, après qu'on les avait admis à l'École polytechnique ou dans les rangs de l'armée.

Cette dérogation à nos usages est d'ailleurs moins choquante si l'on veut bien songer avec M. Albert Desjardins dans son rapport à l'Assemblée nationale « qu'il ne s'agit pas

de faire acquérir la qualité de Français à des mineurs qui
ne l'ont point ; il s'agit de la consolider chez des mineurs
qui sont présumés l'avoir. C'est une sérieuse et forte
présomption que pose la loi française. Il est naturel qu'elle
accueille avec facilité une manifestation qui la confirme,
surtout quand il est avéré que cette manifestation a pour
objet de procurer à celui qui l'a faite un avantage immédiat, et quand il est impossible de la remettre à la majorité sans priver irrévocablement le jeune homme de cet
avantage » [1].

En 1851, comme nous l'avons dit, on s'était contenté de
demander aux intéressés une déclaration de leur intention
de demeurer étrangers. Depuis 1874, on ne leur permet
plus de dire simplement qu'ils sont étrangers, on leur
impose d'établir qu'ils sont reconnus comme sujets du gouvernement dont ils se réclament. Ils doivent produire à cet
effet un certificat émanant de ce gouvernement. On ne
peut nier que cette mesure ne soit efficace pour arrêter la
multiplication des gens sans patrie dont le nombre aug-
mente en France dans des proportions inquiétantes. Mais
la France peut-elle exiger d'un pays étranger la délivrance
d'un certificat de nationalité, quand elle serait elle-même
fort embarrassée pour donner une pièce de même nature ?
En effet, quelle serait chez nous l'autorité compétente
pour délivrer une pareille attestation ? Ce ne saurait être
l'administration, puisqu'en France elle ne connaît pas des
questions de nationalité. Ce ne saurait être non plus la
justice, puisqu'elle ne peut être saisie que s'il existe une
contestation. Il est toujours mauvais, au point de vue

---

[1] Le très intéressant rapport de M. Desjardins figure au *Journal officiel*
du 4 janvier 1874.

du droit international, qui repose complètement sur la réciprocité, de réclamer d'un État étranger une chose que l'on serait, le cas échéant, dans l'impossibilité de lui donner. Il eut été plus logique de demander seulement à l'intéressé de prouver sa nationalité étrangère par des documents sérieux et authentiques, sans préciser la nature même des pièces à produire. Plusieurs motifs peuvent empêcher l'intéressé d'obtenir le certificat exigé. Il peut arriver que le gouvernement ne puisse pas le donner, comme ce serait le cas du Gouvernement français ; il peut arriver aussi que l'état de guerre empêche de le réclamer, en interrompant toutes communications. Dans ces deux hypothèses, l'individu qui tombe sous le coup de la loi du 16 décembre 1874 sera national d'un État étranger par le *jus originis* et Français en vertu du *jus soli*. La loi faite pour l'empêcher de n'avoir aucune nationalité lui en donnera deux.

Il peut arriver que aussi l'intéressé laisse passer le délai, ou oublie de faire sa déclaration : il sera forclos et se trouvera encore sujet de deux pays à la fois, appelé par conséquent au service en France en même temps que dans le pays de sa famille. On dira qu'il ne peut s'en prendre qu'à lui même des suites de sa négligence : c'est juste ; mais ce qui est souverainement inique, c'est qu'il en sera de même si, voulant rester Français, il a sciemment négligé de réclamer la nationalité étrangère. Et alors, quoique lié à la France par la naissance de son père sur notre territoire, il se trouvera moins favorablement traité que si ses parents étaient nés à l'étranger, car, dans ce cas, il eût dû, pour devenir Français, réclamer cette qualité, formalité bien facile, qui eût entrainé le plus souvent la rupture du lien d'allégeance préexistant.

Comment pourra-t-il du moins régulariser la situation fausse où il est placé? S'il appartient par sa famille à un pays où, comme dans nos lois françaises, l'acquisition volontaire d'une nationalité étrangère entraîne seule la dénationalisation, la difficulté est insoluble. C'est ici qu'apparaît clairement l'utilité du droit d'abdication dont on a déjà montré ci-dessus les avantages. En effet si l'intéressé relève d'un pays qui admet qu'on puisse renoncer à sa nationalité, il y renoncera, et sera dès lors Français aux yeux des deux législations. Ce droit, il ne s'agit pas dans notre pensée de l'établir comme il existe en Allemagne, où il peut aboutir à priver un individu de toute patrie, mais, comme il existe en Suisse, ou en Angleterre, où il n'est possible que quand une nationalité nouvelle, acquise ou assurée, remplace celle à laquelle on renonce. Malheureusement les autres nations voisines de la France, Italie, Espagne, Belgique, n'ont aucune disposition semblable dans leurs lois, et la seule manière de résoudre le conflit que fait naître notre loi du 16 décembre 1874 appliquée aux descendants de leurs nationaux, serait d'obtenir qu'elles considérassent le fait de ne pas remplir les formalités de la loi française pendant le cours de la vingt-deuxième année, comme impliquant de la part des intéressés une manifestation de leur intention d'être Français, suffisante pour les dénationaliser. Des arrangements diplomatiques pourraient seuls atténuer les inconvénients occasionnés, de ce chef, par la loi française qui nous occupe [1].

---

[1] Voir pour la Belgique, annexe D D.

III

Les gouvernements étrangers qui comptent beaucoup de leurs sujets en France n'ont pas laissé passer inaperçue une loi si intéressante pour leurs nationaux, et se sont préoccupés de la nature de l'attestation officielle qui serait exigée de leurs ressortissants. Il paraît qu'en Suisse et, croyons-nous, aussi en Belgique la question a été agitée. Le gouvernement de Berne notamment a donné des instructions à ses consuls en France et aux autorités cantonales pour la délivrance des certificats : il aurait seulement eu l'intention de demander que la déclaration ne fût pas faite devant les agents français en Suisse par les jeunes gens nés en France de parents suisses qui y étaient nés, mais qui résident à leur majorité sur le territoire fédéral : le conseil fédéral aurait voulu qu'elle pût être effectuée devant les autorités cantonales [1].

C'est avec l'Angleterre seulement qu'a été arrêtée d'une manière définitive la forme du certificat à délivrer par le Gouvernement britannique à ceux de ses sujets se trouvant dans le cas prévu par l'article 1er de la loi de 1874. Le certificat émane du ministère anglais de l'Intérieur et constate que l'intéressé est Anglais comme petit-fils d'un Anglais et n'a jamais perdu sa nationalité : il doit être légalisé par le ministère des affaires étrangères de Londres, dont la signature est légalisée par le Consul anglais en France dans le ressort de qui se trouve l'intéressé. La pièce est remise au maire de la commune avec la déclaration que le porteur entend conserver la nationalité britannique.

[1] *Journal des Débats* du 14 janvier 1875.

Le ministre de la guerre, en présence des grandes facilités qu'offre pour le recrutement ce mode de constater l'extranéité, a même été plus loin, et s'est décidé à imposer à tous les Anglais nés en France, la production d'un certificat, s'ils ne veulent pas être enrôlés. « MM. les « préfets, lit-on dans les instructions du ministre de la « guerre du 13 décembre 1876, concernant l'appel de « classe, rappelleront aux maires qu'ils doivent s'abstenir « de porter sur les tableaux du recrutement les jeunes « gens nés en France de père anglais, *quel que soit le lieu* « *de la naissance de ce dernier*, lorsqu'ils produiront le cer- « tificat dont le modèle est donné, etc. »

Cet avis a été complété par une circulaire du 26 décembre 1877 [1], qui porte à la connaissance des maires le modèle de deux certificats que les jeunes anglais devront produire selon le cas. L'un s'applique aux jeunes gens dont le grand-père est né en Angleterre et le père en France ou dans tout autre pays non soumis à la domination britannique. L'autre à ceux dont le père est né en pays anglais. Il y a donc trois classes de jeunes Anglais nés en France, qui pourront bénéficier de l'arrangement conclu entre les deux gouvernements : 1° ceux dont le grand-père est né en Angleterre et le père en France ; 2° ceux dont le grand-père est né en Angleterre et le père en un pays tiers ; 3° ceux dont le père est né en Angleterre. Remarquons tout de suite que le premier cas seul est conforme à la loi du 16 décembre 1874. Cette loi ne permet de faire intervenir le certificat de nationalité étrangère que dans un cas spécial et nettement déterminé : celui où l'intéressé et son père sont nés l'un et l'autre en France. Le certificat déli-

[1] Annexe CC.

vré aux jeunes Anglais se trouvant dans la première catégorie aura donc seul un effet réel sur leur statut, effet qui
engagera les tribunaux. Remarquons seulement que le certificat suppose toujours que le grand-père de l'intéressé est
Anglais parce qu'il est né sur le sol anglais : c'est une restriction qu'on ne comprend pas. On est Anglais d'après la loi
anglaise, non pas seulement quand on naît sur le sol, mais
quand on naît à l'étranger de parents anglais, ou qu'on
obtient cette qualité par un mode quelconque. Pourquoi
avoir limité la délivrance du certificat au cas où la nationalité anglaise est déterminée par la naissance sur le sol
britannique ? — Quant aux jeunes gens des deux autres catégories qui obtiendront un certificat de nationalité anglaise,
il est évident que ce certificat ne pourra pas leur servir
pour se réclamer de la loi du 16 décembre 1874, puisqu'ils
ne se trouvent pas dans le cas prévu par cette loi. A quoi leur
servira-t-il donc? Uniquement à se faire rayer des listes
du recrutement. C'est une attestation qui n'a de valeur que
pour l'autorité militaire, et ne saurait engager la justice.
Le résultat le plus immédiat sera de permettre à un certain nombre de jeunes gens d'échapper à notre loi militaire, bien qu'ils soient Français. En effet, dans beaucoup
de cas, il y a cumul des deux nationalités, par suite de la
différence des législations. C'est ainsi que tous les jeunes
gens dont les parents sont nés en Angleterre de parents
français, et qui se trouvent par suite Français à Paris et
Anglais à Londres, seront exempts du service militaire
en France. En un mot, et c'est le plus grand vice de l'entente anglo-française sur cette question, nous attribuons
une autorité chez nous à la législation étrangère. Quand
un individu se trouve sur le sol de France, ce n'est pas à
l'État étranger dont il se réclame qu'il appartient de juger

sa nationalité, c'est à l'autorité française. Il est peut-être déjà regrettable que la loi de 1874 ait donné, dans un cas déterminé, un effet juridique à un certificat de nationalité émanant d'un pouvoir qui pour nous n'existe pas. A combien plus forte raison les jurisconsultes condamneront-ils l'extension à d'autres cas d'un régime qui rend le gouvernement anglais juge et partie chez nous! — Et c'est d'autant plus grave que l'Angleterre est un des pays dont les lois sur la nationalité diffèrent le plus des nôtres. Lui permettre de faire prévaloir sa loi, c'est ouvrir la porte à de continuelles violations de la nôtre. L'avantage pratique que l'administration militaire retirera de ce régime pour la formation des listes du recrutement ne saurait compenser l'abandon des principes du droit, auxquels elle doit se conformer.

Le but auquel, suivant nous, on devrait tendre, serait de convenir avec les puissances chez lesquelles le service militaire est obligatoire, que le certificat de nationalité ne sera jamais donné qu'à des individus ayant obéi à la loi du recrutement dans le pays auquel ils prétendent ressortir. Ce serait en quelque sorte, le corrélatif de la mesure mentionnée ci-dessus qui autorise les agents diplomatiques et consulaires à refuser toute protection aux Français qui n'obéissent pas à la loi militaire française [1]. Ce serait l'intérêt de tous les pays puisqu'aucune des nations de l'Europe ne gagne à compter pour sujets des individus résidant hors de son territoire et refusant de se soumettre aux charges patriotiques.

---

[1] Il résulte du compte-rendu officiel sur le recrutement de l'armée que, pendant l'année 1878, sur trois cent cinquante-deux jeunes gens se trouvant dans le cas de la loi du 16 décembre 1876, cent quarante et un ont opté pour la nationalité étrangère, les autres sont restés Français.

§ 7. — Enfants nés en France de parents inconnus.

Les enfants nés de père et mère inconnus, de même que les enfants naturels, ont été complètement omis par le Code civil. Certains interprètes, comme Laurent, pensent qu'il convient de leur accorder le bénéfice de l'article 9 : mais nous croyons, avec la majorité des auteurs, qu'ils doivent être considérés purement et simplement comme Français. Outre l'argument qu'on peut tirer de l'article 19 du décret du 19 janvier 1811 qui appelle sous les drapeaux les enfants trouvés, abandonnés et orphelins élevés à la charge de l'État, ne peut-on pas dire que ces enfants sont au moins provisoirement tenus pour Français? Si, postérieurement, une reconnaissance montre qu'il y avait erreur sur leur nationalité, ils prendront rétroactivement depuis leur naissance la qualité d'étranger. Il est naturel d'ailleurs de présumer que les individus nés en France sont Français : c'est à eux de prouver qu'ils sont étrangers.

CHAPITRE III

DE LA NATURALISATION

PREMIÈRE PARTIE

NATURALISATION D'UN ÉTRANGER EN FRANCE

---

§ 1. — Notions générales sur la naturalisation.

La naturalisation est l'admission d'un étranger au nombre des nationaux d'un État. Elle est donc l'acte par lequel se réalise le principe théorique que nous avons posé et d'après lequel tout homme doit pouvoir changer de nationalité. Ajoutons que dans le monde moderne l'usage en est universellement admis. Tous les pays ont intérêt à recevoir parmi leurs ressortissants les étrangers dont l'industrie et les talents peuvent leur être utiles.

Les règles pratiques de la naturalisation sont variables. Cependant il y a une tendance générale à la faire reposer aujourd'hui sur la libre volonté. Autrefois, il suffisait souvent d'un séjour plus ou moins prolongé dans un pays pour que l'étranger devint sujet même malgré lui. Au bout de dix ans, un Français habitant l'Autriche devenait sujet de

l'Empire. A Monaco, antérieurement à l'ordonnance du
8 juillet 1877, l'étranger domicilié depuis dix ans était de
plein droit naturalisé. La France elle-même, sous le droit
intermédiaire, a été régie par des règles analogues. — La
naturalisation n'est presque jamais imposée de notre
temps, et elle prend de plus en plus la forme d'un contrat
entre l'étranger et l'État auquel il veut s'associer. Il
faut, par suite, pour qu'elle soit accordée, le concours des
deux volontés. L'État est libre de refuser la naturalisation,
et les conditions qu'il impose à la concession de cette
faveur sont des conditions nécessaires, mais non suffisantes. De même que l'individu ne peut pas forcer la main
à l'État, ce dernier ne peut pas davantage imposer la
nationalité à l'étranger qui ne la réclame pas. — On verra
que ces principes, s'ils ne sont pas encore universellement
admis, tendent pourtant à prévaloir dans presque tous les
pays du monde. Ils forment comme une sorte de point
commun entre les règles variées des différentes législations.

Au point de vue du droit civil de chaque nation, il suffit
d'examiner quelles sont ces règles, et comment les intéressés peuvent en obtenir l'application. Mais, si l'on se
place au point de vue du droit international, il devient
indispensable d'examiner quelle sera, vis-à-vis de l'État
auquel il appartient jusque-là, la situation de l'individu qui
réclame la naturalisation dans un autre pays. Un grand
nombre de pays admettent que l'acquisition par un de
leurs sujets d'une nationalité étrangère entraîne la perte
de l'indigénat. C'est la règle la plus simple et la plus conforme à la théorie générale que nous avons donnée [1] ; mais

---

[1] M. Martitz, dans une intéressante étude intitulée : *Das Staatsangehoerigkeit srecht im internationalen Verkehr* (voir *Annalen des Deutschen
Reichs für Gesetz gebung*, année 1874), considère cette règle comme la

tous les États n'ont pas adopté cette règle, et d'ailleurs, là même où elle existe, elle n'est pas sans présenter en pratique certaines difficultés. Il importe donc de chercher la concordance entre les lois françaises et étrangères ; et de voir, à propos de la naturalisation d'un étranger en France, comment cet étranger peut se dégager de son ancienne nationalité, et à propos de la naturalisation d'un Français à l'étranger, quelle sera sa situation vis-à-vis de la France. Tel est l'objet du présent chapitre.

§ 2. — De la naturalisation en France.

I

Nous avons eu l'occasion de remarquer plus haut que dans l'antiquité l'influence de la race était prédominante. Aussi la naturalisation était-elle impossible dans les sociétés primitives, ou du moins entourée de formalités qui la rendaient en pratique excessivement rare. A Sparte, durant bien des siècles aucun étranger ne fut admis à l'*isopoliteia*, si ce n'est le devin Tisamène à qui la Pythie avait prédit qu'il serait vainqueur dans cinq batailles : les Spartiates, pour s'attacher un auxiliaire si précieux, le reçurent dans leur communauté. A Athènes, d'après Solon, il fallait pour obtenir le droit de cité avoir rendu de grands services au pays, y établir sa résidence, être admis par le peuple qui devait voter deux fois sur cette grave question, enfin être accepté par le Sénat. De plus, l'étranger naturalisé à Athènes devait avoir rompu les liens qui le

seule logique, et en fait honneur à la France, qui, en effet, l'a proclamée pour la première fois dans le Code civil de 1804.

reliaient à sa patrie d'origine. Mais plus tard la valeur du titre de citoyen diminua : on commença à l'accorder à des étrangers non résidant pour leur faire honneur, puis il arriva un temps où l'acquisition de ce titre, jadis envié, ne fut plus qu'une formalité. Cette facilité coïncida avec la décadence des croyances nationales d'Athènes, à la chute desquelles la grandeur de la patrie de Solon et de Thémistocle n'a pas survécu [1].

Si de la Grèce, on passe à Rome, un spectacle analogue se présente. La cité romaine, hautement prisée dans les premiers temps n'était accordée que tout à fait exceptionnellement aux étrangers. Plus tard, on naturalisa des catégories nombreuses d'individus et le droit romain multiplia les moyens d'acquérir la *civitas*. Le jour arriva où Caracalla rompant avec toutes les traditions des sociétés antiques, accorda le droit de cité à tous les habitants de l'Empire, dans un intérêt fiscal probablement [2].

Les barbares qui envahirent l'Empire romain avaient gardé l'orgueil de race et l'esprit d'exclusion qui caractérisaient Rome et la Grèce dans les époques primitives. Dans les sociétés germaniques, sortes de *clans* sur lesquels nous n'avons malheureusement que peu de détails, l'étranger, le *Warganeus,* n'était admis que sur l'avis de l'unanimité des membres. S'il restait étranger, il ne jouissait d'aucun droit, et était véritablement *outlaw*, hors la loi [3]. Nous avons déjà montré comment chaque peuple garda ses lois et sa nationalité au milieu de ce va-et-vient de races

[1] Voir Hermann, *Griechische Alterthuemer,* — Schœmann, *Griechische Alterthuemer,* — Philippi, *Beitrage zu einer Geschichte des attischen Bürgerrechtes.*

[2] Voir Mainz, Puchta, Demangeat, etc.

[3] Stoïcesco. *De la naturalisation,* page 168 et suivantes.

qui marque les derniers siècles de l'Empire d'Occident. Le mode de se faire naturaliser Romain était d'entrer dans les ordres [1]. Mais en général, chacun restait fidèle à sa race et à ses lois.

Au moyen âge, quand la fusion se fût faite par la force des choses entre les différents peuples, Burgondes, Francs, Visigoths, Romains, Gaulois, un nouveau principe entra en vigueur : la contiguité géographique remplaça l'esprit de race dans la formation des groupes sociaux. Divisée en un nombre infini de petits États, la France était régie par autant de lois distinctes qu'elle comptait de chatellenies. On donnait le nom d'*aubains* aussi bien à ceux qui demeuraient sur le territoire d'un autre seigneur, qu'aux véritables étrangers nés hors des terres du roi de France. Ces derniers pouvaient être, par la volonté du roi, relevés des nombreuses déchéances qu'ils encouraient, parmi lesquelles la plus grave était le droit d'aubaine [2]. Ainsi une ordonnance de Louis X, en 1315, en avait exempté les étudiants étrangers. La même faveur a été accordée plus tard par divers décrets royaux aux marchands, aux marins, etc. Mais cette remise de diverses charges, accordée aux aubains, ne veut pas dire qu'ils étaient tenus pour Français. Pour cela, ils devaient avoir obtenu des lettres royaux, appelées *lettres de naturalité*, et dont l'effet était de les assimiler, au moins en grande partie, aux Français de naissance [3].

---

[1] Il est intéressant de remarquer que la loi romaine est encore aujourd'hui la loi des *clercs*, puisque le droit canonique n'est que le droit romain, complété, amendé, et continué, si l'on peut ainsi parler, par les pontifes de Rome.

[2] Ils devaient payer une sorte de capitulation appelée le *chevage* et une taxe pour le mariage, comme sous le nom de *formariage*. Voir Stoïcesco, op. cit.

[3] Les réserves portaient d'abord sur les hautes fonctions de l'Église de

Il paraît inutile d'entrer dans plus de détails sur ce qu'é-
tait la naturalisation dans l'ancienne France. Elle avait pour
caractère principal d'être accordée à titre gracieux par le
roi, sans que jamais le gouvernement fut tenu de la conférer. C'est encore aujourd'hui le caractère de la naturali-
lisation en France. Il faut remplir certaines conditions
particulières pour la demander, mais on n'est jamais dans
le cas de l'obtenir de plein droit. L'administration est
souveraine.

Ce n'est que pendant la periode révolutionnaire que
cette règle a été modifiée. Il y a eu alors une époque ou la
qualité de Français fut acquise de plein droit, sans avoir
été demandée, à des personnes se trouvant dans des conditions déterminées. Cette innovation apparaît dans la loi du
2 mai 1790 qui contient la disposition suivante : « Tous ceux
« qui, nés hors de France de parents étrangers, sont établis
« en France, sont réputés Français et admis, en prêtant le
« serment civique, à l'exercice des droits de citoyen
« actif, après cinq ans de domicile continu dans le
« royaume, s'ils ont en outre acquis des immeubles, ou
« épousé une Française, ou formé un établissement de
« commerce, ou reçu dans quelque ville des lettres de
« bourgeoisie [1]. » On remarquera qu'une distinction est
faite entre la qualité de Français, et celle de citoyen
français : il faut le serment civique pour faire du Français

France. — Le naturalisé ne pouvait être pourvu ni d'un archevêché ou
évéché, ni d'une abbaye (ord. de Blois, de 1579, art. 4). — De plus, le naturalisé continuait de payer certaines taxes commerciales — et il ne succédait
qu'après ces parents nés en France. V. Stoïcesco. op. cit. page 206 et ss.,
et page 199, (la formule des lettres de naturalité d'après Bacquet).

[1] Certains jurisconsultes ont soutenu que cette loi ne s'appliquait qu'aux
étrangers venus en France après qu'elle a été promulguée. Ce n'est pas
admissible. V. Aubry et Rau, t. I, page 247, note 6.

un citoyen. Mais, tandis que pour devenir citoyen on exige un acte d'initiative, pour devenir Français, il suffit de certaines conditions dont l'effet est de naturaliser, même malgré lui, celui qui les remplit [1].

La même règle se trouve reproduite dans la constitution du 14 septembre 1791, article 3 : « Ceux qui, nés hors du « royaume de parents étrangers, résident en France, « deviennent citoyens français, s'ils y ont en outre acquis « des immeubles, ou épousé une Française, ou formé un « établissement d'agriculture ou de commerce et s'ils ont « prêté le serment civique. » Il ne paraît pas douteux que cet article ne maintienne la distinction de la loi du 2 mai 1790, puisqu'il parle seulement des citoyens français, titre pour l'obtention duquel il exige le serment civique, acte purement politique. La constitution de 1791 ne s'occupe pas de la qualité de simple national Français, mais de celle de citoyen, et, elle n'a nullement abrogé la loi de 1790. Ajoutons que, dans les idées du temps, il fallait pour jouir des droits d'électorat et d'éligibilité que tout homme, même l'indigène, prêtât le serment civique : la distinction entre le naturel et le citoyen était donc complète, comme le montre Merlin [2].

La même constitution prévoyait que le pouvoir législatif pourrait pour des motifs importants « donner un « acte de naturalisation, sans autres conditions que de « fixer son domicile en France, et d'y prêter le serment « civique [3]. » Ainsi plus de naturalisation administrative

---

[1] C'est le système de la jurisprudence. Cass., 27 avril 1819. — 28 avril 1836, etc., etc.

[2] V° divorce, section IV, § 18.

[3] C'est en vertu de cette disposition que des étrangers célèbres à divers titres furent naturalisés le 26 août 1792 : Bentham, Anacharsis Clootz, Klopstock.

comme sous l'ancien régime : l'étranger devient Français
par certaines conditions, dont tout intéressé peut invoquer
l'effet, et le pouvoir législatif seul peut dispenser de ces
conditions.

La constitution du 24 juin 1793 est plus large encore,
elle porte à l'article 4 : « Tout étranger âgé de vingt et un
« ans accomplis, qui, domicilié en France depuis une année,
« y vit de son travail, ou acquiert une propriété, ou
« épouse une Française, ou adopte un enfant, ou nourrit un
« vieillard, tout étranger enfin qui sera jugé par le Corps
« législatif avoir bien mérité de l'humanité est admis à
« l'exercice des droits de citoyen français. » Ici plus de serment civique même pour la qualité de citoyen. Comme
cette théorie a paru peu raisonnable à certaines cours, il
y a des arrêts en sens inverse : mais il suffit de lire le
texte de la loi pour voir clairement, que malgré l'opinion
des magistrats d'Orléans et de Nîmes [1], il n'est pas possible de nier qu'à cette époque la qualité de Français et de
citoyen ne fût une conséquence forcée et même involontaire du simple fait que l'on avait rempli les conditions
prévues par la loi. Du reste, un arrêt de la cour de Lyon [2]
l'a reconnu formellement. Toutefois le domicile exigé par
la constitution de 1793 doit être un domicile réel d'où
résulte l'intention sérieuse de rester en France ; on a jugé
en conséquence que la résidence pour faire le commerce
serait insuffisante. En outre, il faut satisfaire consciencieu-
sement à la condition de vivre de son travail ; c'est l'accomplissement de cette condition qui établit un lien avec la
France. La cour de Bordeaux a fait l'application de cette

[1] Arrêts du 25 juin 1840, et 13 août 1841.
[2] Arrêt du 10 novembre 1827.

disposition en 1847 ; elle a décidé, qu'un étranger ayant rempli les fonctions de secrétaire particulier ou de chancelier du consul d'une puissance étrangère, ne pouvait prétendre à la qualité de Français, vu qu'il n'avait eu qu'une résidence accidentelle et précaire en France, et que ses fonctions n'établissaient aucun rapprochement entre lui et la société française. [1]

Ce système, même appliqué avec des réserves, ne pouvait durer plus longtemps. Sa propre exagération devait lui être fatale. Parce qu'un Allemand ou un Américain avait adopté un enfant ou nourri un vieillard, il était absurde de le déclarer Français : il pouvait mériter le prix Monthyon, mais nullement la qualité de citoyen, à laquelle il tenait peut-être fort peu. Cependant, on ne revint pas directement à l'ancien système. Les constitutions de l'an III et de l'an VIII imposent seulement des délais précédés d'une déclaration de se fixer en France.

La constitution du 5 fructidor an III [2] porte : « L'étran- « ger devient citoyen français lorsqu'après avoir atteint « l'âge de vingt et un ans accomplis et avoir déclaré l'in- « tention de se fixer en France, il y a résidé pendant sept « années consécutives, pourvu qu'il y paye une contribu- « tion directe, et qu'en outre il y possède une propriété « foncière, ou un établissement d'agriculture ou de com- « merce, ou qu'il ait épousé une Française. » Nous trouvons ici un élément nouveau, une contribution directe. Il importe de ne pas se méprendre sur ce point. La constitution de l'an III s'occupe uniquement des citoyens, comme membres du corps électoral, et prenant

---

[1] Voir Stoïcesco, op. cit., page 229. L'arrêt de Bordeaux est du 17 juin 1847.

[2] Art 10.

part au gouvernement de la République. Elle supprime le suffrage universel en n'acceptant pour citoyen que des censitaires, si faible que soit le cens. Mais il ne pouvait entrer dans la pensée des législateurs d'exiger un cens pour la simple qualité de *national* français : l'article 8 y répugne, puisqu'il porte que les hommes nés et résidant en France — évidemment des Français — ne seront citoyens que s'ils payent une contribution. Il est donc à croire que l'individu qui, sous le régime de la constitution de l'an III, déclarait son intention de fixer son domicile en France, et remplissait les autres conditions (épouser une Française, par exemple, ce qui ne suppose aucune contribution) était Français, *ipso facto*, sept ans plus tard, mais non citoyen [1]. La déclaration se faisait à la municipalité.

L'article 3 de la constitution de l'an VIII accorde la naturalisation à la seule condition de la déclaration, suivie de dix ans de séjour : c'est au fond le même système, avec un délai prolongé. Dans tous les cas, les constitutions de l'an III et de l'an VIII ont fait cesser l'abus de la naturalisation qui, en 1793 surtout, avait atteint ses dernières limites. Avec elles, reparut l'idée fort sage d'obliger au moins à une demande l'individu qu'on naturalise, afin qu'il ne soit pas francisé contre son gré.

Un décret impérial du 17 mars 1809 a rétabli l'ancien régime des lettres de naturalisation qui est demeuré en vigueur jusqu'à présent. Les conditions de la constitution de l'an VIII restent exigées, seulement elles n'opèrent plus de plein droit le changement de nationalité. La naturalisation est prononcée par l'Empereur. L'article 2 décide :

[1] Cour de cass., 26 janvier 1835.

« que la demande en naturalisation et les pièces à l'appui
« seront transmises par le maire du domicile du pétition-
« naire au préfet, qui les adressera, avec son avis, à notre
« grand-juge, ministre de la justice. »

Ce décret, modifié par un certain nombre de lois et
décrets postérieurs, forme le fondement de notre droit
actuel en matière de naturalisation. C'est ainsi qu'en cette
matière comme en beaucoup d'autres, après les essais de la
période révolutionnaire, on revint à l'ancien système. Aujourd'hui la naturalisation par un simple séjour est morte ;
et il est impossible à un étranger de se faire naturaliser
autrement que par obtention de lettres délivrées par le
gouvernement, qui est libre de les refuser.

La période de dix ans avait, dès l'Empire, paru
longue au gouvernement, qui voulait pouvoir dispenser de
ce stage les personnes capables de rendre des services au
pays. Avant même le décret du 17 mars 1809, les sénatus-consultes du 26 vendémiaire an XI et du 19 février 1808
avaient donné au pouvoir exécutif la faculté d'abréger les
délais quand il le jugerait convenable. C'était une disposition imitée des premières constitutions révolutionnaires,
avec cette différence que ce qui relevait du législatif
tomba dans le domaine de l'exécutif. Le sénatus-consulte
du 26 vendémiaire an XI est ainsi conçu. « Pendant cinq
« ans à compter de la publication du présent sénatus-con-
« sulte organique, les étrangers qui rendront ou qui
« auront rendu des services importants à la République,
« qui apporteront dans son sein une invention, des talents,
« ou une industrie utile, ou qui formeront de grands éta-
« blissements, pourront, après un an de domicile, être
« admis à jouir des droits de citoyen français. — Ce droit
« leur sera conféré par un arrêté du gouvernement pris

8

« sur le rapport du ministre de l'intérieur, le Conseil d'État
« entendu. » L'acte du 19 février 1808 supprime toute condition de délai.

On remarquera que le sénatus-consulte de vendémiaïre
parle du *domicile*. Il s'agit du domicile en France, autorisé
suivant l'article 13 du Code civil. En était-il de même dans
la constitution de l'an VIII ? Nous ne le pensons pas ; les
termes de cet acte prouvent à l'évidence qu'il prévoit une
déclaration spéciale ; d'ailleurs, des circulaires ministérielles ont subséquemment réglé la forme dans laquelle
elle devait être faite. Cependant le Conseil d'État, par un
avis assez obscur, a paru adopter la règle inverse, et croire
que, depuis le Code, la déclaration exigée par la constitution de l'an VIII a dû être remplacée par la demande
d'admission à domicile. La pratique ne s'est nullement
conformée à cette opinion, et, tant que l'article de la constitution de l'an VIII a été en vigueur, on a adressé la
simple déclaration.

Cette législation fondée sur la constitution de l'an VIII
et modifiée par les sénatus-consultes de l'an XI, de 1808
et de 1809 s'est perpétuée jusqu'en 1848. Nous ne parlons
pas ici de l'ordonnance du 4 juin 1814, ni de la loi
du 14 octobre de la même année, dont il sera traité séparément.

Le gouvernement provisoire de 1848, un mois après son
arrivée au pouvoir, rendit le décret du 28 mars, qui donnait
au ministre de la justice le droit de délivrer des lettres de
naturalisation à quiconque pourrait justifier d'une résidence de cinq ans en France, à condition qu'il produisît des
attestations des autorités compétentes, établissant qu'il
est, sous tous les rapports, digne d'être admis au rang de
citoyen.

La facilité avec laquelle on accorda alors la naturalisation donna lieu à des abus. En moins de trois mois, *deux
mille quatre cent cinquante-neuf* naturalisations furent
accordées. Il fallait mettre une limite à cette pratique qui
menaçait de devenir dangereuse ; M. Bethmont, alors
ministre de la justice, suspendit, par un arrêté en date du
29 juin 1848, l'exercice du droit provisoire que le décret du
28 mars lui conférait. On rentrait donc de nouveau sous
l'empire de la législation antérieure ; néanmoins jusqu'à la
fin de l'année suivante, on accorda plus de huit cent naturalisations [1]. La naturalisation ainsi concédée avait un effet
général et emportait la collation des droits civils et politiques. Toutefois la nécessité de régler définitivement la
matière se faisait sentir ; dans cette vue, un projet de loi
fut présenté à l'Assemblée nationale, le 1er août 1849.

II

Législation actuelle. — La législation française en matière de naturalisation repose aujourd'hui sur les lois des
3 décembre 1849 et 29 juin 1867.

Lors de la discussion de la première de ces deux lois, on
eut à résoudre la grave question de savoir à qui on devait
confier le droit de conférer la qualité de Français. Était-ce
au pouvoir exécutif, ou au pouvoir législatif ? Les deux
opinions étaient soutenues et les arguments ne manquaient
pas. Le projet de loi tenait pour le pouvoir exécutif : la
nature même de l'acte, ses applications fréquentes, la
nécessité de faire une enquête sur l'impétrant, semblaient

---

[1] Stoïcesco, op. cit., p. 252.

de sérieux motifs pour donner à la naturalisation le caractère d'un acte administratif. Le pouvoir législatif devrait
fixer seulement les conditions nécessaires pour obtenir la
naturalisation, mais le pouvoir exécutif seul l'accorderait;
les paroles de M. Vatimesnil étaient catégoriques sur ce
point : «... C'est au pouvoir exécutif, disait-il, qu'il appartient de dire, après vérification des titres : l'individu qui
demande la naturalisation se trouve ou ne se trouve pas
dans ces conditions. »

Les partisans du système opposé répondaient que le droit
d'accorder la naturalisation devait appartenir au pouvoir
législatif, parce que c'était là un acte de souveraineté par
excellence. D'ailleurs, d'après le projet, l'étranger naturalisé devait acquérir l'exercice des droits politiques et devenir apte à siéger à l'Assemblée nationale ; par la naturalisation, on donnerait des législateurs à la nation, par elle,
les étrangers entreraient dans la famille politique de la
France. N'était-il pas logique, dès lors, d'en attribuer la
connaissance au pouvoir législatif?

La difficulté fut tranchée par un amendement de M.
Manguin en faveur de l'exécutif, sauf pour le droit d'éligibilité à l'Assemblée nationale qui serait conféré par une
loi. Nous examinerons plus loin [1] cette restriction, qui
ne dura que trois ans, mais eut pour conséquence de
faire entrer dans la pratique définitive de la France la
naturalisation par mesure administrative. Car, lorsqu'elle
disparut, le reste de la loi fut conservé, et la loi de 1867
n'a fait que faciliter l'acquisition de la qualité de Français,
en réduisant le délai.

Aujourd'hui la première formalité à remplir de la part

[1] Voir § 3.

d'un étranger qui veut se faire naturaliser Français, est de demander l'autorisation de résider en France, conformément à l'article 13 du Code civil. Pour demander l'*admission à domicile*, l'étranger doit adresser une demande sur papier timbré au ministre de la justice, en envoyant son acte de naissance, traduit et légalisé. En même temps, il doit prendre l'engagement de payer les droits de sceau, qui s'élèvent à 175 fr. 25. Une fois l'autorisation accordée, l'étranger sans être encore Français, est en possession de droits civils [1].

Le délai imposé pour la naturalisation est de trois ans [2] à dater du jour où la demande d'admission à domicile a été enregistrée au ministère de la justice. Il peut être abrégé exceptionnellement en faveur d'étrangers qui ont rendu d'importants services à la France, qui y ont introduit soit une industrie, soit des inventions utiles, apporté des talents distingués, formé de grands établissements de commerce, ou créé des exploitations agricoles. Dans ces cas, la demande de naturalisation pourra être faite après un an de séjour, tandis que, s'il n'y a pas de circonstance de cette nature, elle ne doit être faite qu'après trois ans

Pendant la guerre franco-allemande, un décret a été rendu, le 26 octobre 1870, pour supprimer momentanément le stage de trois ans en faveur des étrangers qui avaient pris part à la guerre contre l'Allemagne, et qui voulaient obtenir la naturalisation pour devenir citoyens français. « Le délai d'un an, dit l'article 1er de ce décret, exigé par l'article 2 de la loi du 3 décembre 1849, modifiée par la loi du 29 juin 1867, pour la naturalisation *exceptionnelle*, ne

[1] Voir annexe B. Voir aussi annexe A 5° et 7°.
[2] Il était de dix ans dans la loi de 1849; c'est la loi de 1867 qui l'a réduit.

sera pas imposé aux *étrangers qui auront pris part à la guerre actuelle pour la défense de la France*. En conséquence, ces étrangers pourront être naturalisés *aussitôt* après leur admission à domicile, sauf l'enquête prescrite par la loi. » Mais cette faveur, qui se justifiait par des circonstances exceptionnelles, ne pouvait être que temporaire. Aussi, lisons-nous dans le dernier article du décret du 26 octobre, que la dispense de stage pour la naturalisation ne pourra profiter qu'aux étrangers qui auront fait leur demande de naturalisation avant l'expiration des deux mois, qui suivront la cessation de la guerre.

La demande en naturalisation, faite après l'expiration du délai requis, doit être présentée sur papier timbré, en double exemplaire, et contenir l'engagement d'acquitter un nouveau droit de sceau de 175 fr. 25. Le décret que nous venons de signaler avait exempté de tous frais les étrangers qui combattaient pour la défense de la France. Cette faveur est aujourd'hui assez rarement accordée en pratique et ne saurait être motivée sur l'indigence du pétitionnaire. La France, en effet, n'a pas d'intérêt à recevoir parmi ses citoyens des indigents qui pourront tomber un jour à la charge de l'assistance publique.

Les services rendus à la France à l'étranger, dans l'exercice d'une fonction publique, équivalent au domicile en France. Ainsi, un commis de chancellerie dans un consulat ou une légation de France, ou un agent consulaire français de nationalité étrangère peuvent faire compter le temps de leur service comme stage pour obtenir la naturalisation.

La demande en naturalisation donne lieu à l'ouverture d'une sorte d'enquête, et, si le résultat en est satisfaisant, il est rendu par le chef de l'État, sur la proposition du Garde

des Sceaux, le Conseil d'État entendu, un décret de naturalisation. La naturalisation est acquise au pétitionnaire
du jour de l'insertion du décret au *Bulletin des lois* [1].

On remarquera que le Conseil d'État, qui n'était autrefois consulté que pour les naturalisations exceptionnelles,
l'est toujours aujourd'hui. A partir du 4 septembre 1870,
il a cessé d'exister pendant assez longtemps. Un décret du
12 septembre, rendu par le gouvernement de la Défense
nationale, avait autorisé le Garde des Sceaux à passer
outre à la formalité de l'autorisation du Conseil : aujour-
d'hui l'on est revenu tout naturellement à l'ancienne pratique, depuis le rétablissement du Conseil d'État.

Les règles qui viennent d'être exposées ont donné lieu
à des critiques, dont plusieurs se sont fait jour dans un
projet de loi déposé au mois de mars 1877, sur le bureau
de la chambre des députés. On demandait de supprimer la
formalité de l'admission à domicile, et celle de l'avis du
Conseil d'État. Cet avis est illusoire en pratique, et l'enquête, que nous croyons absolument indispensable, serait
aussi bien faite par la Chancellerie. Quant à l'admission à
domicile, c'est également une formalité peu en harmonie
avec les usages modernes. Nous préférerions beaucoup le
système proposé par les auteurs du projet de loi de 1877, et
qui consistait à demander seulement au pétitionnaire d'établir qu'il demeure en France depuis le nombre d'années
fixé [2]. Ce nombre était porté de trois à cinq. Ce projet a fait
l'objet d'un intéressant rapport concluant à la prise en considération [3], mais il n'a pas eu de suite : nous le citons

[1] Cour de Paris, arrêt du 19 février 1877.
[2] Ce qui existe déjà en Algérie. Voir ci-après.
[3] Annexe L.

seulement comme symptôme d'idées qui reparaîtront probablement sans tarder dans nos assemblées délibérantes.

Les formalités de la naturalisation supposent que l'étranger est capable. Il serait logique de demander qu'il eût sa
capacité d'après les lois de son pays d'origine ; mais c'eût
été peut-être une source de recherches difficiles, que la loi
de 1867, copiant en cela celle de 1849, a cru pouvoir éviter,
en exigeant simplement du pétitionnaire qu'il fût âgé de
vingt et un ans. La loi allemande du 1er juin 1870 sur la
naturalisation, contient à ce sujet une disposition bien
plus rationnelle. « La naturalisation, dit l'article 8, ne
« pourra être conférée aux étrangers que lorsque, d'après
« la loi de leur pays d'origine, ils seront aptes à contrac-
« ter. » C'est là la véritable doctrine. Il faudrait du moins
qu'on la suivît en France pour les jeunes gens âgés de
vingt et un ans, mais encore mineurs suivant leur statut
personnel, qui sollicitent la naturalisation dans notre pays.
En effet, il arrivera fatalement que l'État étranger, si ses
lois fixent la majorité à l'âge de vingt-trois ou de vingt-cinq
ans, ne reconnaîtra pas l'admission à la nationalité française
d'un individu incapable à ses yeux. Il pourra en résulter
un conflit ; mais la loi de 1867 est formelle : l'étranger de
vingt et un ans peut solliciter la nationalité française,
quel que soit l'âge de la majorité dans son pays d'origine.

L'incapacité, qui frappe l'étranger n'ayant pas atteint sa
vingt et unième année, subsisterait même s'il était autorisé
par des représentants légaux. C'est un principe de notre
droit que le mineur est dans l'impossibilité absolue de
changer le statut personnel qu'il tient de sa naissance.
Cette règle ne reçoit que deux exceptions : l'une dans
la loi de 1790 sur les descendants des religionnaires fugitifs, l'autre dans l'article 2 de la loi du 16 décembre 1874.

Hors de ces deux cas, où un mineur peut, dûment autorisé,
disposer de son statut personnel, il est admis, par une jurisprudence fondée sur l'esprit du Code civil, et sur plusieurs
textes législatifs [1], que le mineur doit rester jusqu'au jour
de sa majorité fidèle à la nationalité qu'il a reçue de ses
parents. Le législateur n'a pas voulu que, pour un acte aussi
grave, la volonté put être suppléée ou complétée par des
représentants légaux , parents, tuteurs, curateurs , ou
conseil de famille, qui peuvent avoir des intérêts opposés
ou différents de ceux de l'incapable. D'ailleurs, le mineur
n'est incapable que pour un temps; c'est ce qui a permis à
son égard l'adoption de cette règle, qu'il serait impossible
d'accepter pour tous les autres incapables.

La femme mariée, par exemple, n'a pas comme le mineur
une incapacité purement provisoire : elle est en tutelle
pour toute sa vie. On ne saurait sans injustice lui défendre
de demander la nationalité française, quand elle dûment
autorisée par son mari. La même autorisation devra être
exigée de la femme étrangère séparée de corps, si du moins
elle appartient à un pays où la séparation de corps est régie par des lois analogues aux nôtres. Mais il peut se
faire que la séparation de corps, d'après la loi nationale de
la femme, lui accorde une liberté plus large; c'est une
question dont l'appréciation appartient à la chancellerie.
Nous pensons par exemple qu'une femme allemande séparée *à mensà et toro* par la loi canonique devrait être admise, sans autorisation maritale, à demander la naturalisation française. En effet, d'après la loi civile allemande,
la séparation de corps du droit canonique est tenue comme
équivalent au divorce. Inutile de dire que la femme divor-

---

[1] Par exemple la loi de février 1851, outre la loi de 1867 que nous avons
citée. Voir annexe A 6°.

cée serait, tout comme la femme veuve ou non mariée, admise dans les conditions ordinaires de capacité.

Un interdit dûment autorisé, devrait-il être admis à solliciter la nationalité française par l'intermédiaire de son tuteur ou avec l'assistance de ce dernier ? L'interdiction est une incapacité perpétuelle, ou du moins dont on ne peut prévoir la fin ; et si des intérêts majeurs exigent la naturalisation française, il pourrait paraître bien rigoureux de ne pas l'accorder. Nous pensons cependant que la naturalisation a quelque chose de trop personnel pour pouvoir être conféré autrement que dans un intervalle lucide.

Ajoutons, en terminant, que les formalités requises par nos lois ne peuvent être suppléées en aucune manière. Certains jurisconsultes ont soutenu que la nationalité française était tacitement concédée à l'étranger qui, sans exciper de son extranéité, participe à toutes les charges de la patrie française[1]. Rien ne nous permet d'adopter cette opinion qui mène directement à une violation de la loi. La nationalité, nous l'avons dit, est une sorte de contrat entre l'État et ses nationaux; mais, par cela même que la loi a déterminé les règles par lesquelles ce contrat doit être effectué, elle entend exclure tout autre mode. D'ailleurs, la Cour de Cassation a reconnu que l'acquiescement tacite résultant d'un séjour en France, si prolongé qu'on le suppose, ne peut avoir pour effet de conférer la qualité de Français. Et il n'est pas besoin de faire ressortir les inconvénients qui dans la pratique résulteraient de l'incertitude qu'un pareil système apporterait dans les questions de statut personnel[2].

[1] M. Marcadé.
[2] Arrêt du 24 avril 1827. — Voir aussi un arrêt de la Cour de Nimes du 22 déc. 1825.

III

La naturalisation en Algérie et dans les autres colonies. —
Dans les colonies françaises, les lois de 1849 et de 1867
que nous avons analysées ci-dessus ont été rendues applicables par la loi du 10 juin 1874. Quant à l'Algérie, elle
jouit d'un régime spécial établi par le sénatus-consulte
du 14 juillet 1865, et les décrets des 21 avril 1866 et 24
octobre 1870 [1].

Il faut distinguer en Algérie deux classes d'individus
pouvant obtenir la naturalisation : les Musulmans, déclarés
par le sénatus-consulte de 1865 Français, mais non citoyens,
et les étrangers chrétiens.

Sans devenir citoyen français et tout en restant soumis,
au point de vue civil comme au point de vue religieux, aux
lois musulmanes, le Musulman né en Algérie, peut faire
partie, sous certaines conditions et certaines réserves, de
l'armée française de terre et de mer. Il peut, en outre,
être admis à certaines fonctions civiles, dont on trouve
l'énumération dans un tableau annexé au décret du 21
avril 1866. On y remarque la possibilité d'être conseiller
municipal et général, notaire, greffier, etc.

Le sénatus-consulte prévoit l'admission des indigènes
dans l'exercice des droits de citoyen français et organise
pour eux une sorte de naturalisation.

Le requérant doit se présenter en personne devant le
maire ou le chef du bureau arabe, et y déclarer qu'il
entend être régi par les lois civiles et politiques de la

---

[1] Voir Dalloz, années 1865 et 1866, 4ᵐᵉ partie.

France. Le maire fait une enquête, et la transmet avec la demande au gouverneur général. D'après le décret de 1866, celui-ci devait transmettre la demande au Garde des Sceaux à Paris. L'Empereur statuait, le Conseil d'État entendu. Le décret du 24 octobre 1870 habilite le gouverneur à prononcer lui-même sur la demande en naturalisation, après avoir pris l'avis du comité consultatif [1].

L'étranger résidant en Algérie, qui veut se faire naturaliser, suit les mêmes formalités, mais il doit en outre justifier de trois ans de résidence. Le sénatus-consulte est moins exigeant sur ce point que la loi de 1867, qui a abaissé à la même durée le stage préliminaire de la naturalisation en France. On remarquera en effet qu'on n'exige pas des étrangers une première demande pour obtenir leur admission à domicile. Ils doivent seulement établir que depuis trois années ils résident en Algérie. C'est une différence assez importante avec la France européenne, et nous avons mentionné ci-dessus un projet de loi ayant précisément pour objet d'introduire en France le système algérien.

Une autre différence avec la France consiste dans le droit de sceau. En Algérie, on paye en tout et pour tout un droit de 1 fr. au lieu des deux droits de 175 fr. 25 chacun, qu'on acquitte à Paris.

Malgré ces différences, il n'est pas douteux que l'étranger naturalisé en Algérie ne puisse venir exercer en France les droits de citoyen français. Le but du gouvernement était de faciliter les naturalisations en Algérie pour diminuer le nombre des colons étrangers, mais quelle que soit la forme de l'acte, les conséquences en sont les mêmes des deux côtés de la Méditerranée.

---

[1] Art. 14 du décret de 1870, qui remplace l'art. 13 de celui de 1866, abrogé.

Les indigènes Israélites étaient assimilés aux Musulmans sous le régime du sénatus-consulte de 1865. Ils étaient donc Français, mais soumis aux lois civiles israélites. Un décret du Gouvernement de la Défense nationale du 24 octobre 1870 les a déclarés citoyens français, jouissant de tous les droits attachés à cette qualité. Aux termes de ce décret « les Israélites indigènes des « départements de l'Algérie sont déclarés citoyens fran- « çais : en conséquence, leur statut réel et leur statut « personnel seront réglés par la loi française, tous droits « acquis jusqu'à ce jour restant inviolables. » Le 21 juillet de l'année suivante, le gouvernement de M. Thiers présenta à l'Assemblée nationale un projet de loi pour abroger ce décret. L'exposé des motifs faisait valoir cette considération que la population musulmane ne comprendrait pas qu'on accordât aux Juifs une faveur qu'on lui refusait, et aussi que les Juifs algériens, qui forment une sorte de caste, auraient plus à perdre qu'à gagner à adopter la loi française en échange de leur statut civil, si intimement lié à leur statut religieux. Une Commission nommée par l'Assemblée nationale, et dont M. de Fourtou a été le rapporteur, proposa de remplacer l'abrogation pure et simple demandée par le Gouvernement par un projet de loi ainsi conçu :

« Art. 1er. Le décret rendu le 24 octobre 1870 par la « délégation de Tours, à l'effet de déclarer citoyens fran- « çais les Israélites indigènes des départements de l'Algé- « rie, est et demeure abrogé.

« Art. 2. *Néanmoins les Israélites indigènes de ces dépar-* « *tements pourront, par une simple déclaration de volonté,* « *rester soumis, quant au statut personnel, à la loi civile* « *française.*

« Art. 3. La déclaration dont il s'agit à l'article précé-

« dent devra être faite avant le 1er mars 1872, par le
« déclarant en personne, devant le maire de la commune
« de son domicile. Elle devra être inscrite sur un registre
« spécial.

« Le déclarant devra être âgé de vingt et un ans, et
« justifier de sa naissance dans le département, soit par
« un extrait des actes de l'état civil, soit par un acte de
« notoriété dûment établi.

« Art. 4. Les Israélites indigènes des départements de
« l'Algérie pourront réclamer, jusqu'au 1er mars 1872, la
« conservation des droits attachés à la qualité de citoyen
« français.

« Art. 5. Leurs demandes seront adressées au préfet
« du département dans lequel ils résident. Ce magistrat
« procédera d'office à une enquête sur les antécédents et
« la moralité des réclamants. Il vérifiera si les conditions
« d'indigénat sont remplies, et réclamera l'avis du conseil
« général ou de sa délégation.

« Le préfet transmettra dans le plus bref délai possible,
« avec son avis, la demande et les pièces de l'instruction
« au gouverneur général civil de l'Algérie, qui statuera
« en son conseil.

« Art. 6. Jusqu'à l'élection des conseils généraux et la
« constitution d'un conseil de gouvernement, les préfets et
« le gouverneur général pourront procéder seuls.

« Art. 7. Après le 1er mars 1872, l'admission des indi-
« gènes israélites aux droits de citoyen français sera
« réglée, conformément aux lois et décrets antérieurs. »

Pendant que la question était à l'étude, la nécessité de
pourvoir à la confection des listes électorales obligea le gouvernement à prendre des mesures provisoires pour les
Israélites algériens. Tel fut l'objet du décret du 7 octobre

1871, dont l'article 1er, a pour but de préciser ce qu'il faut entendre par l'indigénat. Cet article est ainsi conçu :

« Provisoirement et jusqu'à ce qu'il ait été statué par « l'Assemblée nationale sur le maintien ou l'abrogation du « décret du 24 octobre 1870, seront considérés comme indi- « gènes, et, à ce titre, demeureront inscrits sur les listes « électorales, s'ils remplissent d'ailleurs les autres condi- « tions de capacité civile, les Israélites nés en Algérie « avant l'occupation française ou nés, depuis cette époque, « de parents établis en Algérie à l'époque où elle s'est « produite. »

Le rapport dont ce décret est la conclusion motivait ainsi cette sage disposition :

« Si l'indigénat, dans notre législation, se conserve par le sang, il ne s'est acquis à l'origine que par la naissance sur la terre française ; il semble donc que les Israélites qui voudront obtenir ou faire maintenir leur inscription sur les listes électorales devront établir soit qu'il sont nés en Algérie, avant la conquête, soit qu'ils sont nés, depuis la conquête, de parents établis en Algérie au moment où l'occupation militaire a fait de la terre d'Afrique un sol français. »

Plus tard le projet de loi du Gouvernement, amendé par la Commission est venu en discussion ; mais, par suite de l'intervention de M. Crémieux, député d'Alger, il a été repoussé par l'Assemblée nationale. Le décret provisoire du 7 octobre 1871 est donc devenu définitif, et il est aujourd'hui encore en vigueur, ainsi que celui du 24 octobre 1870, dont il est le commentaire. Il n'y a plus de nationalité juive en Algérie.

§.3. — **Effets de la naturalisation**.

En principe, on peut dire que l'étranger, du jour où les lettres de naturalisation ont été publiées au *Bulletin des lois*, est assimilé au Français d'origine. L'un et l'autre jouissent des droits civils et politiques dans leur plénitude, ils ne peuvent pas être expulsés, ils peuvent invoquer au même titre l'appui et la protection de la France, etc.... Il y a pourtant certains points sur lesquels il existe entre eux quelques différences.

I

Dans l'ancien droit, nous avons vu que ces différences étaient considérables [1]. — Plus tard, de 1814 à 1852 encore, les naturalisés ne pouvaient pas aspirer de plein droit aux plus hautes fonctions de l'État. L'ordonnance du 4 juin 1814 leur avait fermé la porte des assemblées représentatives ; cet acte décidait que la *plénitude des droits* de Français ne serait accordée qu'aux étrangers ayant obtenu, outre les lettres ordinaires, des lettres de grande naturalisation vérifiées dans les deux Chambres. Par un étrange abus de pouvoir, le principe de la non rétroactivité des lois fut mis de côté, et l'ordonnance fut déclarée applicable aux étrangers naturalisés en vertu des lois antérieures, même des annexions de territoire, et qui avaient des droits acquis, dont ils furent brusquement dépouillés. Le maréchal

---

[1] Voir ci-dessus page 107, note 3.

Masséna fut le premier à obtenir |des lettres de grande naturalisation : on n'en délivra, du reste, pendant la Restauration et le Gouvernement de juillet qu'à vingt et une personnes, parmi lesquelles figure le prince de Hohenlohe Bartenstein, maréchal de France, nommé pair de France en 1827.

Hâtons-nous d'ajouter que, si l'ordonnance du 4 juin est choquante quand elle impose à Masséna de se faire *renaturaliser*, elle répond, quant au fond, à une idée assez juste. On conçoit bien que les hautes fonctions de sénateur, député, ministre et, plus encore président d'une République, restent le privilège des nationaux, et soient interdites à des étrangers pour qui la naturalisation n'est trop souvent qu'un moyen de chercher au dehors une situation sociale qu'ils n'auraient peut-être pu trouver au milieu de ceux qui les connaissaient mieux. Il est naturel qu'on demande plus de garanties, quand il s'agit d'admettre quelqu'un à prendre part au Gouvernement de l'État, que lorsqu'il est simplement question de lui conférer le droit d'électorat, et de supprimer en sa faveur la nécessité de la caution *judicatum solvi*. D'ailleurs, exiger des lettres patentes vérifiées dans les deux chambres du Parlement pour admettre un étranger dans ce même Parlement, c'était une mesure fort logique.

Un grand nombre de contrées de l'Europe, la Belgique, l'Espagne, etc., admettent encore dans leur loi le système de la grande naturalisation. La France, on ne comprend pas bien pourquoi, s'empressa de l'abolir dès le lendemain de la Révolution de 1848. Le décret du 28 mars, rendu par le Gouvernement provisoire, déclara investies de la plénitude des droits civiles et politiques, non-seulement les personnes qui obtiendraient à l'avenir la naturalisation or-

dinaire, mais même celles qui l'avaient obtenue depuis la
Restauration.

La loi du 3 décembre 1849 revint au système de l'ordonnance du 4 juin 1814 : « l'étranger naturalisé, dit
« l'article premier, ne jouira du droit d'éligibilité à l'Assem-
« blée nationale qu'en vertu d'une loi. » Du reste, le droit
acquis des personnes déjà admises à jouir de la qualité de
Français était formellement reconnu.

En 1852, nouvelle fluctuation dans notre législation sur
la matière. Le décret organique du 2 février 1852 déclara
électeurs tous les Français âgés de 21 ans, et éligibles tous
les électeurs âgés de 25 ans. Quoique la question ait été
longuement controversée par les jurisconsultes, nous
croyons qu'il est impossible de soutenir que la grande naturalisation ait survécu à la promulgation de cet acte. En
pratique du reste, on ne la concéda plus. Le prince Ponia-
towski, par exemple, qui n'avait obtenu que la naturalisation ordinaire, fut nommé sénateur, et accueilli par le
Sénat sans protestation. En 1863, la même question fut
posée devant le Corps législatif à propos de l'élection de
M. Welles de la Valette, d'origine américaine, qui avait
été naturalisé le 16 mai 1863. La Chambre, sur l'avis du
bureau, l'admit à siéger.

Cependant, comme la question était encore discutée doc-
trinalement, malgré la pratique contraire, les rédacteurs
de la loi de 1867 sur la naturalisation jugèrent utile d'a-
broger ce qui s'y rapportait dans la loi du 3 décembre 1849.
Une erreur s'est glissée dans la rédaction ; mais il ne peut
néanmoins subsister aucun doute sur les véritables intentions du législateur [1].

---

[1] Voir annexe A 5° et 7°.

Les étrangers naturalisés Français jouissent donc aujour-
d'hui des droits de citoyen le plus complètement qu'il est
possible. Nous ne voyons guère qu'un point qui les diffé-
rencie encore du Français d'origine. Ils ne sont point soumis au service militaire. C'est certainement un oubli de la
loi de 1872. Il serait logique que les naturalisés fussent
appelés avec la classe dont ils feraient partie s'ils étaient
nés Français. Beaucoup de lois étrangères ont établi cette
règle, qui est celle de l'Autriche [1] et de l'Allemagne. En
France, la loi ne s'occupe du service militaire des naturalisés que lorsqu'ils le sont en vertu de l'article 9 du Code
civil, ou des autres dispositions légales autorisant à opter
conformément aux dispositions de cet article [2].

II

Mais si les naturalisés sont assimilés aux nationaux, cette
assimilation ne prend naissance qu'au moment de l'obtention des lettres de naturalisation. De ce jour seulement
l'étranger échange son statut personnel d'origine contre la
loi française. Les effets de ce changement sont nettement
établis par Blondeau, dans les termes suivants : « l'indi-
« vidu que la naturalisation soumet à une loi différente de
« celle qui régit la nation qu'il quitte est, vis-à-vis des in-
« dividus qui ont eu avec lui avant sa naturalisation des
« relations légales, dans la même position où se trouvent,
« les uns à l'égard des autres, les individus qui ont eu des
« relations légales sous l'empire d'une loi qui vient à être
« changée. »

[1] Loi du 5 décembre 1868, art. 6.
[2] Loi du 27 juillet 1872, art. 9.

Ainsi la naturalisation ne touche pas aux droits acquis. Elle laisse même subsister intactes les *attentes* ou *espérances légales*, lesquelles n'ont, du reste, de valeur que si elles sont sérieuses et fondées, sauf bien entendu ce qui est contraire en France à l'ordre public et aux bonnes mœurs. Quelques exemples aideront à mieux comprendre la portée de la règle.

Un contrat, passé par le naturalisé avant sa naturalisation, conserve toute sa valeur, et, à moins qu'il n'ait un objet illicite en France, il sera invoqué utilement devant nos tribunaux, quand il aura été fait suivant les formes du pays dont le nouveau Français reconnaissait auparavant la souveraineté.

Pour un testament, il faut distinguer entre la confection même du testament et le moment où le *de cujus* décède. Le testament sera toujours valable quand il aura été fait suivant la loi à laquelle obéissait le testateur au moment de la confection. Si, ultérieurement, le testateur devient Français et meurt, comme tel, il faudra pour l'exécution s'en tenir à la loi française. Ainsi, le testateur avait-il légué *ultra modum* à un enfant naturel, cette disposition pourra être attaquée par des héritiers français quoiqu'elle soit valable suivant la loi étrangère; mais, en tout ce qui ne viole pas la loi française, les dispositions testamentaires devront être exécutées.

Les successions mobilières *ab intestat* seront toujours réglées et liquidées conformément aux lois du pays auquel le défunt appartenait en dernier lieu.

Les lois qui régissent l'état et la capacité des personnes changent l'état du naturalisé : mais sans rétroactivité. Si, par exemple, le naturalisé était mineur jusqu'à vingt-cinq ans, suivant son statut d'origine, les engagements contractés par lui à l'âge de vingt-deux ans pourront être déclarés nuls, si, devenu postérieurement Français, il les attaque devant les tribunaux, bien qu'il eût été capable suivant la loi française. Inversement, s'il a contracté à l'âge de vingt ans, sous une loi qui le reconnaît *sui juris* à dix-huit ans, il ne pourra pas attaquer l'engagement devant les tribunaux français.

Des difficultés se sont assez souvent présentées à l'occasion du divorce : un individu ayant légalement divorcé, alors qu'il était étranger, est certainement considéré en France comme n'étant pas marié. Mais il ne pourrait pas demander le divorce en France par le motif que, marié suivant la loi belge ou allemande, il avait un droit acquis au divorce. En effet, outre qu'on ne peut pas dire que le mariage en aucun pays donne un droit acquis au divorce, ce qui serait immoral, il y a cela de particulier que la dissolution entre-vifs du mariage est interdite par la loi française et c'est un motif absolu pour que les tribunaux ne puissent la prononcer.

Mais il n'y a aucune raison pour refuser de marier en France un étranger naturalisé Français qui, avant sa naturalisation, avait obtenu le divorce à l'étranger. La jurisprudence a cependant voulu le faire, en prétendant qu'un Français, qui demande à se marier en France, doit prouver qu'il est veuf ou qu'il ne s'est jamais marié. Il s'est même trouvé une cour d'appel pour dénier à l'étranger légalement divorcé le droit de se marier en France [1] ; nous croyons que cette jurisprudence n'est pas acceptable, précisément par le motif que l'individu légalement divorcé à l'étranger a un droit acquis à se remarier.

---

[1] Douai, 8 janvier 1877. Voir aussi cassation, 28 février 1860.

D'ailleurs le divorce, quoique non admis en France, ne saurait y être considéré comme immoral, puisqu'il a été pendant vingt ans inscrit dans nos lois.

En résumé, la règle que les droits acquis et les attentes légales subsistent après la naturalisation doit être tempérée par les considérations de morale et d'ordre public. C'est par ce motif que nous ne reconnaîtrions pas pour valable en France le mariage qu'un Musulman naturalisé aurait contracté simultanément avec plusieurs femmes, alors que son statut personnel était régi par le Coran. — C'est au juge qu'il appartient d'apprécier, dans chaque cas déterminé, jusqu'où doit s'étendre le principe de la non rétroactivité du changement de statut personnel.

Quand aux engagements dont le naturalisé pouvait être tenu, antérieurement à son admission dans la nationalité française, il n'est pas douteux qu'ils ne subsistent. On pourra même appliquer l'article 15 du Code civil, d'après lequel un Français peut être actionné en France pour les obligations par lui contractées en pays étranger, même avec un étranger. En effet, la loi ne distingue pas si le Français a été ou non naturalisé, et *ubi lex non distinguit nec non distinguere debemus*. C'est d'ailleurs l'opinion adoptée par la Cour de cassation dans un arrêt du 16 janvier 1867.

III

Terminons en disant quelques mots des délits. Il est évident que le naturalisé reste tenu, tant que la prescription n'est pas acquise, des délits de toute nature, y compris l'insoumission et la désertion, dont il s'est rendu coupable dans son pays d'origine, de même que des obligations qu'il pouvait y avoir contractées. Si donc le naturalisé revient dans son pays d'origine, il pourra être arrêté, poursuivi et jugé, sans que sa nouvelle patrie puisse intervenir en sa faveur. Mais pourra-t-il être extradé pour crime commis avant la naturalisation ? Sur ce point délicat quelques explications sont nécessaires. L'usage de ne pas livrer ses nationaux est admis chez la plupart des peuples en matière d'extradition [1]. Il n'y a que les États-Unis d'Amérique et l'Angleterre qui, entourant de garanties minutieuses la remise des malfaiteurs fugitifs, n'ont pas cru devoir faire toujours cette distinction. — Que se passera-t-il, dans un pays suivant la règle générale, si le criminel qui s'y est réfugié y a obtenu la naturalisation après le crime ? Y aura-t-il lieu à extradition. La question s'est posée, il y a quelques années, à propos d'une demande adressée dans ces conditions à la Prusse par le gouvernement français. La Prusse crut devoir refuser. Aujourd'hui la règle inverse paraît prévaloir : le traité anglo-français, conclu le 14 août 1876 pour la remise réciproque des malfaiteurs, prévoit que, si le malfaiteur a obtenu la naturalisation dans le pays de refuge postérieurement à la perpétration du crime, il sera néanmoins livré. Est-ce un premier pas dans la voie de l'extradition des nationaux, jusqu'ici rigoureusement proscrite en France? Nous ne le pensons pas. Il semble plutôt que c'est une application de notre règle de la non rétroactivité de la naturalisation. Il y a un droit acquis au gouvernement réclamant d'obtenir l'extradition de son ressortissant qui s'est mis dans un cas prévu par les conventions internationales. La naturalisation ne peut pas plus porter atteinte aux droits acquis contre le naturalisé qu'aux droits

---

[1] Voir Billot., *Traité de l'extradition*, passim.

acquis en sa faveur. Aussi n'hésitons-nous pas à appouver les termes de l'article 2 de la convention franco-anglaise précitée. Il serait juste que cet usage s'établît dans la pratique, à titre de réciprocité, sinon par traités.

§ 4.— Reconnaissance de la naturalisation dans le pays d'origine du naturalisé.

Au point de vue du droit civil, ce que l'on vient de dire est suffisant, et il est certain que tout étranger ayant accompli régulièrement les formalités sus-mentionnées sera Français au regard de la loi française. Mais il importe, au point de vue du droit international, de savoir quelle sera la situation du naturalisé à l'égard de son pays d'origine. Le gouvernement, auquel il ressortissait, reconnaîtra-t-il le changement d'allégeance, et cessera-t-il de revendiquer son ancien sujet?

Nous avons indiqué ci-dessus la règle qui, suivant nous, devrait prévaloir en pareil cas. Il faudrait que la naturalisation dans un pays entraînât la dénationalisation dans la première patrie du naturalisé, ou du moins que nul ne pût être naturalisé sans prouver qu'il est ou sera délié par le fait de toute allégeance antérieure Il s'en faut malheureusement de beaucoup que ce principe ait passé dans la pratique internationale.

Le plus grand nombre des États reconnaissent, à la vérité, que l'admission d'un de leurs sujets dans une nouvelle patrie a pour conséquence de lui faire perdre sa nationalité. Mais il y en a d'autres qui refusent à leurs ressortissants la faculté d'abandonner leur nationalité d'origine. D'autres enfin permettent l'expatriation, mais moyennant l'observation de formalités particulières et indépendantes de la nationalité nouvelle à acquérir. Il importe d'examiner successivement ces diverses législations, et de rechercher la situation dans laquelle elles placent l'individu, vivant sous leur empire, qui se fait naturaliser français.

I

Le cas le plus simple est celui où l'étranger qui sollicite la naturalisation française appartient à un pays admettant la règle du code civil, d'après laquelle l'acquisition d'une nationalité nouvelle entraîne la perte de l'ancienne. Le nombre de ces pays va toujours croissant en Europe et en Amérique. Nous citerons parmi eux la Belgique, le Luxembourg, la principauté de Monaco, l'Italie, les Pays-Bas, dont les lois sont une copie ou une imitation des nôtres ; la Suède, l'Espagne, la Colombie, le Brésil, l'Uruguay, etc., enfin l'Angleterre, longtemps fidèle à la doctrine de l'allégeance perpétuelle, qui, par la loi du 12 mai 1870, s'est rangée au système français [1].

Quand un individu appartenant à l'un de ces pays se fait naturaliser français, il n'y a guère de cumul possible entre les deux nationalités : on ne saurait donc, à ce point de vue, redouter un conflit.

---

[1] Voir annexes N, S, etc..

II

Inversement, il y a des législations admettant que le lien d'allégeance est indélébile. Le nombre en diminue tous les jours, et, depuis que l'Angleterre et la Russie n'en font plus partie, on ne compte que quelques petits États comme la république de Vénézuéla, les cantons de Genève et de Neufchâtel, et, en fait, sinon en droit pur, les États-Unis d'Amérique.

Dans la *République Argentine*, d'après l'article 4 de la loi du 1er octobre 1869, les nationaux naturalisés à l'étranger perdent seulement les droits politiques, mais non la nationalité [1].

Au *Vénézuéla*, l'article 7 de la Constitution déclare en termes formels que l'acquisition d'une nationalité étrangère laisse subsister la nationalité vénézuélienne [2].

A *Genève*, l'ancienne législation, toujours en vigueur, admet la pérennité du lien de sujétion. La question offre ici cette particularité remarquable qu'à côté de cette législation cantonnale, on trouve la loi fédérale du 3 juillet 1876 [3], qui admet la renonciation au droit de cité, et se montre hostile dans son esprit au cumul de nationalités. Mais la loi de 1876 ne dit nulle part que le Suisse qui se fait naturaliser à l'étranger perd la qualité de Suisse : elle l'autorise seulement à y renoncer, et détermine les conditions de cette renonciation. Le Genevois naturalisé

---

[1] Annexe O.
[2] Annexe B B.
[3] Annexe Z, et ci-après au mot *Suisse*.

à l'étranger restera donc Suisse, s'il n'a pas effectué la renonciation prescrite par la loi fédérale. Or les Gouvernements Cantonaux sont, d'après l'article 8 de cette même loi, seuls compétents pour assurer l'exercice de la renonciation, laquelle doit être faite suivant les législations cantonales. Il en résulte que le Genevois ne pourra jamais l'effectuer, puisque la loi genevoise l'interdit, et, bien que naturalisé étranger, il ne cessera pas d'être Suisse.

A *Neufchâtel*, la situation est la même que dans le canton de Genève.

Les *États-Unis*, ainsi qu'on l'a dit plus haut [1], ont condamné en principe la pérennité du lien de sujétion, comme contraire au droit naturel. C'est ce qui ressort du bill de 1868 sur la protection des Américains à l'étranger. Mais cette condamnation doctrinale n'a pas été suivie d'une loi comme la loi britannique du 12 mai 1870. Aussi est-ce une grande question de savoir si elle a une valeur pratique. Les attorneys généraux, d'accord avec leur prédécesseur Cushing, qui manifestait déjà cette opinion en 1859, semblent adopter l'affirmative [2] : pour eux l'Américain naturalisé à l'étranger devrait dès à présent être tenu pour un étranger. Mais telle n'est pas l'opinion qui paraît l'emporter en Amérique. Le gouvernement américain, dans un message au congrès du 7 décembre 1875, conviait cette assemblée à s'occuper de « déterminer par « des conditions légales de quelle manière l'expatria- « tion peut s'accomplir et le changement de nationalité

---

[1] Ci-dessus page 8.

[2] Voir les opinions de Cushing et Black dans le *report of royal commissioners*, etc. — Voir aussi le *Digest of the publisted opinions of the attorneys général*, Washington, 1877 pages 100 et 101.

« se réaliser » [1]. N'est-ce pas la meilleure preuve que, pour le moment encore, le citoyen américain ne peut pas cesser de l'être, et qu'il faut conserver, jusqu'à l'adoption d'une nouvelle loi, la jurisprudence qui a prévalu depuis la fondation de l'Union [2] ? Nous devons ajouter qu'il y a dès à présent des exceptions à cette règle, exceptions tirées du droit conventionnel et non du droit civil. Différents traités de naturalisation, signés par les États-Unis à la suite du bill de 1868, confèrent en effet aux citoyens des États contractants le droit de changer de nationalité, et d'être reconnu en leur nouvelle qualité par leur ancienne patrie [3]. Mais la France n'est liée avec les États-Unis par aucun traité de ce genre, et il faut, en ce qui concerne les Américains naturalisés Français, s'en tenir à la règle générale.

Quand un étranger, appartenant à un pays dont on ne peut pas rompre l'allégeance, sollicite la naturalisation en France, le meilleur parti à prendre serait de repousser sa demande. La France n'admet pas de partage. Elle ne peut recevoir au nombre des Français, un individu qui ne sera pas reconnu partout comme tel. Cette manière de procéder était en vigueur dans les Pays-Bas. Dans un débat qui eût lieu en 1860 au parlement Néerlandais, le gouvernement, attaqué à ce sujet, répondit que la loi lui donnait la liberté de n'accorder la qualité de sujet néerlandais que s'il le voulait, après enquête, et qu'il ne pouvait admettre à cette faveur que des étrangers devenant pleinement Néerlan-

---

[1] Voir l'*Américan Law Review*, vol. XL, n° 3, page 447.

[2] C'était du moins l'opinion dominante. V. *Kent's commentaries* 49, et *Story*, sect. 1104 de son commentaire sur la constitution. — Voir aussi le *Journal du droit international privé* de M. Clunet, 1877, p. 388.

[3] Voir annexe H H et II, et ci-après § 8, la liste de ces traités.

dais. Il s'agissait d'Anglais qui, à cette époque, étaient soumis au régime de l'allégeance perpétuelle. — Si cette exclusion paraissait trop rigoureuse, du moins faudrait-il adopter le tempérament dont plusieurs législations nous offrent l'exemple et qui consiste à refuser au naturalisé de le protéger contre son pays d'origine, quand ce pays persiste à le considérer comme un de ses ressortissants. La Suède, l'Espagne, l'Angleterre ont plusieurs fois déclaré qu'elles ne protégeraient pas un étranger à qui elles ont légalement accordé la naturalisation contre le gouvernement du pays d'où cet étranger est originaire, quand il en est encore sujet. « A foreigner, écrivait L. Russel, en « juin 1863, who has become a naturalized British citizen « cannot claim british protection against the operation « of the law of his native country [1]. »

C'est du reste ce que la France a dû faire déjà à l'occasion de Tunisiens naturalisés en Algérie, qui retournaient ensuite dans la Régence et invoquaient l'appui de leur nouvelle patrie contre l'ancienne, dont ils n'avaient pas régulièrement secoué la sujétion.

III

En adoptant l'un de ces deux modes de procéder, la France éviterait toute occasion de conflit avec les pays où existe l'allégeance perpétuelle. Il reste à examiner les législations qui, tout en reconnaissant que la nationalité n'est pas indélébile, n'admettent pas cependant qu'elle se perde par la naturalisation obtenue à l'étranger. Comment

---

1 *Report of royal commissioners on natur. and alleg.*

convient-il d'agir à l'égard des étrangers soumis à des lois
de cette nature, quand ils demandent à devenir Français? S'assurer s'ils ont rempli les formalités requises
par la loi de leur pays d'origine pour se libérer de tout
lieu de sujétion. Pour cela il suffirait qu'une enquête
fut ouverte sur chaque cas particulier; et de la sorte,
sans changer un mot à nos lois sur la matière, sans
signer la moindre convention avec les États voisins, la
France éviterait les conflits qui souvent résultent de
ce que la nationalité est conférée trop légèrement. Le
ministère de la justice pourrait faciliter son rôle en se
renseignant exactement sur les règles de l'expatriation
dans les pays étrangers, et les modes de le constater.
On se bornerait alors à demander à l'intéressé, suivant sa
nationalité, certaines pièces prévues d'avance, et dûment
légalisées.

Le Gouvernement Suisse, dans la loi fédérale du 3 juillet
1876, a sanctionné ce mode de procéder, et le Conseil
Fédéral a communiqué aux autorités chargées de recevoir
les demandes en naturalisation, une note contenant l'indication des pièces que doivent produire les pétitionnaires
pour établir leur libération à toute sujétion antérieure.
La loi même avait, en effet, déclaré, (art. 2 chiffre 2)
qu'on ne devait accorder la naturalisation qu'aux étrangers « dont les rapports avec l'État auquel ils ressortissent sont tels qu'il est à prévoir que leur admission à la nationalité suisse n'entraînera pour la confédération aucun préjudice [1]. » Or, n'est-ce pas un préjudice
pour la confédération que des conflits avec les nations

---

[1] Annexe Z.

étrangère, conflits qu'il est souvent bien difficile de régler quand on les a laissé naître ? Le même système a été adopté dans la loi luxembourgeoise du 27 janvier 1878, qui ne faisait que se conformer en cela à un usage suivi depuis longtemps dans le Grand-Duché [1]. La France aurait tout intérêt à prendre exemple sur ces deux États. Nous indiquerons sommairement les formalités dont elle devrait exiger l'accomplissement préalable des individus qui sollicitent la qualité de Français, quand leur pays d'origine est un des suivants :

Allemagne. — Les Allemands, suivant la loi du 5 juin 1870 [2], promulguée pour la confédération de l'Allemagne du nord, puis étendue à tout l'Empire, les Allemands peuvent perdre leur nationalité en obtenant un certificat d'expatriation, ou *Entlassungschein*. Cette pièce ne peut pas être refusée aux personnes âgées de moins de dix-sept ans ou de plus de vingt-cinq ans. Les jeunes gens se trouvant entre ces deux âges peuvent même, dans certains cas, l'obtenir, en prouvant qu'ils ne revendiquent par leur *manumission* dans la seule vue d'échapper au service militaire. La délivrance de l'*Entlassungschein* entraînant rupture immédiate de tout lien de nationalité, nous pourrions naturaliser sans hésitation le porteur d'une pièce de cette nature. Cependant le Gouvernement Impérial se réserve de déclarer l'*Entlassung* non avenue si celui qui l'a obtenue revient dans l'Empire sans avoir acquis une nationalité nouvelle, ou dans le cas où il rentre avec la qualité de national d'un

[1] Annexe T.
[2] Annexe M 1° et 3°.

État étranger, de l'expulser, s'il y a quelque motif de le faire [1].

Il importe de noter encore, comme modes de perdre la nationalité Allemande, un séjour de dix ans à l'étranger sans passeport, ni immatriculation dans un consulat allemand, et l'exclusion de la nationalité allemande prononcée contre l'individu résidant à l'étranger qui, en temps de guerre, ne répond pas à l'appel sous les drapeaux, ou contre celui qui, exerçant une fonction publique à l'étranger sans autorisation du Gouvernement Impérial, ne se démet pas de cette fonction sur l'ordre de la chancellerie de l'Empire, ou enfin contre celui qui exerce illégalement des fonctions ecclésiastiques.

Autriche et Hongrie. — Les sujets de la Couronne Impériale, c'est-à-dire des pays représentés au *Reichsrath* de

[1] Cette faculté d'expulsion a été expressément réservée par l'Allemagne dans le traité d'établissement qu'elle a signé avec la Suisse le 27 avril 1876 :
« Les deux parties, dit l'article 8 de cet acte, se réservent le droit d'inter-
« dire à ceux de leurs ressortissants qui se sont fait naturaliser dans l'autre
« avant de s'être acquitté du service militaire, le séjour permanent où l'éta-
« blissement dans leur ancienne patrie. »
Cette disposition ne fait que consacrer ce qui est de droit commun chez nous, c'est-à-dire la faculté d'expulser les étrangers ; mais, en présence des autres clauses de la convention, l'article paraissait trop restrictif aux Suisses, et le Conseil fédéral, dans le message par lequel il demande au Parlement de ratifier le traité avec l'empire d'Allemagne, s'excuse longuement d'avoir été obligé de l'accepter. — Et pourtant un protocole additionnel en limite encore l'application. « Pour écarter tout doute à l'égard de la portée de l'ar-
« ticle 8 du traité... les plénipotentiaires soussignés sont, avec l'autorisation
« de leurs gouvernements, convenus, par le présent protocole de la disposi-
« tion suivante :
« Les deux États contractants s'engagent réciproquement à ne provoquer le
« renvoi d'une personne, prévu à l'article 8, qu'après un examen préalable
« et minutieux des circonstances qui s'y rapportent : ils ne le provoqueront
« pas s'il résulte de cet examen que le changement de nationalité a eu lieu
« *bona fide* et que la personne dont il s'agit n'a pas voulu, par cela, se sous-
« traire au service militaire. » Les scrupules de la Suisse montrent, soit dit en passant, que le droit d'expulser les étrangers par mesure administra- tive, passé chez nous à l'état de dogme, ne paraît pas aussi incontestable aux peuples voisins.

Vienne ou Parlement cisleithanien et les sujets de la couronne de Hongrie peuvent obtenir l'autorisation de s'expatrier en s'adressant : les premiers à l'autorité administrative dans les provinces, les seconds au Ministère de l'Intérieur à Pesth.

Au point de vue civil, cette autorisation est suffisante ; mais s'ils font partie, par leur âge, de l'armée Austro-Hongroise, les sujets Autrichiens et Hongrois devront se munir en outre d'une permission spéciale délivrée, pour les soldats de l'armée active, par le ministère commun de la Guerre à Vienne, et, pour les hommes de la landwehr *cisleithanienne* ou les *honveds* hongrois, par les ministères spéciaux de la défense du pays.

Danemark et Norvège. — Sauf les dispositions dés lois militaires, le Danois perd sa nationalité en s'établissant sans esprit de retour à l'étranger. Si donc il est prouvé en fait que le Danois qui demande la nationalité française est domicilié réellement et uniquement en France depuis longtemps, il serait possible d'accueillir favorablement sa demande en naturalisation sans redouter un conflit. — Du reste le gouvernement de Copenhague a quelquefois délivré des certificats de dénationalisation sur la demande de gouvernements étrangers : on pourrait y recourir au besoin.

Même système en Norvège. Ces deux pays ont conservé des règles identiques en matière de nationalité, quoique séparés depuis 1814. En Danemark et en Norvège c'est le domicile qui est le critérium de la nationalité, ainsi que nous le verrons plus loin [1]. — Le Norvégien perd sa qualité de sujet et de citoyen quand il demeure à l'étranger défi-

---

[1] Voir ci-après § 8. *Norvège et Danemark.*

nitivement. Il conserve seulement, comme le Danois, du reste, le droit d'indigénat, qui lui permet de réclamer des secours dans le cas où il reviendrait en Norvège et y tomberait dans la misère; mais cet indigénat, ainsi compris, ne paraît pas incompatible avec la qualité de Français.

Russie. — Tout récemment encore l'allégeance perpétuelle était rigoureusement admise pour tous les sujets du Czar, Polonais et Finlandais, aussi bien que Russes. L'ancien droit russe ne reconnaissait qu'une seule manière de perdre la nationalité, c'était pour les femmes le mariage avec un étranger [1]. L'ukase de 1864 sur la naturalisation [2] permet la dénationalisation aux étrangers naturalisés, mais pas aux natifs. La loi sur le recrutement du 1er janvier 1874 porte que « tout homme au-dessus « de quinze ans ne peut cesser d'être sujet russe, à moins « d'avoir satisfait complètement aux obligations militaires « ou d'en être exempté [3] ». C'est le seul texte qui permet aux Russes d'abandonner leur nationalité; mais cette nouvelle règle ne paraît pas avoir été jusqu'ici bien fréquemment appliquée : on peut dire que l'allégeance perpétuelle est presque encore en fait la règle dans l'Empire Russe. Ainsi la naturalisation ou l'acceptation de services publics à l'étranger, l'émigration, le séjour à l'étranger prolongé après l'expiration des passeports ou permissions quinquennales délivrés en Russie, et renouvelables par les agents diplomatiques ou consulaires du Czar [4], toutes circonstances auxquelles on attribue fréquemment la conséquence de faire perdre la nationalité russe, n'ont d'autre effet que d'attirer des

---

[1] Corps des lois russes. Ed. de 1855, art. 102, X° vol., 1re partie.
[2] Annexe X.
[3] Annuaire lég. étr., 1875, page 606.
[4] Corps des lois russes, XIVme vol., art. 442.

peines sévères sur les absents. « Quiconque, dit le code pé-
« nal russe, s'absentant de la patrie entre au service étran_
« ger sans la permission du gouvernement, et se fait sujet
« d'une puissance étrangère, est condamné pour cette viola-
« tion du devoir et du serment de fidèle sujet, à la privation
« de tous les droits civils et au bannissement perpétuel de
« l'Empire, où, s'il revient par la suite volontairement en
« Russie, à la déportation en Sibérie [1]. » « Quiconque s'ab-
« sentant de la patrie n'y retourne pas sur l'appel du gou-
« vernement est également condamné à la perte de
« tous les droits civils et au bannissement perpétuel [2]. ... »
Cette privation des droits civils entraîne une véritable
mort civile, mais, de même que la mort civile en France,
quand cette institution existait dans notre pays, elle laisse
subsister la qualité de sujet de l'Empire. Le Russe ne
pourra donc pas, dans le cas sus-mentionné, invoquer sa nationalité, mais il ne pourra pas non plus invoquer en Russie la qualité d'étranger pour se protéger contre les effets
des lois impériales : c'est, d'ailleurs, une disposition beaucoup plus rationnelle que celle de l'art. 17 du code civil,
qui, déclarant étranger le Français qui a pris du service à
l'étranger, lui permet par cela même de réclamer utilement cette qualité contre la loi française. On a voulu le
punir, on n'a pas songé que c'était parfois un avantage
qu'on lui accordait.

Quand un Russe de naissance sollicite la naturalisation
en France, il faudrait lui demander s'il est muni d'une autorisation délivrée d'après la loi du 1er janvier 1874, et s'il
était dans l'impossibilité de fournir cette pièce, il devrait

[1] Code pénal russe, art. 225.
[2] *Ibid.*, art. 326.

être traité comme les individus appartenant à un pays où l'allégeance perpétuelle est la loi commune. Si le pétitionnaire est un Russe par naturalisation, il devra établir qu'il a été régulièrement dénationalisé conformément aux règles de l'ukase de 1864 [1].

Suisse. — La loi fédérale du 3 juillet 1876 permet au Suisse de renoncer à sa nationalité [2]. Il doit à cet effet :

1º Ne plus avoir de domicile en Suisse ;

2º Jouir de sa capacité civile d'après les lois des pays dans lequel il réside ;

3º Avoir une nationalité acquise ou assurée pour lui, sa femme et ses enfants mineurs.

La première des trois conditions s'explique d'elle-même. Il serait absurde de permettre à un individu qui veut changer de nationalité de continuer de résider dans son pays d'origine. Il ne pourrait y rester que dans l'intention de frauder les lois locales et d'invoquer la protection étrangère. Sur ce point nous pourrions faire un emprunt utile à la Suisse.

La seconde condition peut prêter aux controverses. Il serait assurément plus naturel, d'exiger d'un Suisse qui veut renoncer à sa nationalité, d'avoir la capacité suivant la loi Suisse. Mais le parlement de Berne avait surtout eu soin d'éviter toute espèce de conflit possible, et c'est pourquoi il a adopté une règle qui n'est pas soutenable au point de vue théorique. Remarquons que dans le cas spécial du Suisse qui sollicite la naturalisation fran-

---

[1] On peut facilement perdre la qualité de Russe pour se faire naturaliser Polonais ou Finlandais, c'est-à-dire sujet d'un autre État soumis au Czar.

[2] Voir le commentaire que nous avons donné de cette loi dans le *Bul. de la Soc. de lég. comp.*, mai 1878.

çaise, il y aura coïncidence complète avec notre loi qui, par
une erreur du même genre, exige de l'étranger l'âge de
vingt-un an, quel que soit l'âge de la majorité dans son ancienne patrie.

Enfin, la loi suisse veut que le Suisse prouve qu'il a acquis
ou qu'il a la certitude d'acquérir une nationalité étrangère.
La France pourrait délivrer aux Suisses qui sollicitent leur
admission à l'indigénat français un certificat attestant
que la nationalité française leur sera conférée dès qu'ils
auront produit l'acte de renonciation. De la sorte, les deux
législations pourront coïncider exactement.

La renonciation doit être déclarée au Gouvernement du
canton, où l'intéressé avait le droit de cité. « Celui-ci dit
« l'article 7 de la loi, en donne connaissance aux autorités
« de la commune (tout Suisse a, comme on sait, une com-
« mune d'attache) et fixe un délai d'opposition de quatre
« semaines au plus pour la commune comme pour tous
« autres intéressés. » Nous ne saurions trop approuver cette
disposition et les explications données ci-après en feront
comprendre tous les avantages. Il ne faut pas, en effet, qu'en
changeant de nationalité un individu cherche seulement à
éluder la loi nationale, ou à se soustraire à la compétence
des tribunaux de son pays, au détriment des tiers. La faculté d'opposition à l'expatriation, accordée à ces derniers
par la loi fédérale, leur permet de défendre utilement leurs
droits, tandis que, en pareil cas, ils sont désarmés dans
beaucoup d'autres pays, en France par exemple. S'il y a
opposition, il sera sursis à la délivrance du certificat d'expatriation, jusqu'au jour où les opposants auront obtenu la
satisfaction qu'ils réclament. Il n'est pas à craindre,
d'ailleurs, que les communes ou les particuliers n'abusent
de l'arme que la loi met entre leurs mains pour entraver

l'exercice légitime du droit d'expatriation : le tribunal
fédéral, dont l'impartialité est d'autant plus certaine qu'il
est placé au sommet de la magistrature Suisse, pourra toujours ordonner la mainlevée des oppositions qui ne seraient
pas fondées.

On remarque que le Gouvernement fédéral ne joue aucun
rôle dans la dénationalisation. Les cantons sont seuls compétents et le certificat délivré par les pouvoirs cantonaux
entraîne la rupture du lien d'allégeance fédérale. Le pouvoir central de la confédération n'est représenté ici que
par l'action éventuelle du tribunal fédéral. Nous avons dit,
plus haut, les conséquences de cette abstention, en ce qui
concerne les Genevois et les Neuchâtelois.

Turquie. — Les Ottomans doivent, pour être légalement
déliés du lien d'allégeance vis-à-vis du Sultan, obtenir une
autorisation spéciale constatée par iradé impérial, à défaut de laquelle ils continuent, quoique naturalisés à l'é-
tranger, à être considérés par la Porte comme soumis aux
lois ottomanes [1]. Le S. P. peut cependant déclarer déchus
de leur nationalité les Ottomans qui se font naturaliser sans
permission, mais cette déchéance, étant facultative et entraînant l'expulsion du territoire turc, ne saurait permettre
aux Gouvernements étrangers d'accorder la qualité de citoyen à un Turc non autorisé. La France a d'ailleurs, ainsi
qu'on le verra plus loin, fait examiner la loi turque de 1869,
sur la nationalité, et l'a déclarée fort juste et non contraire
aux capitulations : nous sommes donc liés en quelque sorte
par cette loi, et il semble que nous ne pourrions point, dès
à présent, protéger en Orient un Ottoman naturalisé français sans autorisation. Cependant un consul ne pourrait
pas se refuser à l'immatriculer.

[1] Annexes A A.

IV

Si la France n'admettait à la naturalisation les nationaux des États dont on vient d'examiner les lois sur l'expatriation, qu'après qu'ils ont justifié de l'accomplissement de ces lois, il est manifeste que la presque totalité des conflits serait écartée. Les cas donnant lieu à des difficultés d'ordre civil, ou à des interventions diplomatiques deviendraient de plus en plus rares. Il ne faut pas perdre de vue, d'ailleurs, la non rétroactivité de la naturalisation. Rien n'est plus équitable que de voir le naturalisé tenu envers son pays d'origine des obligations qui y avaient pris naissance avant son départ. Par suite, s'il y retourne, il pourra être poursuivi pour délits politiques, militaires ou civils, même s'il a dans l'intervalle acquis la qualité de Français. Mais cela n'est pas contraire au droit des gens et ne porte nullement atteinte à la dignité de la France. Ce qui importe, c'est que le nouveau Français, un Italien, par exemple devenu Français, soit reconnu comme tel, en Italie, s'il lui plaît d'y retourner, que son statut personnel soit appliqué dans tous les cas où il serait appliqué envers un Français d'origine ; mais, on ne saurait trop insister sur ce point, s'il est poursuivi pour crimes antérieurs, la France aurait tort de s'en formaliser, de même que, dans le cas inverse, elle n'admettrait pas qu'un Gouvernement étranger lui demandât de suspendre des poursuites dirigées contre un ex-Français, qui était insoumis ou déserteur au moment où il a été naturalisé étranger.

On remarquera de plus, qu'il serait toujours facile de mettre fin aux conflits résultant de l'inobservation des lois militaires dans le pays d'origine, en exigeant des étrangers la preuve qu'ils ont rempli les obligations militaires dans leur patrie. C'est ainsi que procèdent certains pays, l'Italie par exemple ; mais nous verrions un inconvénient à cet usage : c'est de ne pouvoir accepter à la naturalisation les insoumis et les déserteurs, lesquels resteraient sans patrie. Or les insoumis et les déserteurs étrangers ne sauraient être considérés comme beaucoup moins dignes d'intérêt en France que ceux qui ont régulièrement accompli le devoir militaire : la désertion et l'insoumission ne sont pas des délits contre la société, mais contre un État seulement ; les pays civilisés le reconnaissent si bien qu'ils ne les rangent jamais parmi les méfaits donnant lieu à extradition. Mieux vaudrait donc ne pas s'inquiéter du service militaire des étrangers qui demandent à devenir Français, quand il est acquis qu'ils ont rompu l'allégeance de leur patrie. C'est aux autres États qu'il appartient de ne pas permettre la dénationalisation aux hommes soumis au service militaire, comme fait l'Allemagne qui ne délivre pas d'*entlassungschein* aux hommes entre dix-sept et vingt-cinq ans, sauf exception. On reviendra ci-après sur ce point.

§ 5. — Condition de la famille de l'étranger naturalisé français.

On vient de voir quelles sont les conditions auxquelles la la loi soumet l'admission d'un étranger au nombre des Français. Supposons que le naturalisé soit père de famille. Quelle sera la situation de sa femme et de ses enfants ? Resteront-ils étrangers ? suivront-ils la condition du chef de la famille ?

Dans un certain nombre de pays, on considère la famille, en tant qu'elle comprend la femme et les enfants mineurs, comme formant un tout indivisible au point de vue de la nationalité. Le père de famille est libre de changer de nationalité, et ce changement entraîne celui de ses enfants mineurs et de sa femme. Ce système est en vigueur en Allemagne par exemple, et on verra plus loin que son application a donné lieu à de nombreux conflits dans l'appréciation de la nationalité des Alsaciens-Lorrains mineurs.

En France, le système qui a prévalu est absolument opposé : le père de famille ne peut pas changer la nationalité de ses enfants mineurs, ni de sa femme. Quand un étranger se fait naturaliser Français, sa femme et ses enfants demeurent étrangers.

I

Quant aux enfants mineurs, la doctrine est fondée sur la loi du 7 février 1851, qui a précisément pour objet de leur permettre de devenir Français au moment de leur majorité, en faisant la déclaration prévue par l'article 9 du Code civil. Rien de plus juste que cette disposition. La naturalisation du père crée un commencement de lien entre ses enfants et la France. Ceux-ci doivent apprécier, quand ils ont acquis leur capacité civile, s'ils ont intérêt à suivre la fortune du pays auquel s'est rallié leur père, ou à rester fidèle au pays d'où ils sont originaires. Ils sont juges de leur intérêt et peuvent opter en toute liberté. — Ajoutons que la même loi du 7 février 1851 permet au fils majeur du naturalisé de réclamer dans l'année la nationalité française : c'est une faveur moins justifiée, mais qui ne saurait offrir des dangers bien sérieux.

Tandis que le mineur reste forcément enchaîné dans
l'allégeance naturelle jusqu'à sa majorité, la femme mariée,
sans suivre forcément la nationalité de son mari, peut
obtenir en même temps que lui et autorisée de lui, la qualité de Française. Il n'est guère de question qui ait été
plus longuement controversée que celle-ci dans notre
droit civil. Nous ne nous égarerons pas dans les disser-
tations fantaisistes de Blondeau et d'autres juriconsultes
inventeurs de systèmes absolument arbitraires [1] : notre
opinion est fondé sur le texte même du code civil. « L'é-
trangère, dit l'article 12, qui aura épousé un Français
suivra la condition de son mari. » Placé comme il l'est,
cet article vise uniquement l'acquisition de la qualité de
Français, et il suppose une femme suisse ou espagnole
épousant un Français; mais cela veut-il dire que si ce
Français se fait après le mariage naturaliser Anglais ou
Allemand, la femme deviendra Anglaise ou Allemande? Le
Code ne peut pas avoir visé ce cas dans un chapitre où il
est exclusivement question de l'acquisition de la qualité de
Français. Et d'ailleurs, l'article 19, qui prévoit l'hypothèse
inverse où une femme française épouserait un étranger, est
conçu en des termes qui suppriment absolument les doutes
que les mots *aura épousé* pourraient faire naître dans l'esprit. « Une femme française, disons-nous, qui épouse un
étranger suivra la condition de son mari. » Rien ne peut faire
supposer que, dans la pensée du législateur, cette femme rede-
vienne française *ipso facto*, si son mari se faisait naturaliser
par la suite. — Enfin, il y a un motif de bon sens plus fort
que les arguments du texte. La femme qui épouse un
français sait à quoi elle s'expose ; elle peut éviter la natio-

---

[1] Voir Dalloz, répertoire. *Droits civils*, tit. 2, chap. II, sect. 2, § 2.

nalité française en ne se mariant pas ; tandis que la femme
déjà mariée qui deviendrait française par la naturalisotion
de son mari serait l'objet d'une naturalisation forcée et involontaire qui répugne absolument aux principes français
sur la matière.

II

Notre système sur la condition de la famille du naturalisé est suivi par un petit nombre d'État : la Belgique,
par exemple, la Turquie et l'Espagne. Le plus grand
nombre des pays tendent aujourd'hui à attribuer à la femme
et aux enfants mineurs la nationalité du père de famille.
Ainsi, en Suède, les enfants d'un sujet qui se fait naturaliser à l'étranger, perdent leur nationalité sauf le droit
quand ils auront atteint leur majorité, s'ils rentrent
dans le royaume dans *l'an et nuit*, de recouvrer de plein
droit la qualité de Suédois. Ces enfants, si nous supposons
leur père naturalisé Français, seront donc sans patrie jusqu'à leur majorité. C'est un cas de conflit négatif de nationalité, qui, pour être moins grave qu'un conflit positif,
serait pourtant de nature à entraîner de sérieux inconvénients, si, par exemple, le mineur tombait dans l'indigence.
A qui incomberait le soin de le nourrir ? L'assistance publique est assez libérale en France pour qu'un malheureux
soit secouru, sans égard pour sa nationalité ; mais ce serait
par faveur et non par droit. Enfin, si ce mineur venait à
mourir, comment serait liquidée sa succession ?
Il est vrai que la plupart des lois étrangères, tout en
décidant en principe que les enfants et la femme suivent
la qualité du père de famille, apportent quelques tempé-

raments à la règle. L'Italie [1], par exemple, admet qu'il n'en est ainsi qu'autant que la famille vit ensemble. L'Angleterre reconnaît aux enfants la nouvelle nationalité du père à condition qu'ils demeurent dans le pays où celui-ci s'est fixé et y ait obtenu la naturalisation [2]. Ce sont là des règles fort sages, car il est absurde qu'une femme et des enfants soient déchus de leur nationalité, parce qu'il a plu au chef de la famille de les abandonner en émigrant.

En Allemagne, les lois permettent de se conformer à la règle française à condition d'en exprimer formellement l'intention, sinon la règle inverse prévaut [3].

En Suisse, enfin, une disposition analogue a été insérée dans la loi du 3 juillet 1875 sur l'acquisition et la perte de la qualité de sujet suisse. Elle fait l'objet de l'article qui est conçu dans les termes suivants : la libération (c'est-à dire la dénationalisation) « s'applique à la femme et aux « enfants mineurs quand ils vivent en un même ménage et « s'il n'est pas fait d'exception formelle à leur égard [4]. » Dans le projet présenté à la Diète, on proposait une distinction entre la femme et les enfants. La femme devait suivre forcément la nationalité de son mari et la réserve ne s'appliquait qu'aux enfants mineurs. Il a paru préférable à l'Assemblée fédérale d'adopter la rédaction que nous venons de donner, en considération des pays qui, comme la France, n'attribuent pas forcément à la femme l'indigénat de son mari. C'est, sans doute, aussi en partie pour amener une concordance avec nos lois qu'a été réglée,

---

[1] Voir Cataneo et Borda. *Il codice civile italiano annotato*, art. 10 et 11.
[2] Annexe N., art. 10, 3° du bill du 12 mai 1870.
[3] Annexe M., 1° art. 11 et 21 de la loi du 1er juin 1870.
[4] Voir annexe Z. Les enfants mineurs qui ont perdu leur nationalité par cet article peuvent la recouvrer en vertu de l'art. suivant, dans les dix ans après leur majorité.

comme nous l'avons vu, la situation des mineurs. Grâce à ces larges dispositions, il y aura une concordance facile avec nos lois : c'est un des avantages du système mixte de la Suisse et de l'Allemagne qu'il peut se plier à toutes les nécessités. Nous ne pensons pas cependant que la France ait avantage à l'adopter. Notre système actuel est plus conforme aux principes de la liberté individuelle, et il est, du moins, tout à fait sans inconvénient quand il s'agit d'un étranger naturalisé français, puisque la loi de 1851 permet à son fils mineur de devenir Français à vingt et un an, par une simple déclaration.

DEUXIÈME PARTIE

DE LA NATURALISATION D'UN FRANÇAIS A L'ÉTRANGER.

—

§ 6. — L'expatriation.

I

On a posé ci-dessus le principe que tout homme devait pouvoir changer de nationalité, et l'on a montré que la plupart des État s'étaient rangés à cette manière de voir, que les États-Unis même avaient, au moins théoriquement, condamné la doctrine de l'allégeance perpétuelle. Comme d'autre part, il est nécessaire que tout individu se rattache à une nation, il serait à désirer que nul ne pût perdre

sa nationalité sans en avoir acquis une nouvelle, de même
que nous avons demandé que nul ne pût acquérir une nationalité sans prouver qu'il est libéré des liens de l'ancienne.
Malheureusement dans l'état actuel du droit des gens, il
s'en faut de beaucoup que ce *desideratum* soit atteint. En
France, particulièrement, nos lois reconnaissent des causes
d'expatriation qui ont le grave inconvénient de placer
nombre considérable d'individus au rang des *Heimathlos*.
Ainsi le Code civil, à côté de la dénationalisation pour
cause de naturalisation dans un autre pays, prononce encore
la perte de la qualité de Français contre les Français qui se
sont établis à l'étranger sans esprit de retour, qui ont
accepté sans autorisation une fonction publique à l'étranger
ou contracté sans la permission du Gouvernement un engagement dans une armée étrangère. Le Code n'a pas
songé que ces Français n'auront peut-être pas obtenu la
naturalisation dans le pays où ils demeurent et se trouveront de la sorte sans nationalité, il a statué uniquement
pour la France sans se préoccuper des autres pays, sans
considération du droit international. Enfin le législateur
de 1804 avait le grand tort de partir de cette idée produite
par un patriotisme aveugle que la nationalité française est
toujours un avantage, et que par conséquent en être privé
est une peine. Il faut distinguer dans la nationalité les
avantages et les charges; les avantages, c'est la protection de la France et l'usage des lois françaises, quand elles
sont sur un point donné plus favorables à l'intéressé que
les lois étrangères; les charges, c'est le service militaire,
et c'est enfin l'obligation d'obéir aux lois françaises, quand
elles sont moins favorables que celles des autres pays.
Toute question de patriotisme et de sentiment doit être
écartée quand il s'agit de droit.

II

Nous étudierons dans un chapitre spécial les causes d'expatriation à titre de peine, et nous ne nous occuperons ici que de la dénationalisation résultant de l'acquisition d'une nationalité étrangère.

L'idée du Code civil, dans son article 17, est fort juste : l'acquisition [d'une nationalité étrangère doit faire perdre l'indigénat français, mais il eut fallu s'en tenir là, ou compléter seulement cette disposition par quelques règles accessoires dont nous montrerons l'utilité. Au lieu de cela on a entouré de pénalités draconniennes la naturalisation à l'étranger acquise sans autorisation du Gouvernement français. C'est cinq ans après la promulgation du Code civil, que le Gouvernement du premier Empire s'est engagé dans la voie qui le conduisit aux malencontreux décrets de 1809 et 1811 [1].

Nombre de Français avaient été entraînés par la passion politique à prendre du service civil ou militaire dans les pays en guerre avec l'empire français, ou à s'y faire naturaliser. Il sembla à l'Empereur que les déclarer simplement déchus de leurs droits de Français n'était point une peine suffisante. Les décrets des 6 avril 1809 et 26 août 1811 les frappèrent avec une dureté haineuse, — sans préjudice de la peine de mort pour tous les ex-Français portant les armes contre la France.

Mais une première question se pose en ce qui concerne ces décrets. Sont-ils toujours en vigueur ? Certains jurisconsultes ont soutenu qu'ils étaient illégaux : il ne nous

[1] Voir annexe A., 2°.

paraît pas possible d'admettre leur opinion, car les décrets n'ayant pas été attaqués par les pouvoirs à qui, sous le premier Empire, était attribué le droit de contester la légalité des décrets impériaux, ils sont par cela même parfaitement valables et réguliers. D'ailleurs, ils ont été visés par de nombreuses ordonnances royales [1], des avis du Conseil d'État [2] et des arrêts de Cours d'appel [3].

Il est donc impossible de les rejeter dans leur ensemble : on verra cependant que quelques-unes de leurs dispositions ne sont plus exécutoires aujourd'hui.

« Aucun Français, aux termes de l'article 1 du décret du 26 « août 1811, ne peut être naturalisé en pays étranger sans « notre autorisation. » Il semble que dès lors, le Français qui s'est fait naturaliser sans autorisation, ne doit pas être reconnu comme étranger par la loi française, et par suite continue d'être traité en France comme Français. Mais telle n'a pas été la pensée des rédacteurs du décret. Dans la suite, on parle d'individus naturalisés étrangers sans autorisation, et il est facile de voir qu'autorisé ou non, le Français est toujours dénationalisé, comme sous le régime du Code civil; [4] mais celui qui n'a pas reçu l'autorisation de l'Empereur est frappé de graves déchéances. Ses biens sont immédiatement confisqués, les successions qui s'ouvrent en sa faveur sont dévolues au degré subséquent, les titres qui lui ont été conférés en France sont perdus, le grade qu'il peut avoir obtenu dans les ordres nationaux lui est enlevé, sa femme est au point de vue

---

[1] Par exemple l'ordonnance du 10 avril 1823 relative aux Français ayant pris du service en Espagne.

[2] 21 janvier 1812, 3 mars 1812, etc.

[3] Toulouse, 18 juin 1841. — Pau, 19 mars 1834, — Poitiers, 21 juillet 1843.

[4] Aussi la cour de Colmar a-t-elle dit avec raison, dans un arrêt de 1869, affaire Osterman, que l'expatriation était libre en France.

pécuniaire considérée comme veuve. S'il revient sur le territoire français, il est expulsé; s'il y reparaît de nouveau, il encourt une condamnation d'un à dix ans de détention.

Les décrets de 1809 et 1811 étant encore en vigueur, il est incontestable que les peines de la dégradation dans la Légion d'honneur, de la perte des titres de noblesse et de l'interdiction de reparaître sur le sol français pourront être appliquées, comme sous le premier Empire. En sera-t-il de même de la confiscation et de l'impossibilité de succéder? La confiscation ayant été complètement et définitivement rayée de nos lois, il n'est plus admissible qu'on l'applique aujourd'hui. Mais alors l'ex-Français devra-t-il conserver ses biens? Certains juriconsultes ont voulu ouvrir sa succession en le considérant comme *mort civilement*. Outre que la mort civile est abolie depuis bientôt trente ans, nous répondrons à cela que les pénalités ne sauraient être appliquées par extension, sans une disposition légale précise. Il faut donc laisser à l'ex-Français la propriété et la jouissance de ses biens : pourra-t-il en disposer par testament? nous ne voyons pas qu'on puisse lui refuser cette faculté que lui a reconnu d'ailleurs la cour de Paris [1], car le testament est en quelque sorte du droit des gens. En ce qui concerne les successions ouvertes en faveur de l'ex-Français, une discussion de même genre s'est élevée. On a prétendu quelquefois que, la loi de 1819 abolitive du droit d'aubaine permettant à tous les étrangers de succéder, il doit en être de même des Français devenus étrangers, même sans autorisation, Ce système nous semble insoutenable, car ce n'est pas comme étranger, mais comme s'étant rendu coupable d'un

1 Arrêt du 1er février 1836.

acte de félonie que l'ex-Français est frappé par le décret de 1811. La cour de Pau l'a reconnu dans un arrêt souvent cité du 19 mars 1834.

Ainsi, à l'exception de la confiscation et de l'impossibilité de tester, qui en était la conséquence immédiate et qui doit cesser avec la suppression de la confiscation, les autres déchéances restent en vigueur. La cour de Poitiers [1] a pensé toutefois qu'il n'y avait pas lieu de les appliquer après la mort de l'ex-Français, quand il n'en avait pas été frappé de son vivant. C'est un tempérament équitable, qui dans la plupart des cas corrigera la grande rigueur des décrets impériaux. Ajoutons que ces décrets sont aujourd'hui surtout un épouvantail, destiné à effrayer ; en pratique ils ne sont guère appliqués, et un grand nombre de Français n'hésitent pas à se faire naturaliser à l'étranger sans avoir obtenu l'autorisation du gouvernement, laquelle coûte 675 fr. et protège contre des dangers plus apparents que réels.

III

Il n'est pas besoin de faire ressortir davantage ce qu'il y a de mauvais et de barbare dans ce régime. L'expatriation est un des points de la législation française qui appellent le plus instamment une réforme. Le principe du Code est bon, en tant qu'il se borne à faire de l'expatriation la conséquence de la naturalisation à l'étranger. Mais il faudrait abroger les décrets de 1809 et 1811, absolument surannés dans leurs dispositions, et les remplacer par des règles nouvelles destinées à prévenir les expatriations

---

[1] Arrêt du 25 juillet 1843.

frauduleuses. Nombre de Français abusent des facilités avec
lesquelles le Code civil permet de rompre le lien d'allégeance, pour éluder certaines dispositions de nos lois, soit
civiles, soit militaires. Les pages qui suivent montreront
l'étendue du mal et les efforts déjà faits pour y remédier.
Nous indiquerons en même temps les moyens par lesquels
il serait possible, suivant nous, d'empêcher le retour des inconvénients signalés aujourd'hui, et qui consisteraient : 1° à
exiger que le Français dénationalisé ait quitté la France
depuis un temps déterminé, avant de lui permettre d'invoquer contre les lois françaises la qualité de sujet étranger,
2° à l'expulser du territoire français, si sa présence est
de nature à causer un scandale.

§ 7. — Reconnaissance par la France de la naturalisation obtenue par un Français à l'étranger.

Nous revenons ici à l'examen de la disposition du Code
civil qui déclare dénationalisé le Français qui a acquis la
naturalisation à l'étranger. On verra que cette règle, malgré la sage interprétation donnée par la jurisprudence, est
bien incomplète, et l'utilité de la réforme que nous venons
de signaler ressortira tout naturellement de l'indication
des moyens auxquels les tribunaux ont dû recourir pour
sauvegarder les intérêts de nos nationaux, ou le respect
dû à nos lois.

I

Il importe de remarquer tout d'abord que la naturalisation obtenue à l'étranger ne sortira ses effets en France,

que si c'est une véritable naturalisation, c'est-à-dire telle qu'elle assimile — du moins en général — le Français, à qui elle est conférée, aux nationaux de sa nouvelle patrie. Cela résulte de l'esprit même du Code civil : c'est ainsi que l'admission à domicile en Belgique, la *denization* en Angleterre, sorte de demi-naturalisation qui attribue aux étrangers certains droits réservés aux indigènes, ne peuvent être envisagés en aucune manière comme entraînant la perte de la qualité de Français. La Cour de cassation a eu plusieurs fois à se prononcer sur des cas de *denizalion*, et elle a toujours été fidèle à cette jurisprudence : « La na- « turalisation, disait-elle avant le bill de 1870 [1], n'est « acquise en Angleterre que par acte du parlement, la de- « nization, au contraire, qui s'y accorde par simples lettres « royales, n'y est considérée que comme une concession de « l'exercice de certains droits ou libertés interdits aux « étrangers, qui commence la naturalisation, mais ne l'ac- « complit point : d'où il suit qu'elle n'est pas suffisante pour « opérer la perte de la qualité de Français et des droits y « adhérents. » Ces explications s'appliquent exactement à l'admission à domicile en Belgique.

Il a été jugé également qu'un Français ne cessait pas de l'être parce qu'il avait obtenu des lettres de grande bourgeoisie à Hambourg. Le Gouvernement hambourgeois avait cependant déclaré à plusieurs reprises qu'il ne faisait aucune différence entre ses citoyens natifs ou adoptifs. Mais, en considérant le but purement spécial que les Français poursuivaient en demandant la bourgeoisie, c'est-à-dire le droit de faire le commerce, la jurisprudence a pensé qu'il n'y avait pas lieu de considérer cette bourgeoi-

---

[1] 19 janvier 1849.

sie comme emportant l'exclusion de l'intention de rester Français. D'ailleurs la bourgeoisie hambourgeoise était d'une obtention facile, et il suffisait pour en être investi d'avoir prêté serment devant une commission du sénat, et cela sans aucune des garanties qui entourent la naturalisa-chez la plupart des États civilisés [1]. Depuis que les villes hanséatiques font partie de l'Empire allemand, cette question a perdu beaucoup de son importance.

Il en serait de même, à plus forte raison, de la bourgeoisie honoraire conférée à un Français dans une ville ou un État étranger, en Suisse par exemple, où cet usage est fréquemment suivi. En un mot, la jurisprudence française entend pour déclarer un Français déchu de sa nationalité, qu'il ait acquis une naturalisation complète et effective qui l'assimile aux nationaux d'un État indépendant.

II

Mais si nous supposons remplies ces conditions, ainsi que les formalités exigées par la loi étrangère, s'ensuit-il nécessairement que l'article 17 doive toujours s'appliquer, et que le Français perde dans tous les cas sa nationalité? S'il en était ainsi, on attribuerait à la loi étrangère un effet singulièrement puissant, et on ferait dépendre du caprice d'un législateur inconnu des conséquences d'une importance considérable pour la France. Il faut, croyons-nous, distinguer deux faits dans le changement de nationalité prévu par l'article 17 : l'acquisition d'une nationalité nouvelle, la perte de l'ancienne. Le premier de ces deux

[1] Arrêt du conseil d'État du 18 nov. 1842. Voir en outre, Massé, *Droit commercial.*

faits dépend évidemment de la façon la plus absolue des dispositions de la loi étrangère ; mais il n'en est pas de même du second; la dénationalisation d'un Français n'est pas une chose dont la loi française puisse se désintéresser, les tribunaux seront donc compétents pour apprécier si, en se faisant naturaliser à l'étranger, le Français a pu valablement se dénationaliser, et si cette naturalisation a été obtenue dans des conditions qui répondent à l'esprit de nos lois et qui, par suite, sortent l'effet prévu par l'article 17. Si les tribunaux jugent que l'intéressé n'a pas perdu la qualité de Français, le pays étranger n'aura pas de raison de s'en plaindre ; car on ne contestera nullement la validité de la naturalisation acquise : c'est seulement l'effet de cette naturalisation sur la nationalité française qui sera contesté. La cour de Lyon [1] a fort nettement exposé la situation en disant : « si l'acquisition d'une nationalité nouvelle est régie par « la loi du pays où elle est obtenue, la perte de la nationa- « lité l'est par celle du pays auquel appartenait l'individu « naturalisé. »

Quelles sont donc les conditions dont l'accomplissement assurera l'application de l'article 17. Il eut à peine besoin de dire qu'il ne faut point ranger parmi elles l'autorisation prévue par le décret du 26 août 1811. On a dit ci-dessus que le défaut de cette autorisation ne pouvait entraîner que des conséquences pénales, mais n'invalidait en rien la dénationalisation. — Il faut seulement, pensons-nous, que la naturalisation ait été acquise par un acte de libre et pleine volonté.

Cette condition est tout à fait conforme aux principes

---

[1] Arrêt du 19 mars 1875.

généraux que nous avons donné sur la matière. La nationalité est une sorte de contrat, librement conclu, et à
la validité duquel la libre expression de la volonté est
indispensable. D'ailleurs, la perte de la qualité de Français
par la naturalisation à l'étranger est considérée par le
Code comme une sorte de pénalité. La France repousse
ceux qui l'abandonnent et témoignent en s'attachant à un
État étranger qu'ils n'ont pas conservé dans le cœur
l'amour de la patrie. Cette présomption ne saurait résulter
que d'un acte volontaire et libre. Elle ne pourrait pas
exister à la suite d'une naturalisation obtenue par un fait
involontaire et sans avoir été sollicitée ; en pareille cas il
est possible que le Français soit devenu étranger aux yeux
de la loi étrangère : il ne reste pas moins Français aux
yeux de notre loi. La jurisprudence paraît aujourd'hui
avec raison fixée dans ce sens, depuis l'intéressant arrêt
de la Cour de Paris du 3 mai 1834. Il s'agissait d'un Français établi à Cadix pour y faire le commerce et qui s'y
était marié avec une femme du pays. D'après la loi alors
en vigueur en Espagne, il suffisait d'avoir épousé une
femme espagnole ou fondé un établissement de commerce
pour être de plein droit sujet espagnol, et l'intéressé était,
en effet, tenu pour tel à Cadix [1]. La cour de Paris a néanmoins déclaré qu'il était Français, et reconnu la même nationalité à sa veuve, par la seule raison qu'il n'avait jamais
demandé la naturalisation dans la péninsule. — Certains
auteurs ont voulu soutenir l'opinion contraire ; M. Alauzet,
qui est de ce nombre, rappelle que, pendant le droit intermédiaire, il y eut des étrangers Français malgré eux, par

---

[1] Voir ci-après § 8, *Espagne,* l'acquisition de la nationalité par la *Vecindad.*

le simple effet de leur résidence. C'est vrai, et nous l'avons nous-même constaté plus haut, mais ce n'est pas un motif pour admettre inversement qu'un Français peut perdre la qualité de Français dans les mêmes conditions, et d'autant moins que la législation française a renoncé depuis longtemps à naturaliser de plein droit les étrangers. D'ailleurs, il n'y a pas de réciprocité à faire valoir en pareille matière. L'opinion soutenue par la Cour de Paris en 1834, ne paraît pas pouvoir être contestée aujourd'hui.

Comme corollaire à cette règle, nous dirons que le Français qui se fait naturaliser à l'étranger doit être en possession de sa capacité civile, puisque seulement dans ce cas il pourra manifester valablement sa volonté. Il est vrai que, lorsqu'un étranger veut devenir Français, on lui demande seulement d'avoir vingt et un ans accomplis quand il adresse sa requête au Garde des Sceaux ; mais c'est une inconséquence législative qui ne doit pas empêcher de rentrer dans la rigueur des principes, quand nous ne sommes liés par aucun texte [1]. D'ailleurs, plusieurs lois étrangères nous donnent l'exemple de ce qui devrait être la règle universelle sur ce point. Telle est par exemple la loi allemande du 1er juin 1870 [2], qui exige de l'étranger sollicitant la naturalisation dans l'empire la preuve qu'il est capable suivant son statut personnel.

Le mineur, même émancipé, est absolument incapable de changer de nationalité suivant la loi française : aucune autorisation ne peut suppléer cette incapacité. Le motif de cette règle, nous l'avons dit, est que le mineur n'étant incapable que pour un temps, il pourra toujours attendre

[1] Cassation, arrêt du 19 août, 1874.
[2] Voir l'article 8, annexe M.

sa majorité pour se prononcer en connaissance de cause.
Si donc un mineur se faisait naturaliser en Suisse où en
Allemagne, avec l'autorisation de ses représentants légaux [1],
sa naturalisation ne saurait être reconnue par nous, et il
serait régulièrement appelé sous les drapeaux français.
On sait déjà que le mineur ne peut même pas suivre la
nationalité de son père qui se fait naturaliser à l'étranger.
On aura l'occasion de revenir sur cette question, qui
donne lieu à de nombreux conflits.

L'interdit est dans une situation différente de celle du
mineur, en ce sens qu'on ne peut pas prévoir quand il
recouvrera sa capacité et s'il la recouvrera jamais : cependant
la dénationalisation est chose trop personnelle pour qu'on
puisse la lui permettre autrement que dans un intervalle
lucide.

La femme mariée ne peut évidemment pas changer
de nationalité sans autorisation, mais, dûment autorisée
rien ne l'empêche de se faire naturaliser étrangère, même
si son mari reste Français, et la France lui reconnaîtra
certainement sa nouvelle nationalité. Nous ajoutons sans
hésiter que la femme séparée de corps devra également
être pourvue de l'autorisation. Cette question dont une
affaire célèbre a récemment saisi l'opinion publique n'a-
vait jamais été sérieusement discutée auparavant. Seul,
le jurisconsulte Blondeau, qui partait apparemment de
l'idée préconçue d'assimiler la séparation de corps au
divorce, avait fait entendre un avis opposé à celui que
la doctrine et la jurisprudence partageaient unanimement.
« Réduire le pouvoir de l'homme séparé de corps à une
« sorte de veto, écrivait-il [2], c'est-à-dire déclarer que le

---

[1] Voir pour la Suisse, annexe Z, et pour l'Allemagne, annexe M.
[2] *Revue du droit fr. et étr.*, 1844.

« droit de demander la naturalisation appartient à la femme
« avec le concours de cet homme, ce ne serait pas assez
« faire. Et qu'on n'objecte pas que les intérêts du mari peuvent
« être froissés par le changement de nationalite opéré par
« sa femme; au contraire la femme choisira sans doute,
« pour y obtenir la naturalisation, le pays où elle peut aug-
« menter sa fortune (qu'elle transmettra à ses enfants), et où
« elle pourra obtenir le plus de considération. La nécessité
« d'un concours de volonté de la part du mari ne serait
« donc qu'une fâcheuse entrave. » A ces raisons de sentiment, il suffira d'opposer les principes sur lesquels est
fondée la séparation de corps en France. Si la femme
séparée acquiert le droit d'avoir un domicile propre, et de
jouir de sa fortune, elle ne reste pas moins tenue envers
son mari des devoirs de fidélité, aide et assistance, elle
ne reste pas moins incapable de disposer de ses biens.
Comment admettre dès lors qu'elle pourrait disposer de sa
nationalité ? C'est ce qui a été excellemment mis en lumière par un jugement du tribunal de la Seine, du 10
mars 1876, conforme à l'opinion des plus éminents jurisconsultes Français [1].

L'autorisation nécessaire à la femme sera en général
celle du mari. Cependant l'article 219 du Code civil permet
à la femme mariée de solliciter de la justice une autorisation de passer tous les actes que son mari refuserait de lui
permettre. Devant les termes de la loi, il est manifeste que

---

[1] Voir annexe G. Voir aussi la très remarquable dissertation publiée par
M. Labbé à l'occasion de l'affaire Bauffremont. C'est une réponse au mémoire
fait par M. Holzendorff, de Munich. Ce savant jurisconsulte allemand qui
soutient que la femme française séparée de corps peut se faire naturaliser
dans l'Empire germanique, oublie que la loi fédérale du 1er juin 1870 (v.
annexe M. 1°) exige précisément que le demandeur en naturalisation soit capable d'après sa loi d'origine. Je ne m'explique pas qu'on puisse discuter sur les
sens d'une disposition aussi claire.

la femme qui a intérêt à obtenir la naturalisation à l'étranger pourra, s'il y a lieu, obtenir de la justice la capacité nécessaire. Il est vrai de dire que le plus souvent la femme mariée *integri status* sera dans l'impossibilité de profiter de cette faculté, parce que pour se faire naturaliser à l'étranger il faut en général quitter la France, et qu'elle gardera toujours son domicile chez son mari. Il en serait autrement de la femme séparée de corps qui, ayant son domicile propre, pourra émigrer à sa guise [1].

III

En somme la naturalisation acquise à l'étranger n'entraîne la perte de qualité de Français, que si elle a été acquise volontairement par une personne jouissant d'une entière capacité civile. Cette condition indispensable, à n'en pas douter, est-elle suffisante ? Certaines décisions de nos tribunaux semblent exiger comme seconde condition que l'indigénat étranger n'ait point été acquis dans l'intention de frauder la loi française. Quelques explications sont ici nécessaires. Les rédacteurs du Code civil étaient pénétrés de cette idée que la qualité de Français est un avantage et la perte de cette qualité une peine. Ils ne paraissent pas avoir compris que la qualité de Français était quelquefois une charge et qu'il fallait prévoir le cas où l'on voudrait recourir à la dénationalisation dans le but d'échapper aux prescriptions des lois nationales. C'est pourtant un point qui méritait d'être examiné. Nous avons soutenu la légitimité du droit d'expatriation et nous le soutenons encore dans l'exercice légitime qu'on en peut faire, mais non dans ses abus. Qu'un Français appelé par des intérêts sé-

---

[1] Voir Marcel Michel. — *De la capacité requise pour l'acquisition et la perte de la qualité de Français.* — Thèse pour le doctorat, Aix, 1878.

rieux à l'étranger recherche la naturalisation dans l'État sur le territoire duquel il s'est fixé, rien de plus légitime. Il a besoin de ne pas rester dans un état d'infériorité parmi les nationaux du pays qu'il habite et il prend pour cela le seul moyen qui soit à sa disposition, — parfaitement décidé, d'ailleurs, à exercer les droits que lui confère la nouvelle allégeance sous laquelle il se place, et à se soumettre en même temps aux charges qu'elle impose. Mais si un Français ne cherche dans un changement de statut personnel qu'un subterfuge pour se soustraire à l'obligation d'obéir aux lois de son pays, si, surtout, profitant des facilités avec lesquelles certains Gouvernements accordent le droit de cité, il n'a en vue, en brisant les liens qui le rattachent à la France, qui de se prévaloir de la protection d'un État étranger contre sa patrie d'origine, tout en continuant d'y demeurer, — ne donne-t-il pas un véritable scandale? et n'est ce pas de toute justice que ses calculs soient déjoués? Malheureusement le Code civil ne contient pas de disposition pouvant s'appliquer en pareil cas, et, si l'on s'en tient à la lettre de l'article 17, il n'est pas douteux que l'obtention de lettres de naturalisation à l'étranger n'entraîne dans tous les cas la perte de la qualité de Français. Le décret de 1811 peut, il est vrai, dans certaines circonstances, fournir une arme puissante à la vindicte publique contre le Français qui s'est soumis à l'allégeance d'un souverain étranger; mais il n'est pas toujours applicable, et d'ailleurs, les dispositions pénales, qui, en vertu de cet acte, atteindraient le naturalisé, ne pourraient être utiles que pour punir une violation des lois d'ordre public, mais elles seraient impuissantes pour la réparation des torts causés aux tiers par la naturalisation.

Pénétrée de la nécessité de combler cette lacune législative, la jurisprudence a cru pouvoir le faire, au nom des

principes généraux de l'équité, en déclarant que le Français d'origine, naturalisé étranger, ne pourrait invoquer sa
nationalité nouvelle à l'encontre des droits privés ou
publics, en violation desquels il l'aurait acquise. La loi
ne saurait, dans la pensée des juges, fournir un moyen
d'éluder la loi. Le point faible de cette doctrine est la
difficulté de prouver l'intention frauduleuse. Le *consilium fraudis* est d'une appréciation difficile dans tous les
cas, dans celui-ci particulièrement. On ne peut l'établir
que par une interprétation toujours un peu arbitraire
des circonstances de la cause, et spécialement du fait
que l'intéressé a conservé en France sa fortune, ses occupations, en un mot son principal établissement, ou qu'il
n'a fait aucun séjour ou qu'un séjour de courte durée
dans le pays où il a été naturalisé. La question s'est posée
plusieurs fois à l'occasion de Français cherchant à éluder
la règle de l'indissolubilité du mariage. Deux conjoints,
mariés suivant les lois françaises, obtiennent la naturalisation en Suisse, sans quitter la France, et dans l'intention
évidente de divorcer pour se remarier ensuite : il a été
jugé que le conjoint qui s'était remarié après un divorce
obtenu de cette manière, ne pouvait pas se prévaloir de ce
mariage en France, ce mariage étant entaché de la plus
radicale des nullités, la bigamie. Cette doctrine a été très-
habilement exposée dans deux jugements du Tribunal de la
Seine, des 10 mars 1876 et 31 janvier 1877 [1]. « La naturalisation poursuivie exclusivement en vue de faire fraude à
la loi française », ont dit les juges de Paris, « ne saurait être
« invoqués à l'encontre des intérêts d'ordre public et d'ordre
« privé que cette même loi a pour but de protéger. » La

---

[1] Voir annexe G.

cour de Cassation avait, en 1875, donné à cette théorie
la haute consécration de son autorité, dans une affaire particulièrement intéressante. Il s'agissait à l'origine d'une
demande en séparation de corps formée par Mme de
R., devant les magistrats de Toulouse, contre son mari.
Ce dernier venait d'acquérir, en l'espace de quelques jours,
la qualité de citoyen suisse, en achetant successivement le
droit de bourgeoisie à Hemmenthal et le droit de cité à
Schaffouse. A la demande de sa femme, M. de R. répondit
en présentant un déclinatoire pour incompétence : il prétendait qu'il ne pouvait être traduit que devant les magistrats
d'Hemmenthal, son nouveau domicile. Le tribunal de
Toulouse rejeta le déclinatoire [1], en se fondant sur ce que
la naturalisation avait été acquise dans une intention
frauduleuse. La cour d'appel ayant confirmé cette sentence [2],
M. de R. se pourvut près de la cour de cassation qui re-
poussa définitivement ses prétentions, « attendu, disait
« l'arrêt du 19 juillet 1875, qu'il est constaté en fait par
« l'arrêt attaqué, que, par cette naturalisation, M. de R.
« n'a d'autre but que de se soustraire à la juridiction des
« tribunaux français, d'enlever à sa femme les garanties
« que lui offrait cette juridiction et d'obtenir en Suisse un
« divorce prohibé par la loi française ; qu'enfin cette natu-
« ralisation obtenue en quelques jours et son départ du
« domicile conjugal à la veille des discussions judiciaires
« qui allaient éclater entre lui et sa femme, consti-
« tuent des manœuvres frauduleuses destinées à paralyser
« les droits de la dame de R. » En jugeant « que dans ces
« circonstances la naturalisation obtenue par M. de R., non
« seulement en fraude des droits de sa femme, mais en

1 Jugement du 1er juin 1874.
2 Arrêt du 27 juillet 1874.

« fraude de la loi française, ne pouvait être opposée à la
« dame de R. », les premiers juges avaient, dans l'opinion
de la cour suprême, fait une sage application de nos
principes juridiques.

Cette citation fait bien comprendre la pensée des juges:
il n'est pas question d'une annulation de la naturalisation
obtenue ; aussi la souveraineté étrangère est-elle absolument respectée. Les tribunaux se bornent à dire à celui
qui a obtenu frauduleusement la naturalisation qu'ils ne
lui reconnaissent pas le droit de se prévaloir de cette
qualité d'étranger vis-à-vis du tiers qu'il a eu en vue de
léser, ou des lois de l'État qu'il avait en vue d'éluder. Nous
croyons que, sous tous les autres rapports, la jurisprudence
ne ferait pas difficulté pour reconnaître à l'intéressé la qualité d'étranger, soit qu'il l'invoque plus tard dans un cas non
prévu à l'époque où il l'a acquise, soit surtout qu'on la lui
oppose. On ne peut donc pas dire à proprement parler
que la dénationalisation soit méconnue ; les tribunaux se
refusent seulement à en reconnaître certaines conséquences.

Ainsi restreinte cette jurisprudence ne laisse pas cependant de donner prise à la critique. Le danger qu'elle présente
c'est la difficulté de prouver l'intention frauduleuse, et c'est
un danger fort sérieux, nous ne nous le dissimulons pas :
il faudrait laisser à la justice criminelle le rôle difficile de
scruter les intentions, les tendances. Malgré cela, nous ne
nous sentons pas le courage de condamner la jurisprudence
dont nous nous occupons, puisqu'en l'absence de toute disposition légale efficace, elle était le seul moyen qui s'offrit
aux tribunaux pour sauvegarder des droits publics ou privés méritant à tous égards d'être garantis.

Il y aurait nécessité, ce nous semble, de combler cette
lacune de nos lois.

Les pays étrangers nous fournissent l'exemple de plusieurs manières de procéder : la plus simple consiste à tenir la dénationalisation pour non avenue, si l'intéressé n'a pas obtenu un permis d'expatriation. Le système des permis d'expatriation est en vigueur dans plusieurs pays : en Allemagne, par exemple, et en Suisse. On a vu plus haut comment la renonciation à la nationalité a été réglementée par la loi suisse du 3 juillet 1876 [1]. C'est un système ingénieux et fort savant qui évitera presque toujours les occasions de fraude; mais le droit d'opposition accordé par la Suisse aux intéressés n'est pratique que dans un pays où chaque individu tient à la fois à un canton et à une commune, où par conséquent on a des facilités particulières pour porter à la connaissance des intéressés l'ouverture de leur droit. Dans un pays centralisé, comme est la France, la difficulté serait plus grande, et d'ailleurs nous croyons que le système des permis d'expatriation ou de re_ nonciation est peu en harmonie avec les règles si libérales qui ont prévalu en France pour l'expatriation.

Les traités signés en 1868 et dans les années suivantes, entre les États-Unis d'une part et un certain nombre d'États de l'Europe [2] d'autre part, pour régler les questions de naturalisation de leurs sujets respectifs, contiennent une clause qui sauvegarde également les intérêts des particuliers et ceux de l'État, sans porter atteinte à la liberté d'émigration. Nous voulons parler du délai avant l'expiration duquel chaque État déclare qu'il ne reconnaîtra pas la naturalisation acquise dans l'autre par un de ses nationaux. Si, par exemple, un Prussien obtient la qualité de citoyen américain et revient en Prusse, il ne sera traité

---

[1] Page 148.
[2] Voir ci-après § 8, *États-Unis*, et annexe II.

comme Américain que s'il a quitté son pays depuis cinq ans.
S'il revient plus tôt, il tombe à tous égards sous le coup
des lois allemandes. C'est certainement le système qui
serait le plus propre à éviter les inconvénients de l'état
de choses actuel, sans donner lieu à des difficultés d'appréciation et à des recherches difficiles. Toutefois, un laps
de trois ans, coïncidant avec le stage imposé au demandeur
en naturalisation par notre loi de 1867, serait peut-être suffisant et aurait l'avantage d'établir, entre la perte et l'acquisition de la qualité de Français, une sorte d'équilibre qui
satisfait mieux l'esprit. Ce délai serait une garantie des
intentions sérieuses du naturalisé : il est douteux, en effet,
qu'on s'impose un pareil exil uniquement en vue d'échapper
aux lois de son pays. Après quelques années, le retour sous
une protection étrangère n'est plus aussi choquant. D'ailleurs, le gouvernement a toujours le droit d'expulser comme
étrangers les ci-devant Français dont la présence est un
scandale ou un danger pour l'ordre public.

Établir un délai de ce genre constituant une présomption
de la bonne foi de l'intéressé, ce serait peut-être, pensons-
nous, le meilleur moyen d'éviter à nos tribunaux de recourir à la jurisprudence dont nous avons signalé à la fois les
inconvénients, mais aussi la nécessité dans l'état de choses
actuel. Assurément le remède ne serait jamais parfait ;
mais les cas de fraude seraient bien rares et le risque de
les laisser quelquefois impunis serait compensé par l'avantage de pouvoir renoncer à l'appréciation, toujours si dangereuse et si délicate, du *consilium fraudis* [1].

---

[1] Le désir d'éluder les lois militaires a donné lieu à des questions de
même nature. Bien des gens, dans certains départements, pour éviter le service sous les drapeaux se font naturaliser à l'étranger, et croient pouvoir revenir en France. Nous examinerons la question ci-après dans un paragraphe

§ 8. — Revue des principales législations étrangères en matière de naturalisation.

Après avoir vu les conditions requises du côté de la France pour opérer la dénationalisation, on lira peut-être avec intérêt celles qui sont prescrites dans les principaux pays d'Europe et d'Amérique pour accorder la naturalisation aux étrangers. Nous nous placerons surtout au point de vue des Français et nous montrerons en quoi les lois étrangères coïncident ou non avec les règles que nous avons exposées sur l'expatriation.

I. — *Europe.*

Allemagne. — La naturalisation est réglée en Allemagne par une loi du 1er juin 1870, faite pour la confédération de l'Allemagne du Nord, étendue ensuite à l'Empire allemand (avril 1871) et à l'Alsace-Lorraine (8 janvier 1873) [1]. Il n'y a plus lieu dorénavant de s'occuper des lois sur la matière en vigueur autrefois dans les différents pays fédérés. Toutefois, ce n'est pas à Berlin qu'on demande la naturalisation, c'est à l'autorité administrative supérieure de chaque État : le pétitionnaire s'il obtient la naturalisation dans un des États de l'Empire, devient par cela même sujet de l'Empire et sujet d'un des États particuliers ; ces deux qualités sont d'ailleurs inséparables [2]. On peut dire

---

spécial (§ 10), en raison des circonstances particulières où les lois militaires placent les ex-Français n'ayant pas accompli leur service.

[1] Voir annexe M.

[2] Il en est de même en Suisse. (Voir ci-après.) Aux États-Unis, au contraire, on peut être citoyen de l'Union sans appartenir en propre à un des pays confédérés.

pourtant que la nationalité en Allemagne est une affaire
d'ordre fédéral, car c'est le pouvoir fédéral qui en a fixé
les règles, bien que les autorités des États fédérés soient
compétentes pour les appliquer.

Aucune condition de séjour n'est exigée de l'étranger
qui sollicite d'être admis à la nationalité allemande. Il
doit seulement établir:

1° Qu'il est capable.suivant les lois de son pays d'origine
ou qu'il est dûment autorisé par son père ou son tuteur. —
On remarquera que cette dernière disposition ne s'appli-
quera jamais à un Français, puisqu'il est nécessaire qu'un
Français soit capable par lui-même pour changer de nationalité, sans que jamais aucune autorisation puisse couvrir
l'incapacité résultant de son âge ;

2° Qu'il mène une vie honorable ;

3° Qu'il est domicilié en Allemagne, soit qu'il y ait
un domicile propre, soit qu'il y demeure chez des personnes qui y sont domiciliées ;

4° Qu'il peut subvenir à ses besoins.

Malgré la preuve que ces quatre conditions ont été
remplies, l'étranger n'est pas sûr d'obtenir la naturalisation. La question reste soumise au bon vouloir de l'autorité
administrative supérieure.

Telles sont les règles en vigueur pour la naturalisation
d'un étranger : la loi s'occupe aussi du cas où un citoyen
d'un État allemand veut passer dans un autre. Il semble
qu'au moins pour ce cas, les États eussent dû conserver
leurs lois particulières : il n'en est rien. L'Allemand qui
veut passer d'un des États de l'Empire dans un autre doit
prouver qu'il a son principal établissement dans ce dernier. Et dès lors, à moins qu'il n'existe contre lui des
motifs d'expulsion, tirés des lois sur le libre établissement,
l'autorité ne peut pas lui refuser son *admission (aufnahme)*.

En cela, cette *admission* diffère de la *naturalisation* proprement dite, que l'autorité peut toujours refuser.

Les fonctions administratives, scolaires, ecclésiastiques ou même communales, entraînent pour l'Allemand qui les accepte la qualité de citoyen de l'État allemand où il les accepte. De même la nomination d'un étranger au service de l'Empire Allemand lui vaut, à moins de réserve spéciale, la collation de la qualité de sujet allemand. Par cela même, un Français prenant du service en Allemagne, même avec l'autorisation du Gouvernement français, perdrait la qualité de Français. Aucune autorisation ne saurait en effet permettre à un Français de rester Français tout en acceptant une nationalité étrangère.

La loi allemande reconnaît, en outre, la légitimation par un père allemand comme une cause de naturalisation pour un enfant naturel né d'une mère non allemande et par conséquent étranger comme celle-ci.

Angleterre. — Il y a en Angleterre deux sortes de naturalisation : la naturalisation proprement dite et la *denization*. La première était accordée très rarement et seulement par mesure législative jusqu'à l'année 1870[1]. Le bill du 12 mai 1870 a introduit de larges innovations dans un sens libéral. Il permet à l'étranger, domicilié pendant cinq ans dans les Iles Britanniques (cela sur un espace de huit ans), ou employé pendant le même temps au service de l'Angleterre à l'étranger, de demander la naturalisation. Le secrétaire d'État est compétent sans appel pour statuer sur la requête. S'il répond favorablement, il ne reste plus que la

[1] Voir dans le *Report of royal comm. on nal. and alleg.*, page 93, l'acte du 6 août 1844, qui faisait loi jusqu'en 1870.

formalité du serment d'allégeance pour assimiler l'étranger à un Anglais de naissance.

Le sujet britannique par naturalisation ne sera protégé vis-à-vis de son ancienne patrie qu'autant qu'il y aura été dénationalisé. C'est ce qui arrivera si un Français a obtenu la naturalisation en Angleterre.

. La *dénization* est une sorte de demi-naturalisation qui était surtout utile avant les facilités accordées à la véritable naturalisation par le bill sus-mentionné. Elle est moins en usage aujourd'hui, et a l'avantage de permettre à l'étranger la jouissance de certains droits (de posséder des immeubles par exemple). Il a été jugé à plusieurs reprises que le Français ayant obtenu la dénization n'avait pas pour cela perdu la qualité de Français [1].

L'article 16 de l'acte de 1870 prévoit en termes exprès que les colonies conserveront le droit de statuer librement en matière de nationalité; le nouveau régime ne s'applique donc pas en dehors des Royaumes-Unis aux possessions de la couronne britannique, chez lesquelles les questions d'allégeance sont régies par des actes spéciaux. On peut à ce point de vue diviser en trois classes les colonies anglaises [2] :

1° Les colonies qui suivent la loi anglaise du 6 août 1844, en vigueur jusqu'en 1870, ou qui possèdent des lois imitées de près de cet acte. Ce sont l'Inde, la nouvelle

---

[1] Voir annexe N. la loi du 12 mai 1870. — Le gouvernement Britannique a publié le 8 mai 1878 une liste des individus ayant obtenu un certificat de naturalisation depuis 1875. Cette liste comprend en outre le nom de trois personnes ayant obtenu la naturalisation, non du ministre de l'intérieur, mais du parlement, avec mention du droit de siéger au parlement et au conseil privé. C'est une preuve que l'acte n'est pas considéré comme ayant aboli l'ancienne naturalisation législative.

[2] Voir le *Report on naturalization*, etc.

Galles du Sud, le Queensland, la Nouvelle-Zélande, la Jamaïque, les Bermudes, etc. Il n'y a pas de stage fixe imposé au postulant, et le certificat de naturalisation est conféré par le gouvernement avec les restrictions qu'il lui plaît d'y insérer. D'après l'acte anglais de 1844, la naturalisation ne comprend pas le droit de faire partie du parlement, ni de siéger au conseil privé.

2° Les colonies qui n'ont pas de loi générale sur la matière. Dans les Antilles anglaises, — la plupart du moins, — dans la Guyanne britannique, à la Trinité, il faut un acte législatif spécial pour accorder à l'étranger le droit de cité.

3° Les colonies qui ont des lois spéciales et différentes de celles de la métropole. On peut citer dans cette catégorie le Canada, où l'étranger doit certifier de trois ans de résidence pour pouvoir obtenir la naturalisation. Il prête ensuite, comme partout, le serment d'allégeance. Le stage préalable est de cinq ans au Cap de Bonne-Espérance, et de sept ans dans la terre du Prince Édouard, etc., etc.

Les personnes naturalisées dans les colonies anglaises peuvent obtenir du gouvernement de la colonie un passeport dans lequel elles sont qualifiées *naturalized as British subject of X...* Le passeport peut être échangé contre un autre au *foreign office* à Londres, sur la recommandation du sécrétaire d'État pour les colonies. Jamais ce passeport ne pourra permettre au porteur de réclamer la protection anglaise contre le pays où il est né. — En général la nationalité conférée dans une colonie anglaise n'a pas d'effet dans les autres.

Notre ancienne colonie de l'Ile de France, aujourd'hui Maurice, possède depuis le 8 septembre 1871 une loi imitée de l'acte anglais du 12 mai 1870. Toutefois on ne décerne le droit de cité aux étrangers qu'à condition qu'ils produisent un certificat signé de deux propriétaires respectables de l'île et du Consul de leur nation. Le Consul de France à Port-Louis ne pourrait apposer sa signature sur une pièce semblable. — Avant l'acte de 1871, le gouverneur de l'île Maurice était libre d'enlever aux naturalisés le droit de cité : aujourd'hui ce pouvoir ne lui appartient plus.

Autriche-Hongrie. — Depuis l'établissement du dualisme, en 1867, il y a deux nationalités dans l'empire austro-hongrois : la nationalité autrichienne, appartenant aux ressortissants des royaumes et pays représentés au Reichsrath à Vienne, et la nationalité hongroise, appartenant aux sujets de la couronne de Hongrie. Cela résulte de l'art. 1er de la constitution du 21 décembre 1867.

Pour obtenir la nationalité autrichienne, l'étranger doit s'adresser aux autorités provinciales, après avoir élu domicile dans une commune : ce n'est qu'à cette condition qu'il pourra être admis à la naturalisation. Les Hongrois sont soumis aux mêmes règles que les étrangers proprement dits : ils doivent comme eux le serment à l'Empereur, quoique l'Empereur soit la même personne que le roi de Hongrie, à qui il devaient antérieurement fidélité. Ils doivent aussi établir qu'ils ont obtenu la dénationalisation en Hongrie.

La naturalisation dans les pays de la couronne de Hongrie est soumise à des formalités analogues.

Autrefois la nomination d'un étranger à des fonctions administratives entraînait collation de la nationalité. Cette naturalisation par voie de conséquence a été supprimée par l'art. 3 de la constitution de 1867 qui interdit l'accès des fonctions publiques aux étrangers. On tourne la constitution en naturalisant d'abord l'étranger et en le nommant ensuite.

Ces questions de nationalité manquent, d'ailleurs, de base solide dans l'une et l'autre partie de la monarchie austro-hongroise. Il y a même des points sur lesquels les jurisconsultes sont réduits à avouer leur ignorance, comme en ce qui touche le droit d'indigénat, la nationalité des ministres communs aux deux parties de la monarchie, etc. Au delà et en deçà de la Leitha, on sent la nécessité d'éclairer par une loi spéciale tous ces points laissés jusqu'ici dans l'ombre [1].

Belgique. — Dans le royaume de Belgique, il existe deux sortes de naturalisation : la petite naturalisation qui attribue les droits civils, et la grande naturalisation qui seule assimile réellement celui qui l'a obtenue aux citoyens de naissance, en lui octroyant les droits d'électorat et d'éligibilité. La première est accordée après cinq ans de résidence, la seconde seulement pour services exceptionnels. L'une et l'autre, d'après la loi du 27 septembre 1835, sont des mesures législatives, prises par les Chambres sous forme de loi. Elles sont personnelles, sauf un droit pour le fils mineur de réclamer la nationalité belge à sa majorité.

On s'est demandé si les enfants des étrangers ayant obtenu la petite naturalisation, nés postérieurement, ont de plein droit à leur majorité la faculté de voter et de siéger au Parlement. M. Laurent voudrait la leur refuser et ce serait rigoureusement logique ; mais dans la pratique, il

---

[1] Je dois la plupart de ces renseignements à une obligeante communication d'un savant jurisconsulte autrichien, M. Félix Stoerck, docteur en droit, avocat à Vienne.

se perpétuerait une classe de citoyens incomplets, de *cives sine suffragio*, qui serait peu en harmonie avec les idées égalitaires qui ont cours de notre temps. Ce serait, en outre, une source de difficultés et de réclamations innombrables. La jurisprudence a sagement adopté l'opinion contraire [1].

La loi permet encore d'accorder la grande naturalisation aux enfants majeurs des personnes qui l'ont obtenue, aux ex-Belges qui ont perdu leur nationalité en prenant du service à l'étranger sans autorisation de la couronne [2], et aux étrangers nés sur le sol qui ont omis de faire la déclaration de l'art. 9 du Code civil. — Quant à ces derniers, une loi du 1er avril 1879 leur accorde un nouveau délai d'un an pour remplir la formalité omise. La même loi s'applique aussi aux individus à qui l'article 2 de la loi du 4 juin 1839, relative à la nationalité des habitants des parties du Limbourg et du Luxembourg abandonnées aux Pays-Bas, ouvrait un droit d'option dont ils n'ont pas profité, ainsi qu'aux originaires de l'ancien royaume des Pays-Bas, demeurant en Belgique avant la formation du royaume et ayant négligé de faire une déclaration en temps utile. Ces mesures ont, comme on le voit, un caractère exceptionnel : elles sont motivées par ce fait que les partis politiques, en faisant des recherches pour diminuer le nombre des voix adverses, avaient mis en lumière qu'un grand nombre d'individus tenus en fait pour Belges, étaient étrangers. Il a paru utile de leur donner un moyen d'obtenir promptement la qualité de sujet du Roi.

---

[1] Cour de cassation de Bruxelles. Arrêt du 29 juillet 1861.

[2] Avant 1865, époque à laquelle a été abrogée la disposition du Code civil qui faisait perdre la nationalité aux personnes passées au service d'un gouvernement étranger.

Aux termes de la loi du 27 septembre 1835, la naturalisation, grande ou petite, n'a d'effet qu'après qu'elle a été enregistrée par le bourgmestre de la commune où demeure le naturalisé, et cela dans les deux mois après la signature par le Roi de la loi de naturalisation[1].

Les droits de sceau à payer sont fixés par une loi spéciale de 1844.

Danemark. — Voir *Norvége.*

Espagne. — L'article 1er de la constitution espagnole du 30 juin 1876 reconnaît deux sortes de naturalisation : Sont Espagnols, dit-il : ... 3° les étrangers qui ont obtenu des lettres de naturalisation; — 4° ceux qui ont acquis le droit de cité (la *vecindad*) dans une ville de la monarchie[2].

La naturalisation proprement dite, que vise le § 3, est encore aujourd'hui réglée par d'anciennes lois. Le Gouvernement de la Reine Isabelle avait présenté au Cortès de 1847 un projet de loi destiné à mettre la législation espagnole en harmonie avec les idées et les institutions modernes[3]; mais ce projet n'a pas été admis et c'est encore dans la *Novisima Recopilacion*, vaste digeste des lois de la Péninsule, publié en 1805, qu'il faut chercher les règles en vigueur aujourd'hui.

La *Novissima Recopilacion* reconnaît quatre sortes de naturalisation : la première, qu'on appelle universelle, donne la jouissance de tous les droits ecclésiastiques et séculiers, sans la moindre restriction; la seconde, dont les privilèges

---

[1] Voir annexe P. les différentes lois Belges citées ici.
[2] Annuaire de lég. étr. 1877.
[3] Voir *Estudios sobre nacionalidad, naturalizacion y ciudadania.*, *por un primer secretario de legacion* Madrid, 1878. Annexe 2.

n'ont trait qu'aux questions de l'ordre séculier, ne comprend aucune prérogative ecclésiastique ; la troisième ne
sert qu'à obtenir certains revenus ecclésiastiques, à titre
de prébende, soit simplement une dignité ou pension quelconque ; la quatrième ne se rapporte qu'aux droits séculiers et exclusivement à la jouissance des charges et
des honneurs, telle qu'elle est établie pour les nationaux,
« excepto todo lo que esta prohibido por las condiciones
de millones [1] ».

D'après une instruction de 1588, complétée en 1716, les
trois premières classes de naturalisation ne pouvaient
être conférées qu'avec une intervention du pouvoir législatif. La quatrième seule était accordée par le Roi. La
jurisprudence moderne admet que, depuis l'établissement du Gouvernement constitutionnel, les trois premières
classes de naturalisation doivent être octroyées seulement
par le Parlement, tandis que pour la dernière il suffit que le
Conseil d'État soit consulté. Avant la révolution de 1868,
la demande de celui qui sollicitait la naturalisation devait
être accompagnée d'une copie de l'acte de baptême et d'un
certificat constatant que le réclamant appartenait à la
religion catholique. Aujourd'hui, la liberté religieuse existant en Espagne, ces formalités sont naturellement hors
d'usage. La naturalisation, d'après la loi sur l'état civil
de 1870, ne reçoit plein et entier effet qu'après l'inscription
des lettres sur les registres de la commune que le naturalisé
habite ou à la Direction générale de l'état civil à Madrid.
En même temps il prête serment de fidélité au roi et à la
constitution, et l'accomplissement de cette formalité est

---

[1] Voir les *Principios de derecho civil y penal de Espana, por Montalban*, page 328 et ss.

mentionnée sur le registre, ainsi que la classe de la naturalisation qui a été accordée.

La constitution espagnole reconnaît, à côté de cette naturalisation expresse, une naturalisation particulière résultant
du fait qu'un étranger a obtenu la *vecindad* dans une ville
espagnole. Ici encore, nous sommes en présence d'antiques règles que le projet de loi de 1847 avait pour objet
de rajeunir et d'abroger en partie. La *vecindad* est une sorte
de *civitas* qui, aux termes de la loi du 6 mars 1716, est acquise
ipso facto à tout étranger — qui a obtenu le privilège de naturalité (*naturaleza*), — qui est né en Espagne, — s'y est con-
verti à la foi catholique, — y a établi son domicile, — y a expressément demandé et obtenu la *vecindad*, — qui a épousé une
femme espagnole et demeure dans le royaume avec elle, —
qui possède des biens-fonds en Espagne, — y exerce une
profession, — y tient boutique, — y demeure depuis dix
ans *en casa poblada*, etc... — D'après les anciens usages espagnols, ces *avecindados* étaient considérés comme
sujets : on les opposait aux étrangers purement de passage
transeuntes, qui étaient seuls de véritables étrangers et
soumis à la juridiction particulière appelée *fuero de estran-
jeria*, qui rappelle celle du *pretor peregrinus* de l'ancienne
Rome.

En 1791, une loi imposa aux *avecindados* de prêter serment
de fidélité au Roi d'Espagne [1]. Cette loi, si elle eût été
rigoureusement appliquée, eût eu pour conséquence
d'empêcher tous les étrangers de résider en Espagne, à
moins d'y être à l'état de *transeuntes* ; mais elle paraît être
tombée promptement en désuétude, et, aujourd'hui, le serment qu'elle avait prescrit n'est plus imposé. Seulement la

---

[1] Voir Salinas, *Droits des Français en Espagne*.

vecindad ne produit son entier effet, c'est-à-dire ne confère
la qualité de sujet, qu'autant que l'étranger *avecindado* l'a
prêté [1]. Il faut, en outre aujourd'hui, pour qu'un étranger
avecindado devienne sujet du Roi d'Espagne, qu'il se fasse
inscrire comme *vecino* sur le registre de l'état civil de sa
commune, en déclarant qu'il renonce à toute nationalité
étrangère. « Les étrangers, dit l'article 103 de la loi de
« 1870 sur l'état civil, qui ont obtenu la *vecindad* dans
« une commune quelconque de la monarchie jouiront de la
« qualité et des droits d'Espagnol dès l'instant que l'ins-
« cription aura été faite sur le registre civil. A cet effet,
« ils devront présenter, devant le juge municipal de leur
« domicile...., justification suffisante des faits qui leur ont
« valu la *vecindad*, en renonçant à la nationalité qu'ils
« avaient auparavant [2] ». On voit qu'ici encore la règle de
la constitution espagnole a reçu en pratique un sage
tempérament. Autrefois la *vecindad* entraînait la naturalisation même sans la volonté de l'étranger. C'était une cause
de conflit, et nous avons vu plus haut que la cour de
Paris avait refusé de tenir pour Espagnol un Français
qui avait acquis malgré lui la naturalisation espagnole
comme conséquence forcée de la *vecindad* [3]. Il n'en est plus
ainsi maintenant, et pour qu'un étranger *avecindado* devienne
sujet espagnol, il faut de sa part une manifestation de
volonté qui suffira pour sauvegarder sa liberté. La *vecindad*
pourra donc fournir une manière indirecte, et souvent plus
simple, d'acquérir la nationalité espagnole ; mais on aurait
tort de conclure des termes généraux de la constitution

[1] Montalban *op. cit.* I, p. 330.
[2] *Estudios sobre nacionalidad*, etc..., page 237 et 238.
[3] Ci-dessus, p. 167.

qu'il suffit d'être *avecindado* en Espagne, pour devenir malgré soi sujet de S.M. Catholique.

Le décret du 17 novembre 1852 contient une règle qui suffirait, d'ailleurs, à montrer que l'Espagne n'entend imposer sa nationalité à personne. L'article 45 de cet acte déclare en effet que l'étranger qui a obtenu la naturalisation en Espagne sans la connaissance et la permission de son Gouvernement n'est pas libéré des obligations qui dépendaient de sa première nationalité. A plus forte raison peut on croire que le Gouvernement espagnol ne voudrait pas soutenir, par la voie diplomatique, contre leur pays, les individus qui n'auraient pas été dégagés des liens de leur nationalité antérieure, tout en ayant acquis la qualité de sujet espagnol.

Grèce. — Il faut distinguer, d'après le Code civil de 1857, si l'étranger est ou non de race hellenique. Dans le premier cas, il suffit d'un séjour de deux ans, dans le second il faut être resté trois ans sur le territoire du Royaume pour qu'on puisse former une demande en naturalisation. On est admis au rang de citoyen après enquête faite par les autorités administratives sur la moralité ; puis on prête serment devant le monarque.

Malgré cela, la naturalisation grecque a été souvent donnée par faveur spéciale à des Grecs de l'Empire ottoman, qui n'avaient jamais résidé dans le royaume. En 1875, la Grèce dût renoncer à cette pratique et fit un arrangement d'après lequel la Sublime-Porte reconnut la qualité de sujet hellène à ceux seulement qui avaient été naturalisés avant l'année 1858 [1].

----

[1] *Journal des Débats* du 12 septembre 1875.

Italie. — Le nouveau Code civil italien n'institue aucune nécessité de séjour pour obtenir la qualité de sujet. Il y a, comme en Belgique, la grande et la petite nationalisation, mais la première seule est conférée par une loi, la seconde l'est par décret royal.

La première produit ses effets du jour où la loi a été légalement promulguée dans les formes ordinaires ; la seconde, quand le décret a été enregistré dans la commune où le naturalisé est établi, par les soins de l'officier d'état civil, et après que le naturalisé a prêté le serment de fidélité au roi ou aux lois du royaume. Cet enregistrement doit avoir lieu dans les six mois de la date du décret royal, à peine de déchéance [1].

Luxembourg. — La naturalisation est réglée dans le grand-duché de Luxembourg par une loi de 1848, modifiée et complétée par la loi du 27 janvier 1878 [2].

Les conditions sont : vingt-cinq ans d'âge, cinq ans de résidence, et un droit de sceau de 300 à 1000 francs, fixé par arrêté royal grand-ducal. La résidence n'est pas obligatoire pour les natifs de Luxembourg ayant omis de faire la déclaration de l'article 9 du Code civil, pour ceux qui, ayant perdu la qualité de Luxembourgeois, désirent la recouvrer, pour les individus ayant rendu des services à l'État, enfin pour les enfants majeurs des étrangers naturalisés pour services rendus. En cas de naturalisation pour services rendus à l'État, il y a exemption du droit de sceau : ce droit peut aussi être abaissé à 50 francs pour les natifs et les ex-Luxembourgeois, déjà dispensés du stage de cinq ans.

[1] Code italien, art. 10.
[2] Annexe T.

On trouvera, en se reportant au texte de la loi, l'indication des pièces que doit fournir le pétitionnaire. « Toute demande en naturalisation, lisons-nous dans l'art. 5, ainsi que toute proposition du Gouvernement ayant le même objet, sera produite à la Chambre et, si elle est prise en considération, renvoyée aux sections. Sur le rapport de la section centrale, la Chambre décide, après discussion s'il y a lieu, et à huis clos, si elle adopte ou si elle n'adopte pas la demande ou la proposition en naturalisation. »

Le naturalisé doit, dans les trois mois de la promulgation de la loi qui lui confère le droit de cité, déclarer devant le bourgmestre de la commune où il réside qu'il accepte la nationalité luxembourgeoise, et cela à peine de déchéance.

La seule disposition vraiment intéressante de la loi du 27 janvier 1878 est celle de l'article 2, d'après lequel « la naturalisation ne pourra être conférée à des étrangers lorsqu'elle ne se concilie pas avec les obligations qu'ils ont à remplir envers l'État auquel ils appartiennent, ou qu'il pourrait en naître des conflits. »

Dans l'exposé des motifs de la loi, M. Eyschen, directeur général de la justice, fait ressortir les inconvénients qui résultent des doubles patries. Il reconnaît que les traités internationaux sont la vraie manière d'empêcher le cumul de deux nationalités sur la même personne. « Nous devons pourtant, ajoute-t-il, éviter d'augmenter encore ces anomalies par des naturalisations accordées à ceux qui continuent de conserver leur nationalité d'origine.

« L'Allemagne, la Suisse et les États-Unis, entre autres, ne reconnaissent point le principe que leurs nationaux sont dégagés de tout lien envers l'ancienne patrie par la naturalisation obtenue dans un autre pays. Les individus appartenant à ces pays, quoique naturalisés ailleurs, ont souvent été réclamés, saisis et retenus par leur pays d'origine, pour être astreints par la force à remplir leurs obligations militaires ou autres envers leur ancienne patrie.

« Malgré ces dispositions, la loi anglaise de 1870 permet de naturaliser les étrangers de ces pays, mais en ajoutant qu'elle ne leur accordera pas de protection vis-à-vis du pays auquel ils ont appartenu. Ce mode de procéder serait contraire chez nous au principe de l'égalité des citoyens devant la loi et à celui qui confère la plénitude des droits civils et politiques aux naturalisés.

« La Prusse et les États-Unis ont eu pendant vingt-cinq ans des négociations diplomatiques des plus pénibles au sujet de l'effet des naturalisations conférées par l'Amérique à des sujets prussiens, jusqu'à ce que cette « vexed question » devenue proverbiale fut transigée (sic) par un traité du 22 février 1868. Depuis lors, les États-Unis ont conclu avec la plupart des autres États de l'Europe des traités analogues, par lesquels ces derniers reconnaissent, sous diverses conditions, la validité de la naturalisation conférée par ce pays.

« Le Grand-Duché ne possède ni traités ni dispositions spéciales à cet égard.

« Tant que le pays faisait partie de la Confédération germanique, la matière était réglée vis-à-vis des autres pays de l'Union par le cartel du 10 février 1831. D'après cette convention, aucune naturalisation n'était accordée dans un État confédéré à un sujet d'un autre État de l'Union, sans que ce dernier État lui eût délivré un permis d'émigration.

« Par la dissolution de la Confédération, cette obligation est venue à tomber. Mais il semble que, malgré le défaut

13

de réciprocité à cet égard et à cause surtout de la neutralité du pays, il conviendrait de ne jamais conférer la nationalité luxembourgeoise à des étrangers qui ont encore
des obligations à remplir vis-à-vis de leur pays d'origine.

« La manière de procéder, usitée sous l'empire du cartel de 1831, a d'ailleurs été maintenue dans la pratique
vis-à-vis des sujets allemands qui, depuis 1866, ont réclamé
chez nous le bénéfice de la naturalisation.

« Il n'y a donc pas d'inconvénient à généraliser ce principe vis-à-vis de tous les États.

« Quant à la forme à suivre, il semble cependant impossible de demander à tout étranger, comme on le fait
généralement vis-à-vis des Allemands, un permis d'émigration émanant de son pays d'origine. Les pays soumis
aux législations française ou anglaise ne connaissent pas
cette manière de rompre les liens entre l'État et le
citoyen et ne délivrent pas de certificats de ce genre. »

Ces considérations ont déterminé le Gouvernement à
proposer la rédaction adoptée par la Chambre, qui est
une imitation du projet de loi présenté au Conseil Fédéral en 1876, lequel est devenu la loi suisse du 3 juillet
1876 [1].

Le Luxembourg a adopté, comme on le voit, le régime
que nous avons indiqué plus haut comme étant de nature à
éviter le plus grand nombre des difficultés auxquelles
donne lieu la naturalisation. C'est un système qui tendra,
nous en avons la conviction, à se généraliser dans la pratique internationale et dans le droit.

Monaco. — Autrefois il suffisait d'avoir été domicilié
pendant dix ans dans la Principauté pour être investi de

---

[1] Voir ci-après au mot *Suisse.*

plein droit du droit de cité. Une ordonnance princière du 8 juillet 1877 [1] décide que dorénavant la nationalité ne sera accordée qu'à ceux qui la demanderont, après avoir séjourné le même temps dans le pays, et par ordonnance du Prince.

Norvège et *Danemark*. — Ces deux royaumes ont été unis depuis la fin du XIVᵉ siècle jusqu'en 1814, et il reste de cette ancienne union beaucoup de points communs dans la loi et dans l'organisation politique. Il y a même actuellement beaucoup plus de rapports entre la Norvége et son ancienne métropole qu'entre elle et la Suède. Sur le point qui nous occupe, cette dernière puissance a adopté une législation voisine de la nôtre, tandis que la législation norvégienne, de même que celle du Danemark, est restée fidèle à la tradition scandinave [2].

L'ancien système en vigueur en Danemark et en Norvége, relativement à la nationalité, consiste à regarder tous les habitants comme sujets. Par cela même qu'un étranger établit son domicile dans l'un des deux royaumes, il est soumis aux lois locales, et jouit des droits de sujet. Le serment d'allégeance, exigé pendant quelque temps des étrangers, dans le cours du XVIIIᵉ siècle, ne tarda pas à tomber en désuétude. A côté de la qualité de sujet (*under-saatret*), il y a l'indigénat (*indfodsret*) qui donne le droit de remplir les fonctions publiques, et qui appartient à ceux qui sont nés de parents indigènes, ou dans le royaume parents étrangers et aux étrangers à qui il a été légalement conféré.

---

[1] Voir annexe U.

[2] Voir *Norges statsforfatningen*, remarquable traité de droit constitutionnel norvégien, par le Pʳ Aschehoug.

En Norvége, l'étranger devient sujet par cela seul qu'il est prouvé qu'il a son domicile dans le royaume, qu'il a fait de ce pays sa seconde patrie[1]. Aucun délai général n'est fixé par la loi, après lequel il y aura présomption que la nationalité est acquise.

Au bout de deux ans, l'étranger a le droit d'être secouru dans le district de secours où il demeure. On ne demandera donc plus son rapatriement, s'il tombe dans l'indigence.

Après trois ans de séjour, il ne peut plus être expulsé s'il a commis un crime: devra-t-il être livré en vertu d'un traité d'extradition? Le pouvoir local appréciera suivant les circonstances de la cause et les clauses des traités.

Après cinq ans, il devient électeur, s'il prête serment à la constitution, et remplit d'autre part les conditions requises par les lois électorales.

Enfin, au bout de dix ans, il est admis aux fonctions publiques comme un indigène, et on peut dire qu'il a été complètement naturalisé [2].

On comprend qu'avec cette naturalisation en quelque sorte successive, l'étranger soit soumis au service militaire, quand il est domicilié, puisqu'il est dès lors sujet. Cependant on ne l'obligera jamais à porter les armes contre sa patrie d'origine.

Ce régime n'empêche pas que la véritable naturalisation ne puisse être accordée aux étrangers par le Storthing c'est-à-dire par une loi. L'étranger qui aura été l'objet d'une mesure de ce genre se trouvera ainsi investi immé-

---

[1] Circulaires du ministère de la justice des 24 octobre 1835 et 3 novembre 1871.

[2] Const. norvégienne, art. 92. Voir Laferrière et Batbie. — Voir aussi la loi du 15 juin 1878 qui a modifié cette disposition. Annuaire de lég. étr. année 1879.

diatement de tous les droits qu'il eût successivement acquis par le fait de son domicile en Norvége.

En Danemark, comme en Norvége, c'est l'*animus commorandi* qui confère la qualité de sujet. Après deux ans, on ne peut plus être expulsé [1] et on a droit aux secours publics. Les simples domiciliés en Danemark peuvent donc, en qualité de sujets, demander l'application des lois locales, obtenir des lettres de bourgeoisie dans les villes, ce qui leur donne le droit de faire le commerce, et exercer les droits d'électeurs municipaux. Pour le même motif, ils sont soumis aux lois locales, quant au statut personnel et aux obligations militaires.

On comprend que la pratique de l'extradition pénètre difficilement dans les mœurs d'un pays ayant des lois de cette nature. En principe, le Danemark devrait refuser de livrer le criminel domicilié sur son territoire. En fait, il accorde l'extradition quand le malfaiteur y est réfugié depuis moins de deux ans et par conséquent peut encore être expulsé [2].

Les fonctions publiques, les droits d'électorat et d'éligibilité politique, de jouir des bourses universitaires et secours donnés aux étudiants etc., appartiennent exclusivement aux indigènes. Pour obtenir le droit d'indigénat, un étranger doit, en vertu de l'article 54 de la constitution du 5 juin 1849, avoir été l'objet d'une loi spéciale, votée par les deux Chambres du Rigsdag.

Si nous supposons un Français domicilié en Danemark

[1] Voir l'art. 7 de la loi du 15 mai 1875, annuaire de lég. étr de 1876, page 801.

[2] Voir dans la convention d'extradition actuellement en vigueur entre la France et le Danemark, l'article qui stipule en faveur du Danemark la faculté de ne pas extrader le malfaiteur refugié depuis deux ans au moins,

ou en Norvége, il est manifeste que le moment où il acquerra la nationalité locale sera celui-là même où il sera dépouillé de la qualité de Français par perte de l'esprit de retour. *L'animus commorandi* nécessaire pour devenir sujet du roi de Norvége ou de Danemark est précisément le contraire de l'esprit de retour, exigé par le Code civil pour conserver à l'étranger la qualité de Français. La jurisprudence dano-norvégienne est d'accord avec la nôtre sur la plupart des points : le mariage dans le pays, l'achat d'immeubles, le fait de vendre ses propriétés dans son pays d'origine, d'amener sa famille avec soi, sont considérés comme les manifestations les plus naturelles de *l'animus commorandi*. On pourra aussi consulter l'individu lui-même : son témoignage confirmera ou infirmera la présomption, mais sans jamais suffire à lui seul, autrement on ferait l'intéressé juge de sa nationalité. Mais, en cas d'établissement de commerce, les jurisprudences sont contradictoires : le Français, qui a une maison de commerce à Christiana ou à Elseneur, y sera tenu pour Norvégien ou Danois, tandis qu'en France on le considèrera comme ayant conservé la qualité de Français, du moins si l'établissement de commerce seul paraît le retenir hors de France. De là un conflit possible. Toutefois une lettre de la chancellerie danoise du 11 novembre 1817, dit que la naturalisation n'est pas opposable aux pays étrangers ; ce qui est logique puisque le Danemark ne demande pas de certificat de *désallégeance*. Il est donc probable que le Danemark ne soulèverait pas de conflit. Il est à croire qu'il en serait de même en Norvége.

Pays-Bas. — La loi du 29 juillet 1850 dispose (art. 5) que la naturalisation est accordée par une loi, et seulement aux étrangers qui en font la demande, après avoir atteint leur vingt et unième année, avoir été domiciliés pendant six ans consécutifs sur le territoire néerlandais, et en manifestant l'intention de continuer d'y résider. La qualité de citoyen n'est acquise à l'intéressé que du jour où il a fait enregistrer à la mairie de sa commune les lettres de naturalisation qui lui ont été délivrées, en exécution de la loi rendue à cet effet, et déclaré en même temps son intention d'accepter l'allégeance néerlandaise.

Dans certains cas, pour récompenser des services exceptionnels, on n'exige pas les six ans de domicile [1].

Portugal. — Aux termes de l'article 19 du Code civil portugais, la naturalisation peut être accordée aux étrangers à la condition :

1° Qu'ils soient majeurs, conformément à la loi de leur pays d'origine, et à la loi portugaise ;

2° Qu'ils aient des moyens d'existence, ou soient capables de subvenir à leurs besoins par leur travail ;

3° Qu'ils aient résidé au moins un an sur le territoire portugais.

Le gouvernement se réserve de dispenser de tout ou partie du stage d'un an les étrangers se rattachant au Portugal par des liens de famille, c'est-à-dire descendant de parents portugais en ligne paternelle ou maternelle. Même dispense peut aussi être accordée à l'étranger qui a épousé une femme portugaise ou qui a rendu au pays un service important.

Les lettres de naturalisation doivent être enregistrées

---

[1] Voir annexe V, le texte même de la loi du 29 juillet 1850.

à la municipalité du domicile de l'impétrant; c'est du jour
de cette formalité que date leur entrée en vigueur [1].

Russie. — La naturalisation est réglée en Russie par
l'ukase du 6 mars 1864 [2] à peu près comme en France, en ce
sens qu'il faut d'abord être admis à établir son domicile
dans l'Empire. Pour cela on s'adresse au Gouvernement
provincial. Cinq ans plus tard seulement, une demande
de naturalisation peut être faite au ministre de l'Intérieur qui accorde ou refuse la naturalisation après enquête.
Le délai peut être réduit dans certains cas, pour les personnes, par exemple, qui apportent des capitaux, une industrie, des talents distingués, etc., et pour celles admises
à des fonctions publiques dans l'Empire, à titre étranger.

Les pièces à produire avec la demande en naturalisation
sont rigoureusement définies dans l'article 7 de l'ukase. On
y remarque aussi que les individus originaires de pays
avec lesquels la Russie a conclu des conventions de cartel
doivent produire un certificat de leur gouvernement attestant qu'ils sont exempts du service militaire ou qu'ils y ont
satisfait. La Russie est liée par des cartels stipulant la
remise réciproque des déserteurs et des insoumis avec
l'Autriche et la Prusse. C'est sans doute à ces conventions
que fait allusion l'ukase de 1864. Les originaires d'autres
pays qui sollicitent la qualité de Russe, les Français par
exemple, n'ont aucune pièce à fournir pour établir leur
droit de s'expatrier.

---

[1] La naturalisation en Portugal était régie jusqu'au nouveau Code civil
par une ordonnance de 1836, dont les principales dispositions ont été main-
tenues. Le délai a été toutefois réduit de la moitié.

[2] Voir, annexe X, le texte de l'important acte législatif qui règle aujour-
d'hui les questions de naturalisation dans l'empire Russe.

La naturalisation est parfaite par la prestation du serment d'allégeance à la personne du Czar.

— Dans le grand-duché de Finlande, uni, comme on sait, à la Russie tout en conservant sa constitution particulière, les règles de la naturalisation sont à peu près les mêmes qu'en Suède, ancienne métropole du pays. Le pétitionnaire doit avoir son domicile en Finlande depuis au moins trois ans, être capable et en état de subvenir à ses besoins. La naturalisation est conférée par l'Empereur Grand-Duc (*Storfurste till Finland*) sur la proposition du sénat d'Helsingfors.

Les sujets russes nobles qui veulent se faire naturaliser Finlandais suivent les mêmes règles, sauf qu'on leur demande de produire un certificat de leur noblesse, et un permis d'émigration. Quant aux Russes, bourgeois ou paysans, ils doivent payer une taxe de 4000 francs au trésor de Finlande ou justifier de six ans de domicile sur le territoire grand-ducal. Et c'est au gouverneur de Finlande et non au sénat qu'il appartient de proposer leur admission à la nationalité. Cette sévérité particulière provient de la tendance qu'avaient les bourgeois russes de se naturaliser en Finlande pour éviter de payer certaines taxes urbaines en Russie [1].

Les Russes perdent la qualité de Russe quand ils se font naturaliser Finlandais ou Polonais, ce qui n'a pas lieu pour la naturalisation en dehors des pays soumis au Czar.

Roumanie. — Les questions de nationalité sont réglées en Roumanie par le Code civil, auquel se sont ajoutées

---

[1] Je dois ces renseignements à une communication de mon savant ami M. R. Castren, docteur en droit à Helsingfors.

postérieurement certaines dispositions de la loi constitutionnelle de 1866.

D'après l'article 16 du Code, « l'étranger qui voudra
« obtenir la naturalisation devra la demander par requête
« adressée au Prince, en indiquant la fortune qu'il
« possède, ou la profession ou le métier qu'il exerce et
« en manifestant l'intention d'établir sa résidence sur le
« territoire roumain. Si, à la suite de cette demande,
« l'étranger réside pendant dix ans en Roumanie et si sa
« conduite et ses actes prouvent qu'il est utile au pays,
« l'assemblée législative, sur l'initiative du Prince, et le
« conseil d'État entendu, pourra lui accorder des lettres
« de naturalisation, qui seront sanctionnées et promul-
« guées par le Prince. — Pourra être dispensé du stage
« de dix ans l'étranger qui aura rendu au pays des services
« importants, qui y aura introduit soit une industrie soit
« des inventions utiles, qui y aura apporté des talents dis-
« tingués, qui aura formé en Roumanie de grands établis-
« sements de commerce ou d'industrie. » A ces motifs de
dispense du stage, la constitution en a ajouté un nouveau,
d'un caractère purement politique, tiré de considérations
éthnologiques que l'on n'est guère habitué à rencontrer
en pareille matière. L'article 9 de la constitution permet
au Parlement d'accorder sans aucun délai la naturalisation
aux personnes de race roumaine appartenant à un État
étranger, pourvu qu'elles établissent qu'elles sont dégagées
de tout bien d'allégeance envers cet État. Les personnes
auxquelles il est fait allusion ici peuvent être orginaires
de Servie, de la Bukovine, de Transylvanie, de la
Bessarabie, et même de certains districts de la Macédoine
où se trouvent des populations de race roumaine. —
Ajoutons que cette même constitution, si large pour les

individus de race moldo-valaque, se montre singulièrement exclusive en matière religieuse. Déjà le Code civil contenait une disposition relative aux étrangers ne professant pas la religion chrétienne. D'après l'article 8, les étrangers chrétiens, nés et élevés en Roumanie, sont habilités à réclamer la qualité de Roumain à leur majorité, comme d'après le code français, à la condition seulement qu'ils établissent qu'ils ne dépendent d'aucun gouvernement étranger [1]. Au contraire, les non-chrétiens se trouvant dans le même cas ne pouvaient, d'après l'article 9, devenir Roumains qu'en obtenant la naturalisation dans les formes ordinaires. Cette restriction n'a pas paru suffisante aux rédacteurs de la constitution de 1866, qui ont fait adopter une disposition rigoureuse et déclarer en termes exprès que « les étrangers du rite chrétien peuvent seuls obtenir la naturalisation. »

L'état d'infériorité où se trouvent placés, dans la Principauté, les étrangers non-chrétiens date de la création même des Principautés-Unies, et de leur organisation par la conférence de Paris en 1858. Dans la séance du 9 août 1858, M. le Comte Walewski, plénipotentiaire de France et président de la conférence, présenta un projet de convention, qu'il avait été chargé de préparer. Aucune disposition de ce projet ne pouvait permettre d'établir la moindre distinction entre les différentes confessions ; mais, dans la séance du 14 août, un paragraphe additionel fut inséré à l'article 51 du projet français, qui est devenu l'article 46 de la convention du 19 août 1858. La première partie porte « que les Moldaves et les Valaques seront tous égaux

---

1 On remarquera que le Code roumain a précisément adopté la règle qui, suivant nous, devrait figurer à l'art. 9 du Code civil. Voir ci-dessus page 88.

« devant la loi et également admissibles aux emplois publics
« dans l'une et l'autre Principauté. » La clause additionnelle
« en atténue la portée par la disposition suivante. « Les Mol-
« daves et les Valaques de tous les rites chrétiens jouiront
« également des droits politiques : la jouissance de ces droits
« politiques pourra être étendue à d'autres cultes par des
« dispositions législatives [1]. « — C'est cet article 46 de la
convention de 1858 qui a été le point de départ des mesures
prises dans les Principautés pour exclure les Musulmans
et les Juifs. Pour ces derniers, la conséquence de l'exclusion a été de les attirer en grand nombre : à n'être
pas citoyens, ils gagnaient du moins de n'être pas soldats.

Cet état de choses a attiré l'attention du Congrès de
Berlin de 1878 qui a invité la Roumanie à abroger toutes les
lois plaçant les Israélites dans une condition d'infériorité.
Cette abrogation a même été imposée comme une condition
de la reconnaissance de la Principauté comme État indépendant, ainsi qu'il résulte du protocole n° 10. L'article 44 du
traité de Berlin du 13 juillet 1878 consacre cette obligation
dans ces termes : « En Roumanie, la distinction des croyan-
« ces religieuses et des confessions ne pourra être opposée
« à personne comme un motif d'exclusion ou d'incapacité en
« ce qui concerne la jouissance des droits civils et politi-
« ques, l'admission aux emplois publics, fonctions et
« honneurs, ou l'exercice des différentes professions et in-
« dustries, dans quelque localité que ce soit..... [2] ».

La mise en vigueur de ce principe nécessite de graves
modifications dans la législation roumaine. Le Parlement
de Bucarest a pensé qu'il suffirait de supprimer dans le

---

[1] Voir la *Conférence de Paris* 1858. Paris, Impr. Imp., novembre 1858.
[2] Voir le *Livre Jaune* de 1878.

Code civil et la constitution les dispositions reproduites ci-
dessus qui font de la naturalisation le privilège des chrétiens. La suppression de l'article 8 de la constitution a
été votée par les Chambres roumaines au mois d'avril 1879
et il n'est guère douteux que ce vote ne soit confirmé par
l'Assemblée nouvelle, dont l'approbation est nécessaire pour
modifier une disposition constitutionnelle. On peut se demander toutefois si la faculté laissée au parlement de naturaliser individuellement les Juifs, comme les Chrétiens,
paraîtra suffisante pour répondre au vœu du congrès de
Berlin et aux exigences de l'article 44 du traité du
13 juillet 1878. Ne pourrait-il pas arriver que le Parlement
refusât de naturaliser les Juifs qui demanderaient à
l'être et maintînt ainsi en fait l'exclusion condamnée en
droit? Il semble qu'il faudrait du moins décider que la
nationalité roumaine sera conférée de plein droit aux
Israélites nés et domiciliés en Roumanie, et qui n'appartiennent à aucune nationalité étrangère. Ce n'est que par
une mesure de ce genre que la Roumanie se conformerait
à l'esprit des stipulations de Berlin.

Servie. — L'article 35 du traité de Berlin, impose à la
Servie les mêmes obligations que l'article 44 dont il vient
d'être question. Pour mettre ces nouveaux principes en
vigueur, une modification de la constitution est également indispensable. Tout changement à la loi fondamentale
en Servie doit être approuvé par deux assemblées ordinaires successives, et par une grande *Skupchina*, réunie
spécialement. Il ne manque plus que l'approbation de la
grande *Skupchina*, et cette approbation paraît certaine.

Au point de vue de la nationalité, ce vote aura les
mêmes conséquences qu'en Roumanie : les Juifs et les

Musulmans pourront devenir sujets du Prince. Ils ne seront pas exclus à l'avenir de la naturalisation [1].

Suède. — Après trois ans de résidence en Suède, on peut demander la naturalisation. Elle n'est accordée que sur enquête favorable, et après que le pétitionnaire a établi qu'il a abandonné sa nationalité d'origine. Si l'allégeance est perpétuelle, il doit renoncer à s'en prévaloir. A l'égard d'un Français, aucune formalité de ce genre ne serait probablement demandée. En tout cas, elle serait tout à fait sans objet, puisque, par là même que le Gouvernement suédois accorde le droit de cité à un Français, celui-ci cesse d'être Français [2].

L'étranger naturalisé suédois ne peut pas, d'après la constitution, devenir membre du Conseil d'État, c'est-à-dire ministre.

Suisse. — Nul ne peut être citoyen suisse sans appartenir spécialement à l'un des cantons confédérés et à l'une des communes de ce canton. La bourgeoisie dans une commune, l'indigénat dans un canton, et enfin le droit de cité fédéral sont trois éléments indispensables de la nationalité suisse. L'ancien principe du pays était que les deux premiers de ces éléments emportaient de plein droit le troisième. En d'autres termes, l'individu qui avait acquis le droit de bourgeoisie dans une commune helvétique, et qui était en possession de l'indigénat dans

---

[1] Nous n'avons pu recueillir des renseignements sur les règles qui régissent l'acquisition et la perte de la nationalité serbe. L'article 22 de la constitution de 1867, qui est ainsi conçue : « une loi déterminera les conditions d'admission à la nationalité serbe, les droits qui y sont attachés, et comment elle se perd ». Nous ne savons si cette loi a été promulguée. — Voir Ubicini. *Constitution de la Serbie.*

[2] Voir le *Haandbok i hela svenska Lagfarenhelen af Dr Thurgren*, au mot *Utlaending*, et ci-après annexe Y.

un des vingt-deux cantons, était par cela même citoyen
de la confédération et apte à invoquer la protection du
gouvernement fédéral. La Constitution de 1848, qui a
substitué un gouvernement central, fixe et permanent,
à l'ancien système des cantons directeurs, avait respecté
ce régime ou plutôt n'y avait apporté qu'une restriction
insignifiante. L'article 43 interdisait aux cantons de recevoir au nombre des citoyens un étranger qui ne fût pas
préalablement affranchi de tout lien envers son pays
d'origine. C'était une règle fort sage, mais trop générale et
insuffisante en pratique. L'acquisition de l'indigénat
cantonal ayant pour effet d'entraîner la naturalisation
suisse, il n'était pas juste d'écarter toute participation des
autorités fédérales ; celles-ci n'avaient aucun moyen
de résistance contre les abus que les cantons pourraient
faire de leur droit. Elles ne pouvaient intervenir qu'au
cas où, la naturalisation ayant été conférée à un étranger
en violation de l'article 43 de la constitution ; un conflit
venait à surgir avec l'État dont le nouveau citoyen était
originaire.

Ces inconvénients n'échappèrent pas aux rédacteurs de
la nouvelle Constitution fédérale de 1874, qui firent adopter la disposition suivante :

« La législation fédérale déterminera les conditions aux-
« quelles les étrangers peuvent être naturalisés, ainsi que
« celles auxquelles un Suisse peut renoncer à sa nationa-
« lité pour obtenir la naturalisation dans un pays étran-
« ger [1]. »

En exécution de cet article, le Conseil fédéral a fait préparer un projet de loi sur l'acquisition et la perte de la

[1] Article 44, 2°. Voir l'*Annuaire de lég. étrangère*, année 1875.

nationalité suisse, qui a été voté le 3 juillet 1876 par le Parlement fédéral [1].

« L'étranger, dit l'art. 1er, qui désire obtenir la nationa-
« lité suisse doit demander au Conseil fédéral l'autorisa-
« tion de se faire recevoir citoyen d'un canton et d'une
« commune. »

On voit aussitôt la différence qui sépare la nouvelle législation de l'ancienne. L'étranger, qui désire obtenir le droit de cité en Suisse, au lieu de s'adresser aux autorités cantonales, doit se pourvoir d'abord auprès du gouvernement central de la Confédération. « Nous partons, disait le Conseil fédéral dans le message par lequel il proposait à l'Assemblée fédérale l'adoption du projet de loi, nous partons du principe que la nationalité suisse doit être envisagée à trois points de vue différents, à celui de la commune, à celui du canton et à celui de la Confédération, et que l'acquisition de la nationalité suisse suppose la coopération de ces trois parties intéressées. Contrairement au système antérieurement en vigueur, nous considérons l'action du Conseil fédéral comme le facteur principal, par la raison que c'est le Conseil fédéral qui, eu égard aux rapports qu'il entretient avec les pays étrangers, est le plus, nous dirions même le seul intéressé à ce que l'étranger qui demande à être naturalisé se soit libéré de tous liens envers l'État dont il était précédemment ressortissant. C'est alors seulement que les cantons et les communes ont à lui conférer sa nationalité nouvelle. Nous trouvons donc logiquement correct de réclamer en première ligne la coopération de la Confédération, là où ses intérêts sont en jeu.

[1] Voir annexe Z. On trouvera dans le *Bulletin de la Société de Lég. comp.*, n° de mai 1878, un commentaire complet de cette loi.

Ce mode de procéder présente, de plus, de grands avantages; en effet, il prévient toutes les naturalisations qui
pourraient entraîner la Confédération dans, un conflit ou
lui préparer des difficultés dont une autorité locale ne saurait apprécier la nature; il coupe court, en même temps, à
toute espèce de peines, de frais, d'ennuis et de déceptions.
En procédant ainsi le Conseil fédéral est, en outre, à
même de se renseigner exactement sur chaque cas spécial,
par le moyen de ses agents diplomatiques ou consulaires
et d'écarter les difficultés qui pourraient se présenter. »

Cette citation met en lumière la tendance générale de
la loi, qui est d'éviter, autant que possible, les conflits
avec les puissances étrangères à l'occasion des diver-
geances dans l'appréciation de la nationalité des individus.
C'est l'objet direct de l'article 2, aux termes duquel l'autorisation du Conseil fédéral prévue dans l'article 1er n'est
donné qu'aux étrangers :

« 1o Qui ont leur domicile en Suisse depuis deux ans ;

« 2o Dont les rapports avec l'État auquel ils ressortissent
« sont tels qu'il est à prévoir que leur admission à la na-
« tionalité suisse n'entraînera pour la confédération au-
« cun préjudice. »

L'exposé des motifs du projet de loi explique comment
le Gouvernement de Berne a été amené à proposer une
disposition de ce genre.

Le nombre des conflits, disait le Conseil fédéral, résultant des naturalisations acquises dans un but de fraude,
« s'est accru d'une manière regrettable dans ces dernières
années. Souvent, c'est une législation étrangère qui, ex-
cluant le divorce.., engage les ressortissants de cet État à
chercher une nouvelle patrie, dont la législation leur per-
mette ce que celle de leur pays d'origine leur interdisait.

14

Plus souvent encore, c'est le service militaire qui est cause de l'expatriation. Des familles d'origine française, et, depuis les changements politiques survenus en Allemagne, surtout des familles allemandes, cherchent à acquérir la nationalité suisse pour leurs fils, lorsqu'ils approchent de l'âge où le service militaire devient obligatoire pour eux. Il est clair que ces personnes ne demandent la naturalisation que pour échapper à une obligation qui leur est imposée par leur patrie et nullement dans le but d'acquérir la nationalité suisse d'une manière stable ; au contraire, dès que leur intérêt le demande et qu'elles peuvent le faire sans danger, elles tournent le dos à leur nouvelle patrie. De pareils citoyens ne sont d'aucune utilité à la Suisse et ne servent qu'à amener des conflits entre la Confédération et les États étrangers. En outre, il n'est malheureusement que trop vrai que quelques cantons ont apporté à ces naturalisations des facilités peu compatibles avec la dignité de la nationalité suisse et se rapprochant un peu trop de la spéculation. Ces faits regrettables ne sont pas restés ignorés à l'étranger, et n'ont pas manqué de porter atteinte à l'autorité du nom Suisse et d'entraver les démarches du Conseil fédéral lorsqu'il voulait le faire respecter. Ainsi, par exemple, les tribunaux français ont, dans plusieurs jugements rendus contre des Français ayant acquis une nationalité étrangère, admis la présomption que la naturalisation avait eu lieu *in fraudem legis* et refusé pour cela d'appliquer une autre loi que la loi française. »

Les affaires auxquelles le Conseil fédéral fait allusion ici sont dans la mémoire de tous les jurisconsultes [1]. L'aveu que fait la Suisse est la preuve la plus sûre que les

1 Voir les exemples cités ci-dessus page 171 et ss. et annexe G.

reproches que l'on adressait à la législation de certains cantons n'avaient rien d'exagéré.

L'article dont nous nous occupons avait dans le projet une forme quelque peu différente de celle qu'il a reçue définitivement. On demandait seulement que les étrangers résidâssent depuis un an en Suisse et qu'ils fussent «libérés « vis-à-vis de l'État dont ils étaient précédemment ressor- « tissants, de toute obligation qui, au cas de leur admis- « sion à la nationalité suisse, pourrait donner naissance à « un conflit. » En comparant cette rédaction du projet avec celle de la loi, on voit que l'Assemblée, entrant sans arrière pensée dans les idées si justes et si libérales du Conseil fédéral, n'a fait que renforcer les propositions qui lui étaient soumises. Elle a trouvé qu'un an de séjour ne suffisait pas pour établir une présomption des intentions sérieuses du candidat à l'indigénat suisse. Elle a fixé à deux ans le temps que celui-ci devait avoir passé dans la Confédération. Le projet ne prévoyait que le cas d'un *conflit* possible: la loi prévoit tout genre de *préjudice.* Mais, sauf quelques cas particuliers, le préjudice dont il s'agit se réfère très-certainement au cas de la double nationalité. La Confédération veut que ceux qui se donnent à elle se donnent complètement : elle ne veut pas de partage. C'est une règle de logique et de bon sens.

En demandant au Conseil fédéral l'autorisation d'être admis à l'indigénat, le pétitionnaire doit donc prouver qu'il a rompu l'allégeance de l'État auquel il ressortissait, Comment se fera cette preuve? Les règles varient naturellement suivant les lois de la patrie d'origine du pétitionnaire. Il faut se reporter aux lois de ce pays, pour examiner si les formalités qu'elles prescrivent pour rompre le lien d'allégeance ont été accomplies. Dans les instruc-

tions envoyées aux autorités compétentes pour assurer
l'exécution de la loi, le gouvernement suisse a indiqué les
formalités auxquelles doivent être soumis les nationaux
des principaux États de l'Europe. Le passage de ces instructions relatif aux Français est ainsi conçu :

« Les Français qui désirent acquérir le droit de cité suisse
« ont à produire, conformément à l'article 1er du décret im-
« périal du 26 août 1811, l'autorisation du chef de l'État,
« qu'ils requièrent par l'intermédiaire du ministère de la
« justice. » — Cependant cette autorisation n'est point
jugée indispensable. « A défaut par eux de la produire,
« ajoute le gouvernement suisse, ils auraient seuls à sup-
« porter les conséquences de cette omission, s'ils étaient
« admis néanmoins au droit de cité suisse, et le Conseil
« fédéral déclinerait la charge de les protéger contre les
« effets du décret cité plus haut. » Cette disposition, on le
reconnaît, est parfaitement correcte et prouve que la Suisse
se fait une idée très juste de notre décret de 1811.

Ce système est exactement celui que nous voudrions
voir adopté en France par la Chancellerie [1].

La loi fédérale de 1876 laissant subsister les lois cantonales, il importe de donner une idée sommaire de ce
qu'elles sont dans les principaux cantons [2]. Dans la
grande majorité des cantons, la bourgeoisie communale et
le droit de cité cantonal sont inséparables. Le mode le

---

[1] Voir ci-dessus § 4.

[2] Nous suivons pour ce travail la collection publiée en 1862, à Berne, sous
le titre de : *Zuzammenstellung der in den Cantonen geltenden Besti-
mmungen über Erwerbung der Bürgerrechts*, par ordre du conseil fédéral. La date de cette publication ne nous permet pas d'affirmer que certaines lois n'aient pas été modifiées postérieurement. Ces changements ne
sauraient d'ailleurs avoir une grande importance pour le résumé que nous
voulons faire.

plus habituellement suivi pour les obtenir consiste à solliciter de l'autorité centrale du canton la permission de se faire admettre comme bourgeois dans une commune. Muni de cette permission on s'adresse à la commune qui donne la promesse (*Zusicherung*) d'admettre l'étranger à la bourgeoisie dès que le canton l'aura accepté comme indigène. On peut alors revenir à l'autorité centrale du canton qui, si rien ne s'y oppose d'autre part, délivre des lettres de naturalisation, sur le vu desquelles la commune devra exécuter sa promesse.

Dans les communes, l'autorité compétente pour accorder la bourgeoisie est le plus souvent la municipalité. Dans quelques cantons pourtant, c'est l'assemblée des citoyens de la commune qui connaît de la question. Dans le Tessin, le corps patricial de la commune n'admet un étranger au *patriziato*, qui correspond à la bourgeoisie, que si les trois quarts de ses membres y consentent.

Dans les cantons, c'est d'ordinaire à l'autorité législative qu'appartient la connaissance des demandes en naturalisation, du moins en dernier ressort. Dans un grand nombre d'entre eux : Lucerne, Zug, Fribourg, Soleure, Bâle-Ville, Schaffouse, Argovie, Thurgovie, le grand Conseil est compétent ; à Neufchâtel, à Genève, le grand Conseil est saisi par le Conseil d'État ; à Berne, l'affaire s'arrête au petit Conseil. On sait que plusieurs des États de la Confédération suisse ont conservé l'antique forme du gouvernement direct par le peuple réuni en assemblée générale. C'est ce qui a eu lieu encore dans les deux Unterwald, dans les deux Appenzell, l'Uri, etc. L'étranger qui désire être naturalisé s'adresse à l'assemblée générale, à la *Landesgemeinde*. La procédure varie dans les détails. En Appenzell, la *Landesgemeinde* est saisie par un rapport du Conseil cantonal, en présence du candidat. Dans les Rhodes extérieures, ce dernier fait valoir ses motifs devant l'Assemblée populaire, par l'intermédiaire d'un *Geschaefts-führer* ; dans les Rhodes intérieures, il prend lui-même la parole.

Les conditions exigées de l'étranger par les lois et règlements cantonaux varient également suivant les lieux. Nous ne parlerons pas des certificats de moralité, de bonne renommée, de baptême, etc., qui sont souvent réclamées et qui n'ont d'autre but que de faciliter l'enquête que presque tous les pays civilisés ouvrent sur le demandeur en naturalisation. Les conditions qu'on rencontre le plus souvent en parcourant la collection des lois des vingt-deux cantons sont : 1° un séjour plus ou moins long sur le territoire cantonal ; 2° l'attestation de moyens d'existence ; 3° l'acquittement de droits de sceau plus ou moins considérables.

Nous trouvons, par exemple, que pour obtenir l'indigénat à Zurich, en Appenzell, Vaud, Valais, il faut prouver qu'on a résidé cinq ans dans le pays. A Neufchâtel, le stage est de quatre ans, à Lucerne, de trois ans, à Soleure, à Genève et dans les Grisons, de deux ans. Dans l'Uri, il faut un certain nombre d'années, non déterminé, et laissé à l'appréciation de la *Landesgemeinde*. A Fribourg et dans le Tessin, le naturalisé ne peut exercer les droits de citoyen qu'après dix et cinq ans passés dans le pays après la naturalisation. Dans la plupart des autres cantons, il n'est pas question de stage ; avant les deux années de domicile exigées par la loi fédérale, on pouvait être admis au droit de cité du jour au lendemain. De là les inconvénients que nous avons signalés.

Dans certains cantons on veut que l'étranger atteste

qu'il a des moyens d'existence qui le mettent à l'abri du besoin, et surtout permettent de supposer qu'il ne tombera pas à la charge de l'assistance publique. Nous remarquons cette exigence, entre autres cantons, à Zurich, Fribourg, Lucerne... A Fribourg, il faut justifier d'une fortune de 4,000 francs au moins.

La troisième exigence, l'acquittement d'un droit de sceau, est la seule universellement admise. Ce nom de droit de sceau ne lui convient même pas dans tous les cas, c'est souvent un véritable prix d'achat. La loi communale de Zurich de 1855 dit en propres termes que le droit de cité s'acquiert par l'achat (*durch Einkauf*). On paye dans la commune pour la bourgeoisie communale, et au canton pour la nationalité cantonale. Combien paye-t-on ? C'est ce qu'il est assez difficile de dire. Dans certains cantons la somme est exactement fixée. A Schaffouse, par exemple, le Gouvernement cantonal perçoit 800 francs, et les communes de 1,200 à 2,400 francs, suivant un classement fait d'office par le Gouvernement, et annexé à la loi. A Soleure, les communes sont également réparties en plusieurs classes ; la somme à payer va de 320 à 1,600 francs, l'autorité centrale perçoit en outre 400 francs. Le plus souvent, surtout pour l'achat de la bourgeoisie communale, le prix est débattu de gré à gré entre l'étranger et la municipalité ou la *Landesgemeinde*. Quelquefois la loi fixe un maximum auquel la commune doit limiter ses prétentions. Souvent elle ne fixe rien : on marchande alors jusqu'à ce que l'on soit d'accord. C'est le cas dans les communes du canton de Vaud et de Neufchâtel, où l'on a payé parfois la bourgeoisie jusqu'à 5,000 francs. Hâtons-nous d'ajouter que ces taxes, si élevées qu'elles soient, ont leur raison d'être, puisque le droit de bourgeoisie entraîne de nombreux avantages : jouissance des terrains communaux, pâturage d'été, bois, etc. Seulement elles étaient souvent acquittées par des étrangers qui n'entendaient nullement réclamer leur part dans les biens communaux, et cherchaient seulement à éluder leur loi nationale. C'était alors un trafic scandaleux, comme l'a reconnu le message du conseil fédéral, dans un passage cité plus haut. Aujourd'hui, grâce à la nouvelle loi, les taxes perçues par les communes ne pourront plus guère couvrir les naturalisations frauduleuses, et resteront comme une juste compensation de la jouissance des biens communaux.

Nous ne croyons pas nécessaire d'entrer dans de plus grands détails. Cette revue rapide n'avait, dans notre pensée, d'autre objet que de montrer comment avaient pu s'introduire les abus qui ont rendu nécessaire l'intervention du pouvoir fédéral dans les affaires de nationalité, tout en indiquant sommairement les principes qui prédominent dans les législations des cantons. Ces lois, il ne faut pas l'oublier, n'ont pas été abrogées [1], par la loi fédérale. L'exécution en est seulement subordonnée à l'autorisation du Conseil fédéral. Les inconvénients qu'elles pouvaient présenter, par la trop grande facilité avec lesquels elles conféraient l'indigénat, sont en partie écartés.

Turquie. — Les capitulations ont fait aux étrangers dans les échelles du Levant une situation tout à fait particulière, qui oblige à étudier avec soin la législation ottomane sur notre matière. Jusqu'en 1869, le mode ordinaire

---

[1] Le canton de Bâle campagne a même publié une loi nouvelle sur la matière, le 9 avril 1877. Voir *l'Annuaire de lég. étr.*, 1878, page 622.

d'acquérir la nationalité ottomane était d'embrasser la religion de Mahomet ; on sait qu'un assez grand nombre de hauts fonctionnaires turcs ont été de tout temps recrutés parmi les renégats. Une loi du 19 janvier 1869 est venue régler les questions de nationalité dans l'Empire ottoman d'une manière conforme aux usages de l'Europe moderne, en se rapprochant sur beaucoup de points des règles françaises [1].

Lorsque cette loi fut rendue, une Conférence européenne était réunie à Paris pour rétablir l'entente entre la Grèce et la Turquie. Des objections furent faites par diverses puissances. La Sublime Porte s'efforça d'y répondre dans un mémorandum communiqué aux cabinets européens, et ayant pour objet de montrer comment elle avait été amenée à promulguer la loi nouvelle [2]. La situation privilégiée faite en Turquie aux étrangers par les capitulations, excitait la jalousie des sujets du Sultan, ceux-ci sollicitaient et obtenaient en grand nombre sous divers prétextes, la protection des ambassades étrangères, de sorte « qu'il « s'était formé en Turquie un corps de protégés étrangers « dont le nombre dépassait celui des sujets étrangers eux- « mêmes. C'étaient tous des sujets ottomans qui, tout en « ayant leur domicile permanent dans l'Empire se soustra- « yaient à leur autorité législative. » Pour remédier à ce danger permanent, la Sublime Porte avait élaboré en 1863 un règlement, qui diminua de beaucoup le nombre des protégés et détermina à quelles conditions les consulats ou ambassades pourraient admettre des Ottomans à jouir de leur protection. Il paraît qu'alors commença l'abus des

[1] Voir le *Livre Jaune* de novembre 1869, Annexe AA.
[2] Annexe GG.

naturalisations de sujets ottomans qui, ne pouvant plus obtenir la protection, se mirent à demander à être admis au rang des citoyens des puissances chrétiennes représentées à Constantinople. La Grèce surtout qui compte dans l'Empire un nombre considérable de partisans de même sang et de même langue, la Grèce accorda un nombre considérable de patentes de naturalisation à des sujets turcs de race hellénique qui n'avaient jamais quitté leur pays. Pour obvier à ce nouvel abus, la Sublime Porte promulga la loi du 19 janvier 1869, qui dispose dans son article 5 « qu'aucun sujet ottoman ne pourra se faire natu-« raliser étranger qu'après avoir obtenu un acte d'autori-« sation délivré en vertu d'un iradé impérial. » En même temps, la question de la naturalisation avait été réglée dans son ensemble.

Le comité du contentieux près le ministère des affaires étrangères français fut réuni pour examiner la loi et rechercher si elle ne contenait rien de contraire aux règles posées par les capitulations. Le résultat de cet examen fut consigné dans un avis de mai 1869 qui déclarait « que la « loi du 19 janvier 1869 n'a rien de contraire au droit inter-« national en général et qu'elle ne porte aucune atteinte « aux droits et aux privilèges reconnus par les capitu-« lations et consacrés par les usages [1]. »

Le conflit avec la Grèce, au sujet des Ottomans devenus Hellènes, ne se termina qu'en 1875 [2]. Quant à la loi turque, elle resta en vigueur et la France, qui l'avait fait examiner d'une manière presque désintéressée, se trouve maintenant en présence d'un acte dont certaines parties peuvent être invoquées contre elle.

[1] Annexe GG.
[2] Voir ci-dessus, page 190.

En effet la Turquie qui soumet la dénationalisation de ses sujets à une autorisation, n'exige de l'étranger qui réclame la naturalisation aucune pièce analogue pour constater la rupture de l'allégeance étrangère. « Tout étranger, dit la « loi turque, qui a résidé durant cinq années consécutives « dans l'Empire ottoman peut obtenir la nationalité otto- « mane en adressant sa demande directement ou par inter- « médiaire au ministère des affaires étrangères. » Il en peut résulter de sérieux inconvénients pour la France.

Tant que les Français demeurant hors de leur patrie étaient exemptés de fait du service militaire, la nationa- lité française, en Turquie surtout, ne leur offrait que des avantages. Aussi beaucoup de familles ont-elles vécu plu- sieurs siècles en Orient sous la protection des consuls français. Depuis 1873, l'appel sous les drapeaux des Fran- çais qui résident à l'étranger est devenu une réalité : une charge nouvelle pèse depuis lors sur nos compatriotes du Levant. Quelques-uns d'entre eux pourraient penser à se réclamer de la nouvelle loi pour devenir sujets ottomans et par suite échapper à leurs obligations militaires.

En pays de chrétienté, nous ne pourrions rien contre cette sorte de désertion, l'expatriation étant absolument libre en droit, et le Français qui est à l'étranger ne pou- vant, en général, être contraint par la force à obéir à nos lois. Mais, par exception, ceux de nos compatriotes qui sont établis dans les échelles du Levant sont en quelque sorte *exterritorialisés* par les capitulations. Ils sont soumis à la loi française, non pas seulement en théorie, mais encore en fait, puisque le consul peut les faire arrêter par ses *cawas* et les embarquer de force, s'il y a lieu de les faire juger en France. La conséquence de cela, c'est qu'il serait aussi choquant de voir un Français, inscrit au con-

sulat et membre de la nation française dans une ville de
Turquie, échapper au pouvoir du consul en produisant des
lettres de naturalisation obtenues de l'autorité turque,
que de voir un Français demeurant en France exhiber tout
à coup des certificats d'une nationalité étrangère qui lui
aurait été conférée sans qu'il cessât de résider sur notre
territoire. Un epareille naturalisation serait probablement
tenue pour non avenue devant nos tribunaux, comme
étant entachée de fraude. — Du reste, l'ordonnance du
mois de mars 1781 qui permet aux consuls de renvoyer en
France tout national qui chercherait une autre protection
que la sienne, ne semble-t-elle pas avoir expressément
prévu notre cas ? Nous pensons donc que la naturalisation
en pays turc n'est pas libre pour un Français, du moins
pour un Français inscrit au consulat et protégé par les représentants de son pays. Une autorisation spéciale du gouvernement français semble, en pareil cas, être indispensable.

Un règlement du Gouvernement turc a institué une commission spéciale pour juger les questions de nationalité,
qui échappent ainsi dans une certaine mesure à la connaissance des tribunaux consulaires. Le consul peut cependant
assister aux délibérations de la commission [1].

Il est juste que la Porte apprécie elle-même les questions
soulevées par la loi promulguée par elle et acceptée par
l'Europe. Il serait préférable toutefois pour la France
d'obtenir la constitution d'une commission mixte, pour apprécier la nationalité des Levantins sujets ou protégés de
France, dont le statut est contesté par la S. P. La Russie a
obtenue la constitution d'une commission de cette nature,

[1] Annexe AA, 3°.

. à la suite d'un accord établi entre le Gouvernement du Sultan et l'ambassadeur du Czar en 1863 [1].

— Avant le traité de Berlin de 1878, les principautés de Roumanie et de Serbie, vassales de la Porte, et n'ayant pas de représentation diplomatique à l'étranger, avaient des lois particulières pour régler l'acquisition et la perte de la nationalité, mais la nationalité roumaine ou serbe plaçait ceux qui la possédaient, au point de vue international sous la protection des agents diplomatiques ottomans. Aujourd'hui, la Roumanie et la Serbie ont conquis leur complète indépendance; mais le congrès de Berlin a créé une nouvelle principauté vassale : la Bulgarie.

Le projet de constitution présenté par la Russie à l'Assemblée des notables de Tirnovo, contenait la disposition suivante :

« La grande Assemblée a seule le droit de conférer la « nationalité. Tous ceux qui sont nés en Bulgarie, sont « sujets bulgares. Conformément à l'article 5 du traité de « Berlin, la distinction des croyances religieuses et des « confessions ne pourra être opposée à personne comme « un motif d'exclusion ou d'incapacité en ce qui concerne « la jouissance des droits civils et politiques, l'admis- « sion aux emplois publics, fonctions et honneurs, ou « l'exercice des différentes professions et industries, dans « quelque localité que ce soit. »

A la suite des deux délibérations auxquelles il a été procédé, l'Assemblée a décidé que la nationalité bulgare serait acquise, non seulement à tous les natifs du territoire princier qui n'ont pas obtenu une nationalité étrangère, mais aussi aux individus nés au dehors de parents bul-

[1] Annexe JJ.

gares. Un délai est accordé, en outre, aux étrangers, militaires ou non, ayant participé à la guerre de l'indépendance bulgare, qui désirent la qualité de sujet du prince. Quant à la naturalisation proprement dite, elle sera conférée en Bulgarie par le pouvoir législatif, c'est-à-dire par l'Assemblée nationale, conformément aux dispositions légales qui seront ultérieurement déterminées [1].

Il importe de ne pas perdre de vue que, hors de l'empire turc, il n'y a point de sujets bulgares, mais seulement des sujets turcs appartenant à la principauté de Bulgarie. Les capitulations restent en vigueur dans la principauté, et avec elles les conséquences que nous en avons tirées pour l'application de la loi ottomane de 1869.

— A côté de cette Bulgarie mi-souveraine, le traité de Berlin a créé sous le nom de Roumélie orientale une province jouissant d'une sorte d'autonomie, et organisée par une commission européenne. Le « statut organique de la Roumélie orientale », arrêté le 26 avril 1879 par la commission de Philippopoli, établit une sorte d'indigénat rouméliote :

« Jouissent de l'indigénat dans la Roumélie orientale, dit « l'article 23, tous les sujets ottomans nés dans cette pro- « vince et tous ceux qui s'y trouvaient domiciliés avant le « 1er janvier 1877. — Tout sujet ottoman acquerra l'indigé- « nat de la province, si, après y avoir fixé son domicile, il « y réside pendant un an. — L'étranger qui voudra « acquérir cet indigénat devra au préalable se faire natura- « liser ottoman. — La perte de la qualité d'Ottoman en- « traîne celle de l'indigénat rouméliote. — Cet indigénat se

---

[1 Au moment où nous mettons sous presse (mai 1879), la constitution bulgare n'a pas encore été promulguée officiellement.

« perd en outre par l'enrôlement dans une troupe étran-
« gère, sans l'autorisation du gouverneur général [1]. »

Ces dispositions montrent que dans la pensée de
la Commission, les Rouméliotes restent absolument sujets
de la Porte.

— En est-il de même dans les parties de l'Empire occu-
pées par l'Angleterre et par l'Autriche-Hongrie ? Le traité
anglo-turc du 4 juin 1878, aussi bien que la convention
austro-turque du 21 avril 1879, réservent absolument la
souveraineté du sultan, le premier sur Chypre, la seconde
sur l'Herzégovine et la Bosnie. On peut en conclure que les
habitants de ces provinces ottomanes administrées par des
puissances chrétiennes restent sujets ottomans. La question
n'a pas été soulevée, croyons-nous, à propos de Chypre ;
mais la convention austro-turque précitée en renvoie le
règlement à un arrangement spécial [2].

II. — *Amérique.*

Amérique du Nord. — Contrairement à ce que nous
avons vu pour l'Allemagne et la Suisse, il n'est pas
nécessaire d'être citoyen d'un des États-Unis pour être
citoyen de l'Union Américaine.

Nous n'avons à nous occuper que de la qualité de citoyen
de l'Union. Les étrangers de race blanche qui veulent
l'acquérir doivent justifier d'un séjour de cinq ans sur le
territoire de l'un des États confédérés. Deux ans avant de
demander la naturalisation, l'étranger doit faire, devant
l'autorité judiciaire, la déclaration qu'il a l'intention de

---

[1] Voir l'article 6 de la convention du 21 avril 1879.
[2] Voir le texte officiel du *Statut organique de la Roumélie Orientale*,
publié à Constantinople en mai 1879.

devenir citoyen américain et qu'il renonce à sa nationalité
antérieure. Enfin après la période des cinq ans, il doit
prouver qu'il « s'est comporté comme un homme *d'un bon*
« *caractère moral* (of a good character moral), attaché
« aux principes de la constitution des États-Unis et bien
« disposé pour le maintien du bon ordre et bonheur de ce
« pays. » Le serment d'allégeance est la dernière formalité
qui complète l'assimilation de l'étranger au national. Ce
n'est pourtant que sept ans après avoir obtenu la nationalité, que le naturalisé pourra être nommé représentant.
Après ce dernier délai, il ne restera qu'un point distin-
guant le naturalisé du national originaire : l'impossibilité
d'arriver à la dignité de Président de la République.

Les trois premières années de séjour peuvent être comp-
tées même quand l'étranger a moins de vingt et un ans. De
la sorte, un jeune homme qui a émigré dans sa jeunesse,
et s'est fixé avant sa dix-huitième année sur le territoire
des États-Unis, peut être naturalisé à l'âge de vingt-trois
ans, c'est-à-dire deux ans seulement après sa majorité.

La condition d'un stage de cinq ans est réduite pour les
personnes ayant servi dans l'armée des États-Unis à deux
ans. Il s'agit de l'armée de terre et non de l'armée de
mer.

— Ce que nous venons de dire s'applique aux hommes
de race blanche. Pour les nègres et les indigènes de race
rouge, il existe des lois spéciales. Beaucoup d'indigènes
sont vis-à-vis du Gouvernement de l'Union, dans une situation analogue aux Algériens qui sont, comme on sait,
Français, mais non citoyens. — L'émigration chinoise, qui
prend des proportions inquiétantes dans les États de l'ouest,
a donné lieu à la question de savoir si un homme de race
jaune peut être naturalisé Américain. La jurisprudence,

sous la pression de l'opinion publique, si hostile aujour-
d'hui à l'invasion mongolique, paraît se prononcer pour
l'exclusion.

— Les États-Unis étant de tous les pays du monde celui
où les étrangers affluent en plus grand nombre, les questions de naturalisation ont pour eux une plus grande importance que pour aucun autre État. Des conflits innombrables ont surgi depuis le commencement de ce siècle
entre les Gouvernements de l'Union, d'une part, et de
l'Europe, d'autre part, au sujet de l'appréciation de la nationalité des émigrés. Les plus grandes difficultés avaient
lieu au sujet des Européens naturalisés citoyens de la République américaine, qui invoquaient la protection de leur
nouvelle patrie contre l'ancienne, à laquelle les ratta-
chaient encore certains liens que leur naturalisation
n'avait pas brisés. L'Angleterre qui, jusqu'en 1870, n'admettait pas qu'un Anglais pût perdre sa nationalité d'origine, avait toujours résisté aux prétentions américaines ;
elle était même allée autrefois jusqu'à saisir et à enrôler les
marins anglais naturalisés américains. Cette grosse question de l'*impressment* donna lieu à des négociations plusieurs fois reprises pendant la première moitié de ce
siècle. Pendant la guerre de 1812, elle faillit faire naître
un incident tragique. L'Angleterre menaça de fusiller les
marins d'origine anglaise qu'elle saisirait à bord des bâti-
ments de guerre de son ancienne colonie rebelle : elle se
borna cependant aux menaces, épouvantée sans doute par
la crainte des représailles. La querelle s'arrêta momentanément en 1849 à la suite d'une dépêche fort sèche et fort
catégorique de Lord Palmerston, déclarant que les Anglais
qui reviennent en Angleterre sont soumis toute leur vie

aux lois anglaises [1]. En 1868 les Américains, rendus plus audacieux par le succès, promulguèrent un bill qui portait la disposition suivante : « Tous les citoyens naturalisés des « États-Unis, devront recevoir, lorsqu'ils se trouveront en « pays étranger, la même protection dans leur personne « et leur biens que celle qu'on accorde à des citoyens « de naissance, placés dans les mêmes conditions. » L'article suivant contient des règles énergiques sur les mesures à prendre par les autorités.

Le préambule du bill de 1868, ainsi qu'on l'a vu plus haut, contenait une condamnation explicite du régime de l'allégeance perpétuelle. Toutefois, aucun moyen n'est donné pour assurer pratiquement la *désallégeance* aux citoyens de l'Union, qui se font naturaliser à l'étranger [2]. Le principe seul de la liberté d'expatriation était posé ; l'application est réglée par des traités de naturalisation conclus successivement avec un grand nombre de puissances de l'Europe, et qui ont une réelle importance au point de vue du droit des gens, tant à cause du nombre des États avec lesquels ils ont été conclus, qu'eu égard à l'étendue et la fréquence de leur application.

Le premier de ces traités a été signé avec la Prusse le 22 février 1868, par M. Bankroft, ministre des États-Unis à Berlin. On peut en résumer les clauses dispositives dans les termes suivants :

1° Les sujets d'une des H. P. C, naturalisés dans les États de l'autre sont, après une absence de cinq ans, reconnus dans leur nouvelle situation par leur pays d'origine.

2° Un naturalisé peut toujours être puni pour faits

---

[1] Voir le *report of roy. comm. on nat. and alleg.*
[2] Voir ci-dessus, page 139.

antérieurs à la naturalisation dans son pays d'origine, quand il y revient, à moins qu'il n'y ait prescription.

3° Le naturalisé qui revient et habite pendant deux ans son pays d'origine est censé avoir renoncé à sa nationalité d'adoption [1].

Cette analyse permet de se rendre compte de la portée de cette convention, et des autres analogues, signées en 1868 et 1869, avec la Bavière, la Hesse, le Wurtemberg et le grand Duché de Bade.

En présence du bill de 1868 sur la protection des citoyens américains à l'étranger, et voyant que l'Amérique lui donnait l'exemple d'abandonner la vieille doctrine de l'allégeance perpétuelle dans ses conventions avec les puissances allemandes, l'Angleterre ne pensa pas devoir résister plus longtemps à la demande des États-Unis de conclure une convention du même genre. Le gouvernement britannique présenta aux Chambres le projet qui est devenu le bill du 12 mai 1870.

Ce bill établit un droit d'option en faveur des individus qui relèvent en même temps de l'Angleterre et d'une autre puissance : il déclare, en outre, que l'acquisition d'une nationalité étrangère entraîne la perte de la qualité de sujet britannique [2]. — Dès lors aucun motif ne s'opposait à la conclusion d'un traité anglo-américain. Les signatures furent apposées le lendemain même du jour où la loi avait été votée, le 13 mai 1870. L'arrangement accorde un délai de deux ans pour permettre aux sujets britanniques naturalisés américains de renoncer à leur nationalité américaine, et déclare qu'à l'avenir les sujets d'une des

[1] Voir annexe II le texte exact du traité prusso-américain.
[2] Voir annexe N.

deux Parties Contractantes naturalisés chez l'autre seront reconnus par la première comme nationaux de la seconde [1].

L'exemple donné par l'Allemagne et l'Angleterre a été suivi par un grand nombre d'États de l'Europe. Aujourd'hui l'empire d'Autriche, le Mexique, la Belgique, la Suède, la Norvége, le Danemark sont également liés par des conventions de naturalisation avec les États-Unis d'Amérique.

Ces conventions constituent un grand progrès sur l'état antérieur, et marquent une étape dans l'histoire du droit des gens. Elles ont pourtant été souvent attaquées, même en Amérique, et surtout à cause du délai de cinq ans qui figure dans la plupart d'entre elles à l'imitation du traité prusso-américain de M. Bankroft. Ainsi M. Lawrence reconnaît qu'un étranger qui a servi dans l'armée américaine peut être naturalisé dans le délai de deux ans, tandis que, dans les cas ordinaires, il faut cinq années de séjour. Mais pourra-t-on le protéger avant l'expiration des cinq ans contre son pays de naissance que nous supposons signataire d'un traité identique au traité Bankroft ? Nous ne le croyons pas ; et cependant n'est-il pas sujet américain, et ne peut-il pas réclamer en sa faveur l'application du bill susmentionné de 1868? C'est là sans doute un inconvénient, mais peu grave et qu'on peut écarter en supprimant, comme dans la convention anglo-américaine, toute espèce de délai, et en se référant seulement à ceux établis par les lois particulières des États contractants.

---

[1] Voir, annexe HH., le texte de la convention du 13 mai 1870, et de l'arrangement additionnel du 23 février 1871.

Plus sérieuses sont les objections faites en Allemagne contre le traité Bankroft. M. Martitz, professeur à l'université de Fribourg en Brisgau, qui a étudié avec soin la question, indique plusieurs points sur lesquels le traité donne lieu à des difficultés d'application [1]. Il se demande, par exemple, si le naturalisé qui revient en Allemagne jouit du *jus postliminii*, et si l'article qui permet de poursuivre l'expatrié pour méfaits commis avant l'expatriation doit être considéré comme portant interdiction de le punir pour le fait même de l'expatriation, quand de ce chef il tombe sous le coup de la loi pénale allemande. On peut se convaincre, en parcourant les dispositions de la législation allemandé sur les *réimmigrants* et les articles du Code pénal de l'Empire qui punissent l'émigration, que les questions soulevées par M. Martitz ne sont pas de simples querelles d'école [2]. Ce jurisconsulte est arrivé à demander l'abrogation pure et simple du traité Bankroft, à la condition toutefois qu'on adopte dans son pays la règle *française,* comme il l'appelle, en vertu de laquelle la naturalisation à l'étranger entraîne la dénationalisation. Cette conclusion nous paraît dépasser les prémisses et nous persistons à considérer le traité franco-américain comme avantageux pour les deux pays, surtout dans l'état actuel des lois allemandes et américaines sur la naturalisation. Nous reconnaissons toutefois, avec M. Martitz, qu'il serait préférable que ces questions fussent résolues par l'adoption de règles analogues et concordantes dans les différents pays. La difficulté de faire une bonne loi est malheureusement plus grande que celle de conclure une convention.

[1] Voir le travail déjà cité de M. Martitz (*Staatsangehoerigkeit im internationalen Verkehr*) publié dans les *Annalen des Deutschen Reichs,* 1875.
[2] Voir annexe M, 2° et 5°.

Quant à la France spécialement, quel avantage aurait-elle à être liée à l'Amérique par un traité de ce genre ? Un seul, croyons-nous : celui d'être assuré qu'en cas de naturalisation d'un Américain en France, cas assez rare, mais qui est loin d'être sans exemple, notre nouveau national ne restera pas sous l'allégeance américaine, qui, d'après ce que nous avons vu, continue d'être perpétuelle en pratique, sauf pour les personnes qui ont acquis la naturalisation dans un État lié par un traité avec le gouvernement de Washington. En dehors de cette hypothèse, qui vraisemblablement ne se présentera pas pendant longtemps[1], on ne voit pas l'avantage que la France aurait à signer avec l'Amérique un traité analogue à celui que nous avons analysé ci-dessus. Sauf les délais, ne sont-ce pas les règles professées en France depuis longtemps qui s'y trouvent reproduites ? — Il y a pourtant quelquefois des difficultés entre la France et l'Amérique qui surgissent à la suite de naturalisation, mais elles ne naissent pas d'une divergence sur les principes, et nous verrons ci-après, en les étudiant, que, pour en empêcher le retour, il n'y aurait pas besoin d'une entente internationale, et qu'il suffirait d'adopter en France une règle précise sur la dénationalisation des Français soumis à la loi du recrutement. Un traité imité de ceux que nous venons d'étudier, ne changerait rien, puisque jamais la France n'a émis la prétention de ne pas reconnaître pour étrangers ses nationaux naturalisés en Amérique. Quant au délai après lequel seulement la naturalisation, d'après les traités

---

[1] On a dit plus haut, page 139, que le Gouvernement américain songeait à détruire, en fait et par une loi, le principe de la pérennité du lien de sujétion.

Bankroft, est reconnue par l'État d'origine du naturalisé, c'est par une mesure législative et générale qu'il conviendrait, ainsi que nous l'avons dit plus haut [1], de le faire entrer dans nos lois.

Amérique latine. — Les républiques hispano-américaines ont, dès l'origine, adopté, en matière de naturalisation des étrangers, des règles qui rappelaient certaines dispositions de nos constitutions révolutionnaires. On se rappelle qu'il fut un temps où parce qu'un étranger avait élevé un enfant ou nourri un vieillard sur le sol français, on le déclarait *ipso facto* investi du droit de cité. Cette naturalisation involontaire, concédée sans avoir été sollicitée, est abandonnée aujourd'hui dans l'Europe entière, comme contraire aux principes fondamentaux du droit des gens. En Amérique, elle trouve encore des partisans, et en 1874, le ministre des affaires étrangères de la République Argentine, dans un rapport au congrès, a émis le vœu que les étrangers ayant résidé pendant cinq ans sur le territoire de la Plata, ou ayant servi dans l'armée nationale fussent tenus de plein droit pour sujets de la République. Le motif de cette opinion n'est pas difficile à saisir : et c'est le même qui a poussé les Républiques américaines à tenir pour sujets tous les individus nés sur leurs territoires, c'est le désir d'éviter les réclamations étrangères et de pouvoir appeler tous les habitants à prendre les armes.

Du reste l'Amérique latine, le Brésil excepté, tenait ses lois de l'Espagne, et, au moment de la séparation d'avec la mère patrie, elle était sous le régime de la *Novisima Recopilacion* qui, ainsi qu'on l'a vu, reconnaissait le droit

---

[1] Voir ci-dessus pages 176 et 177.

de cité à tous les individus ayant obtenu la *vecindad* dans une commune, et accordait la *vecindad* aux étrangers avec une extrême facilité et sans même qu'ils en fussent avisés. L'empreinte du droit espagnol est encore aujourd'hui marquée dans la plupart des lois qui régissent le statut personnel dans les républiques hispano-américaines. Souvent on trouve, comme en Espagne, à côté de la naturalisation accordée par les hauts pouvoirs de l'État, une attribution tacite du droit de cité aux *avecindados* ; mais la tendance générale est depuis longtemps déjà de revenir aux règles fondamentales qui régissent la naturalisation dans les autres pays : c'est-à-dire d'exiger au moins une manifestation de volonté, sinon toujours une demande de la part de l'étranger.

L'Uruguay, par exemple, avait renchéri sur toutes les exagérations dans sa charte constitutionnelle du 10 septembre 1829 : il reconnaissait deux classes de citoyens : les citoyens *naturels*, c'est-à-dire tous les natifs, et les citoyens *légaux*. Ces derniers n'étaient autres que les étrangers qui avaient ou épousé une femme uruguayenne, ou servi dans l'armée de la République, ou exercé une industrie, ou acheté un immeuble, ou simplement résidé dans le pays soit trois ans comme hommes mariés, soit quatre comme célibataires, ou enfin obtenu des lettres de naturalisation par une loi votée par le Congrès. On plaçait ainsi sur le même pied un simple fait, comme la résidence, et un acte volontaire, comme la demande d'un diplôme de citoyen. En 1853 la réaction se fit et une loi décida qu'à l'avenir une patente de naturalisation devrait avoir été délivrée, sur leur demande, aux citoyens légaux, avant qu'ils pussent faire usage de leurs droits. Aujourd'hui, les États de l'Amérique latine, où l'on tombe malgré soi sous la sujétion du gouvernement local, sont de plus en plus rares. On ne pourrait guère citer que le Vénézuéla, sur lequel on reviendra plus loin, et la Bolivie, dont la constitution attribue encore aujourd'hui le droit de cité de plein droit aux étrangers qui ont épousé une Bolivienne ou acheté des immeubles sur le territoire de la République [1]. Il n'est pas besoin de rappeler qu'un Français se trouvant dans l'un de ces deux cas ne pourrait par cela même être considéré comme ayant perdu la nationalité française : il faudrait examiner s'il a conservé l'esprit de retour.

Au Mexique [2] les lettres de naturalisation sont délivrées par le chef de l'État : elles sont de deux sortes : *attributives* ou *déclaratives*. Ces dernières sont données aux individus déjà naturalisés par l'effet de la loi, et sortent leurs effets du jour où a été accompli l'acte qui a conféré tacitement la nationalité. La naturalisation *expresse* peut être accordée à tout individu qui témoigne qu'il est en mesure de vivre honorablement avec sa profession ou son industrie: toutefois on ne peut la conférer à un individu condamné pour certaines peines infamantes, ou appartenant à un pays en guerre avec la république mexicaine. La naturalisation tacite est acquise: 1° à l'individu né au Mexique de parents étrangers qui, émancipé avant sa *mayor edad*, à laissé un an après sa *mayor edad* (25me année) sans réclamer la qualité d'étranger [3] ; 2° à l'individu qui étant dans la même situation, mais n'étant émancipé qu'après sa *mayor*

---

[1] Voir Lawrence, *comm. sur Wheaton*, chap. de la naturalisation, et Calvo, *Droit des gens*, t. I. p. 447.

[2] Voir l'intéressant ouvrage intitulé *Codigo de Etranjeria en los Estados Mexicanos*, par M. Azpiroz, Mexico, 1876.

[3] Voir ci-dessus pages 38 et 53, note 2.

edad, a omis de faire sa réclamation dans son acte d'émancipation ; 3° à l'individu qui a accepté des charges ou emplois publics réservés à des Mexicains ; 4° à l'individu qui épouse une Mexicaine et déclare l'intention de se fixer dans le pays en qualité de citoyen de la République ; 5° à celui qui arrive comme colon, et sous la protection des lois spéciales à la colonisation. On voit par là que la législation mexicaine n'impose pas à l'étranger la naturalisation : elle lui laisse toujours la liberté de rester, s'il le désire, sujet de son ancienne patrie.

Au Pérou, d'après la constitution de 1860, l'étranger devient citoyen, sans aucune condition de séjour, en obtenant son inscription sur les registres de l'état civil, pourvu toutefois qu'il soit majeur, et exerce une industrie ou occupe un emploi public.

Au Chili, l'étranger célibataire, qui exerce un métier ou une industrie ou qui possède un capital, peut obtenir la naturalisation après dix ans de résidence dans le pays, en déclarant à la municipalité son intention de continuer à demeurer sur le territoire de la République. Le stage de dix ans est réduit à six ans pour l'Européen marié, et même à trois ans, s'il a épousé une Chilienne.

C'est, comme on le voit, la *vecindad* qui est la base de cette naturalisation. Il en est de même dans l'Équateur : seulement aucune exigence de séjour n'est imposée à l'étranger qui possède des capitaux ou des biens fonds, ou qui exerce un art ou une industrie. Le congrès de la République accorde aussi des naturalisations exceptionnelles.

En Colombie, l'étranger domicilié depuis un an obtient la qualité de Colombien, s'il déclare à la municipalité du lieu où il réside l'intention de s'*avecindar*, dans la République. Il peut aussi demander des lettres de naturalisation sans condition de séjour [1].

Dans la République Argentine, l'étranger peut, après deux ans de séjour, obtenir la qualité de citoyen. Dans beaucoup de cas la durée de ce stage peut-être réduite : mariage avec une femme argentine, possession d'immeubles, etc..... [2]. Au bout d'un an de séjour, d'ailleurs, l'étranger est déjà électeur municipal.

Au Vénézuéla [3], les étrangers sont traités différemment suivant leur origine. Les Hispano-Américains peuvent se faire naturaliser par une simple déclaration [4] : les autres étrangers doivent former, à cet effet, une requête que les autorités locales s'empressent d'accueillir, à moins toutefois qu'ils n'arrivent dans le pays en qualité d'immigrant, auquel cas on leur donne les lettres de naturalisation sans même qu'ils les demandent. Ils sont en effet sous l'empire d'une loi spéciale de 1855, au sujet de laquelle des difficultés se sont souvent élevées avec la France, qui envoie un assez grand nombre de ses nationaux au Vénézuéla. Ces émigrants sont le plus souvent des malheureux séduits en Europe par les promesses des agents vénézuéliens qui leur annoncent qu'ils trouveront des terres fertiles à cultiver. Ils signent un engagement et s'embarquent aux frais de l'agence. La loi porte que les « immigrants dès

[1] Annexe S
[2] Annexe O
[3] Voir Calvo, *Droit des Gens*, loc. cit. et annexe BB.
[4] Il n'est pas sans intérêt de remarquer ici que des règles de faveur ont été établies également dans quelques autres pays de l'Amérique espagnole pour les ressortissants des autres États de même origine. Ainsi le Vénézuéla, la Bolivie et la Colombie accordent le droit de cité aux Hispano-Américains sur une simple déclaration. Une convention signée entre l'Équateur et la Colombie prévoit le cas où des citoyens de l'une des parties contractantes se fixent sur le territoire de l'autre, et leur accorde le droit de cité après un court séjour.

leur arrivée recevront des lettres de naturalisation [1] ».
On l'a interprétée en ce sens que les arrivants seront
pourvus de lettres de naturalisation sans qu'ils en aient fait
la demande, et cette interprétation a été ouvertement
sanctionnée par une résolution du 1ᵉʳ décembre 1865 [2]. Les
malheureux Français établis sur le sol vénézuélien ne tar-
daient à s'apercevoir de l'inanité des promesses qui leur
avaient été faites et quand ils invoquaient la protection de
la France, le gouvernement de Caracas répondait que,
étant Vénézuéliens, ils n'avaient pas le droit de se réclamer
de leur ancienne patrie. En vain la France protesta contre
cet abus. Un décret du Vénézuéla du 14 janvier 1874 donna
une nouvelle recrudescence à l'émigration en promettant
des terres à cultiver, des secours en cas de maladie,
l'exemption de tout service militaire pendant dix ans ; mais
sans accorder satisfaction aux légitimes griefs de la France
sur la question de la nationalité. Le gouvernement français
crut devoir prendre une mesure énergique. Comprenant
que devant la persistance du gouvernement de Caracas la
protection des émigrants français serait fort difficile,
impossible peut-être, il fit insérer dans le *Journal officiel*
des 18 et 20 mai 1875 et afficher dans les principaux ports
d'embarquement un *avis* par lequel les émigrants étaient
prévenus que, le Vénézuéla persistant à les regarder
comme ses sujets dès leur arrivée, ils ne pourraient pas
compter sur l'intervention diplomatique de la France. En
même temps, était promulgué un nouveau décret vénézuélien, du 3 mai 1875, qui décide que les immigrants pour-

---

[1] *Los immigrados obtendran desde su llegada cartas de naturalisation* (art. 7 de la loi de 1855).

[2] Voir annexe BB 3°, le texte de cette résolution, qui contient des considérations fort curieuses.

ront toujours retourner dans leur pays, après un an de séjour, mais que, s'ils veulent partir plus tôt, ils devront rembourser le prix de leur voyage.

L'Empire du Brésil, quoique d'origine portugaise, possède sur la naturalisation des lois qui se rapprochent beaucoup de celles des républiques hispano-américaines. Le gouvernement est autorisé par la loi à délivrer des lettres de naturalisation à tout étranger âgé de plus de vingt et un ans qui, ayant résidé au Brésil ou à l'extérieur au service de l'Empire, pendant plus de deux ans, en fait la demande avec l'intention manifeste de continuer à résider dans l'Empire ou de le servir. La dispense du stage de deux ans peut être accordée : 1° à celui qui est marié avec une Brésilienne ; 2° à celui qui a dans l'Empire une propriété foncière ou une part dans l'exploitation d'un établissement industriel ; 3° à celui qui est inventeur ou introducteur de n'importe quel branche de commerce ou d'industrie ; 4° à celui qui se recommande par ses talents dans les lettres ou les sciences, son aptitude professionnelle dans une branche quelconque d'industrie ; 5° à l'enfant d'étranger naturalisé, né hors de l'Empire avant la naturalisation de son père. La naturalisation est encore plus facile pour tous ceux qui achètent des terrains, ou s'établissent, ou font partie d'une colonie fondée dans l'Empire, ou viennent à leurs frais pour y exercer une industrie quelconque. Il suffit pour être considérés comme citoyens brésiliens, qu'après deux années révolues de résidence au Brésil, ils en manifestent l'intention devant la chambre municipale ou le juge de paix.

Ceux qui se font naturaliser dans ces circonstances sont exemptés du service militaire et ne sont soumis qu'à celui de la garde nationale dans le municipe qu'ils habitent [1].

1 Voir annexe Q.

§ 9. — Condition de la famille du Français naturalisé à l'étranger.

Quand, d'une part, les conditions exigées par la loi étrangère pour la naturalisation, et quand, d'autre part, les conditions établies par la loi et la jurisprudence françaises, pour la dénationalisation ont été exactement remplies, le Français a évidemment perdu la qualité de Français. Mais il est peut-être père de famille. Quelle sera la situation de sa femme et de ses enfants mineurs ?

I

Quant à la femme, la question ne paraît pas douteuse. La femme restera française, si elle n'a pas réclamé pour elle-même, avec l'autorisation de son mari, la naturalisation à l'étranger. C'est du moins ce qui paraît résulter d'une interprétation rationnelle du Code civil, dont l'article 19 déclare que la femme française qui épouse un étranger suit la condition de son mari. Cela ne peut s'étendre à la femme dont le mari, Français au moment du mariage, devient ultérieurement étranger [1].

II

En ce qui concerne les mineurs, on a vu qu'ils ne changent pas de nationalité quand leur père est étranger et obtient la naturalisation en France. Il en est de même et

---

[1] Voir ci-dessus page 154 les motifs qui nous ont amené à adopter ce système conforme en tous points à l'esprit de la législation française.

pour les mêmes raisons du mineur français dont le père obtient la naturalisation à l'étranger. Seulement, tandis que les premiers peuvent choisir à leur majorité entre leur nationalité d'origine et la nationalité française, qu'ils peuvent réclamer sans aucun délai, — le second n'a pas été pourvu d'un droit d'option analogue par notre législation. Il serait pourtant équitable d'accorder en pareil cas le bénéfice de la réciprocité. La jurisprudence a tenté de le faire. La cour de Chambéry [1] a cru pouvoir, en raisonnant par analogie, accorder au mineur dont le père est devenu étranger un droit d'échapper à la nationalité française, qui serait la réciproque de la faculté reconnue par la loi française au fils de l'étranger devenu Français. Mais ce mode de raisonnement n'est pas admissible. Les règles sur la naturalisation doivent être appliquées dans les cas seulement qu'elles prévoient et une extension de ce genre est absolument illégale, ainsi que l'a reconnu la Cour de Cassation à plusieurs reprises [2].

Appliqué comme il l'est aujourd'hui, notre système est souvent d'une rigueur excessive. Que l'on suppose par exemple un Français émigrant avec des enfants en bas âge, ou ayant des enfants nés à l'étranger, quand il était encore Français. Il se fait naturaliser citoyen du pays qu'il habite, dans le désir bien légitime de jouir de la plénitude des droits accordés aux citoyens par les lois locales. Quand ses enfants arrivent à l'âge du service militaire, ils sont appelés à servir la France, qu'ils ne connaissent pas, et pour laquelle ils ne sauraient avoir de l'attachement. C'est là un inconvénient grave, qu'on pourrait atténuer en per-

[1] Arrêts des 5 juillet 1869 et 29 avril 1873.
[2] Arrêts des 3 août 1871 et 19 août 1874.

mettant par une disposition légale permettant aux enfants
des Français devenus étrangers d'opter pour la nationalité
étrangère, tout comme nous permettons aux jeunes étrangers nés en France d'opter pour la France à leur majorité.
Il faudrait, en outre, retarder en leur faveur l'appel sous les
drapeaux jusqu'après l'expiration du délai d'option.
L'article 9 de la loi militaire prévoit un retard de ce genre
pour les jeunes gens nés en France et se trouvant dans le
cas de bénéficier de la naturalisation de faveur instituée
par l'article 9 du Code civil. Nous avons demandé ci-dessus
qu'on accordât ce même ajournement aux Français nés à
l'étranger. Un grand nombre des jeunes gens dont nous
nous occupons ici seraient dans ce cas, et on devrait leur
assimiler ceux qui, bien que nés en France, doivent leur
extranéité à la dénationalisation de leurs parents. Ce
serait le complément naturel du projet de réforme examiné
plus haut avec quelques détails et sur lequel il n'y a pas lieu
de revenir ici [1].

Le Code italien décide que les enfants mineurs d'un
père qui émigre suivent la nationalité de ce dernier, lorsqu'ils l'accompagnent dans l'émigration : seulement ils
peuvent, à leur majorité, recouvrer la nationalité italienne
par une simple déclaration. Les enfants abandonnés en
Italie par leur père qui émigre restent Italiens. — En
Suisse la loi du 3 juillet 1876 a fait prévaloir un système
analogue : les enfants peuvent cependant rester Suisses,
s'il est expressément stipulé qu'ils le resteront, quand
même leur père les emmène avec lui. — En Angleterre, les
mineurs suivent la nationalité de leur père s'ils résident
dans le pays où il a obtenu la nationalité. Le système

---

[1] Page 65 et ss.

français, largement appliqué comme nous le demandons,
aurait les mêmes avantages que les doctrines italienne et
suisse ; il aurait même sur ces dernières une supériorité,
en évitant les changements successifs dans le statut personnel des enfants, changements toujours préjudiciables dans la
pratique pour l'application des lois personnelles, les com-
pétences, les successions, etc.

III

Il importe d'examiner maintenant ce qui a lieu dans
la pratique quand un Français ayant des enfants mineurs
se fait naturaliser à l'étranger. Dans certains pays il y a
parfaite concordance : en Russie[1] par exemple, en Turquie[2]
en Grèce, en Belgique, en Espagne, dans quelques autres
contrées, les enfants mineurs des naturalisés conservent
leur nationalité d'origine. Inversement, en Allemagne[3] les
fils mineurs du naturalisé sont compris à moins de dérogation dans la naturalisation du père ; il en est de même
en Angleterre[4], s'ils résident dans le pays pendant leur
minorité , en Portugal , sauf la faculté de réclamer après
leur majorité contre la nationalité que leur père leur
aura conférée, en Italie, à condition qu'ils y résident, et
sauf un droit de renonciation à vingt et un ans. L'Italie a
signé à ce propos avec la Suisse un arrangement intéressant qui fait l'objet de l'art. 4 de la Convention italo-suisse
du 22 juillet 1868. « Lorsqu'un fils de parents suisses éta-
« blis dans le royaume d'Italie y a acquis la naturalisation,

[1] Ukase du 6 mars 1864, art. 6,   annexe X.
[2] Loi de 1869, art. 8, annexe AA.
[3] Loi du 1er juin 1870, art. 11, annexe M.
[4] Acte du 12 mai 70, art. 10, annexe N.

« en vertus des lois italiennes, il y est aussi astreint aux
« obligations militaires si, dans l'année qui suivra l'époque
« de sa majorité, il n'aura (*sic*) pas opté devant l'autorité
« compétente pour la naturalisation suisse, et, dans tous
« les cas, il ne sera pas appelé au service avant que l'âge
« de la majorité soit légalement atteint. » Cette disposition est le complément naturel de la règle que les
enfants suivent la nationalité de leur père, sauf le droit
d'option: elle sanctionne le principe dont nous avons parlé
ci-dessus et qui devrait être appliqué dans toutes les circonstances analogues. On comprend qu'avec des arrangements de cette nature la difficulté résultant d'un désaccord entre les systèmes français, d'une part, et italien,
anglais ou allemand, d'autre part, se trouverait en partie
résolue. Le conflit n'existerait que pendant la minorité et
le jeune Français, dont le père aurait été naturalisé dans
un de ces pays, aurait toujours le temps de régler sa situation en France avant le moment où il serait appelé sous
nos drapeaux. Aujourd'hui s'il ne veut pas servir la
France, il est déclaré insoumis et poursuivi conformément
aux lois militaires.

C'est surtout avec la Suisse que les conflits de ce genre
ont été nombreux, assez nombreux mêmes pour qu'à certains moments l'opinion publique s'en fut vivement émue,
à Genève surtout. Les lois suisses, en effet, avant la
réforme de 1876, attribuaient et souvent sans aucune restriction, la qualité de sujet aux enfants mineurs des
naturalisés. C'était le cas nommément à Genève. Les fils
d'un Français qui a été naturalisé dans ce canton pendant
leur minorité, se trouvent Suisses, par le seul fait de la
naturalisation de leur père. Ils sont cependant appelés en
France, dès vingt ans, à faire partie de l'armée, en même

temps qu'il sont convoqués dans la milice suisse. Il leur est impossible, quoi qu'ils fassent, de régulariser leur situation. En 1873, cette question a donné lieu à des négociations intéressantes entre les deux gouvernements. La Suisse paraissait croire que notre loi même accordait un droit d'option aux jeunes gens dont le père s'est fait naturaliser Suisse pendant leur minorité, et elle fondait cette idée sur une interprétation inexacte de l'article 10 du Code civil dont elle semblait accuser le gouvernement français de ne pas exécuter les dispositions. Le Ministre de Suisse à Paris présenta un projet de convention, dont les rédacteurs étaient imbus de cette manière de voir erronée, et en vertu duquel on proposait à la France de retarder l'appel des jeunes gens, qui faisaient l'objet du litige, jusqu'au moment où ils auraient opté pour la France. Le gouvernement français n'eût pas de peine à mettre en lumière l'erreur où était le gouvernement fédéral, et il ne crut pas devoir donner suite à une proposition qui entraînait abandon partiel d'une règle de notre droit civil [1].

Aujourd'hui la question se présente avec un nouvel élément de discussion, tiré de la loi suisse du 3 juillet 1876. D'après cet acte la naturalisation accordée au chef de la famille ne s'étend à la femme et aux enfants mineurs, que « s'il n'est pas fait pour ceux-ci une exception formelle en vue de l'article 2, chiffre 2. »

Une exception est donc possible aujourd'hui, et l'article 2, chiffre 2, visé ici décide précisément qu'on refusera la naturalisation, quand elle pourrait occasionner à la confédération un « préjudice » c'est-à-dire faire naître des conflits avec les pays étrangers [2]. Nous pouvons donc considérer

[1] Annexe FF.
[2] Ci-dessus pages 206 et ss. et annexe Z.

l'article 3 de la loi suisse comme de nature à détruire la cause même des difficultés dont nous nous occupons. Le Conseil fédéral, dans l'exposé des motifs, vise, en effet, la naturalisation des Français mineurs comme une source de conflits auxquels il importe de mettre fin.

« Les différences, disait-il, existant entre les législations
« suisse et étrangères, qui statuent entre autres comme le
« font les lois françaises, que les fils mineurs d'un Français
« qui s'est fait naturaliser Suisse ne sont pas libérés du
« service militaire en France, tandis que, au contraire,
« d'après la loi suisse, le fils mineur suit la nationalité de
« son père, ont amené assez de conflits pour que les auto-
« rités suisses ne cherchent pas à créer sans motifs de
« nouvelles difficultés, qui ne peuvent que leur faire du
« tort. »

Nous sommes fondés à croire, d'après cela, que la question doit être considérée comme résolue pour l'avenir, c'est-à-dire que dorénavant, quand un Français ayant des enfants mineurs se fera naturaliser Suisse, ces derniers continueront d'être tenus pour Français, en Suisse, comme de ce côté de la frontière. Mais la question n'est pas réglée pour ceux qui ont obtenu la naturalisation en Suisse étant mineurs, avant le 1er janvier 1877, date de la mise en vigueur de la nouvelle loi. Ils seront donc appelés au service militaire en France avec la classe dont ils font partie par leur âge. C'est donc en leur faveur seulement qu'il y aurait lieu d'atténuer les rigueurs d'une situation dont ils ne sont pas responsables. Un arrangement limité à ce cas n'aurait pas les mêmes inconvénients que la convention générale dont l'acceptation a paru impossible en 1873. En effet, une convention faite sans durée limitée, en 1873, aurait eu pour effet de nous amener à reconnaître la double nationalité des mineurs de parents français naturalisés Suisses. C'est une irrégularité au point de vue international qu'il ne serait pas admissible de sanctionner par une convention. Aujourd'hui, il faut se borner à prendre la situation comme elle est : on est en présence d'individus à la fois Suisses en Suisse, et Français en France. L'équité commande de prendre en leur faveur des mesures qui leur évitent d'être appelés dans les deux armées à la fois. Sans doute pour obtenir ce résultat il faut abandonner nos principes juridiques. Mais ce serait un abandon limité et momentané, et l'arrangement aurait un caractère transitoire qui lui enlèverait toute gravité à cet égard.

Il n'est pas inutile d'observer ici que la Belgique, dont la loi, sur le point qui nous occupe, est en parfaite concordance avec les nôtres, a cependant compris les fils des naturalisés, mineurs au moment de la naturalisation, parmi les jeunes gens dont il importerait de régler la situation par un arrangement diplomatique. Il existe pour cela les mêmes raisons que pour les jeunes gens se trouvant dans le cas de l'article 9 ou de l'article 10 du Code civil. La Belgique en effet regarde comme restés Français les enfants du Français qui obtient la naturalisation dans le royaume, mais elle leur accorde le droit d'opter à leur majorité pour la nationalité belge. Il serait juste qu'on retarda de deux années leur appel en France, et la Belgique en revanche n'appellerait pas avant vingt-deux ans les jeunes belges dont le père est devenu Français depuis leur naissance, pour leur permettre d'opter pour la France [1].

---

[1] Voir annexe DD,

10. — Relations du ci-devant Français avec la France.

I

La France n'admettant pas en principe la perennité de l'allégeance, il serait logique que le Français ayant régulièrement perdu sa nationalité fut tenu pour étranger à tous égards. Nous avons vu plus haut quels sont les effets de la naturalisation acquise par un étranger en France au point de vue des obligations, des droits, des délits. Nous avons dit que la rupture des liens d'allégeance ne pouvait avoir pour effet d'anéantir rétroactivement les obligations existantes. Il en est absolument de même dans le cas d'un Français naturalisé étranger et nous nous référons à ce que nous avons dit, en demandant seulement au lecteur d'intervertir les rôles. Toutefois quand nous disons que le Français ayant perdu cette qualité devrait être tenu comme étranger, nous voulons dire seulement qu'il devrait être dans une situation telle qu'aucun acte commis par lui ne le mît vis-à-vis de la France dans une position autre que celle d'un étranger de naissance ayant commis le même acte. Il en était ainsi dans la pure doctrine du Code civil. Mais les décrets impériaux de 1809 et 1811 ont modifié la législation. Nous ne reviendrons pas sur les pénalités dont ces actes frappent le Français qui devient étranger sans autorisation. Nous en avons fait plus haut la critique, et nous avons montré ce qu'elles avaient d'illogique et de dangereux. Mais le décret de 1811, dans son article 5, va plus loin et décide que le Français naturalisé étranger, même avec l'autorisation

du gouvernement, est toujours passible de l'article 75 du
Code Pénal, qui punit de mort le Français prenant les
armes contre la France. On a discuté beaucoup sur le point
de savoir si cette disposition était contraire ou non au
droit des gens. Certains pensent, comme Martens, que
quand l'État a consenti à la dénationalisation, tous les liens
sont rompus : mais nous croyons, avec Bello [1], que la loi
française, bien qu'illogique est juste. On permet au
Français de perdre cette qualité, mais nullement de servir
dans les armées d'un souverain étranger contre la France,
ce qui est absolument différent. Outre ce qu'il y a de
choquant et de blessant à voir un individu prendre les
armes contre le pays où il est né, où il a vécu, où réside le
plus souvent sa famille, il y a aussi la crainte parfaitement légitime que, par sa connaissance des lieux, de la
langue, des gens, ils ne fournisse des renseignements
utiles.

II

Cette interdiction de porter les armes contre la France
est le seul point par lequel un ex-Français, qui est régulièrement dénationalisé, diffère d'un étranger pour les
actes commis après la dénationalisation. Mais le changement d'allégeance laisse subsister comme nous l'avons dit
toutes les obligations antérieures. L'ex-Français peut
donc conserver avec la France certains liens résultant
soit de ses délits, soit de ses contrats, de ses quasi
délits ou de ses quasi contrats. Pour la plupart de ces
obligations, il pourra être contraint de les exécuter s'il

---

[1] *Principios de derecho internacional,* pag. 72.

revient sur le territoire français, ou si le droit des gens permet de le poursuivre jusque dans sa nouvelle patrie. Il n'y aura guère de difficultés possibles dans le plus grand nombre des hypothèses, qu'il s'agisse d'une dette envers l'État français, par exemple, ou d'un vol, etc... Pour ce qui concerne le service militaire, la question se complique d'une autre considération, savoir que le service militaire est en quelque sorte le *criterium* de la nationalité, et que, en France du moins, un étranger ne peut pas y être soumis. Que se passera-t-il donc si un Français soumis à la loi du recrutement se fait naturaliser à l'étranger et revient ensuite en France ?

On remarquera d'abord que si l'intéressé a obtenu du Gouvernement français un permis d'expatriation conformément aux dispositions du décret de 1811, il sera, en général, à l'abri de toute poursuite. Les permis de ce genre ne sont, en effet, au moins dans les usages actuels de la chancellerie, délivrés qu'après l'avis conforme du Ministère de la Guerre, qui naturellement ne pourrait accorder son adhésion dans le cas où le postulant serait soumis à un service actuel.

Il s'agit donc d'individus dénationalisés sans autorisation, par l'acquisition d'une nationalité étrangère, mais qui ne sont pas moins étrangers à nos yeux. C'est avec les États-Unis d'Amérique que des difficultés se sont le plus souvent présentées, à l'occasion de jeunes gens qui, après avoir acquis le titre de citoyen de l'Union, pensaient pouvoir revenir en France et y vivre sous la protection du pavillon américain, en échappant au service militaire. Le nombre de ces jeunes gens était à certains moments assez considérable : en 1859 ils ont fait l'objet d'une correspondance entre la France et le gouvernement de Washington.

M. Mason, ministre américain à Paris, reconnaissait, d'après les instructions de son gouvernement que, dans deux cas, la France est en droit de poursuivre les jeunes gens qui se sont fait naturaliser Américains et reviennent sur le territoire français : 1° si l'obligation du service militaire est née antérieurement à leur émigration ; 2° si avant l'émigration ils n'ont pas accompli leurs devoirs militaires. En 1861, M. Faulkener, successeur de M. Mason, écrivait à M. Thouvenel, à la date du 7 avril : « Notre doctrine est « que l'on ne peut exiger le service militaire de l'émigrant « naturalisé à son retour dans son pays d'origine, alors « que cette obligation ne lui a pas été demandée de fait « antérieurement à son émigration. Il ne suffit pas d'être « sujet, en perspective, au service de l'armée. L'obligation « de devoirs contingents, dépendant du temps, du tirage au « sort et d'événements à venir n'est pas reconnu. Il fau- « drait pour le soumettre à une pareille responsabilité « qu'il y eût désertion réelle ou refus d'entrer dans l'armée « après avoir été désigné par le sort à servir le gouverne- « ment auquel il était soumis alors [1]. »

Le seul point sur lequel nous nous écartons de la doctrine américaine est relatif au moment où il faut se placer pour apprécier si l'émigré est passible de poursuites. L'Amérique se réfère au moment de l'émigration : nous ne pouvons la suivre sur ce terrain. Pour nous, ce n'est pas l'émigration, c'est la dénationalisation seulement qui fait tomber l'obligation du service militaire. En pratique, d'ailleurs, il ne s'est jamais produit des conflits qui n'aient pu recevoir promptement une solution satisfaisante. — Le ministère de la guerre avait suivi autrefois une doctrine

---

[1] Voir le *report of royal commissioners on naturalization*, etc.

rigoureuse empruntée à une circulaire de M. de Serre, garde des Sceaux, en date du 7 juillet 1819 [1]. D'après cette circulaire, le jeune homme, qui n'ayant pas fait valoir ses motifs d'exemption devant le conseil de révision, a été déclaré bon pour le service, ne peut plus se soustraire sous aucun prétexte aux obligations militaires. Le motif de cette rigueur était que, sous la Restauration, l'armée française comptait un nombre déterminé de soldats choisis par le sort : on ne pouvait pas admettre un fait qui aurait eu pour conséquence possible de modifier le nombre désigné par les Chambres pour la levée annuelle. Depuis bien des années déjà la circulaire de M. de Serre est tombée en désuétude et en pratique les conseils de guerre ne se montrent pas bien rigoureux. En fait, quand un citoyen américain d'origine française (nous prenons l'Amérique comme exemple) revient en France sous le coup de poursuites pour infraction aux lois militaires, le conseil de guerre surseoit à statuer jusqu'au moment où la question de nationalité a été tranchée par le tribunal civil. S'il est porteur d'un passeport américain, on le laisse même en liberté provisoire. Le tribunal est saisi de l'affaire par une citation envoyée au préfet du département dans lequel l'intéressé a été porté sur les contrôles militaires. Un certain nombre d'auteurs citent, à titre d'exemple, le cas d'un sieur Zeiter, originaire de Wissembourg, qui, revenant en France avec la nouvelle qualité de citoyen américain et poursuivi pour insoumission, traduisit devant le tribunal de cette ville le préfet du département du Bas-Rhin [2]. Le tribunal, dans son audience du

[1] Annexe II.
[2] Annexe I.

25 avril 1860, ne se trouvant pas assez éclairé pour rendre un jugement, accorda un délai à Zeiter pour se procurer des documents justificatifs. Le 3 juin suivant, il se prononça sur le fonds et déclara Zeiter dégagé de tout lien de nationalité envers la France, comme ayant acquis la naturalisation aux États-Unis d'Amérique. — La question de statut personnel étant ainsi réglée, la juridiction militaire reprend ses droits. Il faut alors examiner si la prescription est acquise à l'insoumis.

Le délit d'insoumission étant un délit successif, la prescription ne court qu'à partir du moment où l'insoumis ne peut plus être incorporé dans l'armée. Ce moment était l'âge de quarante-sept ans, suivant le Code pénal militaire de 1857, par le motif qu'un simple soldat ne pouvait jamais avoir plus de cet âge. En effet la quarantième année était la dernière pendant laquelle pût être contracté l'engagement septennal, suivant nos anciennes lois militaires. Aujourd'hui le motif n'existe plus, l'âge de quarante-sept ans n'a plus de raison d'être et nous ne savons comment la question serait appréciée par les tribunaux militaires. Mais quand l'insoumis se fait naturaliser étranger, par cela même qu'il devient étranger, il perd l'aptitude à être soldat dans notre armée et dès lors le délit d'insoumission cesse et la prescription commence. — Les conseils de guerre devront donc examiner, à ce point de vue, la situation de l'insoumis. S'il a acquis la naturalisation à l'étranger depuis plus de trois ans, délai de la prescription pour l'insoumission, il devra être acquitté, sinon il pourra être condamné aux peines établies par le Code militaire. Ajoutons que souvent dans la pratique les conseils de guerre font preuve d'une grande bienveillance. Ils prononcent souvent un acquittement pur et simple quand la bonne fois du prévenu ressort des circonstances de la cause. — Si au contraire on s'apercevait que le prévenu n'a quitté la France qu'en vue de se soustraire au service, quand même le conseil de guerre aurait dû l'acquitter à cause de la prescription, l'administration militaire ne serait pas désarmée. Elle aurait encore une ressource, qu'elle emploie quand il y aurait scandale à laisser l'insoumis dans la vie civile, alors que les hommes de son âge sont soldats : c'est l'expulsion. Nous croyons même qu'il serait juste que tout individu qui cherche dans l'acquisition d'une nationalité étrangère un moyen de se soustraire aux lois militaires devrait être expulsé du territoire français, au moins pendant tout le temps qu'il aurait dû appartenir à l'armée, c'est-à-dire jusqu'à quarante ans [1].

La mansuétude des conseils de guerre et en général de l'administration française avait été très appréciée en Amérique, où l'on se plaisait à les comparer à la dureté de certaines autres puissances européennes. Le Président Buchanan dans un message au Congrès Américain remerciait hautement la France de son esprit de conciliation. Le fait est que, sans demander aucune compensation et par simple application de nos lois, nous accordons aux États-Unis presque tout ce qui fait l'objet d'un des articles du traité signé par M. Bankroft, à Berlin, en 1868. « Un citoyen naturalisé de l'une ou l'autre des deux « P. C., lisons-nous à l'article 2 du traité, en cas de retour « dans son pays d'origine pourra être poursuivi et puni « à raison de faits qualifiés délits où crimes par les lois de « ce pays, qu'il aurait commis avant son départ, à moins

---

[1] Ce que nous disons pour les insoumis s'appliquerait également à l'individu, en état de désertion, qui se ferait naturaliser étranger et reviendrait ensuite en France,

« que, d'après les lois de sa patrie d'origine, il ne jouisse
« du bénéfice de la prescription ». La jurisprudence que
nous avons exposée est en effet l'application de ce principe.
Cette jurisprudence manque malheureusement de base
légale bien solide, et il serait peut-être nécessaire de
régler par une mesure générale les questions qui se rattachent à l'expatriation des individus soumis au service [1].

[1] Voir annexe M. 2° et 5°, les règles suivies en Allemagne sur ce point. —
Voir aussi ch. VIII, § 2.

CHAPITRE IV

NATURALISATION SPÉCIALE DE LA FEMME PAR LE MARIAGE

---

§ 1. — De la femme étrangère qui épouse un Français.

Les questions de nationalité sont moins souvent soulevées dans la pratique à l'occasion des femmes, par le motif que la cause la plus habituelle des conflits, le service militaire, n'existe pas pour elles. Pourtant, à propos des successions, des droits personnels, des enfants, il est nécessaire aussi de déterminer leur statut personnel.

Tout ce qui a été dit jusqu'ici s'applique aux deux sexes, sauf les déchéances des décrets de 1806 et 1811 ; c'est ce qu'a établi un avis du Conseil d'État du 22 mai 1812. Mais la loi connaît un mode spécial de naturalisation particulière à la femme, et résultant de son mariage. « L'é- « trangère qui épouse un Français, dit l'article 12 du Code « Civil, suit la condition de son mari. »

Cette règle est comme un corollaire des principes sur lesquels est fondé le mariage. En se mariant, la femme se soumet à son mari, chef de la communauté ou de l'association conjugale. Il est donc naturel que les deux époux aient la même nationalité, tant au point de vue des questions d'intérêt à résoudre entre eux, qu'au point de vue de l'éducation des enfants. Il importe donc qu'en général ils fassent partie de la même nation. D'ailleurs ils ont le même domicile, c'est de l'essence même du mariage, et il serait tout à fait contraire à cette règle que l'un d'eux pût se considérer comme demeurant à l'étranger tandis que l'autre résiderait dans sa patrie. De même que la femme prend le nom de son mari, s'engage à le suivre, de même elle doit logiquement embrasser sa nationalité.

Il résulte des termes mêmes de notre article 12, qu'il n'est point de question ici d'une naturalisation ordinaire. On ne demandera donc pas à la femme une déclaration préalable, ni une soumission de fixer son domicile en France, ni un stage quelconque. Le changement de nationalité se fait par voie de conséquence et *ipso facto*.

Cependant la volonté est nécessaire, dans ce cas comme dans tous les autres, pour opérer la *status mutatio :* cette volonté, croyons-nous, est manifestée clairement par le fait même du mariage. La femme, libre de ne pas se marier, sait à quoi elle s'expose en se mariant. C'est pour cette raison que nous ne pouvons pas admettre que la femme suive après le mariage la nationalité de son mari, si ce dernier change de nationalité. Dans ce cas, en effet, la volonté de la femme ne se manifesterait plus, et elle n'aurait aucun moyen d'éviter de tomber sous la sujétion de l'État dont il plairait à son mari de devenir sujet. Nous avons eu déjà l'occasion de combattre plus haut cette doctrine, qui est celle d'un grand nombre de législations. Nous persistons à la repousser énergiquement, comme étant en contracdiction avec le principe que nous avons donné comme dominant toute la matière, savoir que nul ne peut être forcé d'embrasser une nationalité contre sa volonté. Autant il est juste que par le mariage la femme devienne la compatriote de son mari, en même temps que sa compagne, parce qu'elle peut s'y opposer en ne se mariant pas, autant il serait injuste et tyranique de lui imposer de suivre la condition de son mari, qui, une fois marié, voudrait changer son statut personnel. La loi française ne le permet pas, dans l'intérêt de la femme et pour la protéger [1].

Cette volonté, tacitement manifestée par la femme le jour du mariage, sera pleinement valable, quand même elle serait mineure. En effet, dès l'instant qu'on admet que la femme même mineure est apte, avec l'autorisation des personnes dont le consentement est requis, à contracter toutes les obligations qu'entraîne le mariage, il faut bien lui reconnaître la capacité de consentir à un changement de nationalité qui n'est qu'une conséquence. Ce n'est, en somme, qu'une application étendue de la règle : *habilis ad nuptias, habilis ad pacta nuptialia.*

Il est nécessaire que le mariage soit valable pour sortir ses effets. Si donc un jugement d'annulation vient postérieurement séparer les deux conjoints, la femme reste étrangère, et cela avec effet rétroactif remontant au jour du mariage annulé. Toutefois, s'il y avait bonne foi de la part de la femme, elle serait Française, et ses enfants, légitimes comme nés d'un mariage putatif, seraient également Français. Même dans le cas de mauvaise foi de la part de la femme, celle-ci a pu être considérée comme Française avant le jour où la nullité a été prononcée, et par

[1] La cour de Paris a admis ce système dans un arrêt du 7 août 1840 *a contrario.*

17

suite elle a pu invoquer l'appui des lois françaises. Il a été jugé dans ce sens [1] que l'étrangère qui a épousé un Français déjà marié peut, qu'elle soit ou non de bonne foi, saisir la justice française d'une plainte à l'effet d'obtenir des poursuites contre son mari du chef de bigamie : cette femme est considérée provisoirement au moins comme Française.

La jurisprudence admet que la nationalité française de l'étrangère qui épouse régulièrement un Français survit à la mort du mari. En effet la loi a pris soin de déterminer les causes de perte de la qualité de Français, et il n'est nullement question de la mort du mari français d'une femme étrangère. Dans la pratique, le gouvernement n'hésite pas à pourvoir aux frais d'entretien d'une veuve de Français, quoiqu'elle soit d'origine étrangère. Son rapatriement en France, en cas d'indigence ou de maladie, est accordé aux États étrangers, même à celui dont elle est originaire. Souvent, par exemple, il est arrivé qu'une femme Suisse qui avait épousé un Français et n'avait jamais quitté la Suisse, a été rapatriée en France, quoique veuve, parce qu'elle n'était pas en état de subvenir à ses besoins.

Il faut aller plus loin encore, et admettre, avec la plupart des auteurs, que la femme étrangère, devenue Française par mariage, reste telle, même lorsque son mari perd plus tard cette qualité non-seulement par naturalisation, mais par une autre cause de déchéance, comme l'acceptation de fonctions publiques à l'étranger, le service militaire dans une armée étrangère, l'établissement sans esprit de retour, etc. [2].

[1] Cassation, 18 février 1819.
[2] Sauf, dans ce dernier cas, s'il est prouvé que la femme a *elle-même* perdu l'esprit de retour.

On s'est demandé quelquefois si la femme étrangère, tout en épousant un Français, ne pouvait pas expressément stipuler qu'elle entend garder la nationalité d'origine. Si par exemple elle a déclaré dans le contrat de mariage qu'elle entend rester étrangère, quelle importance faudra-t-il attribuer à cette mention ? Aucune, croyons-nous ; la loi décide en termes généraux et précis : l'étrangère doit prendre le parti de devenir Française, ou ne pas se marier. On répond à cela qu'elle pourra, avec l'autorisation de son mari, se faire, immédiatement après le mariage, *renaturaliser* dans sa première patrie. Il importe peu : en agissant ainsi, la femme usera d'un droit incontestable, mais ce n'est pas un motif pour l'autoriser à violer l'article 12 du Code civil, dont les termes ne laissent pas la moindre place à l'hésitation.

§ 2. — De la femme Française qui épouse un étranger.

L'article 19 du Code Civil porte une règle qui est la réciproque de l'article 12 : « la femme française qui épouse « un étranger suivra la condition de son mari. »

Il est à peine besoin de faire remarquer l'erreur de langage de ce texte : tout ce que la loi peut dire c'est qu'elle déclare non française la femme qui épouse un étranger. Mais c'est affaire à la loi étrangère, à la loi du mari, de l'accepter au nombre des sujets de l'État étranger. L'article 19 contient une disposition qui outrepasse évidemment les pouvoirs de chaque législation. On a souvent cité le cas de la Française épousant un Anglais, avant 1844 : elle n'était plus Française et on pouvait la considérer en France comme Anglaise ; mais en fait elle n'était pas Anglaise, puisque la loi anglaise, seule compétente pour conférer cette qualité, ne la lui conférait pas.

Nous pourrions répéter ici, en intervertissant les termes, ce qui vient d'être dit au sujet de l'étrangère qui épouse un Français. En cas de nullité du mariage, la femme reste Française. Quoique mineure, elle a pu embrasser valablement une nationalité étrangère par le mariage, puisque ce n'était qu'une conséquence. Sur le point de savoir si la femme devient nécessairement et *malgré elle* étrangère en épousant un étranger, il semble qu'outre les mêmes raisons que dans l'hypothèse inverse pour décider l'affirmative, il s'ajoute ici cette considération que la perte de la nationalité est, dans l'espèce, une sorte de peine et que, dès lors, il n'est pas utile, pour qu'elle soit valablement prononcée, que la personne intéressée y consente.

La seule différence sérieuse, entre le cas où la femme perd la nationalité française par le mariage et celui où elle l'acquiert, consiste en ce que la veuve d'un Français ne redevient pas étrangère aux yeux de notre loi dans les mêmes conditions que l'ex-Française veuve d'un étranger peut redevenir Française. Nous reviendrons sur ce point en étudiant les modes de réintégration dans la qualité de Français [1].

§ 3. — Législations étrangères.

La plupart des législations de l'Europe ont adopté la même règle que la France et regardent le mariage comme entraînant pour la femme l'adoption de la nationalité du mari.

---

[1] Ci-après chap. VI.

On remarquera d'abord qu'il en est ainsi chez tous les
peuples où la famille suit la condition du père : en Suisse,
par exemple, en Italie, en Autriche. En Allemagne la
loi du 1er juin 1870 dit formellement que la femme suit la
nationalité de son mari, et regarde le mariage d'une
étrangère avec un Allemand comme un mode de naturalisation. Il en est de même en Turquie, en Belgique et
en Russie [1]. Il y a cela de remarquable, dans ce dernier
pays, que la dénationalisation de la femme par le mariage
est le seul cas formel de dénationalisation reconnu par les
anciennes lois.

En Angleterre, le mariage de la femme n'avait autrefois
aucune influence sur sa nationalité. Il en résultait que
la femme française épousant un Anglais était Française
en Angleterre et Anglaise en France. Aujourd'hui il
n'existe plus que le souvenir de cette bizarrerie. Le bill
de 1844, confirmé et complété sur ce point par celui du
12 mai 1870, a établi dans le Royaume-Uni la règle presque universellement suivie en Europe [2].

On a vu ci-dessus que certaines législations de l'Amérique du Sud attribuaient à un étranger, épousant une
femme du pays, la nationalité locale : c'était une sorte de
contre-sens dont on comprend facilement la cause. Le
mariage d'un étranger dans un pays est une forte présom-
tion qu'il entend s'y fixer à jamais : de cette présomption
les Américains faisaient découler la concession de la
nationalité. Aux yeux de la loi française, non-seulement
le mari français ne doit pas suivre la nationalité de la
femme, mais celle-ci doit devenir Française. Toutefois

---

[1] Voir annexes P. Z. X. AA.
[2] Annexe N. Art. 10 du bill 12 mai 1870.

dans la pratique, on peut facilement concilier les deux
législations si le Français a perdu l'esprit de retour. Et
la disposition de l'article 12, faite en vue d'une situation
normale, et toujours applicable si le Français demeure en
France ou fait un simple voyage à l'étranger, ne sera
nullement violée parce qu'on aura considéré le mariage
d'un émigré avec une Bolivienne comme témoignant de
son intention de quitter à jamais la France, et apportant
un argument en faveur de sa dénationalisation. — Une
loi haïtienne du 10 octobre 1860 décide que la femme haïtienne qui épouse un étranger conserve sa nationalité :
beaucoup de nos compatriotes on invoqué cette disposition
pour faire le commerce, au nom de leur femme, dans des
villes où il n'est pas permis aux étrangers de s'établir.
On discute aujourd'hui si la nouvelle constitution de la
République n'a pas abrogé la loi de 1860.

On voit que, sauf ces quelques exceptions, la législation
française est en harmonie avec celles de la plupart des
États étrangers.

CHAPITRE V

DES CAUSES DE DÉCHÉANCE DE LA NATIONALITÉ.

----

§ **1.** — **De la dénationalisation à titre de peine.**

I

A Rome et en Grèce, certaines peines entraînaient la perte de la qualité de citoyen. L'exilé, le banni perdait sa nationalité : il était en quelque sorte excommunié. Un pareil usage ne pouvait se comprendre que dans des sociétés exclusives, comme l'étaient celles de l'antiquité, dans lesquelles la nationalité était affaire de religion autant et plus que de droit, et où les citoyens considéraient comme barbares toutes les personnes appartenant aux autres nations. Quelle était la peine qui pût frapper plus durement le Romain que l'interdiction de l'eau et du feu, qui l'assimilait à un étranger sans aucun droit dans la société romaine ? — Dans les États modernes les relations internationales ont pris un tout autre caractère : les États se regardent comme formant des souverainetés indépendantes, et investies de droits identiques ; ils sont sur le même pied, et il n'est plus admissible qu'on chasse les criminels sur le territoire des États voisins pour se débarrasser d'eux. Cette pratique serait absolument contraire aux prescriptions de la *comitas gentium*, qui repose sur la réciprocité des bons offices, et tout à fait incompatible avec la bonne police de notre planète à laquelle tous les Gouvernements sont également intéressés. Pour obtenir une efficace répression des crimes, il faut non-seulement que les États voisins ne soient pas un lieu de déportation pour les malfaiteurs, mais même que ceux-ci soient, s'ils s'échappent, livrés à l'État sur le sol duquel ils ont commis un crime, pour être jugés et punis. C'est avec raison que l'Angleterre et la Suisse ont réclamé contre l'envoi chez elles de personnes compromises dans la commune de Paris [1]; que les États-Unis ont protesté énergiquement contre l'usage qu'avaient pris certains États, le Danemark par exemple, d'exporter les condamnés pour dégarnir leurs prisons [2]. Seuls les criminels d'origine étrangère peuvent être expulsés. Mais chaque État est tenu de garder ses nationaux, malgré qu'il en ait. Il est donc inadmissible de les déclarer déchus de leur nationalité pour pouvoir les expulser ensuite : on ne peut pas plus éluder indirectement les règles du droit qu'on ne peut les violer directement.

Outre cette considération, il convient d'observer que de nos jours la dénationalisation n'est pas forcément une peine, comme l'était l'espèce d'excommunication qu'on appelait la *capitis minutio media* ou *maxima* chez les Romains. C'est une peine pour ceux à qui le titre de Français tient au cœur, pour ceux qui aiment leur patrie jusqu'à savoir à l'occasion souffrir pour elle ; mais les autres, mais surtout

---

[1] Voir Bluntschli. *Droit int. cod.* trad., Lardy, art. 368, note 1.

[2] Le savant professeur Liéber demandait, dans une lettre écrite au secrétaire d'État Fish, le 24 septembre 1869, que États-Unis procédassent par voie d'arrangement avec les puissances Européennes pour arrêter ce genre de déportation.

les Français cosmopolites, les gens qui poursuivent au loin des carrières d'aventure, que leur importe d'être Français ? Il en est même pour qui la dénationalisation est une décharge. Comment donc imposer comme une peine une déchéance qui sera quelquefois acceptée comme un avantage ?

On objectera que la France a le droit de retrancher de la société française les membres indignes, les individus compromis par des actes de félonie, par des faits qui témoignent que l'amour de la patrie est mort dans leurs âmes. Mais ici nous nous heurtons de nouveau contre les principes du droit des gens, qui ne veut pas qu'il y ait dans le monde des individus sans patrie. Il faut donc, pour se conformer à cette règle, ne déclarer déchus d'une nationalité que les personnes ayant acquis la naturalisation dans un autre État: alors seulement la dénationalisation peut être prononcée sans que le droit des gens soit violé.

Si on veut bien se rappeler la distinction que nous avons faite entre le citoyen d'un État et le national, on verra promptement que l'idée de punir certains méfaits par la perte de la nationalité ne provient que d'une confusion entre ces deux termes trop souvent confondus. La nationalité n'est qu'une aptitude à jouir des droits de citoyen: on peut déclarer déchus de tous leurs droits les individus qui se sont rendus coupables de certains crimes, mais on ne peut enlever la qualité de national qu'à ceux qui se sont rattachés à une nationalité étrangère.

II

Les constitutions successives qui ont régi la France pendant la période révolutionnaire portent presque toujours la preuve que cette distinction n'était pas faite d'une manière assez complète. Si, en ce qui concerne l'acquisition de la nationalité, on trouve parfois le national soigneusement distingué du citoyen, il en est rarement de même relativement à la perte de la qualité de Français. Ainsi nous lisons bien, parmi les causes de dénationalisation, l'acceptation de fonctions publiques offertes par un gouvernement étranger, la naturalisation dans un autre État; mais nous trouvons tout à côté, dans la constitution de 1791, la condamnation par coutumace tant que le jugement n'est pas anéanti [1]. La constitution de 1793 contenait le jugement par coutumace, l'accusation, la condamnation à des peines afflictives et infamantes [2]; celle de l'an III ajoutait aux mêmes motifs l'interdiction, l'état de domestique à gage, ou de débiteur failli [3]. La constitution de l'an VIII porte à peu près les mêmes causes de perte ou de suspension des droits de citoyen Français, si bien qu'il semble qu'on pût alors devenir étranger en subissant une condamnation en France, au même titre qu'en se faisant naturaliser dans un État quelconque. Il y avait donc comme une sorte de *capitis munitio* unique, tantôt perpétuelle, tantôt temporaire, qui faisait tomber tous les droits de citoyen français. C'était un souvenir, conscient ou non, des déchéances romaines.

Sur ce point, le Code Civil est entré dans une meilleure voie. Il institue, au lieu de cette déchéance unique, des *capitis minutiones* de différentes catégories qui atteignent soit le citoyen seulement, soit le Français et, par conséquent, le citoyen, puisque pour être citoyen la première condition est d'être Français. C'est ainsi que la privation des droits

[1] Article 6.
[2] Article 5 et 6.
[3] Articles 12 et 13.

civils et politiques, la perte de certains droits civiques, civils ou de famille, la dégradation civique, l'interdiction légale, la mort civile elle-même, qui étaient instituées pour punir des crimes de droit commun, n'ont jamais eu pour effet d'assimiler, en quoi que ce fût, le Français à un étranger. Les déchéances frappent plus ou moins sévèrement le citoyen: la mort civile le tuait; mais l'interdit légal et le mort civilement ne demeurent pas moins Français, et leurs enfants auraient certainement la même qualité.

Les faits qui, dans le système du Code, font perdre la qualité de Français sont d'un ordre spécial. Ce ne sont pas des crimes contre la loi intérieure; ce sont des actes de félonie, en quelque sorte, qui supposent chez celui qui les a commis la perte de l'attachement à la France, si bien que la loi prononce contre lui l'exclusion pour indignité. Ils supposent en outre un lien établi entre le Français et un pays étranger ; en effet, par la naturalisation, par l'acceptation de fonctions publiques ou militaires, ou par l'établissement sans esprit de retour, le Français témoigne qu'il entend se rattacher à une nouvelle patrie ; mais ce lien n'est pas toujours celui de la nationalité, et, si nous trouvons fort logique que le Code civil déclare non Français l'individu qui a obtenu la naturalisation à l'étranger, nous regardons comme une erreur législative de prononcer la même déchéance contre celui qui, tout en se rattachant, soit par des services publics, soit par un établissement définitif, à un État étranger, n'y a pas acquis la qualité de national ou de sujet. Il y a dans ces dispositions de notre loi une source de *Heimathlosen*, et par conséquent, une violation des principes du droit des gens. Pour être juste, la loi française devrait ajouter que l'affiliation à un ordre militaire étranger, l'acceptation de fonctions publiques, le service militaire, enfin l'établissement sans esprit de retour n'entraîneront la perte de la qualité de Français qu'autant que, d'après la loi étrangère, le Français a acquis par là même la nationalité étrangère. Nous avons dit que l'établissement sans esprit de retour en Danemark ou en Norvège suffit pour l'obtention de la qualité de sujet. Il en est de même de certaines fonctions publiques en Allemagne et dans d'autres pays; mais, quand ces fonctions sont exercées à titre étranger, pourquoi dénationaliser le Français qui les exerce? — Lorsque le Code a été rédigé, on se préoccupait moins qu'à présent des exigences du droit international. On légiferait pour soi, sans beaucoup s'inquiéter des autres. Nous devons bien reconnaître que les dispositions des articles 18 et 21 du Code sont excellentes, si on se place exclusivement au point de vue français. Au point de vue du droit des gens, elles doivent être condamnées.

La France, d'ailleurs, n'est pas seule à posséder dans ses lois des dispositions de ce genre. Ainsi l'absence prolongée est une cause de dénationalisation dans plusieurs pays de l'Europe. L'Allemand, par exemple, perd sa nationalité après dix ans, s'il n'est pas inscrit dans un consulat de l'Empire. En Suède, en Autriche, l'émigration non autorisée, en Allemagne, l'émigration autorisée fait perdre la qualité de sujet. Dans quelques républiques de l'Amérique du Sud, dont les lois semblent s'être inspirées par nos lois révolutionnaires, on va plus loin encore. Dans l'Uruguay, par exemple, le banqueroutier tombe sous le coup d'une déchéance du droit de cité. Au Brésil, le bannissement entraîne la perte de la qualité de sujet. Enfin la France a elle-même adopté une mesure analogue contre les Français faisant le commerce des esclaves, et qu'une loi de 1848, punit de la perte de la qualité de Français : c'est une règle que l'on s'étonne à juste titre, de trouver dans notre législation, d'où il faut espérer qu'elle sera rayée prochainement. Quelle raison y a-t-il de déclarer non Français un individu qui vend ou achète des esclaves plutôt qu'un assassin, un incendiaire ou tout autre criminel ?

III

Ce n'est qu'en appliquant justement la distinction entre le national et le citoyen qu'on peut, croyons-nous, résoudre la difficulté qui se présente à l'occasion des causes de déchéance de la nationalité prévues dans notre Code civil. Il faudrait décider que la qualité de citoyen seule disparaît, mais que la nationalité reste. La loi russe nous fournit un exemple de la manière de procéder qui nous paraît devoir être imitée. Le sujet Russe qui se fixe à l'étranger sans autorisation est, au bout de cinq ans, déclaré déchu non pas de sa nationalité, mais du droit d'invoquer les avantages qui s'y rattachent. Il n'aura aucun des avantages que la qualité d'étranger pourrait lui valoir vis-à-vis de la Russie [1].

C'est dans cet esprit qu'il y aurait lieu, d'après nous, de régler en France la situation des personnes qui se trouvent dans un des cas prévus par l'article 17, mais ne peuvent témoigner d'une nationalité étrangère. Peu importe d'ailleurs que cette nationalité ait été acquise par des services publics, comme en Allemagne, ou par l'établissement sans esprit de retour, comme en Norvége et en Danemarck, ou bien par la naturalisation.

[1] Voir ci-dessus, page 146.

Le Français se trouverait ainsi hors d'état de réclamer aucun des avantages de la qualité de Français, mais il resterait soumis à toutes les charges qui pèsent sur les sujets de la France. On éviterait dès lors le véritable scandale que donne aujourd'hui l'homme qui bénéficie de ce qu'il a abandonné ou même trahi son pays pour se faire exempter des charges qui incombent aux Français [1].

§ 2. — Acceptation non autorisée de fonctions publiques à l'étranger.

Toutes fonctions politiques, administratives ou judiciaires entraînent la perte de la qualité de Français pour celui qui les accepte à l'étranger sans autorisation du gouvernement français. Telle est la règle qui découle de l'article 17 du Code civil, confirmé par les décrets impériaux des 6 avril 1809 et 26 août 1811 [2]. Sous la Constitution de l'an VIII un service public auprès d'un gouvernement étranger enlevait toujours la qualité de Français à celui qui l'exerçait. Depuis 1804 il n'en est plus de même à condition, d'abord, que le gouvernement français ait donné son autorisation par lettres patentes, et qu'en outre les Français employés à l'étranger, comme militaires ou fonctionnaires publics quelconques, reviennent en France en cas de guerre avec le pays où ils sont établis. Ils doivent même, d'après les termes des décrets impériaux, revenir sans

---

[1] Le Code civil Italien décide (art. 12) que la perte de *cittadinanza* par renonciation, — par naturalisation à l'étranger, — ou acceptation d'un emploi public à l'étranger, n'entraîne pas l'exemption du service militaire dans le royaume. Cette disposition nous paraît trop étendue et trop rigoureuse.

[2] Voir annexe A.

avoir été nominalement rappelés, et se présenter au par-
quet du tribunal de première instance de la ville de France
qu'ils veulent habiter, à l'effet de faire constater leur
retour. Il n'est pas nécessaire, du reste, d'entrer dans les
détails d'une procédure qui paraît complètement tombée
en désuétude.

La difficulté est de savoir exactement quelles fonctions
font perdre la qualité de Français, si on les exerce sans
autorisation. Il faut qu'elles soient *publiques* et *conférées
par un gouvernement étranger*, c'est-à-dire un gouvernement reconnu, et non un pouvoir insurrectionnel.

Nous pensons que, contrairement à l'avis du Conseil
d'État [1], un service d'honneur, un emploi purement hono-
rifique auprès d'un prince étranger, ne tomberait pas sous
le coup de notre article 17, à moins qu'il ne constituât une
véritable fonction publique, ce que les tribunaux seuls
pourront décider en fait. Ainsi, il est probable que la Cour
de cassation, qui, dans un arrêt du 14 mai 1832, a jugé
que l'acceptation non autorisée du titre de conseiller au-
lique en Russie entraînait la perte de la qualité de Français, n'aurait pas tranché la question dans le même sens,
si l'intéressé n'avait pas prêté serment de fidélité au Czar.
Cependant le serment seul ne saurait dans tous les cas
dénationaliser le Français qui l'a prêté. Il en faut apprécier la valeur : il peut constituer une forte présomption
contre l'esprit de retour, ou même entraîner la naturalisation ; il aurait alors naturellement pour effet de faire
perdre la qualité de Français. Mais le serment de sujétion
peut-il avoir par lui-même ce résultat ? C'est difficile à
admettre, car, s'il semble incompatible avec la qualité de

---

[1] Avis du Conseil d'État du 21 janvier 1812, 3ᵉ question.

Français de prêter serment à un gouvernement étranger,
on ne peut pourtant pas, en l'absence de toute loi, établir
un mode nouveau de déchéance. Si la loi avait admis qu'un
Français cesse de l'être par sa seule volonté, par une simple abdication, le serment, eût suffi à prouver cette abdication ; mais il n'en est pas ainsi, « attendu, comme l'a dit
« la Cour de cassation, dans l'arrêt du 25 janvier 1838, que
« la qualité de Français ne peut se perdre, suivant l'article
« 17 du Code civil, que par certains actes que cet article
« énumère ». La Cour de Bordeaux a reconnu [1] qu'un serment prêté à la constitution d'Espagne n'avait nullement
fait perdre sa nationalité d'origine à un Français établi à
Cadix. D'ailleurs, tout le monde admet que la *denization*
anglaise accordée à un Français n'entraîne pas la perte de
la nationalité française et cependant la *denization* suppose
le serment d'allégeance.

Ainsi, sur ce point, comme en ce qui concerne les emplois
purement honorifiques, les tribunaux seuls devront statuer
d'après les circonstances de la cause. Et assurément aucun
tribunal ne reprochera à un Français, établi à l'étranger,
d'avoir prêté un serment à l'autorité, quand ce n'était
qu'une formalité exigée de lui pour l'habiliter à résider
dans le pays et à y faire le commerce, si, d'autre part, il
n'a pas été investi de fonctions publiques.

Les charges politiques, judiciaires ou administratives,
ne sauraient donner lieu, en général, à des difficultés
sérieuses : pour les emplois religieux et diplomatiques, il
est nécessaire de poser quelques règles spéciales.

Si les fonctions religieuses sont considérées, dans le
pays où le Français réside, comme fonctions publiques, on

---

[1] Arrêt du 14 décembre 1841.

ne peut nier qu'elles ne tombent sous le coup de l'article 17 du Code civil. Ainsi, dans un pays ayant des lois analogues aux nôtres, un Français nommé curé ou évêque perdra sa nationalité. On appréciera si l'ecclésiastique est appointé par l'État, s'il prête serment au pouvoir civil, etc., etc. Mais, dans le cas où il s'agirait de fonctions purement religieuses, indépendantes des autorités politiques, il faudrait admettre, avec la Cour de cassation [1], et en conformité avec la jurisprudence ancienne [2], que le Français est resté Français. A plus forte raison, la Cour de cassation a-t-elle décidé qu'une Française qui avait passé toute sa vie à l'étranger comme chanoinesse n'avait pas perdu la qualité de Française. Quoi qu'il en soit, un Français nommé évêque, même dans un pays où le clergé jouit, comme en Amérique, d'une complète indépendance, agira sagement en prenant l'autorisation du gouvernement français. Pour les évêques *in partibus*, l'autorisation est indispensable. Un décret du 7 janvier 1808, le décide formellement : « En exécution de l'article 17 du Code civil, nul ecclésiastique français ne pourra poursuivre, ni accepter la collation d'un évêché *in partibus* faite par le pape, s'il n'y a été préalablement autorisé par nous, sur le rapport de notre ministre des cultes. » Le motif de cette rigueur est évidemment que le Gouvernement français et considère, avec raison, les évêques *in partibus* comme des fonctionnaires pontificaux. Cette décision est absolument irréprochable. Elle est du reste strictement observée dans la pratique.

Au sujet du Français employé au service d'une puis-

[1] Arrêt du 17 nov. 1818.
[2]. Arrêt du parlement de Rouen, du 10 août 1647.

18

sance étrangère comme diplomate, il suffit de rappeler les termes du décret du 26 août 1811, article 24 : « les Fran- « çais, au service d'une puissance étrangère, ne pourront « jamais être accrédités comme ambassadeurs, ministres « ou envoyés auprès de notre personne, ni reçus comme « chargés de missions d'apparat, qui les mettraient dans « le cas de paraître devant nous avec leur costume « étranger. » L'article 20 du même décret, porte : « Ils ne « pourront jamais servir comme ministres plénipoten- « tiaires dans aucun traité, où nos intérêts pourraient « être débattus. » Il n'est pas nécessaire de faire ressortir la sagesse de ces dispositions : autant il est naturel de voir les représentants étrangers d'une puissance étrangère entourés d'honneurs et de privilèges, soustraits même à toute juridiction locale, en vertu des principes de l'exter- ritorialité qui leur est reconnue, autant il est choquant qu'un Français puisse jouir de ces avantages, dans son propre pays, et soutenir dans des négociations des intérêts contraires à ceux de la France. Cela est d'autant plus dangereux que la jurisprudence a reconnu au représen- tant, même français, d'une puissance étrangère toutes les immunités diplomatiques.

Il en est tout autrement des consuls : le consulat seul est inviolable, mais non la personne du consul. Rien ne s'oppose donc à ce qu'un Français reçoive, dans une de nos villes, le titre de consul d'une puissance étrangère, comme il arrive souvent aux négociants de nos ports de mer. Mais il ne peuvent se soustraire à aucune des charges de la patrie française, en invoquant leur qualité. L'*exequatur* donné par le Gouvernement français équivaut, dans l'espèce, à l'autorisation.

Dans certaines affaires particulières, il a surgi des dif-

ficültés au sujet des personnes exerçant des professions
libérales à l'étranger : médecins, avocats, professeurs,
architectes, peintres, etc..., sont, en principe, absolument
en dehors de l'administration. Mais, si un médecin devient
médecin dans un hospice, si un avocat entre directement
dans la hiérarchie administrative, si un professeur
enseigne dans une université ou un collège, où il soit payé
par le Gouvernement, si un architecte est accepté comme
tel par un État ou une ville, il faudra examiner si, en
fait, il y a entre lui et le Gouvernement étranger un
lien assez fort pour qu'il doive être considéré comme
incompatible avec les devoirs de Français. C'est une question toute de fait, que la jurisprudence tranche en général
dans un sens favorable à la nationalité française, avec
raison, du reste, puisque le plus souvent les Français
qui exercent des professions libérales à l'étranger hono-
rent par là leur pays, et le servent plus qu'ils ne lui peuvent nuire.

§ 3. — Établissement sans esprit de retour à l'étranger.

Diverses ordonnances de nos anciens rois avaient interdit l'émigration et puni de la perte de la qualité de sujet
les personnes ayant passé un certain temps hors du
royaume. La constitution de l'an III déclarait encore
déchu de sa nationalité le Français qui avait passé sept
ans à l'étranger. Depuis l'an VIII et sous le régime du Code
civil, il n'en est plus ainsi, et l'absence, si prolongée qu'elle
soit, ne fait perdre la qualité de Français qu'autant qu'il
y a établissement sans esprit de retour à l'étranger [1].

---

[1] Excepté pour les indigènes algériens qui sont censés après trois ans
avoir perdu l'esprit de retour. Circulaire du 25 avril 1856.

Comment reconnaître s'il y a ou non esprit de retour ? Les tribunaux, on le comprend, sont ici souverains appréciateurs. Ils statueront après avoir examiné les circonstances de la cause; mais on ne saurait poser des règles générales. Disons seulement que la présomption sera toujours en faveur de l'esprit de retour : même s'il s'agit d'un Français né à l'étranger, on supposera qu'il n'a pas rompu à jamais avec sa patrie, et on ne reconnaîtra cette rupture que lorsqu'elle résultera manifestement des faits divulgués au procès. C'est donc à celui qui prétend qu'il y a abandon de l'esprit de retour d'en apporter la preuve aux juges [1].

Les faits de s'être marié en pays étranger, d'y avoir émigré avec toute sa famille, d'y avoir acquis des biens-fonds, seront considérés comme pouvant faire supposer la perte de l'esprit de retour. Autrefois, le changement de religion avait à ce point de vue une grande importance, quand le catholicisme était seul permis en France. Il n'en est plus de même aujourd'hui ; mais pourtant une conversion pourra être, quelquefois encore, un élément de preuve. — Il en est de même de la déclaration de l'intéressé. Elle pourra venir à l'appui des autres présomptions et les corroborer en cas de besoin; mais évidemment elle sera impuissante, si elle n'est pas accompagnée d'indices sérieux d'une volonté persistante. Autrement, en effet, il vaudrait autant dire qu'on peut abdiquer sa nationalité, ce que le Code civil ne permet pas. Inversement, la déclaration qu'on a conservé l'esprit de retour pourrait être insuffisante pour établir la nationalité française d'un individu d'origine française, mais absent depuis de longues années, marié, et ayant cessé d'avoir des relations avec la mère

---

[1] Cass., 13 juin 1811. Cour de Poitiers, 26 juin 1829.

patrie. Il y a, il est vrai, en Orient, des familles françaises d'origine qui vivent depuis plusieurs siècles sans esprit de retour ; elles sont françaises pourtant, et jouissent de la protection des Consuls : le fait de recourir à l'intervention des consuls pour les actes d'état civil et notariés prouve que, si l'intention de revenir en France n'existe pas, il n'y a pas de rupture entre le Français et la France : cela nous paraît suffisant pour déclarer que la nationalité s'est conservée. En Orient, d'ailleurs, la situation des Français est différente de ce qu'elle est en pays de chrétienté. — Mais, nous le répétons, les tribunaux sont ici absolument souverains.

Le Code civil, muet sur les points auxquels nous venons de toucher, pose une seule règle d'interprétation, savoir que les établissements de commerce ne pourront jamais être considérés comme faits sans esprit de retour. C'est l'application de cette idée, éminemment française, que l'homme qui va se livrer au commerce dans les pays étrangers, n'émigre d'ordinaire que dans l'intention de revenir un jour jouir dans sa patrie de la fortune acquise au dehors, et mourir sur le sol de France. Il ne faudrait pourtant pas interpréter le Code en ce sens que le commerçant français ne peut, dans aucun cas, créer un établissement sans esprit de retour. Si, à côté de son établissement de commerce, le Français achète des terres, fait bâtir une maison en vue de s'y retirer, s'il se marie avec une femme du pays, il y aura de fortes présomptions pour qu'il ait perdu l'esprit de retour, et les tribunaux pourront le déclarer étranger. Seulement, d'après le Code, on ne pourra jamais invoquer comme preuve de l'abandon de l'esprit de retour le fait de posséder une maison de commerce.

On s'est demandé quelquefois si la violation des disposi-

tions légales qui s'imposent aux Français, même résidant à
l'étranger, peuvent emporter présomption qu'il y a perte de
l'esprit de retour. Doit-on attacher cette conséquence à
l'omission des publications prescrites pour le mariage par
l'article 170 du Code civil? — à la négligence de faire inscrire des actés de l'état civil dans les chancelleries françaises? — au refus d'obéir à l'appel sous les drapeaux?
Nous croyons qu'ici encore les tribunaux devront apprécier
en toute liberté. Rappelons seulement, à propos du refus
du service militaire, que les consuls sont autorisés à retirer
leur protection à l'insoumis et au déserteur; mais les
agents diplomatiques ou consulaires ne peuvent pas pour
cela le déclarer déchu de sa nationalité [1].

Les décrets de 1809 et 1811 ne s'occupant que des Français qui remplissent des fonctions publiques à l'étranger,
ou y ont obtenu la naturalisation, on ne saurait en appliquer les déchéances aux Français ayant perdu leur nationalité pour s'être établis sans esprit de retour en pays
étranger, puisqu'en matière pénale, on doit s'en tenir aux
strictes prescriptions de la loi.

C'est à la France et à elle seulement qu'il appartient de
décider si un individu a perdu ou non la qualité de Français. Nous ne saurions donc admettre, avec la Cour de cassation de Belgique, la compétence des tribunaux de ce pays
pour décider qu'un individu a perdu une nationalité étrangère. Les tribunaux belges [2] ont à plusieurs reprises jugé
que des individus avaient perdu la qualité de Français ou
de Prussien parce qu'ils avaient quitté leur patrie dans
des conditions qui, aux termes des lois prussiennes ou fran-

---

[1] Voir ci-dessus page 47.
[2] Cassation de Belgique, 15 mai 1876 et 21 mai 1877.

çaises, entraînent la dénationalisation. C'est une jurisprudence inadmissible au point de vue international. Chaque pays doit appliquer ses lois, et non pas celles des autres. Ce qui motive la manière de procéder des tribunaux belges, c'est que les individus de *nationalité indéterminée* sont appelés au service par la loi belge sur la milice de 1870. La France a protesté plusieurs fois contre cette loi, et elle obtiendra probablement qu'il suffise d'un certificat d'immatriculation dans un consulat français en Belgique pour éviter à nos compatriotes le risque d'être incorporés dans la milice locale, sous prétexte qu'ils ont perdu la qualité de Français.

§ 4. — Service militaire à l'étranger.

I

La disposition du Code civil qui interdit le service militaire à l'étranger et le punit de la perte de la qualité de Français n'est point comprise dans l'article 17, dont le texte vise seulement les fonctions publiques, l'établissement sans esprit de retour, et la naturalisation. On comprend en effet, que le service militaire à l'étranger a un caractère de gravité particulière : c'est presque une trahison. Aussi, verrons-nous [1] que, tandis que l'ex-Français tombant sous le coup de l'article 17 peut recouvrer facilement sa nationalité d'origine, l'ex-Français dénationalisé pour avoir pris du service dans une armée étrangère ne peut être réintégré dans la qualité de Français qu'en se conformant aux dispositions générales sur la naturalisation des

[1] Chapitre VI.

étrangers [1] . On se rappelle aussi les rigueurs des décrets impériaux de 1809 et de 1811, et l'article 75 du Code pénal qui punit de mort l'ex-Français qui porte les armes contre la France.

Il est vrai que, tout en établissant ces peines, les décrets de 1809 et 1811, conformément à l'article 21 du Code, autorisaient le Français à servir à l'étranger moyennant une permission du gouvernement. Cette règle est encore aujourd'hui en vigueur.

La doctrine et la jurisprudence sont d'accord pour n'appliquer l'article 21 du Code qu'au cas de service militaire par engagement ou incorporation volontaire pour un temps déterminé dans l'armée régulière d'un État étranger. Ainsi la garde nationale, les milices locales organisées pour la sûreté publique se sont point comprises dans l'armée, dans le sens que nous donnons ici à ce mot. Autrefois, d'ailleurs, les étrangers étaient incorporés en France dans la garde nationale. Il en est même encore ainsi dans un grand nombre de pays étrangers, et nous avons dû signer des conventions, avec un grand nombre d'États de l'Amérique latine, précisément en vue de soustraire nos nationaux au service dans la milice, par réciprocité de l'exemption accordée aujourd'hui en France à tous les ressortissants des pays étrangers. Il n'est pas douteux que nous ne devions continuer de tenir pour Français un de nos nationaux faisant partie de la garde nationale à l'étranger, si d'autre part il n'a rien fait pour compromettre sa nationalité. La nationalité française d'un individu ne serait pas perdue non plus, s'il avait seulement prêté une aide momentanée à l'autorité locale, en s'enrôlant dans les

---

[1] Article 21 du Code civil. Annexe A, 1°.

troupes, même régulières, pour combattre une insurrection. C'est seulement une question de mesure. La cour de Bastia est allée [1] jusqu'à décider dans le même sens en faveur d'un Français nommé général dans l'armée haïtienne, parce que son service y avait été de courte durée et motivé par une nécessité impérieuse. Il faut, en outre, pour que le Français soit dénationalisé, que l'armée dans laquelle il est entré soit celle d'une puissance reconnue. Ainsi un engagement dans les bandes insurrectionnelles de Don Carlos ne pouvait pas avoir pour effet d'entraîner la déchéance de la qualité de Français [2].

Ajoutons enfin qu'il faut que le service provienne d'une intention arrêtée du Français, et non d'une incorporation par la contrainte. Les termes mêmes « prendre du service » ne laissent pas place au doute. — Comme corollaire à cette règle, il importe de remarquer qu'un mineur qui contracterait un engagement dans une armée étrangère ne serait pas déchu pour cela de la qualité de Français : il ne saurait en effet être considéré comme capable de faire un acte pouvant le dénationaliser. Cette conséquence a été reconnue par un arrêt de la cour de Metz [3], même pour le cas où le service s'est prolongé au delà de la vingt et unième année. En effet, l'intéressé n'est plus libre, après avoir contracté l'engagement, de le rompre avant l'expiration du délai.

Une circulaire, en date du 1er mai 1862, adressée par le ministre de l'intérieur aux préfets, relativement à la formation des listes électorales, semble néanmoins ne pas admettre cette doctrine avec la même étendue. « Il ne

[1] Arrêt du 27 décembre 1875.
[2] Cassation, 2 février 1847.
[3] Arrêt du 25 avril 1849.

vous échappera pas, Monsieur le Préfet, ainsi s'exprime
M. de Persigny, et vous voudrez bien appeler l'attention
de MM. les maires sur ce point, que la perte comme l'acquisition de la qualité de Français ne pouvant résulter
que du fait d'une personne capable de tous les actes de la
vie civile, l'article 21 du Code civil n'est pas applicable
aux mineurs, qui, sans autorisation du gouvernement, ont
pris du service militaire à l'étranger, *à la condition* toutefois qu'ils aient cessé de servir à l'époque de leur majorité
et qu'ils aient satisfait en France à la loi du recrutement.
Dans ce cas la qualité de Français n'ayant point été perdue,
il y aurait lieu d'inscrire sur la liste les individus qui
réclameraient l'exercice de leur droit électoral [1]. » La
théorie de la cour de Metz nous semble devoir être
préférée.

Le Code attache à l'affiliation à une corporation militaire étrangère les mêmes conséquences qu'au service dans
l'armée d'un souverain étranger. Cette règle est aujour-
d'hui à peu près sans application. Les ordres souverains
qui existaient autrefois n'existent plus aujourd'hui, ou n'ont
qu'une existence nominale. On comprend qu'on pouvait
défendre à un Français de faire partie de l'ordre des
chevaliers de Malte, ou d'autres ordres analogues. Mais
aujourd'hui on ne voit pas comment cette défense pourrait avoir une utilité dans la pratique. En tout cas, il n'est
pas question des grades purement honorifiques décernés
par des souverains étrangers à des Français dans leurs
ordres de chevalerie. Une pareille affiliation pourrait, tout

---

[1] Nous avons trouvé ce texte dans l'intéressant ouvrage de M. Marcel
Michel, Docteur en droit, intitulé : *De la capacité requise pour l'acquisition
et la perte de la qualité de Français.* Aix, 1878, page 173.

au plus, donner lieu à des poursuites pour port illégal
de décoration.

II

Beaucoup d'autres législations admettent comme la nôtre
que le service militaire à l'étranger sans autorisation
entraîne la dénationalisation. Cette règle, outre la critique
que nous avons faite au point de vue du *heimathlosat*,
présente un autre inconvénient d'ordre politique; par cela
même qu'un État accorde une autorisation à un de ses
sujets, il devient, dans une certaine mesure, responsable
de sa présence sous les drapeaux d'une puissance étrangère. Les États en guerre contre cette puissance pourront
dans certains cas considérer l'autorisation accordée comme
contraire à la stricte neutralité.

.La question a été soulevée par l'Italie à propos de la
présence de volontaires Belges dans les rangs de l'armée
pontificale. Il faut reconnaître que la situation de la Belgique, pays neutralisé, donnait un motif de plus aux
réclamations du gouvernement de Turin. Pour couper
court aux difficultés, la Belgique supprima la nécessité de
l'autorisation pour ses sujets voulant servir à l'étranger.
Ce fut l'objet d'une loi rendue le 21 juin 1865. Depuis
cette époque les Belges peuvent s'engager librement au
service des puissances dont la cause les intéresse, sans
avoir à demander l'autorisation du roi, ni à craindre de
perdre leur nationalité.

§ 6. — Commerce d'esclaves.

Quand on se préoccupa en 1848 de supprimer absolument
l'esclavage dans les colonies françaises, on ne songea pas

seulement aux Français demeurant en France et dans les possessions françaises, mais à ceux résidant à l'étranger. Comme on ne pouvait déclarer que les noirs possédés par ces derniers reviendraient libres par l'effet de la loi, il fallait obliger indirectement les possesseurs à les affranchir : c'est ce qu'avait fait la loi anglaise du 24 août 1843 qui, sauf quelques exceptions, punit d'une amende de 100 livres sterling les individus qui possèdent des esclaves hors des possessions de Sa Majesté Britannique. Il eût fallu établir en France une loi analogue ; mais, alors, le principe de punir les nationaux pour crime commis à l'étranger n'était pas encore reçu dans notre législation, comme il l'est depuis 1866. On ne trouva rien de mieux que de déclarer les possesseurs d'esclaves déchus de leur qualité de Français, quand ils n'auraient pas vendu ou aliéné leurs esclaves dans un délai de trois ans à partir de la promulgation de la loi (27 avril 1848). Quant aux esclaves acquis par succession, donation ou contrat de mariage, le délai était de trois ans à partir du jour où on les avait acquis.

Cette disposition légale, outre le grave inconvénient signalé plus haut de faire de la perte de la nationalité la conséquence d'un délit ordinaire, avait encore l'inconvénient d'être inexécutable. Aussi comprit on avant l'expiration des trois premières années la nécessité de la modifier. La loi du 11 février 1851 porta le délai à dix ans. Ce ne fut pas encore suffisant. Dans beaucoup d'États, la vente était trop onéreuse et l'affranchissement impossible. En 1858, on décréta une nouvelle atténuation à la rigueur légale en décidant, par la loi du 7 mai, que l'article 8 du décret de 1848 ne serait pas applicable aux esclaves possédés avant l'année 1848, ni à ceux acquis par donation, mariage ou succession.

CHAPITRE VI

RÉINTÉGRATION DANS LA NATIONALITÉ PERDUE

§ 1. — Réintégration dans la nationalité française.

I

L'individu que les circonstances de la vie ont amené à l'expatrier est souvent désireux plus tard de rentrer dans sa patrie, et il est naturel que le législateur tienne compte d'un sentiment si naturel pour lui faciliter sa réintégration dans la nationalité qu'il a perdue.

Les Romains, par la fiction du *jus postliminii* et dans certaines circonstances au moyen de l'*in integrum restitutio*, rétablissaient dans leurs droits leurs compatriotes devenus étrangers. Il y avait, au moins au cas de *postliminium*, une réintégration avec effet rétroactif, et le Romain était censé n'avoir jamais perdu la *civitas*. Dans l'ancien droit français, une disposition du même genre était en vigueur, en ce sens que le roi accordait aux Français qui demandaient à être réintégrés sous sa sujétion des lettres de déclaration de naturalité dont la conséquence était de faire regarder les *media tempora* comme non avenus.

Notre législation moderne a compris la nécessité de concéder un moyen facile de recouvrer la nationalité française à nos compatriotes qui l'ont perdue. Disons seulement que jamais cette réintégration ne peut produire un effet rétroactif: c'est ce qui résulte expressément de l'article 20 du Code civil. — L'ex-Français qui veut recouvrer sa nationalité d'origine doit: 1° en faire la demande au gouvernement; 2° déclarer l'intention de fixer son domicile en France; 3° renoncer à toute distinction contraire à la loi française (art. 18 du Code civil). Cette troisième condition visait les titres de noblesse interdits en France au moment de la promulgation du Code. Elle n'a plus de raison d'être aujourd'hui. En pratique, la demande de l'ex-Français est accueillie par le gouvernement français, après enquête, à la seule condition que le requérant ait établi son domicile en France. Nous n'avons qu'à rappeler ici ce que nous avons dit à propos de la naturalisation, c'est-à-dire qu'il appartient à la chancellerie de n'accorder la réintégration qu'aux individus ayant perdu leur nationalité étrangère, ou devant la perdre par le fait même de leur réintégration. Il n'y aurait donc, à notre avis, aucun inconvénient à accorder le bénéfice de l'article 18 à des Alsaciens n'ayant pas opté qui auraient obtenu en Allemagne un certificat de dénationalisation [1].

L'article 18 n'est applicable qu'aux Français ayant perdu leur nationalité par les faits prévus dans l'article 17, c'est-à-dire la naturalisation acquise en pays étranger [2], l'acceptation non autorisée de fonctions publiques, et

---

[1] Voir ci-après ch. VII, § 8.

[2] Il est bien évident qu'il en est de même si cette naturalisation est la cause d'une cession du territoire.

l'établissement en pays étranger sans esprit de retour [1]. Mais, dans le cas de l'article 21, lorsque le Français s'est dénationalisé pour avoir accepté des fonctions militaires, ou s'être affilié à une corporation militaire étrangère, eu égard à la gravité des circonstances, il ne peut recouvrer sa nationalité originaire qu'en se soumettant aux règles générales de la naturalisation.

On sait que le décret de 1811 attachait des déchéances et des pénalités rigoureuses à la naturalisation à l'étranger sans autorisation, et à l'acceptation de fonctions civiles, ou militaires auprès d'un gouvernement étranger. L'article 12 du décret prévoit que des *lettres de relief* pourront être accordées aux individus qui ont encouru les rigueurs légales: « ils ne pourront être relevés des déchéances et « affranchis des peines ci-dessus que par des lettres de « relief accordées par nous en conseil privé, comme les « lettres de grâce. » Ces lettres n'ont pas d'effet rétroactif, pas plus que les lettres de grâce: elles ne doivent pas non plus être considérées comme entraînant la réintégration dans la qualité de Français car, si elles relèvent des « peines ci-dessus » comme dit le décret, on ne peut admettre qu'elles puissent modifier les articles 18 et 21 du Code civil, — que les décrets de 1809 et 1811 ont respectés, en y ajoutant seulement des sanctions rigoureuses [2].

---

[1] M. Coin-Delisle prétend que, si la nationalité a été perdue par établissement sans esprit de retour, il n'est pas utile que l'ex-Français fasse une déclaration et une demande conformément à l'article 18, mais qu'il doit être regardé comme étant retombé dans l'allégeance française par cela seul qu'il s'est établi de nouveau sur le sol français. C'est manifestement contraire à l'esprit comme à la lettre de la loi.

[2] Voir, annexe A, les textes cités ici.

II

Le Code institue un mode particulier de réintégration dans la nationalité française, en faveur de la femme qui a perdu sa nationalité par mariage.

Si la femme française qui a épousé un étranger devient veuve, « elle recouvrera la qualité de Française, dit le « Code civil, article 19, pourvu qu'elle réside en France, « ou qu'elle y rentre avec l'autorisation du Gouverne- « ment, et en déclarant qu'elle veut s'y fixer. » Il faut donc distinguer suivant que la femme réside ou non en France. Dans le premier cas, nous n'hésitons pas à admettre, avec la jurisprudence de la Cour de cassation [1], que la femme recouvre de plein droit la nationalité française. C'est ce qui résulte du texte lu avec soin : les mots « en déclarant « qu'elle veut s'y fixer » ne sauraient s'appliquer au cas où la femme réside en France, puisque l'intention de se fixer dans un pays suppose qu'on n'y réside pas. Il faut aussi appliquer le même système quand la femme devenue veuve se trouve momentanément à l'étranger, mais a, en France, son principal établissement : la Cour de Lyon a ainsi jugé [2] relativement à une femme qui n'avait été à l'étranger que pour divorcer avec son mari. Il est évident que, si le mariage est dissous par le divorce, la femme doit être traitée comme veuve [3].

Dans la seconde hypothèse prévue par notre article 19, c'est-à-dire, si la femme réside à l'étranger, nous sommes

[1] Arrêt du 19 mai 1830, aff. Taaffe.

[2] Arrêt du 11 mars 1835.

[3] C'est l'opinion de la majorité des auteurs. Voir l'arrêt de la cour de cassation de Belgique du 28 mars 1876.

exactement dans le cas de l'article 18, et il n'y a qu'à en suivre les prescriptions. On remarquera, du reste, la sagesse de cette distinction. La femme qui réside en France a gardé, suivant toute vraisemblance, son attachement à sa patrie : elle est étrangère en droit, mais probablement Française de sentiment. Rien de plus logique que de lui rendre plus facilement la nationalité française qu'à celle qui a vécu longtemps à l'étranger, dans une nouvelle famille, au milieu d'une nation peut-être hostile à la France, dont il est possible qu'elle ait adopté les idées.

§ 2. —Aperçu sur les législations étrangères.

La France, comme on vient de le voir, mesure les facilités qu'elle accorde pour la réintégration à la situation de l'intéressé. Elle se montre d'autant moins rigoureuse que l'abandon de la patrie est mieux justifié : à la femme mariée à un étranger, elle rend la nationalité française *ipso facto* si, devenue veuve, elle est fixée sur le territoire français, — à celui qui s'est dénationalisé par naturalisation ou établissement sans esprit de retour à l'étranger, elle facilite la *renaturalisation* en supprimant tout délai, — à celui enfin qui, ayant pris du service sans autorisation dans une armée étrangère s'est mis dans une situation gravement répréhensible, elle impose toutes les conditions auxquelles sont soumis les simples étrangers.

Ces trois systèmes si sagement appliqués dans notre législation se retrouvent dans les lois des pays étrangers, mais non point cumulativement, — si ce n'est en Belgique, et dans les pays où notre Code est en vigueur. La plupart des législations sont muettes sur la question, ce qui revient à dire qu'elles ne font aucune différence entre

19

l'ex-national et un autre étranger. Cette assimilation est même posée en règle dans la loi anglaise du 12 mai 1870. Il en est presque de même en Italie, dont le Code civil, article 13, décide qu'on peut recouvrer la qualité d'Italien moyennant une permission spéciale du gouvernement, — l'abandon de la nationalité étrangère ou des fonctions acceptées hors du royaume, — et le transfert du domicile en Italie dans l'année qui suit la déclaration effectuée *ad hoc* devant l'officier de l'état civil.

Parmi les pays où la *renaturalisation* est acquise de plein droit, nous citerons l'empire allemand. Mais il est ainsi qu'autant que l'ex-Allemand n'a pas acquis de nationalité étrangère. « Les hommes, lisons-nous à l'article « 11 de la loi militaire du 2 mai 1874, qui ont quitté le « territoire de l'empire, qui ont perdu la nationalité alle- « mande [1], mais qui n'ont pas acquis une autre nationalité « ou l'ont reperdue, sont tenus de se présenter quand ils « viennent fixer leur domicile en Allemagne d'une manière « permanente et peuvent être appelés rétroactivement sous « les drapeaux, mais ne peuvent être retenus au service « après l'âge de 31 ans accomplis, en temps de paix. » C'est donc une sorte d'annulation rétroactive de la dénationalisation qui est prononcée par cet article. Quant à ceux qui se sont fait naturaliser à l'étranger, les lois ne spécifient pas un mode général de recouvrer la nationalité allemande : seulement le traité de 1868 entre la Prusse et les États-Unis d'Amérique stipule que le retour du naturalisé dans son ancienne patrie entraîne abandon de la nouvelle, et que cet abandon se présume après deux ans de séjour dans le pays d'origine [2].

---

[1] Par l'obtention d'un *entlassungschein*. Voir annexe M. 1° et 2°.

[2] Annexe II. Il en est de même dans le traité de naturalisation signe entre le Danemark et les États-Unis.

Ce mode de réintégration de plein droit présente, au point de vue international, le grave inconvénient qu'on ne sait pas quel est au juste le moment où le changement de nationalité a été opéré. Il semble que les États-Unis l'aient eux-mêmes reconnu, puisque la plupart des autres traités signés à l'imitation du traité prusso-américain de M. Bankroft stipulent que la réintégration se fera suivant les règles en vigueur dans chaque pays contractant.

CHAPITRE VII

CHANGEMENTS DE NATIONALITÉ RÉSULTANT DE CESSIONS DE TERRITOIRE

---

§ I. — Notions générales

I

Le changement de nationalité des habitants d'un territoire cédé paraît, dans nos idées modernes, la conséquence
naturelle et comme inévitable de toute cession de territoire. Les nombreux exemples présents à toutes les mémoires semblent concluants. Cependant il n'en a pas été
toujours ainsi. Si l'on remonte à l'antiquité, on voit que
les vaincus n'étaient point admis à partager les droits du
vainqueur. Il semble que, dans la marche de l'humanité, la
victoire ait commencé par le massacre des vaincus, puis
par leur asservissement, premier progrès. On en vint plus
tard à leur faire une situation meilleure en leur laissant
quelquefois leurs institutions, et en les maintenant seulement sous une rigoureuse vassalité. C'est ce qui avait
lieu en Grèce et à Rome. Dans la plupart des républiques
helléniques, à côté d'une caste supérieure, qui a le mono-

pole du gouvernement et la jouissance exclusive des droits publics et privés, dans leur plénitude, on trouve des populations serves ou vassales qui représentent les anciens maîtres des pays défaits et subjugués. Ils ont dû à la similitude de race et de langue avec leurs nouveaux maîtres de ne point tomber en esclavage, ce sort humiliant étant réservé en général aux hommes de race étrangère, d'origine barbare. Comme exemples de la condition des habitants du pays conquis, on peut citer en Grèce les Périèques de la Laconie : fils des antiques Achéens qui régnaient jadis en Péloponèse, ils étaient tombés sous le vasselage des Doriens vainqueurs qui, sous le nom d'*égaux*, formaient à Sparte la classe dirigeante et portaient seuls le nom de Spartiates [1].

Les plébéiens de Rome rappellent d'assez près les Périèques de Lacédémone ; mais avec cette différence qu'ils arrivèrent peu à peu à l'isopolitie dans la République. Aux âges classiques, Rome n'avait pas de règle fixe à l'égard des vaincus : en général elle accordait des droits plus ou moins complets aux villes soumises à sa puissance. C'était rarement la *civitas cum suffragio*, qui emportait l'assimilation au point de vue de droits privés et politiques, quelquefois la *civitas sine suffragio*, qui ne conférait que les droits civils. Mais seules les villes privilégiées obtenaient de pareils avantages. La plupart des peuples voisins de Rome avaient obtenu un ensemble de droits qui était désigné sous le nom de *jus latii*. Les Latins, peuple voisin de Rome, qui parlaient la même langue et avaient des institutions analogues, paraissent avoir été mis d'abord en possession de l'ensemble des

---

[1] Voir Schoemann, *Griechische Alterthuemer*, passim.

droits civils : le *connubium* et le *commercium;* mais le premier, comprenant les droits personnels de mariage et par suite de puissance paternelle, semble avoir été retiré au ve siècle de Rome, à la suite de la guerre latine, à la plupart d'entre eux. De là, la dénomination de *Latini veteres* pour désigner ceux qui avaient conservé les droits accordés antérieurement aux Latins, par opposition aux *socii latini nominis* qui avaient seulement le *commercium.* Les autres peuples soumis étaient traités moins favorablement : la plupart avaient dû signer avec Rome des conventions léonines, par lesquelles la puissante république leur faisait supporter les charges de la *civitas,* sans leur en donner les avantages, ni les honneurs. C'est pour sortir de cette situation d'infériorité que les Italiens soutint la longue lutte, appelée guerre sociale, qui mit Rome à deux doigts de sa perte, et après laquelle nombre de villes italiques reçurent le droit de cité. Cependant l'immense majorité des habitants de l'Empire continuèrent de rester en dehors de ces catégories privilégiées de sujets. Rattachés politiquement à la puissance romaine, ils gardaient leurs lois et étaient exclus des avantages du *jus romanum* : c'étaient les pérégrins, classe innombrable jusqu'au jour où l'Empereur Caracalla conféra le droit de cité à tous les habitants de l'Empire, dans le vulgaire intérêt, dit-on, de les soumettre à un impôt successoral.

II

Cette manière d'envisager la conquête se concevait mieux dans l'antiquité en raison des différences fondamentales existant entre les peuples : non-seulement la race et la langue, mais la religion, les mœurs, les institutions politiques et privées étaient absolument différentes en Gaule, en Maurétanie, en Cilicie, èn Lusitanie, de ce qu'elles étaient à Rome : de là la difficulté, presque l'impossibilité d'une fusion. A la longue seulement et par suite d'une pénétration constante des idées romaines pendant plusieurs siècles, l'Espagne et la Gaule arrivèrent à être assimilées à Rome et comme fondues dans l'Empire, si bien que nous pouvons aujourd'hui nous considérer comme de race latine. Dans la société du moyen âge, il en fut tout autrement. Grâce au Christianisme, qui avait introduit partout une même croyance, grâce au souvenir de l'empire Romain qui était encore un lien entre les peuples y ayant appartenu, une sorte d'uniformité s'était répandue sur l'Europe. Tocqueville remarque avec raison que la féodalité, qu'on la prenne en Espagne, en France, en Allemagne, en Pologne, est partout semblable et presque identique à elle-même. La conséquence en fut que changer de maître n'était point une chose aussi redoutée, puisque, si l'on avait de la haine pour ses ennemis, de l'acharnement même contre les vaincus, on n'avait pas envers eux le mépris qui faisait tenir à distance par l'orgueilleux Romain les peuplades soumises. Sans qu'il y eut un grand effort à faire, les habitants du pays conquis adoptaient les lois et les institutions du vainqueur. Il n'y avait guère que le langage qui ne pût être absorbé facilement. De plus le patriotisme de race était inconnu. La fidélité, sorte de lien féodal qui unissait le maître aux sujets, était transporté de l'ancien souverain au nouveau. Ajoutons que le peuple était sans droits dans l'État : il n'avait que quelques libertés communales auxquelles la conquête ne touchait pas. Pour le reste il devait être porté à dire avec le fabuliste : *Clitellas dum portem meas.*

De nos jours le sentiment de la race a reparu et la participation du peuple au gouvernement des États en a changé complètement la forme. Les peuples ne supportent plus aussi facilement qu'on les partage comme des troupeaux. Mais l'usage d'accorder aux habitants des pays conquis le droit de cité dans l'État conquérant a survécu dans la jurisprudence internationale. On peut donc dire que c'est une des conséquences ordinaires de la conquête, que les habitants du sol conquis embrassent la nationalité du vainqueur.

Il y a cependant des cas assez nombreux dans l'histoire moderne où un pays conquis a conservé ses droits, ses institutions, son existence nationale indépendante, en un mot sa nationalité distincte, pour passer seulement sous la domination personnelle d'un souverain étranger. C'est ainsi qu'en 1814 la Norvége qui, vaincue par Bernadotte, a dû reconnaître pour roi le souverain de la Suède, continua de former un royaume distinct [1] : les Norvégiens ne peuvent devenir Suédois que par la naturalisation, comme les autres étrangers. De même, lorsque le Hanovre et l'Angleterre étaient sous la souveraineté du même monarque, il n'y eût jamais fusion entre les nationalités anglaise et hanovrienne [2]. Dans notre histoire on trouve aussi des exemples d'union personnelle : la Pologne, sous Henri III, la Navarre sous Henri IV, l'Italie sous Napoléon furent vis-à-vis de la France dans la situation où la Norvége est aujourd'hui vis-à-vis de la Suède [3].

---

[1] Voir les constitutions de ces deux royaumes, dans les *Constitutions de l'Europe et de l'Amérique*, par Laferrière et Batbie.

[2] Voir Lawrence, *Commentaire sur Wheaton*, chap. natur. et expatriation.

[3] Il y a cependant, entre la Suède et la Norvége, quelque chose de plus qu'une union personnelle, en ce sens que les constitutions des deux

Ce sont là des faits d'une nature toute particulière qui n'infirment en rien ce que nous avons dit plus haut. Le résultat habituel d'une cession de territoire est de faire passer les habitants du pays cédé sous la sujétion du vainqueur, et par conséquent d'entraîner pour eux un changement de nationalité. Mais nous avons vu que le lien de la nationalité ne peut exister sans le consentement exprès ou tacite des intéressés. Le changement n'existe donc juridiquement que s'il est accepté par les habitants. Il n'est point question ici du vote des populations pour approuver les cessions territoriales. Cet usage, généreusement inauguré par la France et propagé par elle, est une sage mesure politique, seule capable de sanctionner devant l'équité les démembrements de territoire : mais, en ce qui concerne la nationalité, ce n'est point suffisant : il faut que les intéressés soient mis dans le cas de pouvoir se refuser au changement, s'il ne leur paraît pas conforme à leurs intérêts, ou s'il répugne à leurs sympathies. Un vote serait sur ce point l'oppression de la minorité par la majorité, s'il avait pour objet d'imposer sans recours possible la nationalité nouvelle à tous les habitants. La cession a pour effet de faire passer les habitants sous l'allégeance du vainqueur : l'État vaincu abandonne les droits qu'il avait sur eux et rompt pour sa part le lien qui l'unissait à eux ; mais la rupture n'est complète qu'après que les habitants l'ont acceptée. Il faut donc leur laisser le moyen de manifester leur volonté, leur accorder, en un mot, un droit d'option. C'est d'ailleurs une pratique universellement adoptée aujourd'hui.

royaumes-unis déclarent qu'au cas d'extinction de la dynastie de Bernadotte, les États de Norvége et ceux de Suède devraient choisir le même souverain.

Le plus souvent on permet aux habitants de conserver leur ancienne nationalité, soit en faisant une déclaration expresse, soit en émigrant dans un délai donné, soit en remplissant l'une et l'autre de ces conditions. L'inaction emporte adhésion au nouvel ordre de choses, acceptation tacite de la nouvelle nationalité. Mais quelles sont les personnes qui ont à opter? On admet généralement que les étrangers établis sur le sol cédé ne seront pas atteints dans leur statut personnel. La cession affecte seulement la nationalité des habitants soumis à l'allégeance de l'État cédant. Mais il peut encore y avoir place au doute pour déterminer exactement les personnes qui doivent être comprises sous la dénomination d'habitants. Sur ce point deux idées se présentent naturellement à l'esprit. On peut se placer au point de vue de l'origine ou au point de vue du domicile. L'un et l'autre système ont leurs avantages : l'origine est d'une détermination plus facile que le domicile, puisque les registres de l'état civil donneront un mode facile de connaître les personnes dont le statut sera atteint par la cession; le domicile est un fait d'une détermination souvent délicate, puisqu'on ne peut le confondre avec la simple résidence et qu'on ne peut logiquement faire porter les conséquences de la cession d'un pays sur une personne qui n'y réside que momentanément. D'autre part, on peut dire que le domicile, une fois déterminé, répond à une idée plus juste que l'origine, puisqu'il est plus naturel de réclamer pour sujets du vainqueur ceux qui sont établis sur le sol cédé que des individus qui, s'ils y sont nés, ont pu l'abandonner depuis longtemps. Nous croyons qu'il faut s'en tenir à l'une ou l'autre théorie suivant les cas. Si l'on cède un lambeau de territoire faisant partie d'un grand État centralisé, il sera logique de prendre les domiciliés, puisque ceux-là seuls ont une réelle attache avec le pays cédé. En France, par exemple, un Strasbourgeois ou un Messin était avant tout un Français. Il paraissait donc bizarre, dans la cession de l'Alsace-Lorraine, de voir un Alsacien habitant Paris atteint par le traité. Au contraire, dans un État fédératif, composé lui-même de provinces bien distinctes ou d'États confédérés plus ou moins indépendants, ayant dans une mesure plus ou moins grande des institutions propres et une vie nationale particulière, il sera naturel de donner la solution inverse. Ainsi en Allemagne et aux États-Unis, si ces États devaient céder une province, il serait logique de se référer à l'origine. Si, par exemple, le Hanovre, le Slesvig, ou la Silésie devaient être détachés de la couronne de Prusse, il serait juste de rechercher les Hanovriens, les Slesvigeois, les Silésiens vivant dans les parties de l'Empire ou à l'étranger.

L'usage d'accorder un droit d'option aux personnes ainsi déterminées n'est point nouveau dans le droit des gens. On pourra s'en convaincre par les exemples donnés ci-après. Aux XVII⁶ et XVIII⁶ siècles, on fixait d'ordinaire un délai pendant lequel toutes facilités étaient accordées aux habitants pour émigrer : l'émigration entraînait la conservation de l'ancienne nationalité. Un grand nombre de conventions contemporaines procèdent encore de la même manière : tels sont, par exemple, le traité de San-Stéphano conclu le 19 février 1878 entre la Russie et la Porte, et le traité de Constantinople, qui lui a été substitué le 8 février

1879 [1]. L'un et l'autre portent un article ainsi conçu : « Les « habitants des localités cédées à la Russie qui voudraient « fixer leur résidence hors de ces territoires seront libres de « se retirer, en vendant leurs propriétés immobilières. Un « délai de trois ans leur sera accordé à cet effet à partir de « la ratification du présent acte. Passé ce délai, les habi- « tants qui n'auraient pas quitté le pays et vendu leurs « immeubles resteront sujets russes. »

On remarquera l'obligation de vendre les immeubles. C'est une clause surannée, qui s'explique par les condi- tions particulières des territoires dont les traités de San- Stéphano et de Constantinople ont fixé le sort. Dans l'Europe occidentale elle n'est plus en usage.

Le système d'option résultant seulement de l'émigration est le seul qu'on puisse pratiquer quand l'État vaincu est complètement absorbé dans l'État vainqueur. Il convient alors d'accorder aux habitants un délai pour se rattacher à telle autre nationalité qu'ils voudront choisir, si la qualité de sujet de l'État vainqueur est incompatible avec leurs sentiments ou leurs intérêts. C'est ainsi qu'avait procédé la France, à l'époque de la révolution, lors de l'annexion de la république de Mulhouse et de celle de Genève. La faculté de se retirer où ils voudraient était stipulée pour les habitants. Ainsi se trouvera sauvegardée la règle que nous avons posée. On avouera, d'ailleurs, que c'est là un cas assez rare ; la plupart du temps, une province seulement est détachée d'un État : le droit d'option s'exerce alors sans difficulté entre les deux nationalités.

La plupart des traités modernes ne se contentent pas

---

[1] Le traité de Berlin ne contient aucune clause relative à la nationalité des habitants des pays qui changent de maître.

d'accorder un délai pour émigrer : ils veulent que l'option résulte d'une déclaration de volonté, ordinairement accompagnée d'émigration. On désigne les autorités des deux pays habiles à recevoir cette déclaration. Rien n'est plus simple pour les personnes capables ; mais pour les personnes incapables, notamment pour les mineurs, la question d'option, compliquée de celle de domicile, a donné lieu maintes fois à des difficultés. La manière de procéder la plus simple est évidemment d'adopter la théorie admise dans un grand nombre de pays, d'après laquelle la femme mariée et les enfants mineurs suivent la nationalité du chef de la famille. Quoique en France la règle inverse ait prévalu, nous trouvons un certain nombre de jurisconsultes à qui il ne répugnerait pas d'adopter ce système pour les naturalisations par la force majeure qui sont la conséquence de conventions diplomatiques. De ce nombre sont MM. Aubry et Rau. Nous ne pouvons suivre sur ce terrain ces savants jurisconsultes. Nous ne voyons aucune raison pour accepter ici une règle que nous trouvons mauvaise dans les autres cas. — N'est-il pas équitable que les mineurs puissent exercer le droit d'option ? Pour cela, il convient de reporter au moment de leur majorité l'époque où leur statut sera fixée définitivement. Nous admettons que les habitants acquièrent virtuellement, du jour de l'entrée en vigueur du traité, la nationalité du vainqueur, mais que cette naturalisation n'est effective que si elle est accompagnée d'une manifestation de volonté, résultant en général du non accomplissement des formalités imposées pour conserver la nationalité antérieure. Cette manifestation de volonté doit donc rationnellement être ajournée pour les incapables jusqu'au jour où ils ont acquis pleine et entière capacité, c'est-à-dire pour les mineurs jusqu'à leur majorité. Il faudrait donc admettre que les mineurs d'un territoire cédé n'ont pas le même délai que les majeurs pour faire leur option; il faudrait leur accorder un délai spécial commençant pour chacun au jour de sa majorité. Ce ne serait du reste que l'application de la règle d'équité, *contra non valentem agere non currit prescriptio*. Le traité récemment signé entre la France et la Suède, pour la rétrocession de l'île de Saint-Barthélemy, est le plus parfait exemple que nous puissions citer à l'appui de notre système [1].

On comprend cependant qu'il soit difficile, dans certains cas, d'adopter une jurisprudence aussi libérale. Le Gouvernement cessionnaire peut avoir de sérieux motifs de redouter l'agitation produite dans les esprits par la prolongation du droit d'opter. Il serait possible alors d'autoriser les mineurs à opter dans le même délai que les majeurs, avec l'assistance de leurs représentants légaux. On a vu qu'en général la France ne reconnaît pas au mineur le droit de se prononcer sur sa nationalité : il n'y a d'exception à la règle que dans la loi du 16 décembre 1874, en faveur des jeunes gens nés en France de parents étrangers qui eux-mêmes y sont nés, et, dans la loi de 1790, en faveur des descendants des religionnaires expulsés pour cause d'hérésie. Mais rien n'empêche qu'il ne soit fait une nouvelle exception à la règle ordinaire par un traité international. En ce cas, la *lex fœderis* se substitue à la règle commune. On verra que le traité de Francfort, du 10 mai 1871, a consacré implicitement ce système.

---

[1] Il se trouve déjà dans la loi belge du 4 juin 1839, relative à la nationalité des originaires des territoires du Limbourg et du Luxembourg abandonnés par la Belgique. Voir annexe P. 4°.

Le plus souvent la déclaration d'option ne suffit pas : le plus grand nombre des traités exige le transfert, hors du territoire annexé, du domicile de celui qui veut garder sa nationalité d'origine. Cependant quelques conventions ont renoncé à exiger l'émigration : citons celle signée par la France, le 8 décembre 1862, avec la Suisse, pour rectifier la frontière dans la vallée des Dappes. Il en avait déjà été ainsi dans le traité du 2 février 1848, cédant la Californie aux États-Unis, et dans plusieurs des traités conclus par l'Espagne avec ses anciennes possessions d'Amérique devenues indépendantes. [1] Mais on conçoit que des stipulations si larges puissent paraître dangereuses dans beaucoup de cas ; il est fort légitime, de la part de l'État cessionnaire, de refuser de garder sur le territoire annexé des individus relevant d'un autre État, et contribuant à entretenir dans les esprits le trouble et l'agitation qui sont les conséquences forcées des cessions de territoire, sauf dans de rares circonstances où la cession répond aux vœux presque unanimes des habitants.

IV

Quand un traité fixe un délai pour laisser le temps aux habitants d'un pays cédé de choisir entre les deux nationalités, quel est le moment précis où ils changent d'allégeance ? Est-ce à la date du traité ou à celle où expire le délai d'option ? Il faut évidemment partir de la date du traité pour ce qui concerne le changement de souveraineté du territoire. On est porté à croire qu'il faut aussi

---

[1] Voir Janer. *Tratados de España*, entre autres, le traité du 30 mars 1845 entre l'Espagne et la Vénézuéla.

s'y reporter pour ce qui concerne les habitants. Il est pourtant préférable, comme le veut la jurisprudence française [1], de leur reconnaître en fait la nationalité de l'État cédant jusqu'au jour où ils sont dans l'impossibilité de consolider cette qualité par l'option. De la sorte on évite les changements successifs d'allégeance auxquels aboutit le système adverse. Si, en effet, le traité a pour effet de rendre étrangers les habitants des pays annexés, tout en leur laissant le droit de revenir ensuite à leur nationalité d'origine par l'option, on impose aux optants deux changements de statut personnel qui peuvent avoir de fâcheuses conséquences juridiques.

On combat, il est vrai, quelquefois notre système, en invoquant une prétendue règle de droit des gens d'où il résulterait que les habitants du sol sont censés avoir toujours eu la nationalité du dernier souverain, lequel est également censé y avoir toujours régné; mais ce principe est absolument contestable, et, pour notre part, nous le repoussons.

V

Il peut enfin arriver qu'une annexion ait lieu sans traité, si par exemple le pays est occupé entièrement et que le souverain légitime se refuse à sanctionner sa dépossession, ou bien s'il s'agit d'un pays peu civilisé, habité par des peuplades sur lesquelles le conquérant s'étend sans avoir jamais avec elle d'autre rapport que par les armes. Dans le premier cas, par exemple, l'annexion à la Prusse de Francfort ou du Hanovre, le nouveau maître

---

[1] Jugements des tribunaux de Vesoul, 19 juillet et de Nancy, 31 août 1871.

décrète qu'à partir de tel jour les habitants annexés seront
soumis à ses lois. Il ne reste plus à ceux-ci qu'à renoncer
cette nouvelle nationalité par les modes légaux. Il serait
humain de leur faciliter les moyens d'émigrer dans un
certain délai, ainsi qu'avait fait la France lors de l'annexion de Genève et de Mulhouse.

Quand il s'agit de pays conquis sur un peuple barbare,
les choses se passent à peu près de même. Dès que le pouvoir du conquérant est établi définitivement, les vaincus
sont sujets du vainqueur. C'est ce qu'a fait la France
lors de la conquête de l'Algérie [1].

§ 2. — Historique jusqu'en 1814.

Il est intéressant de rechercher dans l'histoire quelle
application a été donnée aux théories qui viennent d'être
esquissées. Sans remonter plus haut que le XVIIe siècle,
on verra que l'usage d'accorder un droit d'option aux
habitants des pays conquis a été presque toujours suivi.

La doctrine générale de l'ancienne France en ce qui
concerne l'influence des cessions sur la nationalité des
habitants, nous est donnée explicitement par Pothier :
« Lorsqu'une province est réunie à la couronne, ses habi-
« tants doivent être regardés comme Français naturels,
« qu'ils soient nés avant ou après la réunion. Il y a
« même lieu de penser que les étrangers qui seraient
« établis dans ces provinces et y auraient obtenu, suivant
« les lois qui y sont établies, les droits de citoyen,
« devraient après leur réunion, être considérés comme

[1] Voir ci-après § 4.

« citoyens, ainsi que les habitants originaires de ces pro-
« vinces, ou du moins comme des étrangers naturalisés
« en France [1]. » Le même principe était reçu au cas de
cession d'un territoire : « Lorsqu'une province est démem-
« brée de la couronne...., les habitants changent de
« domination. »

Cette règle de Pothier était admise également par
Denisart, et, quoiqu'on ait voulu la combattre, nous ne
pensons pas qu'elle puisse être sérieusement contestée.
Dumoulin prétendait qu'une ordonnance royale était nécessaire pour rendre Français les habitants d'un territoire
cédé à la France [2]. Les partisans de sa doctrine citent
à ce propos un arrêt du Parlement de Paris du 21 janvier
1683, d'après lequel les habitants de la Lorraine n'auraient
été considérés comme Français que depuis la vérification
du traité de Nimègue, en 1680, et quoique depuis dix ans
le roi exerçât sa domination en Lorraine. Cet arrêt prouve
seulement qu'il fallait, aux yeux du Parlement, un acte
solennel et devenu définitif pour opérer un changement
d'allégeance, et qu'il ne suffisait pas qu'une armée fût
campée dans le pays et que le roi de France y régnât de
fait. C'est une confirmation de notre système d'après
lequel il faut un traité pour que la nationalité des habitants
en pays conquis soit modifiée.

D'ailleurs, le système de Pothier était si bien entré dans
les mœurs de l'ancien régime qu'il faut remonter bien haut
pour trouver des ordonnances conférant la naturalisation
à des annexés, tandis qu'on n'a jamais douté que les habitants des pays réunis à la France sous Louis XIV ou

---

[1] Traité des personnes. Ire partie, titre II, sect. Ire.
[2] Cout. de Paris, Fiefs., § 20.

Louis XV, les Francs-Comtois, les habitants du Roussillon, les Corses ne soient devenus français, quoiqu'ils n'aient pas été naturalisés par une ordonnance spéciale.

Dans les anciens traités, on ne s'occupe pas en termes formels de la nationalité des habitants annexés ; on les autorise seulement à s'expatrier et on leur concède un délai pour quitter le pays. Telle est la disposition de l'article 17 du traité de Ryswick (1697). « Qu'il soit permis à « tous ceux des habitants de la ville (de Strasbourg) ou « des dépendances, de quelque condition qu'ils soient, qui « voudront émigrer, de transférer leur domicile au lieu où « il leur plaira et d'y transporter leurs meubles en fran- « chise de tout droit, dans le délai d'une année à partir « de la ratification du traité de paix. »

Une clause de même nature se trouve à l'article 14 du traité d'Utrecht des 13 mars et 11 avril 1713, qui stipule pour les sujets de S. M. T. C. demeurant dans les pays cédés à S. M. B. un délai d'un an pendant lequel ils pourront se retirer avec leurs effets mobiliers. A la fin du même siècle, le traité de Campo-Formio du 17 octobre 1797 porte (article 9 *in fine*) que les habitants des pays cédés par l'Autriche « qui voudront à l'avenir cesser d'ha- « biter lesdits pays, seront tenus d'en faire la déclaration « trois mois après la publication du traité de paix définitif ; « ils auront le terme de trois ans pour vendre leurs biens, « meubles et immeubles, et en disposer à leur volonté. » C'est au fond la même théorie que dans le traité d'Utrecht ; seulement pour bénéficier du délai, il faut en avoir témoigné l'intention dans les trois mois. Enfin nous citerons encore le traité d'Amiens du 27 mars 1802, dont l'article 13 accorde aux habitants des pays cédés un délai de trois ans pendant lequel ils pourront disposer de leurs propriétés et pratiquer librement leur religion.

Ces différents articles présupposent le changement immédiat d'allégeance que produit le transfert de propriété du sol cédé. Ils permettent seulement aux habitants, à qui la domination nouvelle ne conviendrait point, de se retirer des pays conquis dans un délai donné, et moyennant des formalités. Il semble donc ressortir de l'esprit même de ces textes que les habitants acquièrent tous, de plein droit, par la conquête, la nationalité nouvelle, mais avec la faculter de conserver l'ancienne s'ils l'entendent ainsi. Du reste, Pothier ne laisse aucun doute sur ce point en déclarant clairement que les habitants peuvent conserver leur ancienne nationalité, en se retirant sur la partie non cédée des territoires de leur souverain. Pour le traité de Campo-Formio, il existe un autre preuve tout à fait décisive que telle était l'opinion des négociateurs. Par décret du 9 décembre 1811, l'Empereur a donné la formule des lettres patentes qui pourraient être délivrées aux personnes ayant perdu « leurs droits et qualité de Français auxquels elles « avaient renoncé dans les termes de l'article 9 du traité de Campo-Formio. » Il est donc bien évident que les Autrichiens des pays annexés devenaient Français *ipso facto* par le traité, sauf la liberté d'émigrer pour rester Autrichiens.

Pour trouver dans notre histoire des traités stipulant en termes exprès la situation de la population des pays conquis au point de vue de l'allégeance, il faut aller jusqu'aux traités de Mulhouse et de Genève, conclus les 28 janvier et 26 avril 1798, et ayant pour objet l'absorption des deux républiques dans la République française. Mulhousiens et Genevois sont déclarés *Français nés*, c'est-à-dire entièrement assimilés, quelle que soit leur résidence, aux citoyens de la République, nés Français. Le traité du 26 avril fait seulement exception pour trois Genevois qui, ayant écrit contre la République française, ne furent pas admis à l'honneur du droit de cité en France.

De ce que la clause assimilant les annexés aux Français nés ne se trouve pas dans les nombreux traités qui enchaînèrent pour un temps autour de la France une moitié de l'Europe, il ne faudrait pas conclure qu'une situation particulière ait été faite aux citoyens des deux petites Républiques absorbées dans leur puissante voisine. Nous nous rangeons volontiers à l'opinion de Fœlix qui pense que les annexions se firent dans les mêmes conditions, bien qu'on n'eût rien stipulé d'analogue [1]. Les plus anciens des nombreux arrangements intervenus sont absolument muets sur les habitants. Il arrive plus tard un moment, où ce sont ces derniers mêmes que l'on cède. Autrefois, on cédait une province, et subsidiairement les habitants. Vers 1810 apparaît le système nouveau de céder les *âmes* et subsidiairement le pays où elles vivent. C'était encore le langage reçu dans les réunions du congrès de Vienne, où l'on taillait à travers l'Europe, sans avoir plus d'égard que Napoléon pour le passé, les traditions, les aspirations des peuples, et n'ayant comme lui d'autre vue que le nombre des *âmes*, c'est-à-dire des soldats qu'on se donnait réciproquement. Cette expression même ne prouve-t-elle pas plus que tout le reste que c'était bien les hommes qu'on cédait.

La cour de cassation a reconnu, à plusieurs reprises et notamment dans un arrêt récent, que l'individu né dans un des pays annexés à l'empire Français devenait sujet de l'Empereur par le fait de l'annexion, et cela quand même il n'était pas domicilié dans le pays annexé [2].

[1] *Rev. de dr. fr. et étr.*, II, p. 328.
[2] Arrêt du 12 juin 1874.

§ 3. — Démembrement de l'Empire de Napoléon.

I

Le traité du 30 avril 1814, qui ramena les limites de la France à celles de 1792, contient une disposition importante pour les habitants des nombreuses provinces qu'on arrachait au grand empire de Napoléon. Dans tous les pays qui « doivent ou devront changer de maître, dit l'ar-« ticle 17, tant en vertu du présent traité que des arran-« gements qui doivent être faits en conséquence, il sera « accordé aux habitants, naturels et étrangers, de quelque « condition et nation qu'ils soient, un espace de six ans, à « compter de l'échange des ratifications, pour disposer, « s'ils le jugent convenable, de leurs propriétés et se reti-« rer dans tel pays qu'il leur plaira de choisir. » Cette clause, que le retour de Napoléon et les traités subséquents n'ont point annulée, a donné lieu à de nombreuses difficultés dans la pratique. L'interprétation la plus naturelle était de considérer le traité comme assurant un moyen de recouvrer la nationalité française aux habitants des provinces séparées. De même que, dans les traités antérieurs, on avait toujours regardé les délais de six mois, ou un an, ou trois ans, donnés pour émigrer, comme un mode d'échapper à la nationalité du conquérant, de même il fallait envisager le délai de six ans du traité de Paris, comme établi en vue de donner aux habitants des pays cédés le moyen de rester Français. Il semble, d'après ce que nous avons dit du traité de Campo-Formio, et de l'avis de Pothier sur le sens de toutes les clauses analogues qu'il n'était guère possible de se méprendre sur le sens de l'article 17.

Telle ne fut pas pourtant l'opinion dominante en France. On était alors pénétré de l'idée de renouer la chaîne du passé interrompue depuis de la Révolution et on voulait supprimer la période révolutionnaire et impériale dans toutes ses conséquences. Le roi donnait l'exemple en datant ses ordonnances de la vingtième année de son règne, et en revenant de tout son pouvoir aux errements de l'ancienne cour de France, malgré le régime constitutionnel. On se persuada que les habitants des pays annexés à l'Empire Napoléonien n'avaient pas été plus légitimement Français, que l'Empereur n'avait été légitimement souverain de la France, et on pensa que le traité leur permettait seulement d'émigrer librement, sans être assujettis aux droits de douane et aux vexations qui empêchaient alors la circulation d'État à État. Telle est l'opinion soutenue par Lawrence [1]. « En principe quand un territoire est détaché « d'un État pour être réuni à un autre, il est convenable de « laisser aux habitants de ce territoire le moyen de ne « pas perdre leur nationalité : on doit admettre que si, dans « un certain délai, ils viennent se fixer dans les provinces « conservées par l'État auquel ils appartenaient, ils seront « considérés comme n'ayant jamais cessé d'y apparte- « nir. En 1814, on n'a pas montré cette bienveillance pour « les habitants des provinces qui avaient été réunies à la « France depuis 1791 : on paraît avoir eu simplement pour « idée de tenir pour non avenu le fait de cette réunion. »

Le gouvernement de la Restauration était manifestement sous l'empire de ce genre de préoccupations, quand il présenta aux Chambres un projet de loi pour l'interprétation et l'application en France de l'article 17 du traité du 30 avril

---

[1] *Comm. sur Wheaton*, t. III, p. 192.

1814. L'exposé des motifs et le rapport de la commission témoignent combien les politiques d'alors faisaient bon marché de ces hommes, attachés pendant quelques années à la fortune de la France, et dont un grand nombre, sur le Rhin et l'Escaut, l'avaient adoptée sans arrière-pensée pour leur patrie. On les considérait comme des alliés, des confédérés ; mais on se méfiait d'eux et on les repoussait par tous les moyens. On regardait comme une simple mesure de police internationale l'article 17 du traité de Paris, et on déclarait complètement étrangers les habitants des quarante-quatre départements cédés. Dès lors, il était nécessaire qu'ils se fissent naturaliser s'ils désiraient demeurer Français : on s'imagina leur accorder une grande faveur en présentant le projet de loi qui devint la loi du 14 octobre 1814 [1].

Cet acte divise les originaires des provinces cédées en trois catégories : ceux qui habitent depuis dix ans, à compter de leur majorité, la France, c'est-à-dire le territoire laissé à Louis XVIII ; ceux qui l'habitent depuis moins de dix ans ; ceux enfin qui ont continué de demeurer dans les départements abandonnés. Les premiers pouvaient conserver la nationalité française en déclarant dans les trois mois leur intention de demeurer Français. Ils recevaient alors des *lettres de déclaration de naturalité*. Les seconds obtenaient les mêmes lettres, après avoir complété le séjour de dix ans. Les derniers enfin devaient s'établir en France, et, suivant les lois générales de la naturalisation en vigueur depuis l'an VIII, ils pouvaient dix ans plus tard solliciter des lettres de naturalité. Le roi se réservait d'abréger le délai dans les cas qui lui paraîtraient mériter un intérêt particulier.

[1] Voir annexe A. 3°.

Cette loi ne passa pas sans une ardente discussion, qui jette une vive lumière sur la portée qu'on doit y attribuer. Tout le monde à la Chambre des Députés comprenait l'importance des intérêts engagés. Et, à côté des orateurs du gouvernement qui craignaient l'invasion d'une foule d'Allemands, Belges et Piémontais, anciens fonctionnaires locaux compromis, qui viendraient en France semer le désordre et l'agitation, et en même temps disputer les places aux véritables Français, des voix se firent entendre qui réclamaient, au nom du droit des gens, l'application du principe général d'après lequel les intéressés pourraient recouvrer la nationalité française en émigrant. On montra et nous croyons que là était la vérité, on montra qu'en stipulant le délai de six ans, les puissances coalisées avaient eu précisément en vue la nationalité des habitants des territoires qui changeaient de maître, suivant en cela l'exemple des anciens traités cités plus haut d'Utrecht, de Lunéville, de Campo-Formio. Seulement, eu égard à l'étendue des territoires conquis, on avait porté jusqu'à six ans la durée du délai de l'option. C'est dans ce sens que parlèrent, à la séance du 29 septembre 1814, MM. de Mortreux et Chabaud-Latour. Ils n'eurent pas de peine à établir qu'en entourant la réintégration dans la nationalité française de délais et de formalités, on s'écartait de l'esprit du traité de paix, et que la seule solution logique de la question était d'exiger seulement une déclaration de transfert de domicile en France. Sans aller aussi loin, M. Raynouard, frappé des inconvénients qui résultaient de la loi, surtout pour les originaires des provinces cédées qui avaient rempli des fonctions publiques, proposa de réputer Français ceux qui avaient servi la France, dans l'armée, la marine, et les fonctions publiques, à la seule condition qu'ils déclarassent dans l'année leur intention de se fixer en France. L'orateur rappela à ce propos des ordonnances des rois Louis XIV et Louis XV qui avaient accordé la naturalisation aux étrangers ayant été cinq ans marins ou dix ans soldats au service de France. Mais tous les amendements échouèrent également contre le parti pris d'une majorité inquiète et surtout préoccupée d'étouffer les souvenirs de la période impériale.

II

La loi fut donc admise telle que le gouvernement l'avait présentée et comme on l'a résumée ci-dessus. Il convient d'observer que les originaires seuls des départements cédés étaient soumis aux formalités de la loi de 1814. Cependant le traité de paix parlait des habitants. Que devenaient les Français d'origine établis dans les provinces cédées? Le traité, ce n'est pas douteux, les devait faire regarder comme étrangers si, au bout de six ans, ils n'avaient pas transporté leur domicile en France. Mais telle ne fut pas la jurisprudence française. Conséquent avec lui-même, le gouvernement du roi Louis XVIII trouvait tout naturel de regarder les habitants des départements cédés, nés dans l'ancienne France, comme des Français ayant demeuré et demeurant encore à l'étranger, puisqu'on voulait en quelque sorte détruire rétroactivement l'effet des annexions de l'Empire. La jurisprudence [1] et la plupart des auteurs [2] partagent cette manière de voir.

[1] Arrêt de Grenoble, 16 février 1842.
[2] Aubry et Rau, p. 259, note 11.

Quant aux originaires des territoires cédés, on a vu à quelles formalités ils étaient soumis pour ne pas retomber sous la domination des anciens gouvernements restaurés par le congrès de Vienne. Ils étaient cependant dans une situation plus favorable que de simples étrangers qui eussent voulu se faire naturaliser, en ce sens que ceux-là mêmes qui demeuraient hors de France au moment des traités et à qui il fallait dix ans de séjour pour obtenir les lettres patentes, obtenaient après ce temps des lettres qui les déclaraient maintenus dans la qualité de Français. Ce n'étaient point des lettres de *naturalisation*, mais de *déclaration de naturalité*, qui opéraient un effet rétroactif. La jurisprudence a été unanime sur ce point. On pourrait en citer de nombreux exemples de ses décisions [1].

C'est par application de la même idée que le Conseil d'État, dans un arrêt du 17 mai 1823, déclarait que les membres de l'ordre de la Légion d'honneur devenus étrangers en 1814 pouvaient demander le traitement accordé aux membres français, à condition qu'ils produisissent des lettres de naturalité et non de naturalisation : ces dernières, en effet, eussent fait supposer la perte de la qualité de Français et il eût fallu procéder à une nouvelle nomination dans l'ordre.

Le délai lui-même a été entendu de la manière la plus large. Les trois mois dans lesquels devait être faite la déclaration furent considérés comme un délai purement comminatoire. Le 10 janvier 1835, le Ministre de la Justice déclarait devant les Chambres que le gouvernement délivrait encore à cette époque des lettres patentes sur le modèle de la loi de 1814. Ce n'est qu'en 1849, qu'on

---

[1] Voir l'arrêt de cassation du 14 mai 1836.

renonça à tout jamais à cette pratique, la loi sur la naturalisation rendue par l'Assemblée nationale ayant abrogé formellement la loi du 14 octobre 1814.

Du reste, diverses ordonnances royales avaient expressément accordé un temps beaucoup plus long à certaines classes de personnes, officiers, membres de l'ordre de la Légion d'honneur, etc... —·On remarquera que le traité de paix n'entrait pas en considération quand il plaisait au gouvernement de prendre de pareilles mesures. Comment les Puissances signataires auraient-elles pu s'en plaindre, après la concession inconsciente, mais si considérable en pratique, que leur avait faite la France, en substituant au régime stipulé à Paris et à Vienne le régime rigoureux de la loi de 1814?

Cette loi portait une disposition inexplicable, dont on regrette que la jurisprudence n'ait pu faire justice, comme pour l'étendue des délais. Les Français maintenus dans leur nationalité par la délivrance de lettres de naturalité subissaient cependant une déchéance : ils devaient réclamer l'application de l'ordonnance du 4 juin 1814 et obtenir des lettres patentes vérifiées par le pouvoir législatif, pour avoir le droit de siéger au Parlement.

Des hommes comme Masséna et Benjamin Constant furent soumis à cette formalité. C'était là une violation manifeste du principe de la non rétroactivité des lois.

Pour appliquer la loi de 1814 aux mineurs, on se borna à admettre une simple prolongation de délai jusqu'au moment de leur majorité. Ils pouvaient alors demander pour leur propre compte des lettres patentes [1]. Mais à quelle solution faut-il s'arrêter si le père obtient des let-

---

1 Arrêt de cassation, 4 mai 1836.

tres patentes et que les fils mineurs n'en n'aient pas
obtenu : les derniers auront-ils suivi la nationalité de leur
père ? La plupart des auteurs, même ceux qui admettent
que, dans la naturalisation ordinaire, le fils ne suit pas
la nouvelle condition du père, sont portés à penser qu'en
pareil cas, cas de force majeure en quelque sorte, les
mineurs doivent suivre exceptionnellement la nationalité
de leur auteur. Quelques arrêts ont aussi été rendus dans
ce sens, mais ils ne paraissent pas conformes à notre loi.
Le principe de droit français sur la matière est que le
mineur garde jusqu'au jour de sa majorité la nationalité
qui lui a été conférée à sa naissance. Bien que ce soit
seulement la loi de 1851 qui ait fait passer le principe
dans notre droit positif, la théorie inverse a toujours
répugné à l'esprit général du Code civil. Le fils, dont le
père avait obtenu des lettres patentes, ne pouvait donc
pas les invoquer à sa majorité : il lui appartenait seulement d'en réclamer d'autres pour lui-même, si d'autre
part il n'avait pas de motif d'être considéré comme Français.

Souvent, en effet, le mineur avait d'autres raisons de
revendiquer la qualité de Français. S'agit-il, par exemple,
d'un mineur né en France de parents originaires des pays
cédés, certains arrêts le regardent comme devenu
étranger en 1814, mais lui reconnaissent le droit de remplir les formalités de l'article 9. Cela résulte de la
fausse idée signalée plus haut, d'après laquelle la qualité
de Français des originaires des pays cédés était considérée comme rétroactivement effacée : dès lors on traitait
leurs enfants nés en France comme nés de parents étrangers. Mais il ne nous paraît pas nécessaire de leur
demander de se conformer à l'article 9. Sans parler bien

entendu de ceux nés antérieurement à la promulgation du Code et qui sont Français comme nés en France, les autres le sont également, comme nés en France de parents français. Le retour du père à une nationalité étrangère, ne peut avoir pour effet d'entraîner pour le fils la perte de la nationalité qui lui a été conférée par sa naissance. Peu importe pour ce mineur qu'il ait ainsi que son père observé la loi de 1814. Il est Français et demeure tel.

Cette décision conforme à notre théorie est appuyée sur plusieurs arrêts [1], quoique l'opinion contraire ait été plus souvent suivie par la magistrature [2].

III

En 1815, après les Cents jours et la défaite de Waterloo, la situation territoriale de notre pays fut de nouveau modifiée : le traité du 20 novembre 1815 enleva à la France une partie de ses anciennes frontières : quelle fut, au point de vue de la nationalité, la situation des habitants des pays cédés ? Faut-il leur appliquer la loi de 1814 ? Nous ne le pensons pas, et il y a à cela plusieurs motifs ; en effet, outre qu'il serait bizarre d'appliquer à une catégorie d'individus déterminés par un acte de 1815, les conséquences d'une loi faite en 1814 pour d'autres classes de personnes, l'esprit même de la loi de 1814 et les motifs qui l'ont inspirée ne permettent pas qu'on l'applique à des habitants de provinces anciennement françaises. Cette loi a sa raison d'être dans l'idée professée alors que la période impériale était non avenue, et les annexions de l'Empire nulles de

1 Douai, 28 mars 1831, Cassation, 13 janvier 1845.
2 Lyon, 2 août 1827.

plein droit. Mais quand en 1815 on obligeait le roi Louis XVIII à signer un traité par lequel il abandonnait des places comme Sarrelouis et Deux-Ponts, des colonies comme l'Ile de France, ayant appartenu à Louis XVI, la situation n'était plus la même, et il n'était pas admissible qu'on réglât le sort de ces anciens Français avec la même rigueur que celui des habitants violemment et momentanément annexés à la nation Française par le hasard d'une guerre heureuse.

Il n'est pas douteux que les habitants des pays laissés à la France en 1814 et enlevés en 1815, par le traité du 20 novembre, ne doivent être considérés comme ayant conservé la qualité de Français, si, dans les six ans après l'échéance de ratifications, ils sont venus se fixer en France.

Telle est l'opinion qui a été soutenue par le ministère de la Justice, et par le Conseil d'État en 1826, et par la jurisprudence. La Cour de Paris, en effet, a eu l'occasion de se prononcer dans ce sens, en reconnaissant, en termes formels, qu'un individu né dans l'île de France a conservé la qualité de Français, s'il est venu résider dans notre pays à la suite de l'annexion de l'île à l'Empire Britannique. Ce même individu serait devenu sujet anglais, s'il avait continué de résider dans notre ancienne possession [1].

IV

Il serait intéressant de compléter ces considérations par un examen de la manière dont les pays étrangers ont interprété et appliqué chez eux les clauses conventionnelles précitées. Les renseignements sur un point de droit qui

[1] Arrêt du 4 février 1840.

n'a plus guère d'actualité aujourd'hui sont malheureusement bien difficiles à recueillir, et nous devons nous borner
à quelques indications sommaires.

En Belgique [1], on a admis, à peu près comme en France,
que la période impériale devait être tenue pour non existante. Devenus Français par la conquête, les habitants des
provinces belges recouvraient la qualité de Belge par
suite d'événements militaires contraires, y compris leurs
enfants, en quelques départements qu'ils fussent nés [2].
Il y a là une influence manifeste de la jurisprudence et
de la théorie qui prévalurent en France : en s'en tenant
au texte du traité, il eût fallu abandonner le natif de
Belgique demeurant en France et ne rentrant pas, dans le
délai de six ans, dans les États du roi des Pays-Bas. Mais
cette opinion n'a pas prévalu dans la jurisprudence belge :
elle a admis comme la nôtre et à tort, croyons-nous, que
les dispositions des articles 17 du traité du 30 mai 1814 et
7 de celui du 20 novembre 1815, ne devaient pas être
entendues comme entraînant aucune conséquence relativement à la nationalité. Cependant la doctrine n'était pas
admise sans contestation de la part de la cour de cassation,
car, si on peut citer plusieurs de ces arrêts qui y sont favorables [3], on en peut mentionner également un autre [4] qui
se range à l'opinion adverse. Il s'agissait, dans ce dernier
cas, de l'application de l'article 37 du traité conclu à Aix-
la-Chapelle entre les royaumes de Prusse et des Pays-Bas,
article qui reproduit dans sa forme générale les articles
précités des traités intéressant la France.

[1] Voir le *Traité de la nat. des ind.*, par J. de Soignies, Mons, 1877.
[2] C. de Cass. de Belg., 20 oct. 1862 et 4 juillet 1873.
[3] Cassation de Belg., 26 juin 1854.
[4] 7 août 1849.

D'ailleurs la Belgique, conséquente avec elle-même, admettait que les Français domiciliés dans le pays en 1814 et y ayant conservé leur domicile ne sont pas devenus pour cela sujets du roi des Pays-Bas : ils restent Français, étant en quelque sorte de simples étrangers fixés dans le royaume. Il a même été jugé dans ce sens par la cour de cassation de Bruxelles, le 3 janvier 1822, à l'occasion d'un Français marié avec une femme belge, et domicilié depuis plus de vingt ans en Belgique.

— Dans la Prusse Rhénane, on paraît avoir adopté une règle plus conforme à l'esprit des traités. Un intéressant arrêt de la cour de Cologne du 11 mars 1841, refuse de reconnaître la qualité de Prussien à un originaire des pays Rhénans qui s'était transporté en France, dans la période comprise entre 1816 et 1822. Pour les magistrats prussiens, qui appliquaient purement et simplement le traité, cet homme était Français.

§ 4. — Conquête de l'Algérie.

La conquête d'un pays comme l'Algérie ne saurait comporter l'application des règles du droit des gens suivies en Europe. Dans la pratique, on a admis que les Algériens étaient sujets français (non citoyens, qu'on ne l'oublie pas) dès que leur pays a été définitivement annexé à la France. Ainsi la Cour de Paris n'avait pas hésité à déclarer, même avant le traité de la Tafna, qui est du 20 mars 1837, que les Algériens étaient dispensés, comme Français, de la caution *judicatum solvi*.

Dès 1834, le ministère de la guerre avait eu à résoudre certaines questions délicates touchant la protection des

Algériens du Levant. Une circulaire du 31 janvier de cette année divise, à cet effet, les Algériens en cinq catégories :

1° Les déportés ;

2° Ceux qui ont volontairement émigré ;

3° Ceux qui, voyageant au dehors, à l'époque de la conquête, n'ont pas manifesté l'intention de revenir ;

4° Ceux qui, se trouvant dans le même cas, ont témoigné l'intention contraire ;

5° Ceux qui, depuis la conquête, ont été appelés à voyager dans le Levant.

Les individus compris dans les deux dernières classes ont seuls le droit de demander la protection de la France. On comprend, d'ailleurs, la difficulté qu'offre l'appréciation de l'esprit de retour. Sur ce point, on ne saurait donner des règles précises. Une circulaire du 7 septembre 1855 a pourtant fixé un délai après lequel la perte de l'esprit de retour est présumée : ce délai est de trois ans, sauf toutefois les circonstances exceptionnelles, et les passeports délivrés aux Algériens pour se rendre à l'étranger doivent mentionner qu'après trois ans d'absence, le porteur ne pourra plus réclamer la protection diplomatique de gouvernement français.

§ 5. — Annexion de la Savoie et du Comté de Nice.

Après 1815, le territoire européen de la France demeura longtemps le même [1]. Il faut aller jusqu'en 1860 pour

---

[1] Nous ne citerons que pour mémoire la déclaration échangée le 11 juin 1827 entre la France et la Prusse pour la possession du district de la Leyen. Cette rectification de frontière donna lieu à une cession réciproque de quelques communes : rien n'a été stipulé pour la nationalité des habitants.

trouver une cession de territoire importante concernant notre pays ; c'est l'annexion de la Savoie, qui avait déjà fait partie de la France pendant le premier Empire, et du Comté de Nice, qui, en outre, avait appartenu à l'ancienne Provence.

I

La cession ayant lieu en pleine paix entre États alliés, les stipulations ont un caractère un peu différent de celui de la plupart des clauses de même nature dans d'autres traités. Ainsi l'article 5 du traité signé à Turin à la date du 24 mars 1860 déclare que « le gouvernement français « tiendra compte aux fonctionnaires de l'ordre civil et aux « militaires appartenant par leur naissance à la province « de Savoie et à l'arrondissement de Nice et qui devien- « dront sujets Français des droits qui leur sont acquis 'par « les services rendus au gouvernement sarde....» Bien que la plupart des hauts fonctionnaires aient opté pour la Sardaigne, quelques-uns d'entre eux ont continué leur carrière en France. Un général sarde a même été aide de camp de l'empereur Napoléon.

L'article suivant permet aux habitants de conserver leur nationalité d'origine, s'ils ne veulent pas se rallier au nouveau souverain territorial : « Les sujets sardes origi- « ginaires de la Savoie et de l'arrondissement de Nice, ou « domiciliés actuellement dans ces provinces, qui enten- « dront conserver la nationalité sarde jouiront, pendant « l'espace d'un an à partir de l'échange des ratifications « et moyennant une déclaration préalable faite à l'auto- « rité compétente, de la faculté de transporter leur domi-

« cile en Italie, et de s'y fixer, auquel cas la qualité de
« citoyen sarde leur sera maintenue. »

Enfin l'article 12 de la convention additionnelle du 23
août 1860 contient des dispositions pour faciliter l'accomplissement des conditions exigées : « Seront admis en
« France en exemption de tous droits, les objets composant
« le mobilier des individus originaires de Savoie ou de
« l'arrondissement de Nice, aujourd'hui établis dans les
« États Sardes, qui dans le délai d'un an déterminé par
« l'article 6 du traité d'annexion du 24 mars 1860, conclu
« entre la France et la Sardaigne, opteraient pour la natio-
« nalité française et voudraient se rendre en France. De
« même, l'immunité complète du droit de sortie sera
« accordée aux effets mobiliers et effets à usage appar-
« tenant aux individus originaires de Savoie et de l'arron-
« dissement de Nice actuellement en France, qui, dans le
« délai susmentionné, opteraient pour la nationalité sarde
« et transporteraient leur établissement de France en Sar-
« daigne. »

De ces textes il résulte nettement que deux catégories
d'individus sont compris dans le changement de nationalité.
On n'emploie pas le terme vague d'habitant. A s'en tenir
seulement aux dispositions conventionnelles, on se fait de
suite une idée très précise de la situation : les *originaires* et les *domiciliés* deviennent de plein droit Français, à
moins qu'ils ne remplissent les conditions indiquées. Cependant le texte ne contient pas d'explications sur les
Savoisiens et Niçois résidant hors de leur pays. L'article
12 précité de la convention du 23 août s'occupe de ceux
qui demeurent en Italie et voudront devenir Français : il
leur accorde des franchises de douane pour venir en France.
Mais il est certain que ceux qui restaient en Italie ne

devenaient pas moins Français. Le mot *opter* pour la nationalité française dans notre article, n'indique point une
formalité ; leur option résultera, au contraire, de l'absence de toute déclaration. Il en est de même des Sardes
d'origine résidant dans n'importe quelle autre partie du
monde. Nul doute qu'ils ne fussent atteints par le traité.
Sur ce point le traité de Zurich du 19 novembre 1859 qui
stipulait la cession de Lombardie au Piémont était plus
explicite. Il accordait aux Lombards résidant en Lombardie et en Autriche un délai d'un an pour opter pour la
nationalité autrichienne. Pour les Lombards résidant
dans le reste de l'Europe et dans les autres parties du
monde, le délai était porté à deux ans. L'option devait
être faite devant les agents diplomatiques et consulaires
de l'Empereur ou en Autriche devant certains fonctionnaires
Le traité de Turin et la convention additionnelle sont
muets sur la question : mais quoiqu'un seul délai ait été
stipulé, il n'est pas moins certain que les natifs de la Savoie
et de l'arrondissement de Nice étaient tenus d'opter à l'é-
tranger et en Italie devant les autorités sardes. — C'est
ainsi, d'ailleurs, que la jurisprudence française l'a entendu :
plusieurs Cours françaises ont été saisies de demandes
formées pour s'exempter du service militaire par de jeunes
Sardes demeurant à l'étranger et originaires des pays
annexés. La nationalité française a toujours été reconnue
à ceux d'entre eux qui avaient négligé d'opter pour l'Italie [1].
Nous irons même plus loin, et nous n'hésiterons pas à considérer comme Français les descendants de Sardes ou
Niçois fixés à l'étranger, bien qu'ils soient nés à l'étranger,

---

[1] Arrêt de Lyon, 11 mars 1872. — Chambéry, 29 mars 1873. — Cassation, 19
août 1874.

s'ils ont encore conservé leur domicile en Savoie, ou dans l'arrondissement de Nice. Si au contraire, il n'ont pas conservé d'attache avec le pays d'où sont natifs leurs parents, ils ne pourront pas être atteints par le traité de paix, n'étant ni domiciliés, ni originaires (ce mot s'applique en effet seulement aux natifs). Il a été fait une très judicieuse application de cette manière de voir par le tribunal de Lyon [1], dans une affaire qui a eu quelque retentissement par suite de la situation de la personne dont la nationalité était en cause.

Le traité de Zurich contenait une clause permettant au Gouvernement Impérial et Royal de congédier immédiatement les soldats et fonctionnaires de l'Empire d'origine lombarde, à moins qu'ils n'optassent de suite pour l'Autriche. Quoique non répétée dans le traité de Turin, cette clause semble avoir été implicitement acceptée par les parties contractantes.

II

Malheureusement, il y avait dans le traité une autre lacune autrement importante, relative aux mineurs. Si le Gouvernement français s'en était tenu aux termes des actes internationaux, qu'on vient de mentionner, il se serait formé probablement sur la question des mineurs, une jurisprudence libérale, de nature à donner satisfaction à leurs intérêts. Dans une cession stipulée, entre deux États amis et par des considérations politiques, on pouvait, sans inconvénient, retarder purement et simplement l'ouverture du délai d'option pour les mineurs, jusqu'au moment où ils auraient atteint leur majorité, et leur

---

[1] Voir, annexe F, le texte de cette remarquable sentence.

accorder une année à partir de cette époque. Le gouvernement comprit lui-même qu'il y avait quelque chose à faire,
et rendit le décret du 30 juin 1860, acte soi-disant expli-
catif, qui ne servit qu'à jeter le trouble dans la question [1].

Ce décret contient deux articles : le premier s'applique
aux Sardes majeurs domiciliés en Savoie ou dans l'arrondissement de Nice au moment de la cession, mais originaires des provinces italiennes de la couronne de Sardaigne. Il leur accorde le droit de se faire naturaliser Français,
sur une simple demande et sans frais, pendant une année.
Mais le traité de Turin n'avait-il pas déjà visé les domiciliés ? et ne leur accordait-il pas de plein droit la nationalité
française, s'ils n'optaient pas dans les délais voulus ? Cette
contradiction entre le traité et le décret du 30 juin n'a
jamais pu être expliquée. De là des difficultés pratiques
fréquentes, les autorités françaises ne sachant pas s'il
fallait s'en tenir à la convention ou au décret du 30 juin.
Nous voyons cependant un cas où le texte pouvait être
invoqué : c'est celui d'un Sarde domicilié à Nice ou à Chambéry désireux de consolider sa qualité de Français avant
le moment où, le délai d'option étant expiré, il serait définitivement devenu sujet de l'Empire français. C'était une
sorte de renonciation au droit de demeurer Italien en faisant
la déclaration prescrite et en émigrant. On verra qu'une
règle analogue a été admise lors de la cession de l'Alsace-
Lorraine. Mais alors pourquoi n'avoir pas accordé le
même droit aux originaires ? Cette explication, qui a été
corroborée par deux décisions du ministère de la Justice
des 6 mars et 7 août 1870, nous paraît pourtant préférable
à celle qui consiste à prétendre que l'article premier du

[1] Voir annexe E.

décret s'appliquait aux Sardes subalpins résidant le 30 juin
dans les pays annexés, mais s'y étant établis postérieurement au traité de cession. Il est évident que, si le décret
avait voulu s'occuper du petit nombre d'individus se
trouvant dans ce cas, il l'aurait dit expressément. On ne
doit pas oublier, d'ailleurs, que l'une et l'autre explication
ont été données après coup, et qu'elles ne valent que
comme témoignant des efforts des jurisconsultes pour
concilier les deux termes d'une antinomie insoluble.

L'article 2 de notre décret nous ramène aux mineurs.
Il permet aux mineurs nés dans la Savoie ou l'arrondissement de Nice de réclamer la nationalité française dans
l'année qui suivra leur majorité, en observant les règles de
l'article 9 du Code civil. S'il n'y a pas ici de contradiction
avec les termes du traité, c'est uniquement parce que le
mot mineur n'est pas écrit une seule fois dans les actes
internationaux qui stipulent la cession. Mais avec l'esprit
du traité, la contradiction est absolue. Est-il logique, quand
on déclare, d'une part, que tous les habitants d'un pays deviennent Français, à moins de formalités pour rester
Italiens, de décider, d'autre part, qu'une catégorie nombreuse de ces habitants devront demander la qualité de
Français? L'idée de laisser le mineur dans une situation
provisoire jusqu'à sa majorité est une idée fort juste, conforme à la tradition française et à l'esprit de nos lois : mais
au moins fallait-il décider précisément l'inverse, savoir
que les mineurs nés en Savoie et à Nice pourraient à leur
vingt et unième année opter pour la nationalité italienne.
Ce malencontreux décret du 30 juin allait à l'encontre du
plus clair des intérêts français, qui était de donner à la
France le plus de sujets possible. Les engagements synal-
lagmatiques, rédigés en présence des plénipotentiaires

italiens qui avaient des intérêts contraires aux nôtres,
nous étaient plus favorables que les dispositions de ce
décret rendu par le gouvernement français agissant seul
dans la plénitude de sa liberté! Nous trouverons pourtant
un cas où l'article 2 a une utile application; mais certainement ce cas n'était pas dans la pensée de ceux qui l'ont
rédigé [1].

III

A quelles règles faut-il se conformer aujourd'hui pour
trancher les questions si nombreuses encore qui s'élèvent
à propos de l'annexion de 1860 ? Pour les majeurs, la seule
difficulté qui puisse se présenter est de savoir s'il faut regarder comme Français les domiciliés qui n'ont pas opté
pour l'Italie, et qui n'ont pas invoqué pour devenir Français le décret du 30 juin. On ne peut pas hésiter, croyons-
nous, à se prononcer affirmativement. Le traité, acte solennel, est clair et précis: « Les sujets sardes…domiciliés..
« qui entendront renoncer la nationalité sarde, jouiront
« de la faculté, de transporter leur domicile en Italie
« et de s'y fixer, auquel cas la nationalité sarde
« leur sera maintenue. » En présence de ce texte, on doit
écarter les objections du décret du 30 juin. Les Italiens
eux-mêmes n'ont pas hésité à suivre cette règle qui pourtant ne leur était pas favorable. Ils ont seulement exigé
qu'il y eût domicile légal, au sens juridique du mot et non
simple résidence, ou établissement de commerce [2]. Un jugement du tribunal de Nice, du 25 juin 1873, vient à l'appui

---

[1] Voir, annexe E, l'exposé des motifs du décret du 30 juin, document que
nous avons été dans l'impossibilité absolue de comprendre.

[2] Voir sur la jurisprudence italienne la *Revue de droit international*
de M. Rolin Jacquemyns, tome VI, p. 264.

de cette manière de voir. Il déclare Français un natif du Piémont, qui résidait depuis nombre d'années à Villefranche-sur-Mer et n'avait pas accompli en 1860 la formalité de l'option. L'intéressé n'avait pas même fait une véritable déclaration de domicile à Villefranche, mais il y avait son principal, même son unique établissement depuis plus de dix ans. — Un jugement du tribunal d'Albertville a reproduit cette théorie dans une affaire analogue qui est venue en appel devant la Cour de Chambéry, le 4 mai 1875. La cour a réformé le premier jugement, tout en reconnaissant que le traité est aussi catégorique que possible en faveur de notre opinion. Mais, dans l'espèce, l'intéressé n'avait pas transféré en Savoie son domicile légal. En outre, la Cour s'est laissée influencer par l'article 1 du décret du 30 juin, qui lui a paru s'être en quelque sorte substitué aux règles du traité de paix. — Nous pourrions citer encore dans le même sens que cet arrêt, un jugement du tribunal d'Annecy, dont les motifs, longuement développés, tendant à prouver que le traité d'annexion lui-même, interprété avec sagacité, permet de regarder les domiciliés comme restés Italiens. Selon le tribunal ce serait pour renforcer une opinion déjà contenue virtuellement dans le traité qu'aurait été rendu le décret du 30 juin. Nous renvoyons au texte de cette curieuse sentence, qu'on ne saurait analyser [1], et qui nous paraît se réfuter d'elle-même.

La pratique s'est trouvée, dans une certaine mesure, d'accord avec cette théorie : nous croyons savoir que des lettres de naturalisation ont été données à des individus majeurs et domiciliés au moment de l'annexion dans les pays cédés à la France.

[1] Ce jugement est du 9 juillet 1874, Recueil de Dalloz.

Cependant, nous persistons à penser qu'on ne doit pas hésiter à tenir pour Français les simples domiciliés, comme l'ont jugé les tribunaux de Nice et d'Albertville, et comme, d'après la Cour de Chambéry elle-même, le traité de Turin l'exigeait expressément. L'opinion de cette Cour, d'après laquelle le traité aurait été, en quelque sorte, nové par le décret du 30 juin, est d'autant moins admissible que la jurisprudence a trouvé, pour l'article premier du décret, une interprétation tout à fait différente, à laquelle le ministère de la Justice a fini par se rallier en 1870, ainsi qu'on l'a dit plus haut. Cette explication détournée suffit pour qu'on puisse laisser subsister intactes les dispositions du traité, sans redouter d'être accusé de négliger complètement le décret.

La question est plus complexe pour les Savoisiens et les Niçois mineurs au momont où la session a été consommée. Les Cours d'Aix et de Chambéry ont adopté une jurisprudence d'après laquelle les mineurs devraient suivre la nationalité de leurs parents : elles ne regardaient comme restés Italiens que les mineurs dont les parents avaient opté eux-mêmes pour demeurer sous la sujétion du roi Victor-Emmanuel. Cette opinion avait probablement pour raison d'être principale le souvenir d'un assez grand nombre d'arrêts rendus dans le même sens relativement aux enfants mineurs des natifs des départements séparés en 1814 de l'Empire français. Ce système qui nous paraissait déjà contraire aux principes généraux de la législation française, en nous plaçant à cette époque, est aujourd'hui incompatible, non-seulement avec l'esprit de nos lois, mais avec les termes mêmes de l'article 2 de la loi du 7 février 1851, d'où il résulte clairement que le changement d'allégeance d'un père de famille ne change en rien le statut personnel de ses enfants mineurs,

C'est la Cour de Chambéry qui a inauguré la jurisprudence que nous combattons, dans un arrêt du 22 décembre
1852, relatif à des jeunes gens ayant opté pour la nationalité italienne, avec l'autorisation de leurs parents, qui
étaient restés Français. Le tribunal de Saint-Jean-de-Maurienne s'était prononcé pour la validité de l'option : la
Cour réforma son jugement. — La Cour d'Aix se rangea,
en 1865, au même avis.

Le [principal argument qu'on puisse invoquer contre ce
système, c'est que les mineurs, qui pourtant devaient avoir,
comme tous les Savoisiens et Niçois, la faculté d'opter, se
trouvaient mis dans l'impossibilité d'en user. Comment
fallait-il donc procéder, pour leur permettre de choisir une
nationalité, comme ils avaient indubitablement le droit de
le faire? Dans une dissertation sur la matière insérée dans
la *Revue critique* [1], on proposait le moyen que nous
avons recommandé ci-dessus, et qui consiste à retarder
pour les mineurs le moment de l'option. C'est une solution
irréprochable en principe, mais qu'il ne paraît pas possible
d'adopter, quand on se trouve en présence d'un texte
imposant un délai général. Une mesure administrative
autorisant cette prorogation de délai eût été une mesure
fort sage; mais il est impossible d'y suppléer, sous
peine d'entrer dans l'arbitraire. La prorogation de délai
prévue par l'article 2 du décret du 30 juin ne s'applique
pas à notre cas, et ne saurait y être étendue, comme le
voudrait l'auteur de l'article précité. — La solution la plus
simple et la seule qui ne violentât point les dispositions
des traités, était celle qu'avait adoptée le tribunal de
Saint-Jean-de-Maurienne, savoir l'autorisation donnée aux
mineurs d'opter avec leurs représentants légaux. Évidem-

---

[1] Article de M. Essautier, année 1863.

ment, c'est encore une extension un peu abusive des règles relatives à l'incapacité des mineurs, puisque notre loi ne reconnaît pas que la présence du tuteur puisse compléter la capacité des pupilles, quand une question de statut personnel est en jeu. Mais, devant la nécessité absolue de permettre aux mineurs d'opter, et d'opter dans un délai d'un an, c'était le seul système qui sauvegardât leurs intérêts et leurs droits, sans violer le traité.

Il est remarquable que l'administration elle-même ait suivi la théorie de Chambéry et d'Aix, fort attaquée pourtant dès le principe, au lieu de se ranger à l'opinion du tribunal de Saint-Jean-de-Maurienne, qui lui eût permis de résoudre plus facilement nombre de conflits qui naquirent dans la pratique. C'est ainsi qu'un certain nombre de jeunes Savoisiens et Niçois, élevés au delà des Alpes dans les écoles militaires de Sardaigne, des officiers même de l'armée royale encore mineurs, furent considérés comme Français en France, parce que leurs parents retenus dans des propriétés de famille, et enchaînés par des intérêts locaux, n'avaient pas opté valablement pour eux-mêmes, en autorisant leurs enfants à opter pour la Sardaigne.

Notre système offre encore cet avantage de présenter une application très rationnelle de l'article 2 du décret du 30 juin 1860. Supposons, en effet, que le mineur a opté, dûment autorisé, pour la nationalité sarde : cette option est valable, mais on ne peut nier que, surtout si le mineur est jeune, elle ne présente des dangers. Notre article vient précisément parer à ces dangers, en permettant au mineur qui serait lésé par l'option faite pour lui, et qui voudrait devenir Français, de se faire naturaliser sommairement et sans frais après avoir atteint sa vingt et unième année. D'ailleurs, dans le système de la jurisprudence, cette application pourra également avoir lieu, si le mineur demeuré sujet sarde, en même temps que ses parents, désire devenir Français à sa majorité. L'arrêt de la Cour d'Aix du 17 mars 1865 est d'accord avec nous sur ce point.

La jurisprudence italienne paraît s'être rangée à cette interprétation du décret du 30 juin 1860, mais après des fluctuations. C'est ainsi qu'un arrêt de la Cour d'appel de Turin du 23 août 1872, dans une cause où il s'agissait d'une famille savoisienne devenue tout entière italienne par option, avait déclaré les enfants mineurs incapables de reprendre la nationalité française en optant à leur majorité. Ce qu'il y a de remarquable, c'est que le Code civil italien, tout en admettant que le père de famille, qui se fait naturaliser italien, confère par cela même la nationalité italienne à ses fils, permet à ces derniers de recouvrer la nationalité étrangère à leur majorité. La Cour de Turin a prétendu que, si la naturalisation acquise par les lois civiles laissait place à cette option postérieure pour recouvrer le statut personnel perdu en état de minorité, il ne pouvait en être ainsi en cas de cession de territoire, cas de force majeure, et dans lequel les lois ordinaires cèdent le pas au droit conventionnel. Cette bizarre prétention ayant été condamnée par arrêt de la Cour de cassation de Turin du 11 juin 1874, il est permis d'en conclure que la solution que nous avons admise plus haut est acceptée aujourd'hui par la jurisprudence italienne, ou, tout au moins, est en harmonie avec ses plus récentes décisions. [1]

Un fort argument, d'ailleurs, en faveur de cette solution c'est que, si on la rejetait, il faudrait forcément dire que le

---

[1] Voir la *Revue de Droit intern.* de Gand, t. VI, p. 264 et ss.

décret du 30 juin s'applique à tous les mineurs nés en
Savoie et à Nice et par suite les regarder comme Italiens
dans tous les cas jusqu'à leur majorité, et les écarter du
volontariat d'un an et des écoles du gouvernement. Personne assurément ne soutiendrait sérieusement une
pareille doctrine, en présence des termes du traité.

Nous arrivons aux mineurs nés en Savoie et dans le
comté de Nice de parents subalpins; nous les supposons,
bien entendu, fixés au delà des Alpes, car, s'ils résidaient en pays annexé, leur qualité de domicilié les ferait
rentrer dans une des catégories prévues par le traité.
Rigoureusement, la situation de ces mineurs devrait être
déterminée par les premiers mots de l'article 6 du traité
d'annexion qui détermine la nationalité des originaires. Il
fallait donc régulièrement une option pour que ces enfants
nés à Nice ou à Chambéry, même pendant un voyage de
leurs parents ou un séjour qu'ils y faisaient comme fonctionnaires, échappassent à la nationalité française. Mais
l'Italie réclama : ce résultat avait en effet quelque chose
de choquant. Il était bizarre que des jeunes gens nés et
élevés en Italie invoquassent la nationalité française pour
s'exempter du service militaire, uniquement parce qu'ils
étaient nés dans les pays cédés plus tard à la France.
A la suite de pourparlers, une entente s'établit en 1874
entre les deux gouvernements [1]. On considéra ces jeunes
gens comme étant dans les conditions prévues par l'article 2 du décret du 30 juin 1860, et on les autorisa à opter
pour la nationalité française. Aujourd'hui, s'ils n'ont pas
fait une option explicite à leur majorité, ils sont considérés comme étant restés Italiens et soumis par consé-

---

[1] Voir annexe EE.

quent au service militaire dans le royaume. C'est une concession, qui, en droit strict, est peut-être attaquable, mais qui en équité est parfaitement fondée.

Enfin, il pouvait y avoir des mineurs nés au delà des Alpes, demeurant en Savoie ou dans l'arrondissement de Nice au moment du traité d'annexion. Il faut rechercher d'abord s'ils y étaient domiciliés. Les mineurs ayant le domicile de leurs parents, on doit mettre de côté le cas où ceux-ci résidaient dans les provinces restées sardes ; assurément, dans ce cas, la nationalité des enfants n'était pas atteinte. Si les parents avaient leur domicile en Savoie ou dans le comté de Nice, leurs enfants devenaient Français, à moins d'une option faite par eux avec autorisation, ou en leur nom par leurs représentants légaux. Dans aucun cas ils n'avaient la faculté de devenir Français à leur majorité, comme les mineurs originaires du pays et restés sujets sardes. C'était de toute justice, car on doit supposer chez une personne née dans le pays annexé plus d'attachement pour ce pays que chez celle y ayant simplement résidé. S'ils ont conservé la nationalité italienne, il ne pourront devenir Français que par une naturalisation ordinaire.

§ 6. — Annexion de Menton et Roquebrune.

La réunion du Comté de Nice à la France rendit notre pays limitrophe du petit État de Monaco. Un an s'était à peine écoulé qu'une grande partie de la principauté était annexée au département des Alpes-Maritimes. Par la convention signée à Paris le 2 février 1861, le prince de Monaco cédait à la France les communes de Menton et de Roquebrune. Les articles 7 et 8 règlent la condition des

22

habitants. Les sujets monégasques originaires de Menton et Roquebrune et y domiciliés, qui voulaient conserver la nationalité monégasque avaient un délai d'un an, à partir de l'échange des ratifications, pour se fixer dans la prinpauté. A cette condition leur nationalité leur était maintenue. Ainsi, de même que dans tous les traités que nous avons étudiés, le cessionnaire stipule que les habitants ne pourront conserver leur nationalité d'origine qu'à la condition d'émigrer. Seulement dans la convention entre la France et Monaco, du 2 février 1861, on fait exception pour les habitants de Roquebrune et Menton étant au service du Prince : ceux-ci pouvaient résider à Menton et Roquebrune, à la condition de déclarer cette intention au Consul de France à Monaco, dans les trois mois après l'échange des ratifications. Ils restaient alors Monégasques, bien que domiciliés en France.

La disposition du traité obligeant, sauf exceptions, les habitants des deux communes cédées à se transporter dans la partie restée indépendante de la principauté, s'ils voulaient rester sujets du Prince, n'obligeait pas, bien entendu, les originaires de ces communes demeurant dans d'autres parties de la France. Ceux-ci, moyennant une simple option, ainsi que l'a formellement reconnu un arrêt de la Cour d'Aix du 19 février 1873, pouvaient demeurer fidèles à leur nationalité antérieure.

§ 7. — Rectification de frontière dans la vallée des Dappes.

Dans un traité signé à Berne entre la France et la Suisse, le 8 décembre 1862, pour la rectification de la frontière entre les deux pays dans la vallée des Dappes, un article a été consacré à fixer la nationalité des habitants des parties de la vallée qui changeaient de maître. Les originaires des lambeaux de territoire qui étaient cédés acquéraient la nationalité du pays dont leur sol faisait partie dorénavant, à moins que, dans l'année, ils ne déclarassent vouloir continuer de vivre sous leur ancienne allégeance auquel cas, ajoute le texte, ils « pourront néanmoins conserver leur domicile actuel ». On conçoit que dans une cession si peu importante, et s'opérant en pleine paix, on n'ait pas redouté les agitations causées par la présence d'étrangers sur le territoire annexé. Nous avons relevé ci-dessus la même clause dans la convention qui a cédé la Californie aux États-Unis d'Amérique [1].

§ 8. — Cession de l'Alsace-Lorraine.

Aucune des clauses du traité de Francfort n'a donné lieu à plus de difficultés d'application que celle relative au droit d'option accordé aux Alsaciens-Lorrains. Dès l'époque de la conclusion de la paix, les gouvernements de France et d'Allemagne se sont trouvés divisés pour l'interprétation de dispositions importantes, sur lesquelles l'accord n'a jamais pu se faire. Outre ces divergences fondamentales, bien des points sont restés obscurs, bien des controverses de détail sont demeurées sans solution. Parmi les nombreuses réclamations particulières réglées par la voie diplomatique, la plupart ne peuvent pas même être invoquées comme précédents pour résoudre les difficultés de même nature quand elles se présentent de nouveau. En effet, si

[1] Ci-dessus page 304.

en France, une jurisprudence à peu près constante s'est établie sur presque tous les points, il s'en faut de beaucoup qu'il en soit de même en Allemagne. L'autorité administrative s'est, dans la pratique, arrogé le droit d'annuler les options irrégulières à son point de vue. Quant à l'autorité judiciaire dont les décisions pourraient créer une jurisprudence, elle a été rarement appelée à se prononcer.

On conçoit, dès lors, qu'il est difficile de constituer une théorie juridique des options de nationalité. Sur certains points seulement on peut donner des règles positives, dont quelques-unes, il est vrai, varient suivant qu'on se place à Paris ou à Berlin, mais auxquelles, du moins, les autorités compétentes sont tenues de se conformer. Sur d'autres points, trop nombreux, on en est réduit à indiquer, avec les preuves à l'appui, les solutions les plus fréquentes.

I

Nous avons mentionné plus haut les deux systèmes qui s'offrent naturellement à l'esprit quand on veut déterminer quels seront les habitants d'un pays cédé qui deviendront sujets du vainqueur. On peut se référer, soit à la naissance, soit au domicile, et déclarer, en conséquence, ou bien que les originaires suivront le sort du pays sur le sol duquel ils sont nés, ou bien que les domiciliés passeront, avec la contrée qu'ils habitent, sous la domination de l'État cessionnaire. Dans les conférences où furent élaborés le traité de Francfort et la convention additionnelle du 11 décembre 1871, les plénipotentiaires français s'efforcèrent de faire prévaloir le second système. Ainsi que M. Thiers le disait à l'Assemblée Nationale, dans la séance du 20 décembre 1871 [1], il leur avait paru plus rationnel et plus conforme aux précédents que les individus domiciliés en Alsace-Lorraine, au moment de la signature des prélimi- naires, fussent seuls appelés à devenir sujets allemands par le fait de la conquête. Ce *criterium* paraissait encore préférable à celui de la naissance, comme étant de nature à prévenir les réclamations ultérieures, car les domiciliés peuvent être informés de leur situation plus facilement que les natifs. Mais les Allemands n'adoptèrent pas cette solution. Dominés sans doute par cette idée chère à leurs publicistes que l'Alsace était une ancienne province du Saint-Empire et les Alsaciens-Lorrains des hommes de race germanique, ils se placèrent à un point de vue ethno- graphique, et revendiquèrent pour sujets du nouvel empire tous les natifs des territoires cédés. Toutefois, à la lecture de l'article 2 du traité du 10 mai, il semble qu'un système mixte ait été adopté, d'après lequel il fallait être à la fois *originaire* et *domicilié* en Alsace-Lorraine pour perdre de plein droit la qualité de Français.

« Les sujets français, ainsi s'exprime cet article, origi_ « naires des territoires cédés, domiciliés actuellement sur « ces territoires, qui entendront conserver la nationalité « française, jouiront, jusqu'au 1er octobre 1872, et moyen- « nant une déclaration préalable faite à l'autorité compé- « tente, de la faculté de transporter leur domicile en « France et de s'y fixer, sans que ce droit puisse être « altéré par les lois sur le service militaire, auquel cas la « qualité de citoyen français leur sera maintenue. »

[1] Voir l'exposé des motifs du projet de loi portant approbation de la con- vention du 11 décembre.

Cet article est le texte fondamental en ce qui concerne la nationalité des Alsaciens-Lorrains : c'est toujours à lui qu'il faut remonter, et nous verrons que c'est de cette disposition, si simple en apparence et si claire, qu'on est parti pour échaffauder les règles bizarres et embrouillées qui ont prévalu dans la pratique.

En présence de l'article 2 du traité du 10 mai, nous, étions fondés à croire que les originaires d'Alsace-Lorraine non domiciliés dans cè pays, et que les domiciliés.en Alsace-Lorraine, originaires des autres départements français, seraient tenus pour Français, de plein droit, et sans aucune formalité. Nous avions même un instant caressé l'espoir que le mot *originaire* serait entendu dans un sens restrictif, favorable à l'opinion française. Peu à peu ces illusions tombèrent.

Une question fut posée aux Allemands sur la signification du mot *originaire*. Le plénipotentiaire français, M. de Clercq, dans la séance de la conférence de Francfort du 19 octobre 1871 [1], demanda que ce mot fût considéré comme ne s'appliquant qu'à ceux qui étaient nés en Alsace-Lorraine de parents Alsaciens-Lorrains eux-mêmes. Les plénipotentiaires allemands refusèrent de se ranger à cet avis et de donner aucune explication, malgré les demandes réitérées qui leur furent faites. Plus tard (séance du 7 novembre), ils se bornèrent à répondre que l'ambassadeur d'Allemagne à Paris ferait connaître directement au Gouvernement français la manière de voir du cabinet de Berlin. M. le comte d'Arnim déclara, en effet, à M. de

---

[1] Voir, pour tous les documents officiels, le *Recueil des traités, conventions, lois et décrets concernant la paix avec l'Allemagne*, vaste et précieuse collection, publiée sous les auspices du Ministère des Affaires étrangères par M. Villefort, ministre plénipotentiaire. — 5 vol. gr. in-8°, Paris, Imp. nat. 1872-79.

Rémusat, par lettre du 18 décembre 1871, que le Gouvernement allemand comprenait sous la dénomination d'*originaires* « tous ceux qui sont nés dans les territoires cédés. » Quelques jours auparavant, l'article 1 de la Convention additionnelle de Francfort avait décidé, contrairement à l'article 2 du Traité du 10 mai, que les originaires, bien que non domiciliés, ne pouvaient conserver sans option la nationalité française [1]. Il fut acquis, dès lors, que tous les Alsaciens-Lorrains nés sur le territoire cédé, en quelque lieu du monde qu'ils résidassent, étaient soumis à la nécessité d'opter, au risque de devenir sujets de l'Empire.

C'était une terrible aggravation des dispositions du traité de paix : mais du moins cette aggravation était insérée dans un arrangement conventionnel et dès lors nous ne pouvions que la regretter, mais nous devions nous y conformer : c'est ce qui a eu lieu dans la pratique. Et la France comme l'Allemagne n'a hésité à considérer comme Allemands tous les natifs d'Alsace-Lorraine, en quelque point du globe qu'ils habitassent, quand ils n'avaient pas régulièrement opté.

Un nouveau dissentiment plus grave s'éleva au sujet des habitants des provinces cédées, nés dans les autres départements français. Le gouvernement français a toujours pensé que la nationalité des habitants de cette catégorie n'avait pas été atteinte par la cession du territoire et qu'ils restaient Français de plein droit. Le texte du traité de paix du 10 mai 1871, article 2, l'y autorisait, puisqu'il s'occupe seulement des domiciliés quand ils sont originaires. Cette opinion était également confirmée par le protocole de Francfort du 6 juillet, et par la lettre

---

[1] Voir le *Recueil des traités*, t. I, p. 89.

précitée de M. d'Arnim, à laquelle M. de Rémusat avait répondu en ces termes, le 24 décembre 1871 : « Je m'em- « presse de vous remercier de cette communication, qui « est destinée à résoudre de nombreuses difficultés pra- « tiques, et d'où il résulte que les individus qui ne sont « pas natifs des territoires cédés, ne seront pas astreints « à faire une déclaration d'option pour conserver leur « nationalité française, quoiqu'ils puissent être issus de « parents nés en Alsace-Lorraine, ou qu'ils résident eux- « mêmes dans ce pays. » La Chancellerie fédérale ne pro- testa pas contre les termes de cette dépêche ; elle se réser- vait d'exiger des domiciliés non originaires voulant rester Français, non pas une déclaration d'option qui eût été mani- festement contraire au traité, mais un transfert de domi- cile en France. Une circulaire de M. de Moeller, président supérieur de l'Alsace-Lorraine, du 7 mars 1872, émit cette nouvelle exigence [1]. Ce document divise en trois classes les personnes dont l'annexion affecte la nationalité : 1º les natifs, domiciliés au 2 mars 1871 (date de la signature des préliminaires de la paix) dans les territoires cédés ; 2º les non originaires, domiciliés au 2 mars 1871 ; 3º les origi- naires non domiciliés. Les personnes de la première et de la troisième catégorie sont seules soumises à l'option : mais toutes indistinctement doivent avoir fixé leur domi- cile hors du territoire de l'Alsace-Lorraine, avant le

---

[1] Il est remarquable que jusque-là les Allemands avaient paru considérer la déclaration d'option comme la formalité importante imposée aux Alsa- siens-Lorrains désireux de conserver la qualité de Français. C'est un arrêt de la cour de Metz, intervenu dans les premiers mois de 1872, qui paraît avoir ramené la Chancellerie de l'Empire à un autre sentiment. Alors parut l'ordonnance de M. de Moeller, du 7 mars, qui soumet non-seulement les originaires, mais encore les simples domiciliés à la nécessité d'émigrer en France. (Voir un article du *Journal d'Alsace* du 25 mars 1877).

1ᵉʳ octobre 1872, pour conserver la qualité de Français.
Ainsi, les domiciliés non originaires étaient tenus d'émigrer
comme les autres. Une dépêche de M. d'Arnim à M. de
Rémusat du 1ᵉʳ septembre 1872 expliquait, dans les termes
suivants, pourquoi le Cabinet de Berlin avait cru devoir
approuver l'ordonnance de M. de Moeller, qui paraît en
opposition avec les termes du traité de paix. « Le Gouver-
« nement impérial, disait l'ambassadeur d'Allemagne, a
« estimé dès le principe, que, par le fait même de la ces-
« sion de l'Alsace et de la Lorraine à l'Allemagne, ses
« habitants de nationalité française devenaient Allemands,
« sans que cet effet dût même être constaté expressément
« par le traité de paix, et l'article 2 n'a eu, à ses yeux,
« d'autre sens ni d'autre but, que de fixer les conditions,
« par l'observation desquelles une certaine catégorie
« d'habitants pourrait se soustraire à cette conséquence
« naturelle de la cession. En exigeant de ces derniers une
« déclaration formelle d'option en faveur de la France et
« translation de leur domicile effectif, il n'a pas, cepen-
« dant, entendu dispenser de toute formalité une autre
« catégorie de personnes, qui devenues, elles aussi, alle-
« mandes, par suite de la cession du pays, désireraient
« revendiquer leur ancienne nationalité. »

On eût compris, à la rigueur, que le Gouvernement allemand prît des mesures d'expulsion contre nos compatriotes,
comme c'est le droit de tout souverain territorial, mais
nous ne pouvions admettre que la continuation de la résidence pût, à elle seule, leur faire perdre la nationalité
française que la lettre du traité de paix leur garantissait.
Par une note insérée au *Journal Officiel* du 14 septembre
1872 ¹, cette différence d'interprétation fut rendue pu-

¹ Voir annexe D,

blique, afin de permettre aux intéressés de prendre un parti en connaissance de cause, avant l'expiration des délais.

En résumé deux conditions étaient imposées aux Alsaciens Lorrains pour conserver la nationalité française :

1° *Opter* (en prenant ce mot dans le sens étroit de faire une déclaration d'option); 2° *Émigrer* (c'est-à-dire transférer leur domicile en France ou au moins hors des pays cédés). Les individus frappés par l'annexion dans leur statut personnel étaient : 1° les *originaires domiciliés* (d'après le traité du 10 mai) ; 2° les *originaires non domiciliés* (d'après la convention de Francfort du 11 décembre 1871); 3° les *domiciliés non originaires* (d'après la chancellerie allemande seulement). Pour rester Français, les individus de la première catégorie devaient opter et émigrer, — ceux de la seconde opter seulement, — et quant à ceux de la troisième, ils restaient Français de plein droit au point de vue français, mais ils devaient émigrer pour ne pas devenir Allemands, au point de vue du Gouvernement impérial.

II

Comment devait s'effectuer l'option prévue par l'article 2 du traité de Francfort ? Au moyen d'une déclaration, effectuée, devant les autorités désignées pour la recevoir, par les Alsaciens-Lorrains désirant conserver la nationalité française. L'omission de cette formalité valait acquiescement à la conquête, ou, pour parler plus exactement, acceptation de la nationalité allemande. L'option se faisant au moyen d'une déclaration en faveur de la France, il eût été logique que les autorités françaises seules eussent qualité pour la recevoir valablement. C'est ce qui eût lieu en

France et dans tous les pays du monde où la France est représentée par des agents diplomatiques ou consulaires. Ces agents, pour l'étranger [1], les maires, pour le territoire français [2], furent habilités à enregistrer les déclarations d'option. Mais la France n'étant pas représentée en Alsace-Lorraine, il fut convenu que l'option serait faite, à Strasbourg et à Metz, devant les directeurs de la police, et ailleurs devant les directeurs des cercles. Le Gouvernement allemand a désigné en outre un certain nombre de fonctionnaires qui recevraient les déclarations d'option en Allemagne [3], concurremment avec l'Ambassade de France à Berlin et les consulats français dans les divers pays allemands.

La déclaration devait être faite avant le 1er octobre 1872, d'après le traité de paix. La convention de Francfort, a reculé cette limite d'une année pour les Alsaciens-Lorrains demeurant hors d'Europe.

Les options reçues par les autorités françaises tant en France qu'à l'étranger ont été contrôlées au ministère de la justice et inscrites au bulletin des lois ; elles y figurent au nombre de 378,777. Le nombre de celles reçues par les autorités allemandes s'élève à 159,740 [4], soit en tout 538,517 personnes sur une population de 1,517,494 habitants, qui ont témoigné de leur attachement pour la patrie à laquelle ils avaient appartenu jusque-là.

Malheureusement la simple déclaration d'option n'était

---

[1] Circulaires du Ministère des affaires étrangères des 4 avril et 8 juin 1872. Les intéressés pouvaient opter par déclaration spéciale, ou simplement en renouvelant leur immatriculation. — Voir le *Recueil des traités*, II, p. 289.

[2] Circulaire du Ministre de la Justice en date du 30 mars 1872. *Ibid*, t. II, p. 284.

[3] *Ibid*, t. II, p. 601.

[4] Discours de M. Grad, député de Colmar, dans la séance du *Reichstag* du 6 mars 1878.

point suffisante pour assurer aux Alsaciens-Lorrains le
bénéfice de la nationalité française. Ceux qui résidaient
dans leur pays d'origine devaient en outre avoir transféré
leur domicile hors des pays cédés avant l'expiration du
délai d'option, c'est-à-dire avant le 1ᵉʳ octobre 1872. C'était
là une condition nécessaire pour assurer la validité de
l'acte d'option. Il fut également reconnu que les Alsaciens-
Lorrains, demeurant hors d'Europe et pour qui le délai de
l'adoption était étendu d'une année, devaient avoir quitté
leur pays avant le 1ᵉʳ octobre 1872, pour pouvoir bénéficier
de cet avantage.

Le traité déclare en termes formels que les optants
auront « la faculté de *transférer leur domicile* en France. »
Faut-il entendre ces mots dans un sens strict ? Nous ne
le pensons pas. Le gouvernement allemand a lui-même
reconnu, après quelques hésitations, qu'il serait trop
rigoureux d'imposer aux optants de se rendre en France,
mais qu'il suffirait de les obliger à quitter l'Alsace-Lorraine.
Il a été admis dès lors qu'un optant assurait la validité de
son option en se retirant en Suisse, en Belgique ou même
dans une autre partie de l'empire d'Allemagne, aussi bien
qu'en se transportant sur le territoire français. Cette concession de l'Allemagne prouve bien que nous avons eu
raison de remplacer les mots « transfert du domicile en
France » par celui « d'émigration ». C'est en effet une
émigration réelle et sincère, qui, du moins pour les majeurs,
est exigée par les deux gouvernements. Il n'était donc
pas nécessaire que les optants venant en France remplissent les formalités prévues par la loi civile pour le transfert du domicile : inversement une simple élection de domicile en France dans une commune française pourrait n'être
pas suffisante. Les modes de prouver la réalité de l'émi-

gration varient suivant la situation des individus. S'agit-
il de négociants, d'industriels, de propriétaires, la preuve
sera le plus souvent facile à faire. Si ces personnes ont
transféré hors d'Alsace-Lorraine leur principal établissement, leur résidence habituelle, si elles ont vendu leurs
domaines, il n'y a aucun doute. Un certificat de maire
français, une quittance de loyer, un récépissé des contributions directes seront des témoignages suffisamment pro-
bants. Dans d'autres cas, des pièces d'une autre nature,
comme un certificat de présence sous les drapeaux, une
carte d'électeur, même un livret d'ouvrier, pourront
apporter de fortes présomptions en faveur de la sincérité
et de la réalité de l'émigration. Nous admettons volontiers,
par exemple, qu'un ouvrier a valablement rempli les conditions du traité, quand son livret constate qu'il a toujours ou presque toujours travaillé hors d'Alsace depuis le
1ᵉʳ octobre 1872. Il ne saurait en effet être question d'appliquer à la lettre la définition légale du domicile pour un
homme qui non seulement n'a pas de principal établissement, mais qui n'en a peut-être même aucun.

Le bruit s'est répandu en 1872 parmi les Alsaciens-
Lorrains qu'après un séjour de six mois en France le
domicile y serait considéré comme acquis définitivement,
et que les optants pourraient revenir dans leur pays
natal, tout en gardant la qualité de Français. C'était une
erreur. Nous aurons à examiner ci-après la situation faite
aux Alsaciens-Lorrains revenant en Alsace-Lorraine. Il
suffira de dire, dès à présent, que le retour ne saurait à
nos yeux être considéré comme faisant preuve que l'émigration n'était pas réelle, si ce retour n'était qu'un voyage
de courte durée. Il est évident d'autre part qu'un retour
réel en Alsace, même si les formalités de transfert du

domicile ont été remplies, mais peu de temps après l'expiration du délai d'option, pourrait entraîner légitimement l'annulation de l'option. C'est une question de mesure, que les tribunaux seuls trancheront valablement, en examinant chaque cas particulier. Nous ne saurions donner des règles générales [1].

On se rappelle que les Allemands ont imposé aux Français domiciliés en Allemagne, mais originaires des autres parties de la France, de quitter le pays avant le 1er octobre 1872, s'ils ne voulaient pas tomber sous la sujétion de l'empereur d'Allemagne. Un grand nombre d'individus se trouvent, par suite de cette règle, avoir deux nationalités. Allemands au delà de la frontière, Français en deçà, ils sont dans une situation dont ils ne pourraient sortir qu'en se faisant délivrer en Allemagne un permis d'expatriation [2], et en abdiquant ainsi la nationalité allemande. Il ne

[1] L'opinion du gouvernement français est nettement exposée dans la lettre suivante, publiée dans les journaux de l'époque, et adressée à M. Déchange, député de Meurthe-et-Moselle, par M. le ministre des affaires étrangères :

Versailles, 18 octobre 1872.

Monsieur, par la lettre que vous m'avez fait l'honneur de m'écrire, le 15 de ce mois, vous exprimez le désir de savoir si les habitants des pays annexés qui, après avoir opté pour la nationalité française, ont effectivement transporté leur domicile en France, perdent leur qualité de Français par l'effet de leur retour momentané en Alsace-Lorraine. Je ne sache pas que les Alllemands aient élevé une prétention de ce genre, ainsi que vous paraissez le supposer. Les Alsaciens-Lorrains qui étaient dans les conditions voulues par les traités de Francfort pour faire option, qui ont en effet rempli cette formalité d'une manière régulière, et qui, surtout, l'ont fait suivre de la translation réelle de leur domicile en France, ont conservé leur qualité de Français. Quant à leur retour momentané dans le pays annexé, ce fait, s'il a lieu sans l'autorisation de l'administration allemande, ou contrairement aux prescriptions qu'elle aurait édictées à ce sujet, peut sans doute exposer les intéressés à des inconvénients plus ou moins graves, mais ne saurait suffire à lui seul pour les priver du bénéfice de la nationalité, dont la conservation leur est garantie par nos traités avec l'Allemagne.

Recevez, monsieur, les assurances de ma considération la plus distinguée.

RÉMUSAT.

[2] Voir ci-dessus, page 143, la théorie complète de l'*entlassungschein*.

leur serait pas possible inversement d'abandonner la France pour l'Allemagne, si ce n'est en acceptant des services ou des fonctions publiques dans l'Empire, ou en établissant devant les tribunaux qu'ils ont perdu tout esprit de retour en France [1].

Les règles de l'option présentaient cet autre inconvénient que la nationalité des Alsaciens-Lorrains était indécise depuis le 2 mars 1871 jusqu'au 1er octobre 1872, et même jusqu'au 1er octobre 1873 pour quelques-uns. Étaient-ils Français ou Allemands pendant cette période? La question a plus d'importance qu'il ne semble, surtout au point de vue de la nationalité des enfants nés à cette époque. Les Allemands ont déclaré tout d'abord [2] que les Alsaciens seraient considérés provisoirement comme Allemands. Cette opinion semble préférable au premier abord : il paraît plus logique *à priori* de faire dater du jour de la signature de la paix le changement de nationalité des habitants, de même que le changement de souveraineté du territoire [3]. Cependant le système adverse est plus conforme à notre théorie générale d'après laquelle la nouvelle nationalité ne doit être acquise que lorsqu'il y a adhésion de la part des habitants du pays cédé : or l'adhésion se manifeste par l'omission des formalités requises et des conditions exigées pour conserver la nationalité antérieure.

---

[1] Voir ci-dessus, ch. v.

[2] Protocole de Francfort, n° 1.

[3] L'ancienne jurisprudence française allait plus loin encore dans ce sens et admettait que les habitants sont momentanément naturalisés par l'occupation de leur pays par les troupes françaises. La Cour de Paris l'a reconnu à plusieurs reprises pour l'Algérie. Par arrêt antérieur au 20 mars 1837, date du traité de la Tafna, elle a déclaré des Algériens dispensés comme Français de la *caution judicatum solvi*. — L'Allemagne a condamné ce système arbitraire et absolument contraire aux droit des gens en autorisant les habitants des pays occupés, même les Alsaciens-Lorrains, à voter pour envoyer des représentants à l'Assemblée nationale de Bordeaux.

C'est l'opinion adoptée par les tribunaux français appelés à
se prononcer sur la question [1]. D'ailleurs l'Allemagne a
paru s'y ranger dans la suite. Nous verrons qu'elle considère aujourd'hui les optants revenant en Alsace-Lorraine,
comme étant des étrangers et non comme des réimmigrants. D'ailleurs, dès 1871, elle a parfaitement admis que
nous gardions dans les rangs de l'armée française des soldats alsaciens, jusqu'au moment de l'expiration du délai
d'option. On a stipulé seulement pour eux la faculté d'obtenir une libération anticipée en déclarant l'intention de
devenir Allemands. Cette faculté, fondée sur la convention
additionnelle du 11 décembre 1871 [2], était plutôt une renonciation au droit d'opter pour la France, et n'empêchait
nullement que les marins et soldats qui ne l'invoquaient
pas et n'optaient pas non plus pour la nationalité française,
ne devinssent Allemands à l'expiration du délai. Une circulaire du ministre de la guerre, du 5 septembre 1872,
ordonne, en effet, aux chefs de corps, de renvoyer au 1er octobre suivant tous les originaires d'Alsace-Lorraine qui
n'auraient pas opté pour la France. Un droit analogue
d'option anticipée pour l'Allemagne, a été concédé aux
détenus Alsaciens-Lorrains dont la remise à l'Allemagne
était prévue par l'article 4 de la convention du 11 décembre 1871 [3].

---

[1] Jugements des tribunaux de Nancy, 31 août 1871, et Vesoul, 19 juillet
1871.

[2] Voir le protocole de clôture, art. 1er. — Voir les circulaires envoyées
par le ministère de la guerre, le 18 avril 1872, et par celui de la marine, le
14 mai suivant. *Recueil des traités.* t. II. p. 295, et ss.

[3] On remarquera que cette option particulière pour l'Allemagne remplit
ici le même rôle que nous avons attribué au décret du 30 juin 1860, art.
1er, pour les domiciliés en Savoie et dans l'arrondissement de Nice, natifs
des provinces italiennes de la monarchie sarde. Voir ci-dessus, page 328.

III

Les règles qui précèdent sont d'une application facile, tant qu'il s'agit de personnes *sui juris*, mais pour les incapables à tous les degrés les questions se compliquent et les conflits surgissent fréquemment.

La femme mariée, d'après la législation allemande, n'a pas d'autre nationalité que celle de son mari ; mais en France, bien que le Code civil dise qu'elle suit la condition de son mari, la plupart des jurisconsultes enseignent qu'elle n'est pas atteinte par les naturalisations que ce dernier peut obtenir après le mariage. Il a paru utile d'inviter les femmes mariées des Alsaciens-Lorrains résidant en France à opter avec l'autorisation maritale [1]. Il était à craindre, en effet, soit que, le mari n'ayant pas opté, elles ne devinssent Allemandes aux yeux des Allemands, soit que, le mari ayant opté, la chancellerie fédérale ne nous opposât notre loi pour les regarder comme sujettes de l'Empire.

Cependant, dans la pratique, il ne pouvait guère y avoir de difficultés sur ce point. C'est ici, comme lors de l'annexion de la Savoie et de Nice, la question des mineurs qui a provoqué le plus de conflits.

IV

C'est un principe admis dans notre jurisprudence que la nationalité des mineurs ne peut être changée par un fait

---

[1] Circulaire du ministre de la Justice du 30 mars 1872. Voir le *Recueil des traités,* t. II, page 284.

indépendant de leur volonté. Les plénipotentiaires français s'efforcèrent, en conséquence, d'obtenir que, pour eux,
le délai de l'option fut reculé jusqu'à l'époque où ils auraient
atteint leur majorité [1] : mais cette solution ne put prévaloir. Il fut alors un instant question de présenter un projet
de loi à l'Assemblée nationale pour les habiliter à opter.
« Nos plénipotentiaires, écrivait le garde des Sceaux [2],
« malgré les plus vives instances, n'ont pu réussir à faire
« insérer dans la Convention une clause réservant aux
« mineurs le droit d'opter, à leur majorité, pour la natio-
« nalité de leur choix. Le Gouvernement allemand a tou-
« jours répondu qu'il n'y avait aucune distinction à établir
« entre les majeurs et les mineurs ; que les conditions et
« les délais établis par les traités étaient applicables à ces
« derniers ; mais ils ont ajouté que leurs déclarations
« seraient valablement faites avec l'assistance de leurs
« représentants légaux.
« Il sera peut-être utile de mettre notre loi en harmonie
« avec cette déclaration du Gouvernement allemand, et de
« conférer aux mineurs, par un texte spécial, le droit de
« faire acte de nationalité avec l'autorisation de leurs
« tuteurs ; mais, dès à présent, leurs déclarations doivent
« être reçues dans cette forme par les autorités fran-
« çaises. »
Cette loi demeura toujours à l'état de projet et le provisoire devint définitif. Du reste, une loi était-elle bien
nécessaire ? Nous ne le pensons pas. Le *lex fœderis* se substitue aux règles ordinaires dans l'application des clauses
conventionnelles. Les mineurs devaient, comme tous les

[1] Voir l'exposé des motifs du projet de loi portant approbation de la convention additionnelle de Francfort. *Recueil des traités*, t. II, page 187.
[2] Circulaire du 30 mars 1872. *Recueil des traités*, t. II, p. 284.

autres, avoir le droit d'opter. On le leur conférait dans les conditions où l'on pouvait.

En un mot, dans l'opinion de M. Dufaure, les mineurs devaient opter avec l'autorisation de leurs représentants légaux, ou ceux-ci devaient opter pour eux. Quant au transfert du domicile en France, le Gouvernement français, sans oublier la disposition de l'article 108 du Code civil qui place chez le tuteur le domicile du mineur, n'avait aucune objection à reconnaître pour valable, au point de vue du traité, l'émigration du mineur qui se transporte de fait en France. On a vu en effet, ci-dessus, qu'il ne fallait pas prendre le transfert du domicile dans le sens étroit d'un transfert du domicile légal, effectué en se conformant exactement aux prescriptions du droit civil, mais dans le sens d'une véritable émigration : de même que nous n'aurions pas admis qu'il fut suffisant pour un Alsacien-Lorrain de faire une simple élection de domicile en France, tout en séjournant de fait dans les territoires cédés, de même nous pensions qu'il n'était pas dans l'esprit du traité de refuser au mineur le droit d'opter, parce que son domicile légal restait chez ses parents au delà de la frontière des Vosges, tandis que lui-même résidait en deçà. — Le mineur avait donc, suivant nous, un droit personnel à l'option ; seulement il ne pouvait exercer ce droit qu'avec l'assitance de ses représentants légaux. Du reste, le mineur ne pouvant, d'après nos lois, changer de nationalité avant sa majorité, c'était rentrer dans l'esprit de nos lois que lui reconnaître le moyen de rester français.

Cette théorie avait été admise par les Allemands dans la première séance de la conférence de Francfort. Il avait été inséré au protocole, d'après les déclarations des plénipotentiaires de l'Empire, que le « concours de leurs représen-

tants légaux serait nécessaire pour la déclaration d'option
des mineurs. » Les plénipotentiaires français n'ignoraient
pas qu'il est dans les traditions du droit germanique
d'attribuer dans tous les cas aux enfants mineurs la même
nationalité qu'à leurs parents ; mais ils savaient aussi que
cette règle a reçu une grave exception dans la loi allemande du 1er juin 1870, qui admet les étrangers mineurs à
solliciter la naturalisation avec l'autorisation de leurs
représentants légaux. Ils savaient de plus que, la loi française restant provisoirement en vigueur dans les territoires cédés, l'Allemagne ne devait pas imposer les règles
de son propre droit dans les questions relatives à l'Alsace-
Lorraine. Enfin, nos plénipotentiaires sentaient qu'attribuer aux Alsaciens-Lorrains mineurs la nationalité qu'il
plairait à leurs parents de choisir pour eux-mêmes, c'était
en réalité leur refuser le droit d'option : ils ne pouvaient
donc pas penser qu'après leur avoir reconnu ce droit, on le
rendrait un jour illusoire.

C'est pourtant ce qui arriva. Une ordonnance [1] rendue
le 16 mars 1872 par M. de Mœller, président supérieur
d'Alsace-Lorraine, a décidé que les Alsaciens-Lorrains mineurs « ne pourraient opter ni de leur propre chef, ni par
« l'intermédiaire de leurs représentants légaux, à moins
« que ceux-ci n'optent aussi pour eux-mêmes dans le même
« sens. Si leurs parents sont encore en vie, ils suivent le
« choix de la nationalité du père. » — Mieux aurait valu
dire qu'on leur retirait le droit d'option qui leur avait été
formellement reconnu par les plénipotentiaires de l'Empire
à la conférence de Francfort. En effet, si le père n'opte pas
pour lui-même, ses enfants seront toujours Allemands,

[1] Voir le *Recueil des traités*, t. II, p. 534.

qu'il opte ou non pour eux, et inversement, s'il opte pour
son propre compte, l'administration devra forcément reconnaître, dans tous les cas, à ses enfants mineurs la nationalité française. Ce résultat a pourtant paru inadmissible au
tribunal de Strasbourg qui a rendu en 1874 un jugement où
il déclare Allemands les enfants mineurs d'un père qui
avait négligé d'opter pour eux en optant pour lui [1]. Les
juges ont appliqué le traité de préférence à l'ordonnance
du 16 mars ; mais l'administration allemande ne paraît pas
avoir changé d'opinion pour cela. — Par représentants
légaux, le Président supérieur d'Alsace-Lorraine entendait
le père, la mère tutrice, le tuteur ou le curateur. Ces deux
derniers ne pouvaient autoriser le mineur à opter que s'ils
y étaient autorisés eux-mêmes par le conseil de famille. Ce
qui n'empêchait pas que l'option n'était valable que si le

[1] Voici le considérant le plus remarquable de ce jugement :
« Attendu qu'il résulte des déclarations concordantes des parties, que C...,
par suite de son option en 1871, faite après la dissolution de son mariage et
le transfert de son domicile en France, a conservé la nationalité française et
est à considérer comme étranger ; qu'il est constant aussi que ses enfants
mineurs n'ont pas suivi la nationalité de leur père, mais ont conservé la
nationalité allemande que le traité de Francfort leur confère et que leur représentant légal actuel revendique pour eux ; qu'en effet, il y a lieu de prendre
tout d'abord en considération que la loi fédérale du 1er juin 1870 sur l'acquisition et la perte de la nationalité, d'après laquelle des mineurs ne suivent la
nationalité de leur père que si une exception est expressément stipulée pour
eux, n'était pas en vigueur en Alsace-Lorraine à l'époque de l'option ; et
qu'ainsi le droit public et civil français est seul applicable, d'après lequel
le choix d'une nationalité quelconque par le père n'entraîne pas pour ses
enfants mineurs la perte de leur qualité de régnicoles ; qu'en outre l'option de
C... pour lui et pour ses enfants a eu lieu sans l'assentiment du conseil de
famille ; qu'un droit aussi important que le choix d'une nationalité ne saurait être abandonné sans contrôle à la volonté d'un père, tuteur de ses
enfants, d'autant plus qu'il ne peut disposer librement de droits beaucoup
moins importants de son pupille, tels que les droits immobiliers ; enfin,
qu'il y a lieu de considérer que C..., malgré le transfert de son domicile en
France, ne s'est pas fait suivre de ses enfants, qui n'ont pas quitté l'Alsace,
et a même assisté à la délibération du conseil de famille du 23 septembre
1874 et y a reconnu la nationalité allemande de ses enfants.
(*République française* du 27 avril 1875).

tuteur restait lui-même français. De là une nouvelle
source de difficultés et de complications. — Ces dispositions s'appliquent au mineur non émancipé ; pour l'émancipé, on a suivi en pratique des règles plus rigoureuses
encore. Les plénipotentiaires allemands avaient formellement déclaré à Francfort, qu'ils ne feraient aucune distinction entre les mineurs émancipés ou non. L'ordonnance du
16 mars qui applique les règles que nous venons de voir à
tous les mineurs non émancipés, qu'ils soient ou non originaires d'Alsace, distingue parmi les émancipés, les originaires et les non-originaires. A ces derniers elle accorde
les mêmes droits d'option qu'aux majeurs. Quant au
mineur émancipé originaire, à qui elle déclare applicables les dispositions établies pour les autres mineurs,
en fait elle empire sa situation en lui rendant plus
difficile qu'au mineur non-émancipé la conservation de
la qualité de Français. Il se posait, en effet, la
question de savoir ce qui arriverait dans le cas où
le père et le curateur n'auraient pas conservé l'un et
l'autre la même nationalité. Il était choquant d'exiger
que le mineur suivît la nationalité de son curateur, le
curateur ayant un rôle relatif aux biens et non à la personne, *tutor ad personam, curator ad bona ;* mais il n'était
pas moins singulier de lui imposer la nationalité qu'il plairait à son père de choisir, puisque son père avait renoncé
à ses droits de puissance paternelle par l'émancipation.
L'administration allemande a tranché la difficulté en
exigeant que l'un et l'autre, le père et la curateur, fussent
restés Français, pour reconnaître la nationalité française au
mineur. La conséquence de cette règle, fondée sur une
interprétation judaïque de l'ordonnance du 16 mars, c'est
que le mineur émancipé, qui par cela même est presque un

majeur, était dans une situation moins favorable pour opter en faveur de la France que le mineur non émancipé. On arrive à ce résultat rigoureux que si le père est resté en Alsace, tandis que le curateur a opté et s'est transporté en France, le mineur est tenu en Allemagne pour ne pas avoir opté valablement. Cette hypothèse s'est présentée très fréquemment dans la pratique, et, si l'Allemagne a quelquefois fait fléchir les rigueurs de sa jurisprudence, dans des cas particulièrement dignes d'intérêt, elle n'a jamais reconnu en principe le droit d'option personnel des mineurs émancipés.

La France a réclamé contre cette ordonnance du 16 mars 1872, dont on vient de voir les conséquences, de même qu'elle avait protesté contre celle du 7 du même mois ; mais nos plaintes ne furent pas entendues. Le « Gouver- « nement Impérial, écrivait le chargé d'affaires d'Allemagne « dans une note à M. de Rémusat, du 15 juillet 1872, n'a « pas cru pouvoir reconnaître aux mineurs le droit d'option, « mais devoir leur laisser au contraire la position que leur « assigne en France le Code civil (article 108), d'après « lequel ils ont leur domicile chez leurs père et mère ou « chez leur tuteur [1]. » Il est facile de voir que l'on s'efforce ici de retourner contre nous notre législation, et de chercher des armes dans l'arsenal de nos propres lois pour nous combattre. Nous répondrons simplement que, si la question de domicile avait été seule en jeu ici, on ne com- prendrait pas pourquoi l'Allemagne refuserait de recon- naître au mineur émancipé natif des territoires cédés le droit d'opter valablement, puisqu'elle lui reconnaît le droit de transporter son domicile où il l'entend. « Les mineurs

---

[1] *Journal officiel* du 14 sept. 1872, annexe D.

« émancipés, » poursuit le chargé d'affaires de l'Empire,
« auxquels sont conférés par le fait même de l'émancipa-
« tion certains droits limités, parmi lesquels se trouve
« celui d'élire domicile, conserveront la nationalité fran-
« çaise dans le cas où la seule translation du domicile
« suffit à cet effet, c'est-à-dire lorsqu'ils ne sont pas nés
« en Alsace-Lorraine ; mais le gouvernement impérial ne
« saurait admettre qu'aux droits limités que la loi accorde
« par suite de l'émancipation et qui tous concernent l'ad-
« ministration de la fortune, vienne se joindre dans le
« cas présent (c'est-à-dire quand l'émancipé est natif des
« territoires annexés) le droit de changer de nationalité. »

Il y a, entre les deux parties de la dépêche du chargé
d'affaires d'Allemagne, une sorte d'antinomie. D'après la
première, il semble que la question du domicile soit le seul
empêchement à l'option du mineur dont le père est resté
en Alsace ; mais, dans la seconde, qui traite de l'émancipé
et lui reconnaît le droit d'élire domicile, on voit bien que
la véritable raison d'être de la règle allemande est la
théorie d'après laquelle le mineur suit la nationalité de
son père, théorie que l'ordonnance du 16 mars avait déjà
formulée dans les termes les plus nets. Toutefois il
résulte des termes mêmes de cette communication, ainsi
que de l'art. 3 de l'ordonnance de M. de Mœller du 16 mars
1872, que la théorie allemande, applicable au mineur non
émancipé, qu'il soit ou non originaire du pays cédé, et au
mineur émancipé originaire, n'est pas appliquée au mineur
émancipé non originaire. Cette distinction, parmi les émancipés, entre l'originaire et celui qui ne l'est pas, quand les
non émancipés sont traités de même, nous paraît difficile à
expliquer : il fallait, en bonne logique, déclarer que, pour
les non originaires, le domicile étant le seul *criterium*

de la nationalité, on appliquerait la règle du domicile à tous les mineurs nés hors d'Alsace-Lorraine. Quoiqu'il en soit la distinction existe ; il importe de la constater pour en tirer les conséquences qu'elle comporte.

Tels nous paraissent être les principes, si principes il y a, qui ont dirigé l'administration Impériale. Le Gouvernement français, n'ayant pu faire disparaître les divergences qui en résultèrent dans l'interprétation du traité de paix, se résolut à appliquer purement et simplement la doctrine qui lui avait semblé la plus conforme aux textes conventionnels, la plus libérale, et à laquelle il s'était rangé tout d'abord. Résumant sa manière de voir dans une note insérée au *Journal officiel* du 14 septembre 1872, il déclarait que dans sa pensée « le droit d'option était formellement « reconnu en principe aux mineurs, qu'une seule condition « avait été apportée à l'exercice de ce droit, l'assistance « du représentant légal, et que, cette condition accomplie, « le mineur avait personnellement le droit d'*opter*, c'est-à- « dire de choisir sa nationalité, quelle que pût être d'ailleurs « celle de ses parents [1]. »

Après avoir montré comment sont nés les dissentiments qui séparent les deux Gouvernements, et quels ils sont, nous parcourrons rapidement les différentes hypothèses qui ont pu se présenter dans la pratique, en indiquant les solutions données dans les deux pays.

A. — *Mineurs nés en Alsace-Lorraine de parents Alsaciens-Lorrains.* C'est le cas qui se présente le plus souvent ; mais c'est également celui qui offre le plus de difficultés. Au point de vue français, la règle est bien simple : il suffit que le mineur, après avoir opté avec l'autorisation de son

[1] Voir annexe D.

père, sa mère tutrice, son tuteur, ou, s'il est émancipé, son curateur, ait personnellement émigré hors les pays cédés avant l'expiration du délai d'option, c'est-à-dire avant le 1er octobre.

Au point de vue allemand, il faut comme première condition générale que le représentant légal du mineur ait lui-même conservé la qualité de Français. Si le représentant légal est un curateur, il est nécessaire en outre que le père émancipateur ait opté et émigré. Enfin quand c'est un tuteur datif ou un curateur qui opte pour le mineur, il est nécessaire qu'il ait pris l'avis du conseil de famille et ait été dûment autorisé. Le père seul peut opter pour son enfant mineur sans avoir pris l'avis de personne; encore, faudrait-il, d'après un jugement du tribunal de Metz [1], qu'il ne fut pas remarié, auquel cas il retomberait dans la règle qui impose au tuteur d'avoir obtenu l'approbation du conseil de famille.

Si le père de famille opte pour lui-même, mais non pour ses enfants mineurs, ceux-ci seront évidemment Allemands aux yeux du Gouvernement français, et Français pour l'administration allemande. Nous avons cité un jugement du tribunal de Strasbourg, rendu en 1875, qui faisant application de la jurisprudence française, seule en vigueur en Alsace-Lorraine au moment de l'option, déclare, contrairement à l'ordonnance du 16 mars 1872, que les mineurs dont le père a opté, sans les mentionner dans l'option, seront Allemands [2]. Ce jugement est important comme preuve que les juges allemands ne se croient pas liés par les ordonnances des fonctionnaires de l'Empire. Ils ont été

---

[1] Jugement du 7 novembre 1874, qui ne paraît pas avoir fait jurisprudence.

[2] Voir page 357.

amenés par la force de la logique à montrer que l'ordonnance du 16 mars est impraticable, comme contraire aux stipulations conventionnelles.

B. — *Mineurs nés hors d'Alsace-Lorraine de parents Alsaciens.* Au point de vue français, ces mineurs seront toujours Français, puisqu'ils ne sont pas originaires du pays annexé. Mais, dans la doctrine allemande, leur situation est tout autre, et lorsque leurs parents n'ont pas rempli les conditions requises pour rester Français, ils sont considérés comme devenus Allemands. A quel titre les jeunes gens de cette catégorie sont-ils réclamés par l'Allemagne? comme domiciliés? comme fils d'Allemands? en vertu de la *lex domicilii*? ou de la *lex originis*? Cette question n'est pas purement théorique, car, si les mineurs dont nous nous occupons sont réclamés par l'Allemagne seulement en vertu du domicile, ceux dont les parents, natifs d'Alsace-Lorraine, n'y sont pas domiciliés, seront Français aux yeux des deux Gouvernements. Si, au contraire, c'est en vertu de la filiation que l'Empire Allemand réclame les jeunes gens nés hors d'Alsace de parents Alsaciens-Lorrains, ceux-mêmes dont les parents demeurent hors des pays cédés seront revendiqués comme ressortissants de l'Empire. Et l'on conçoit combien est considérable le nombre des jeunes gens nés de parents qui, originaires d'Alsace-Lorraine, demeurent en France ou dans n'importe quelle autre contrée du monde. — En se reportant à la lettre écrite le 15 juillet 1872 au ministre des affaires étrangères de France par le chargé d'affaires d'Allemagne à Paris [1], on pourrait croire que les mineurs dont nous nous occupons seraient seulement pris

---

[1] Voir ci-dessus, page 360.

par l'Allemagne en qualité de domiciliés. Les termes de cette communication ont en effet une généralité qui permet d'adopter cette opinion de prime abord. Mais si l'on remonte à l'ordonnance allemande du 16 mars 1872, on aperçoit une distinction entre les mineurs émancipés et non émancipés, nés les uns et les autres hors du territoire annexé à l'Empire. Les émancipés seuls sont soumis à la loi du domicile, et par conséquent n'ont qu'à avoir ou à transférer à domicile en France pour rester Français au regard de l'Allemagne ; au contraire les mineurs non émancipés, originaires ou non, dit le texte de l'ordonnance, suivent la nationalité de leurs représentants légaux. C'est donc en vertu de la filiation qu'ils tombent dans l'allégeance allemande. Nous pouvons en conclure que ces derniers devaient faire une déclaration d'option, pour être, au point de vue allemand, considérés comme Français. Les émancipés au contraire devaient seulement se soumettre aux règles imposées aux individus que le lien du domicile unissait seul au pays cédé [1].

La justice française a été plusieurs fois saisie de réclamations provenant de la divergence de vue entre les gouvernements intéressés sur cette classe de mineurs. Le tribunal de Nogent [2] a déclaré Français un jeune homme qui voulait se prévaloir de cette situation pour s'exempter du service militaire français. Un jugement du tribunal de Paris [3] a jugé qu'un mineur, né en France de parents Alsaciens devenus Allemands, doit être considéré comme Français non-seulement en vertu de notre droit civil, mais

---

[1] La chancellerie impériale a reconnu, conformément à cette opinion, la nationalité française d'un jeune homme né en France de parents nés en Alsace, et qui avait été émancipé à l'époque de l'option.

[2] Jugement du 26 mai 1876.

[3] Jugement du 25 juin 1875.

aussi d'après les stipulations des traités. En effet, d'une
part, le mineur français ne saurait, suivant nos lois, être
« dépouillé de sa nationalité par un fait indépendant de sa
pleine et entière volonté, » et, d'autre part, le mineur dont
il s'agit ne saurait être compris dans la catégorie des
originaires d'Alsace-Lorraine, ni au sens propre du mot,
ni au sens qui lui a été officiellement donné par les Allemands. Ce jugement a été confirmé d'abord par un arrêt
de la cour de Paris rendu en audience solennelle le 4 février
1876, puis par un arrêt de la cour de cassation du 5 mars
1877, dont nous extrayons le passage suivant :

« Attendu que Armand-Victor S. est né à Paris le 4 février
« 1857, que Jacques S. réputé à cette époque son père
« légitime, suivant les présomptions de la loi, était Français,
« qu'ainsi S. fils était Français ;

Attendu que cette nationalité résultant pour ce dernier
« d'un titre à lui spécial et personnel n'a pas changé
« comme celle de son père par suite de l'annexion de
« l'Alsace-Lorraine à l'Allemagne, joint à cette circonstance
« particulière que le défendeur éventuel, né et domicilié
« à Metz, est devenu Allemand pour n'avoir pas fait dans
« les délais voulus l'option réservée par les traités de 1871 ;

« Attendu que ces traités ne sont point applicables à
« S. fils, qui n'est pas originaire des pays annexés à
« l'Allemagne et qui n'y a jamais habité ; que d'ailleurs, au
« point de vue de la nationalité, ils n'ont pas entendu
« soumettre la condition de l'enfant mineur à celle de son
« père, et que l'option ou la non-option de S. père n'a pu,
« quant à ce, ni profiter, ni nuire au mineur S. »

Il n'est pas possible d'exprimer plus clairement les motifs
qui ne nous permettent pas de nous ranger à l'opinion
allemande.

C. — *Mineurs nés en Alsace-Lorraine de parents qui n'y sont pas nés.* Ils doivent dans tous les cas faire une déclaration d'option et, s'ils résidaient sur le territoire cédé, émigrer avant le 1er octobre 1872. Ces conditions sont, au point de vue français, nécessaires et suffisantes pour sauvegarder leur nationalité.

Au point de vue allemand, quelques difficultés peuvent se présenter. Si par exemple les parents du mineur habitent l'Alsace, ils deviennent Allemands, comme domiciliés, quoique non originaires, et l'enfant suit leur nouveau statut personnel. C'est encore un cas où l'option faite au nom du mineur sera illusoire en Allemagne, puisque la nationalité de ce dernier dépendra, en fait, non pas de cette formalité, mais de la nationalité de ses parents. Si le mineur était orphelin, le tuteur devrait lui-même être Français.

D. — *Mineurs nés hors d'Alsace-Lorraine de parents qui ne sont pas Alsaciens-Lorrains.* Inutile de dire qu'ils ne sauraient être atteints par le traité dans l'opinion française; mais les Allemands les réclameraient comme sujets de l'Empire, s'ils étaient domiciliés en Alsace-Lorraine à l'époque de l'annexion. Cependant comme l'Allemagne s'est toujours placée au point de vue du domicile légal, elle admettrait sans doute qu'un mineur non émancipé originaire d'une commune restée française et dont les parents natifs de France n'ont pas cessé d'y demeurer conserverait sa nationalité d'origine quand même il aurait résidé en Alsace-Lorraine au moment de l'annexion. Mais inversement elle réclamerait le mineur non émancipé né en France et y demeurant, qui aurait eu son domicile légal chez ses parents en Alsace-Lorraine.

V

Les nombreux points de désaccord que nous venons d'étudier font comprendre combien grand est le nombre des individus dont la nationalité ne peut pas être exactement déterminée aujourd'hui. Nous voudrions examiner les mesures prises en France et en Allemagne en ce qui concerne les options irrégulières, et la situation faite dans les deux pays aux personnes dont la nationalité est contestée.

La condition la plus difficile à remplir pour les Alsaciens-Lorrains qui entendaient conserver la nationalité française était le transfert du domicile en France. La déclaration était une simple formalité gratuite et facile ; mais quitter un pays où elles ont les attaches si puissantes de l'habitude et des intérêts, peu de personnes en sont capables. Aussi un grand nombre d'habitants des territoires cédés se sont-ils contentés d'effectuer la déclaration prévue, faisant ainsi une démonstration de leurs sentiments et comme une sorte de plébiscite contre l'annexion à l'Allemagne, et ils ont laissé passer l'échéance du 1er octobre 1872 sans émigrer. Leur option ne saurait à aucun point de vue être valable. L'autorité allemande les a invités à la retirer ; jusqu'à ce qu'ils s'y fussent résolus, ils ont encouru, pendant quelque temps, quoique considérés comme sujets de l'Empereur d'Allemagne, la déchéance de certains droits civiques. La loi du 24 janvier 1873, concernant les conseils généraux et d'arrondissement en Alsace-Lorraine, prive des droits d'électorat et d'éligibilité les Alsaciens qui, ayant opté et non émigré, n'ont pas retiré leur déclaration d'option. Plus tard, cette restriction a été abolie par décret impérial du 28 avril 1876.

Beaucoup d'autres Alsaciens-Lorrains après avoir transféré leur domicile hors de leurs pays d'origine y sont revenus. Ce retour a été souvent interprété par les autorités impériales comme une présomption que l'option n'était pas sérieuse et a entraîné l'annulation.

Sur ce point la chancellerie fédérale s'est montrée souvent bien sévère. Nous admettons volontiers que si l'optant est seulement venu passer dans un hôtel d'une ville française la nuit du 30 septembre au 1er octobre et les quelques journées suivantes, son retour en Alsace, surtout s'il y a laissé des intérêts en souffrance qui le réclament, peut être considéré comme la preuve qu'il n'a pas sérieusement transféré son domicile hors des pays annexés à l'Allemagne. Mais quand un Alsacien a transféré en France son principal établissement, quand, par exemple, un industriel de Mulhouse est venu s'établir à Paris avec sa famille, quand un ouvrier est venu s'embaucher en France, nous ne pouvons admettre qu'un séjour en Alsace, même peu de temps après le moment où il fallait avoir quitté le pays, pût donner lieu à une annulation d'option [1].

Il y a une question de mesure, qui a été trop souvent tranchée contre l'intérêt de nos compatriotes. La seule règle logique eût été d'expulser comme étrangers les Alsaciens-Lorrains dont la présence eût paru de nature à répandre le trouble ou à entretenir l'agitation dans les esprits. Il semble, d'ailleurs, que les plénipotentiaires allemands à Francfort s'étaient exprimés ouvertement

---

[1] Voir ci-dessus pages 348, 349 et 350, note 1.

dans ce sens [1]. « Les optants qui ont émigré, avaient-ils
« dit, en réponse à une demande des représentants de la
« France, peuvent comme tout autre étranger franchir la
« limite allemande et s'y fixer de nouveau, en tant et
« aussi longtemps que les autorités allemandes y donne-
« ront leur assentiment. » C'était la vraie doctrine ; malheureusement en pratique, elle n'a pas toujours été observée. Ce n'est qu'assez tard qu'on a commencé à expulser
nos compatriotes, et à les inviter à signer une demande
de *renaturalisation* s'ils voulaient rentrer : mais bien plus
souvent et dans la première année surtout, on déclarait
nulle l'option de l'optant qui revenait dans son pays, eût-il
sa principale installation de l'autre côté des Vosges.

On avait espéré en Alsace-Lorraine, qu'après six mois
les optants pourraient revenir sans que leur option pût être
annulée ; s'il en a été ainsi dans quelques parties du territoire cédé, la règle n'a pas reçu d'application générale. Jamais le gouvernement de Berlin n'a voulu fixer une époque
après laquelle il prendrait le parti de traiter comme tous
autres étrangers les Alsaciens-Lorrains revenant en Alsace-
Lorraine.

Le nombre des options annulées par l'autorité allemande
pour défaut de transfert de domicile s'est élevé à
110,240 [2]. Mais quelle est la valeur juridique de ces annulations opérées par mesure administrative ? Les questions de
nationalité sont en France de la compétence des tribunaux, et, le Code civil étant en vigueur en Alsace, on ne
comprend guère que l'administration ait pris sur elle de les
trancher. Et comment les tranchait-elle ? Sur des rapports

[1] Protocole n° 1. Voir *Recueil des traités*, t. I, p. 133.
[2] Discours de M. Grad, député de Colmar, au Reichstag. Séance du 6 mars
1878.

faits par des employés subalternes de la police, sur des délations inspirées par la jalousie, sur des excès de zèle commis par des fonctionnaires de village. Souvent la presse locale a fait entendre à ce sujet des plaintes fondées [1] et la justice, quand elle a été saisie, a souvent reconnu que les options annulées avaient été parfaitement légales et régulières [2]. Les annulations d'option opérées par les directeurs de cercle n'ont pas d'autre valeur que celle d'un avis administratif, qui n'engage pas les tribunaux et né porte aucune atteinte au statut personnel. Si la justice allemande ne les reconnaît pas, à plus forte raison sont-elles non avenues au regard de la justice française, quel que soit d'ailleurs le lieu où la déclaration a été faite, que ce soit en deçà ou au delà de la nouvelle frontière.

De si peu de valeur qu'elles fussent au point de vue théorique, les annulations d'option ont eu dans la pratique une importance considérable. Elles atteignent en effet un très-grand nombre de jeunes gens mineurs dont les parents sont demeurés en Alsace-Lorraine et qui par suite se trouvent appelés à la fois en France et en Allemagne à accomplir les obligations militaires.

Le gouvernement français a cru devoir tenir compte à ces jeunes gens d'une situation dont ils ne sauraient être rendus responsables.

Pour éviter autant que possible aux intéressés les inconvénients et les dangers qui peuvent résulter d'un conflit de ce genre, l'administration n'a pas cru devoir les enrôler de plein droit dans l'armée. Une circulaire du général de

---

[1] Voir le *Journal d'Alsace* des 19 décembre 1874, 1er juillet 1875, 27 mars 1877.

[2] Jugements du trib. de Strasbourg, des 7 octobre et 10 décembre 1874 (ch. d'Appel), 25 juin 1875 (ch. corr.) etc., etc.

Cissey, datée du 7 décembre 1875, portant des instructions sur l'appel de la classe, s'exprime ainsi sur les
Alsaciens-Lorrains :

« Les jeunes gens originaires des pays cédés à l'Alle-
« magne qui, ainsi que leurs père, mère, ou tuteur, ont
« opté pour la nationalité française, seront portés sur les
« tableaux de recensement de la commune où leur famille
« a aujourd'hui son domicile légal.

« Quant à ceux de ces jeunes gens dont les père, mère,
« ou tuteur n'auraient pas eux-mêmes réclamé la nationa-
« lité française, ou auraient conservé leur domicile sur le
« territoire cédé, on ne devra les inscrire que s'ils en
« font formellement la demande. Ils seront prévenus que,
« le gouvernement allemand contestant la validité de leur
« option personnelle, lors même qu'elle a eu lieu avec l'as-
« sentiment de leurs représentants légaux, ils s'exposent,
« en entrant dans les rangs de notre armée, à être pour-
« suivis comme réfractaires par l'autorité allemande, s'ils
« retournent dans leur pays d'origine. Mention de cet avis
« sera faite sur les tableaux de recensement, et ils devront
« la certifier par leur signature.

Grâce à cette mesure, les Alsaciens-Lorrains mineurs
dont les parents sont restés en Alsace savent à quoi ils sont
exposés. Ajoutons que ceux d'entre eux qui auront été
déclarés insoumis par les autorités allemandes ne pourront
retourner dans les territoires cédés, sans crainte d'y être
inquiétés, qu'après avoir accompli leur trente-sixième
année. Alors en effet, ils leur appartiendra d'invoquer la
prescription de cinq ans qui a commencé à courir en leur
faveur au moment où ils ont dépassé l'âge du service militaire
dans la landwehr, c'est-à-dire, atteint leur trente-deuxième
année. Quant au service dans le landsturm, ils n'y seront
pas soumis, s'ils ont perdu dans l'intervalle la nationalité

allemande, — car le landsturm ne comprend que les sujets
allemands résidant dans l'Empire.

Il avait semblé un instant que l'Allemagne était disposée
à prendre des mesures favorables à ceux des Alsaciens qui,
se trouvant soumis au service militaire en France et figu-
rant dans notre armée, étaient en même temps appelés à
faire partie de l'armée allemande.

C'est ainsi que le tribunal de Schlestadt a, par jugement
du 11 juin 1875, reconnu la nationalité française d'un Alsacien mineur dont les parents n'avaient pas même opté,
mais qui faisait partie de l'armée, par cette considération
toute d'équité que l'on ne peut pas servir deux pays à la
fois. Cette décision n'a malheureusement pas fait jurisprudence, et les Alsaciens ont dû renoncer à pouvoir
invoquer leur présence sous les drapeaux français pour
obtenir leur radiation sur les listes du recensement militaire en Allemagne. — Il n'y a d'exemption possible que pour
ceux qui ont servi dans l'armée française ou la garde
mobile avant le 17 décembre 1870 [1] ou ceux qui sont nés
avant le 1er janvier 1851 [2]. Les uns et les autres sont
exempts du service militaire en Allemagne sans aucune
condition de nationalité.

La loi allemande du 1er juin 1870 sur la nationalité, qui
a été étendue aux provinces annexées par ordonnance
impériale du 8 janvier 1873, fournit aux Alsaciens-Lorrains
mineurs un autre moyen d'échapper au service militaire
en Allemagne. On a vu ci-dessus [3] que tout sujet allemand
peut renoncer à sa nationalité en obtenant un permis
d'émigration (*entlassungschein*), pièce qui ne peut pas

[1] Ord. imp. du 26 mars 1872. *Recueil des traités*, t. II, p. 603.
[2] Loi allemande du 23 janvier 1872.
[3] Page 143. Voir aussi annexe M.

être refusée à l'individu âgé de moins de dix-sept ans ou de plus de vingt-cinq, et qui sort ses effets à condition que celui à qui elle est délivrée ait émigré dans les six mois. Dans la crainte que les Alsaciens ne profitassent avec trop d'empressement de la facilité que ces dispositions leur donnaient pour faire exempter leurs fils des charges de la loi militaire allemande, la Chancellerie fédérale a soutenu que les jeunes gens âgés de moins de dix-sept ans, ne pouvant avoir d'autre domicile légal que celui de leurs parents, étaient incapables de remplir valablement la condition de l'émigration. Cette manière de voir, dont l'inconvénient le plus grave était de rendre impossible l'application d'une loi que les intéressés avaient le droit indéniable d'invoquer, présentait encore un autre côté faible. Les parents pouvaient toujours, en émancipant leur fils, l'habiliter à avoir un domicile propre et par suite à émigrer légalement. Le Gouvernement allemand paraît l'avoir compris et s'être décidé à reconnaître formellement ce mode d'éluder son interprétation restrictive. Aujourd'hui donc, les jeunes Alsaciens qui veulent éviter la conscription allemande doivent se faire émanciper, ce qu'ils peuvent faire dès l'âge de quinze ans, puis obtenir un *entlassungschein*, et émigrer dans les délais, avant d'avoir atteint leur dix-septième année. Toutefois, ceux d'entre eux qui, étant orphelins ne peuvent être émancipés qu'à l'âge de dix-huit ans, sont dans l'impossibilité de bénéficier du régime de l'*entlassung*. Peut-être pourront-ils invoquer l'article 17 du Code civil, en prouvant qu'ils se sont expatriés sans esprit de retour ; car la loi sur l'indigénat allemand paraît, dans l'opinion des Allemands, non pas avoir abrogé tacitement les articles du Code civil qui ne sont pas en contradiction avec elle, mais seulement y avoir ajouté de nouvelles règles.

Ajoutons que la justice allemande ne semble pas partager l'opinion des autorités administratives sur cette question. La chambre correctionnelle du tribunal de Strasbourg a acquitté, le 15 janvier 1879, onze jeunes gens poursuivis comme réfractaires parce que, n'ayant pas été émancipés, ils avaient vu leur permis d'émigration annulé par la présidence supérieure. Le jugement est fondé sur ce que la nécessité d'émigrer prévue par la loi allemande du 1er juin 1870 n'a rien de commun avec les exigences du Code civil français relatives au domicile légal [1].

Quoiqu'il en soit de cette exigence de l'émancipation, à laquelle l'administration impériale finira peut-être par renoncer, les Alsaciens-Lorrains qui sont à la fois Français en France et Allemands en Allemagne peuvent facilement, grâce à la loi du 1er juin 1870, abandonner la nationalité allemande pour se donner complètement à la France et réparer ainsi l'irrégularité de l'option contractée antérieurement par eux. — Un mineur, pour qui ses parents n'auraient pas opté, pourrait aussi trouver dans l'*entlassung* un moyen de suppléer à cette option. L'*entlassung* le délierait vis-à-vis de l'Allemagne, et nous ne pensons pas qu'on puisse lui refuser la réintégration dans la qualité de Français, par application de l'article 18 du Code civil. Pour cela, il devrait, bien entendu, avoir atteint sa majorité [2].

La réintégration des Alsaciens-Lorrains, n'ayant pas opté, ne serait, d'ailleurs, que la réciproque des nombreuses naturalisations que le Gouvernement allemand accorde, sans aucune condition de séjour, aux optants que les circons-

---

[1] Voir le *Journal d'Alsace* du 19 février 1879.

[2] Il pourrait même être admis à contracter l'engagement volontaire d'un an, Voir ci-dessus, page 45, note 1.

tances obligent à retourner aujourd'hui dans les territoires
cédés. Au bout de quelques années, en effet, il n'était plus
possible à l'Allemagne de considérer le retour en Alsace
comme entraînant l'annulation de l'option. Dès 1875, on commença à mettre les Alsaciens français, retournant en Alsace,
en demeure de choisir entre l'expulsion ou la nationalité allemande. Une question se posa à ce propos : celle de savoir si
ces optants seraient traités comme *réimmigrants* ou comme
de *simples étrangers*. Ceci est fort important, car ces derniers ne sont soumis au service militaire que suivant leur
âge : après vingt-trois ans, ils ne doivent plus le service
actif, après vingt-sept ans, ils ne font plus partie
de la réserve de remplacement. Les réimmigrants, au
contraire, dont il importe que l'absence n'ait pas amé-
lioré la position au point de vue militaire, sont appelés
au service actif, tant qu'ils n'ont pas atteint leur trente
et unième année [1]. Quoique les plénipotentiaires allemands
à Francfort aient déclaré que la conquête entraînait une
naturalisation immédiate, l'administration allemande regarde les optants comme n'ayant pas été Allemands. Seulement comme les non-optants réclamèrent contre l'avantage fait à ces naturalisés qui se trouvaient exemptés en
partie du moins du service militaire, la chancellerie impériale a fait une distinction : elle a invité les autorités locales,
compétentes pour la naturalisation, à l'accorder largement
aux individus nés avant le 1er janvier 1851, ou ayant servi
pendant la dernière guerre dans l'armée française [2]. Aux
autres, au contraire, à ceux qui par leur âge eussent été
soumis au service dans l'armée active, s'ils eussent été

[1] Voir la loi militaire allemande, art. 11, annexe M. 2°.
[2] Même seulement après le 17 décembre 1870.

Allemands, elle la refusait en général, à moins que les
pétitionnaires ne se déclarassent prêts à servir, ou qu'ils ne
fussent dispensés du service par une infirmité, ou qu'ils
eussent quelque raison particulière, comme la nécessité de
soutenir une famille, l'intention de se marier dans le pays,
etc. [1]. Sauf exceptions, on expulse les optants qui ne
veulent pas demander la naturalisation ou à qui on ne
l'accorde pas.

Ajoutons que le parlement allemand a reconnu lui-même
tout ce qu'il y avait d'inique dans la situation trop souvent indécise où se trouvent les habitants du Reichsland
ayant opté pour la France, et a voté le 6 mars 1878 une
motion qui invite le Gouvernement à préparer un projet
de loi pour régler la question [2].

§ 9. — Rétrocession de l'île de Saint-Barthé-lemy à la France.

L'île de Saint-Barthélemy, ancienne colonie française,
cédée à la Suède en 1784, par Louis XVI, vient d'être rétro-
cédée à l'ancienne métropole, dont, malgré une longue
séparation, elle avait conservé les mœurs et la langue. La
convention, qui stipule cette rétrocession, peut être citée
comme un modèle de traité de cession, et si, au point de
vue des intérêts engagés, elle ne peut prétendre à avoir
une importance bien considérable, elle constate un pro-

---

[1] Voir le discours de M. Herzog au parlement allemand, 6 mars 1878.
 On peut lire aussi à ce sujet une lettre écrite à M. Grad, député de Colmar,
par le Ministre de la Guerre de l'Empire allemand, à la date du 2 avril 1879.
Ce document a été publié dans le *Journal d'Alsace* du 11 du même mois.
 [2] Jusqu'à présent, ce projet de loi n'a pas encore été soumis au Parlement
allemand.

grés dans le droit des gens. Presque toutes les clauses libérales que nous avons eu l'occasion de recommander ci-dessus, se trouvent réunies dans le traité du 10 août 1877, et le protocole annexe du 31 octobre suivant.

« S. M. le Roi de Suède et Norvége, lisons-nous dans
« l'art. 1er du traité, rétrocède à la France l'île de Saint-
« Barthélemy et renonce, en conséquence, pour lui et tous
« ses descendants et successeurs, à ses droits et titres sur
« ladite colonie. Cette rétrocession est faite sous la réserve
« expresse du consentement de la population de Saint-Bar-
« thélemy et, en outre, aux conditions énumérées dans un
« protocole spécial qui sera annexé au présent traité et
« considéré comme en formant partie intégrante. »

Il a donc paru convenable de faire voter la population avant d'arrêter les termes de ce protocole. Le résultat du vote a été 350 voix en faveur de la France sur 351 votants. La cession étant ainsi régulière, au point de vue politique, les gouvernements de France et de Suède sont convenus des dispositions relatives à la nationalité des habitants de l'île, au point de vue juridique. Nous nous bornerons à transcrire, en les commentant, les deux premiers articles du protocole, qui seuls sont relatifs à ce qui fait l'objet de nos études :

« Art. 1er. — La population de l'île de Saint-Barthélemy
« ayant été consultée conformément à l'article 1er de la con-
« vention ci-dessus rappelée, et s'étant prononcée en faveur
« d'une réunion de cette île aux possessions françaises, les
« sujets de la couronne de Suède domiciliés dans la dite île
« ou dans les îlots qui en dépendent sont déliés de tout lien
« de sujétion envers S. M. le Roi de Suède et de Norvège,
« ses descendants et successeurs, et la nationalité française

« leur sera acquise de plein droit à dater du jour de la
« prise de possession par l'autorité française.

On remarquera ici que contrairement à ce qui a eu lieu,
dans l'opinion française au moins, lors de la cession de
l'Alsace-Lorraine, les habitants tombent immédiatement
sous l'allégeance de l'état cessionnaire. C'est le seul point
sur lequel on pourrait peut-être faire une objection :
cependant ce système est dans un sens plus logique que celui
qui consiste à attendre l'option ou l'expiration du délai.
Il est, en effet, plus naturel que les habitants soient dès le
jour de la prise de possession sujets du souverain territorial. Mais l'autre système présente cet avantage que la.
nationalité n'est jamais indécise et qu'il n'est pas besoin
de recourir à l'effet rétroactif de la déclaration d'option.

« Art. 2. — Toutefois il demeure loisible aux personnes
« domiciliées dans l'île de Saint-Barthélemy et étant en pos-
« session de la qualité de sujet de la couronne de Suède de
« s'assurer, si elles le préfèrent, la conservation de cette
« qualité moyennant une déclaration individuelle faite à cet
« effet devant l'autorité de l'île ; mais, dans ce cas, le Gou-
« vernement français se réserve la faculté d'exiger qu'elles
« transportent leur résidence hors du territoire de Saint-
« Barthélemy.

« Le délai dans lequel pourra se faire la déclaration d'op-
« tion prévue au paragraphe précédent sera d'un an à dater
« du jour de l'installation de l'autorité française dans l'île
« de Saint-Barthélemy.

« Pour les personnes qui, à cette date, n'auront pas l'âge
« fixé pour la majorité par la loi française, le délai d'un an
« courra à partir du jour où elles atteindront cet âge. »

° Les domiciliés seulement, et non les originaires, sont
frappés par l'annexion ; mais le point important de cet

article est celui qui permet aux mineurs d'attendre leur majorité pour opter. C'est le système dont nous avions recommandé l'adoption et montré les avantages. Nous croyons qu'il n'avait encore été admis jusqu'ici que dans la loi belge du 4 juin 1839, relative aux personnes dont la nationalité était atteinte par la séparation du Limbourg et du Luxembourg [1]. C'est le protocole du 31 octobre 1877 qui l'a pour la première fois introduit dans la pratique internationale, et il est à souhaiter qu'il y soit dorénavant toujours appliqué.

[1] Voir ci-dessus page 303 et ci-après annexe P, 4°.

CHAPITRE VIII

CONSTATATION DE LA NATIONALITÉ

---

§ 1. — Autorité compétente pour statuer sur la nationalité.

La nationalité confinant à la fois au droit civil et au droit public, on peut se demander quelle doit être l'autorité compétente pour statuer sur les controverses qui s'y rapportent, en un mot, pour la constater légalement. Sera-ce la justice ? Sera-ce l'administration ? En France, la réponse est facile à faire. Par cela même que les lois régissant la perte et l'acquisition de la qualité de Français font partie intégrante du Code civil, c'est au pouvoir judiciaire qu'il appartient de les interpréter et d'en surveiller la stricte application. Le pouvoir administratif qui, dans certains pays étrangers, apprécie lui-même les questions du statut personnel, n'a chez nous, à ce point de vue, que les attributions définies qui lui sont conférées par des lois spéciales : il est compétent pour accorder la naturalisation aux étrangers, pour appliquer le bénéfice de l'article 9, pour délivrer des permis d'expatriation, conformément aux dispositions du décret de 1811, mais il ne lui appartient de ne se prononcer sur le statut personnel d'un individu. Dans beaucoup de cas, comme on le verra, l'administration a lieu de distinguer entre les Français et les étrangers, et souvent elle délivre des pièces qui semblent porter la preuve de la nationalité française de celui qui les obtient, — le passeport, par exemple, ou le certificat d'immatriculation dans un consulat. Il n'en est rien pourtant. Les décisions de l'administration, les pièces qu'elle délivre n'ont que la valeur d'un avis, portant non la preuve, mais une simple présomption de la qualité de Français. Elles pourront toujours être combattues devant les tribunaux, dont l'appréciation est seule souveraine.

Rien n'est plus juste, d'ailleurs, que d'avoir confié aux magistrats seulement la connaissance des questions si délicates et si importantes que soulèvent les lois sur l'allégeance. Les formalités dont sont entourées les décisions judiciaires, l'instruction préalable, la publicité des audiences, les modes de recours, sont des garanties que l'on chercherait en vain, si l'affaire pouvait être tranchée sommairement dans les bureaux d'une administration publique. Enfin, il est naturel qu'une des parties de notre législation qui offre le plus de difficultés soit interprétée par les hommes à qui l'étude du droit est particulièrement familière.

La conséquence forcée de la compétence judiciaire, c'est que les questions de statut personnel ne peuvent être résolues qu'à l'occasion d'un litige. On ne peut pas s'adresser aux tribunaux pour leur demander une opinion : il faut nécessairement, pour les saisir, qu'un demandeur actionne un défendeur. Il faut donc, pour que la nationalité d'un individu puisse être légalement établie en France, qu'une personne ait un intérêt né et actuel à l'opposer à une autre personne ayant également un intérêt né et actuel à la contester. Ce régime présente, du moins en apparence, d'assez graves inconvénients. Il peut se présenter des circonstances où un individu désire faire reconnaître d'avance qu'il est Français ou qu'il est étranger, pour invoquer ensuite l'une de ces deux qualités quand l'occasion se présentera. La loi française ne permet pas de lui donner une entière satisfaction. Il devra se contenter d'un passeport ou de toute autre pièce d'origine administrative portant simplement une présomption, et ne valant que jusqu'à preuve contraire. Peut-être aura-t-on lieu de regretter dans certains cas, qu'aucune autorité en France ne puisse délivrer une attestation d'extranéité comme le font certains gouvernements de l'Amérique latine, ou un certificat de nationalité, comme beaucoup d'États d'Europe et d'Amérique, y compris l'Angleterre, depuis la loi du 12 mai 1870 [1]. Sur ce dernier point, même, il peut sembler étonnant que la France qui, d'après la loi du 16 décembre 1874, requiert un certificat d'allégeance du Gouvernement dont un individu né en France de parents étrangers qui eux-mêmes y sont nés prétend être le ressortissant, soit dans l'impossibilité de fournir, le cas échéant, une attestation analogue. Cependant, nous croyons que le système français, si on veut bien l'approfondir, répond à une idée juste. La nationalité, dans nos lois, est chose variable et changeante : un certificat délivré à un moment donné ne saurait valoir pour un autre moment que celui même auquel il a été délivré. Mis en réserve pour être exhibé à l'occasion, il pourrait donner lieu à des abus et il resterait dans tous les cas à établir que la nationalité n'a pas changé dans l'intervalle. Il est donc conforme à la logique qu'on ne constate la nationalité qu'à l'occasion d'un intérêt né, puisqu'on ne peut ra-

[1] Voir annexe N.

tionnellement la constater que pour un instant donné, pour une époque précise, — c'est-à-dire pour le passé ou le présent, mais jamais pour l'avenir.

Malheureusement, il arrive parfois que, dans l'état actuel de nos lois, il est assez difficile de saisir la justice d'une demande en constatation de statut personnel, alors même qu'on est intéressé directement à le prouver. Ce sont ces imperfections, ces lacunes dans le détail et dans la pratique qui trompent, si l'on ne regarde qu'à la superficie, sur la valeur même du système. On verra par les pages qui suivent, qu'il y aurait, en somme, peu de changements à apporter à la jurisprudence actuelle, et presque aucun à nos lois pour satisfaire à toutes les exigences.

Toutes les fois que l'intérêt de faire constater la nationalité provient du droit civil, il n'y a pas de difficulté possible pour saisir les tribunaux. La question peut se présenter dans nombre de litiges, à l'occasion d'une succession, d'un mariage, d'un contrat, etc., et sous les mille modes divers que nos lois de procédure offrent aux parties. Il peut même arriver que la nationalité d'un tiers soit agitée entre les plaideurs pour savoir, par exemple, si un témoin testamentaire était Français. — Il n'y a pas lieu de donner ici des explications; mais la question devient plus compliquée et mérite d'être étudiée avec quelques détails, quand il s'agit des charges ou des avantages attachés à la qualité de Français, non plus par des lois civiles, mais par des lois d'ordre politique, administratif ou militaire. Il peut arriver qu'un individu ait intérêt à faire reconnaître sa nationalité française pour être inscrit sur les listes électorales, pour être admis à prendre part au partage des biens ou des revenus communaux, pour se faire inscrire sur les registres matricules d'un consulat français à l'étranger, pour ne pas être livré à une puissance étrangère qui demande son extradition, pour éviter d'être frappé d'expulsion par application de la loi de 1849..... Il peut arriver inversement qu'une personne ait intérêt à établir son extranéité pour se soustraire au service militaire, aux emprunts forcés, aux contributions de guerre, aux réquisitions, en un mot, aux charges qui pèsent sur les Français, mais n'atteignent pas les étrangers. Dans l'une ou l'autre hypothèse, nous trouvons une personne intéressée à faire annuler une décision administrative prise en considération de sa nationalité, et, par conséquent, à faire reconnaître cette nationalité. Comment s'y prendra-t-elle ? Les lois et la jurisprudence peuvent-elles lui fournir un recours ? Et quel genre de recours lui peuvent-elles fournir ?

§ 2. — Examen des principales difficultés.

I

Le nombre des circonstances dans lesquelles un individu peut avoir intérêt, en dehors du droit civil, à reclamer ou à repousser la qualité de Français est trop considérable pour que l'on puisse prétendre les énumérer toutes. On citera seulement les hypothèses les plus fréquentes.

Droit électoral. — Le droit de prendre part aux élections pour les conseils communaux et départementaux, ainsi que pour les assemblées souveraines, est un des plus importants avantages de la qualité de Français. Aussi est-ce souvent à cette occasion que naissent des contestations sur le statut personnel.

Depuis l'introduction du suffrage universel dans notre pays, tout Français qui remplit certaines conditions de capacité et de domicile, et qui n'encourt aucune déchéance légale, est en possession du droit d'électeur, et par suite doit être inscrit sur les listes électorales. Un individu qui se prétend Français et qui a été omis comme étranger doit donc pouvoir requérir son inscription. Inversement, il est nécessaire qu'on puisse combattre l'inscription d'un individu qu'on croit étranger et demander sa radiation.

Pour se rendre un compte exact de ce qui se passe dans la pratique, il est nécessaire d'examiner la manière dont les listes électorales sont dressées. Le soin de les dresser était autrefois confié au Préfet : depuis que le suffrage universel est devenu la loi de la France, il a fallu chercher un autre système. Le rôle exercé par le Préfet a été dévolu à des commissions spéciales prises dans chaque commune et qui varient suivant qu'il s'agit des listes pour les élections communales, ou de celles préparées en vue des élections politiques. Dans le premier cas, la commission, d'après la loi du 17 juillet 1874, se compose du maire de la commune, d'un membre du conseil municipal, et d'un délégué nommé par l'administration. Dans le second cas, elle comprend, aux termes du décret-loi du 2 février 1852, le maire et deux membres du conseil municipal.

Les réclamations doivent être formées contre la commission même qui a préparé la liste, et qui se trouve ainsi dans une certaine mesure juge et partie. Supposons donc une personne omise comme étrangère : elle adresse une réclamation au maire, président de la commission. Si celle-ci, augmentée de deux membres du conseil muni-

cipal, pour des listes communales [1], n'admet pas la
demande, le demandeur porte l'affaire en appel devant le
juge de paix, le maire comparaissant comme défendeur. Le
juge de paix est investi par nos lois électorales du droit
de statuer en dernier ressort, sauf pourvoi en cassation,
à moins qu'il ne s'agisse d'une question d'État, c'est-à-
dire précisément d'une question dans le genre de
celle qui nous occupe. Dans ce cas, le juge de paix doit
surseoir au prononcé de son jugement pour renvoyer le
litige comme question préjudicielle, devant les tribunaux
ordinaires. Cependant la jurisprudence de la cour de cassation lui permet une certaine appréciation. Si la cause
est évidente, soit qu'il apparaisse nettement que le réclamant est étranger, soit qu'il ne soit pas moins manifeste
qu'il est Français, le juge de paix peut rendre son jugement. Il le peut toutes les fois que l'affaire ne se présente
pas comme sérieuse. Si, dans un cas de ce genre, un
pourvoi en cassation est formé contre la sentence du
juge de paix, notre cour suprême ne manque pas de
donner raison à ce magistrat [2]. La Cour de cassation a
même admis certaines présomptions comme suffisantes pour
établir la nationalité en matière électorale, lorsque rien
ne venait y contredire. Quand, par exemple, un individu
prouve qu'il est né en France, quand il produit un contrat
de mariage français, un certificat de service militaire, un
livret, ou l'attestation qu'il a toujours figuré sur la liste
électorale, la Cour a décidé à plusieurs reprises qu'il devait
être inscrit, toutes les fois qu'aucune preuve n'était pré-

---

[1] Loi du 17 juillet 1874.
[2] Arrêts des 16, 23, 30 mars 1863, 4 avril 1865, 14, 19 mars et
25 avril 1877.

sentée pour combattre la présomption de nationalité française résultant de ces différentes circonstances [1].

Dans le cas au contraire où la contestation sur la nationalité se présente avec un caractère sérieux, le juge de paix se déclare incompétent et surseoit à rendre son jugement sur la question de l'inscription jusqu'au moment où la juridiction civile se sera prononcée. C'est alors sous forme de question préjudicielle que le tribunal sera saisi du litige par l'omis actionnant le maire. Une fois la nationalité jugée par le tribunal, avec droit d'appel bien entendu et de pourvoi en cassation, l'affaire revient devant le juge de paix qui décide s'il y a lieu ou non de procéder à l'inscription de l'intéressé.

Il importe d'ajouter dès à présent que l'intéressé n'est pas seul compétent pour réclamer contre la liste électorale. Le préfet, le sous-préfet, le délégué de l'administration dans la Commission municipale et tout électeur inscrit peut réclamer une inscription ou une radiation. La pratique présente un assez grand nombre de cas où un électeur intervient pour demander la radiation d'une personne qui en raison de son extranéité lui paraît incapable de figurer sur les contrôles électoraux. L'affaire suit les phases que nous venons d'énumérer. Toutefois il faut remarquer que le défendeur sera le plus souvent l'électeur inscrit dont la radiation est demandée et qui se trouvera tout naturellement appelé à figurer au procès, où il est le principal intéressé. Il nous sera permis de citer comme exemple l'affaire du député Durand, dont un électeur du département du Rhône a cru devoir contester la nationalité française en 1877. De la Commission municipale, la demande a été portée

[2] Voir ces mêmes arrêts.

devant le juge de paix, et ce dernier s'étant justement
déclaré incompétent, le tribunal a été saisi du litige, dans
lequel l'intéressé lui-même figurait comme défendeur, et
a obtenu gain de cause, par le jugement du 24 mars
1877 [1]. C'est également la même filière qui a été suivie par
M. Bartholoni contestant la nationalité du prince de
Lucinge, qui a été déclaré français par un jugement du
tribunal de la Seine du 23 mai 1878.

Des questions de même genre pourraient s'élever à l'occasion de la nomination des électeurs sénatoriaux. La loi
du 2 août 1875 a réglé le mode de recours contre les pouvoirs des délégués. Tout électeur du département, ainsi
que le préfet, peut élever une protestation dans les trois
jours. Le conseil de préfecture est compétent, sauf appel
au conseil d'État ; mais ici la loi laisse dans l'ombre la
question d'État. La jurisprudence n'a pu encore se former
sur la matière ; mais le conseil d'État [2] a déjà eu l'occasion de se prononcer sur ce point. Par analogie avec ce qui
a lieu en matière électorale dans tous les autres cas, il a
émis l'opinion que le conseil de préfecture devait se
déclarer incompétent sur les constatations de nationalité et
renvoyer l'affaire sous forme de *préjudicium* à la connaissance des tribunaux civils. Il n'est pas besoin de dire que
cette manière de voir nous paraît juste, et il est probable
qu'elle passera dans la pratique.

— On vient de se placer avant l'élection : on supposera
maintenant qu'elle est faite, pour voir ce qui adviendra
dra si l'on vient à découvrir que l'élu est étranger. Il
importe de distinguer tout d'abord entre les assemblées

[1] Voir annexe J. Nous avons eu l'occasion de parler de ce remarquable
jugement au ch. vii, page 327.
[2] Arrêt du 17 mars 1876.

qui vérifient elles-mêmes les pouvoirs de leurs membres et celles pour lesquelles ce rôle appartient à l'administration, c'est-à-dire au conseil de préfecture.

S'agit-il d'un membre d'une de ces dernières [1], les protestations doivent être adressées au conseil de préfecture : s'il y a une question de nationalité, le conseil doit se déclarer incompétent et, de même que pour les élections sénatoriales, laisser l'affaire au tribunal. Un exemple de cette procédure a été fourni par la nomination, en 1867, au conseil d'arrondissement de Roubaix, d'une personne dont la nationalité française a paru douteuse à quelques électeurs. Ceux-ci se sont adressés au préfet, mais le conseil de préfecture s'étant déclaré incompétent, ils l'ont traduit devant le tribunal civil de Lille, puis devant la cour de Douai. La Cour de cassation, saisie en dernier lieu, a trouvé que l'affaire avait suivi une marche tout à fait régulière [2].

Quant aux assemblées qui sont investies du droit de vérifier elles-mêmes les pouvoirs de leurs membres, on admet qu'elles sont souveraines sur ce point, et dès lors elles jugeront les questions d'État comme les autres. On se rappelle la discussion qui a eu lieu en 1863 au corps législatif impérial à propos de M. Welles de la Valette, qui avait reçu seulement la naturalisation ordinaire [3]. La Chambre n'a pas hésité à l'admettre : logiquement il aurait fallu soumettre la question à un tribunal, car c'est une étrange violation du principe de la séparation des pouvoirs que de voir une assemblée délibérante rendre un jugement. — Il n'est pas besoin de faire observer que la décision prise par une Chambre ne saurait engager les tri-

[1] Conseils d'arrondissement et conseils généraux.
[2] Voir ci-dessus page 85 où cette affaire est citée pour le fond.
[3] Voir page 130.

bunaux sur une question de nationalité. Dans le cas, par exemple, où un député serait invalidé comme étranger, il pourrait toujours recourir aux modes de procédure indiqués plus haut pour se faire replacer sur les listes électorales, s'il pensait être Français.

Service militaire. Le service militaire pèse en France sur tous les Français, mais épargne les étrangers. Ceux-ci ont donc un grand intérêt à faire reconnaître leur extranéité, quand ils sont appelés sous les drapeaux, ce qui arrive assez souvent par erreur, surtout pour ceux qui sont nés sur le territoire français. On sait, en effet, que les listes du recrutement comprennent tous les jeunes gens nés vingt ans auparavant, et dont les noms sont relevés sur les registres de l'état civil. De là une cause d'erreurs assez fréquentes, quand rien n'indique que les parents de l'intéressé sont étrangers. Les listes sont dressées par le maire. C'est à lui que l'étranger doit s'adresser pour empêcher qu'on ne l'inscrive. Le maire examine la question et, si l'extranéité lui parait hors de doute, l'inscription n'a pas lieu. Il est guidé pour cela par la loi et par les circulaires ministérielles. On a vu plus haut, par exemple, l'arrangement conclu avec l'Angleterre pour l'application de la loi du 16 décembre 1874 aux fils d'Anglais nés en France [1]. Quand le maire se trouve en présence d'un certificat de nationalité anglaise délivré dans les conditions prévues par les instructions ministérielles, il ne peut que rayer le nom de l'intéressé. Si le maire juge que l'exception n'est pas serieuse, il passe outre et le nom du réclamant arrive au préfet sur la liste départementale. Ici nouveau recours : si le préfet reconnaît le bien fondé

---

[1] Voir page 98 et annexe CC.

de la demande, il raye : sinon il maintient le nom sur les contrôles. C'est alors qu'apparaît le rôle du pouvoir judiciaire. La loi de recrutement de 1832, art. 26, permet à l'intéressé d'actionner le préfet devant le tribunal civil pour faire constater son extranéité. Ici l'affaire reçoit une solution définitive : l'avis du maire et celui du préfet, qui n'avaient qu'une valeur provisoire, sont remplacés par un jugement. Et dès que ce jugement est passé en force de chose jugée, le préfet doit s'y conformer. Si le réclamant obtient gain de cause il est rayé, et dans le cas contraire il reste dûment inscrit.

Une circulaire du ministère de la justice du 7 juillet 1819 a réglé les détails de la procédure suivie en pareille matière [1]. Elle prend diverses dispositions en vue de hâter la solution en litige, aussi bien en première instance qu'en appel, et de diminuer les frais.

La circulaire décide aussi qu'il n'appartient pas aux tribunaux de prononcer la libération. Ils doivent seulement déclarer que l'intéressé est Français ou étranger. La libération appartient au conseil de révision. Il est du reste temps encore pour l'inscrit de réclamer devant le conseil de révision sa radiation pour cause d'extranéité. Le Conseil peut alors lui accorder un délai spécial pour faire statuer par les tribunaux civils, mais la circulaire de 1819 prend soin de dire qu'après que le conseil a déclaré quelqu'un *bon pour le service*, le moment des réclamations est passé. Et dès lors, d'après ce document, un étranger ne peut plus obtenir sa libération.

Tout ce que nous venons de dire, cette dernière disposition exceptée, paraît la juste application des principes que

[1] Voir annexe H.

nous avons posés plus haut. Mais comment admettre qu'un individu qui ne reconnaît son extranéité que plus tard, après son incorporation, ne peut pas être rendu à la vie civile et rayé des contrôles militaires ? Une pareille décision serait en contradiction formelle avec le principe de la loi du 27 juillet 1872, d'après laquelle « nul ne peut faire partie des troupes françaises, s'il n'est Français ». — Comment faut-il donc procéder quand un individu incorporé dans l'armée française ou déclaré *bon absent* par le conseil de révision, vient demander sa radiation des listes du recrutement ? — Nous avons déjà traité une question analogue à l'occasion des Français qui se font naturaliser étrangers et qui reviennent ensuite en France, étant sous le coup de poursuites pour insoumission ou pour désertion. Nous n'y reviendrons pas; mais ici la question est plus générale : il s'agit d'un individu alléguant au ministère de la guerre qu'il a été inscrit, soit ignorant son extranéité, soit étant absent de bonne foi et incapable de faire valoir ses motifs devant le préfet ou le Conseil. Il nous semble que le département de la guerre doit examiner les demandes : si le bien fondé en apparaît clairement, il devra prononcer d'office la radiation par application de la loi de 1872. Dans le cas contraire, il renvoie l'intéressé à se pourvoir devant les tribunaux.

Cette combinaison, fort juste, fort logique, paraît entrer de plus en plus dans les usages du département de la guerre. Elle n'a qu'un inconvénient, c'est qu'il n'est pas sûr que les tribunaux acceptent de statuer sur l'affaire. En effet, la loi de 1832 donne aux préfets une compétence limitée, et bornée en cas spécial de la formation des listes. Certains tribunaux ont cru pouvoir invoquer cette loi pour se déclarer incompétents. Le 18 février 1875, le tribunal

de la Seine était saisi d'une demande de ce genre, formée
par un sieur V..., né à Paris de parents belges, qui se
plaignait d'avoir été inscrit indûment sur les listes du
recrutement. « Le préfet, a dit le tribunal, n'est pas le
« contradicteur ordinaire des parties, quand il s'agit de
« faire juger une question de nationalité ; la loi ne lui per-
« met d'être, par exception, défendeur à la demande que
« dans le cas spécial prévu par l'article 26 de la loi du
« 21 mars 1832. » « Et attendu que V... ne se trouve pas
« dans le cas dudit article, qu'il n'a élevé aucune réclama-
« tion devant le conseil de révision, etc. ; que le préfet n'a
« donc pas qualité pour défendre à l'instance ; » le tribunal
a débouté le sieur V... [1].

Ce jugement n'est pas seul dans son genre : mais pourtant la jurisprudence paraît se ranger à l'opinion contraire. Nous citerons, par exemple, les jugements du tribunal de Paris, du 28 juin 1860, du tribunal de Toulouse, du
16 août de la même année [2], du tribunal de Wissembourg,
du 2 juin 1860 [3].

Il nous semble qu'il n'y a pas lieu, dans le cas où nous nous
plaçons, de s'occuper de la loi militaire. Nous avons supposé
une demande adressée au ministère de la guerre et rejetée :
c'est contre cette décision ministérielle, refusant de
reconnaître l'extranéité, que l'intéressé proteste en actionnant devant le tribunal le ministère lui-même, c'est-
à-dire le Gouvernement qui se trouve précisément représenté par le préfet. Ce n'est donc pas comme chargé de la
confection des listes que le préfet est actionné, c'est comme
représentant de l'État.

[1] Voir annexe J. 3°.
[2] Annexe J, 1° et 2°.
[3] Annexe I.

Cette manière de voir et de procéder, qui, je le répète, entre de plus en plus, par la force des choses, dans nos mœurs administratives et judiciaires, est la seule qui satisfasse aux principes de notre droit et en même temps qu'aux légitimes exigences des intéressés. — Il est en effet nécessaire, indispensable, qu'un homme qui croit avoir droit à être exempté des obligations de la loi militaire par le motif de son extranéité, soit en mesure de faire valoir ses droits. En admettant la jurisprudence du jugement du tribunal de la Seine, dont il a été question ci-dessus, on place l'intéressé dans une impasse dont il lui est absolument impossible de sortir. A ce titre seul, cette jurisprudence devrait être condamnée.

Expulsion. — La loi de 1849 sur la police des étrangers permet au ministre de l'Intérieur de prendre contre eux des arrêtés d'expulsion. Rien n'est plus juste que cette manière de procéder. Autant nous avons blâmé le bannissement, au point de vue du droit des gens, c'est-à-dire l'expulsion des nationaux, autant il est naturel d'expulser les étrangers, dont la présence sur le territoire devient un danger. Peut-être seulement vaudrait-il mieux que la mesure fût prise par l'autorité judiciaire.

Quoiqu'il en soit, l'administration est armée contre les étrangers du droit d'expulsion; mais si un individu menacé d'être expulsé se prétend Français, qui pourra le juger ? Dans la pratique, la demande est simplement l'objet d'une enquête dans les bureaux de l'Intérieur, et si le bien-fondé n'en apparaît pas, l'expulsion est maintenue. Nous voudrions que l'intéressé pût en pareil cas actionner le Gouvernement français devant le tribunal pour faire reconnaître sa nationalité française. C'est seulement après que la justice se serait prononcée qu'on pourrait procéder définitivement à l'expulsion. On éviterait ainsi le résultat bizarre qui peut se produire aujourd'hui ; c'est-à-dire qu'un individu expulsé par le ministère de l'Intérieur, comme étranger, soit en même temps reconnu pour Français par un tribunal sur une succession de mariage ou de succession.

Extradition. — En matière d'extradition, il en est de même. Le Gouvernement tranche la question d'autorité : c'est le département de la justice au lieu d'être celui de l'Intérieur ; mais il importe peu, c'est toujours le Gouvernement, l'administration qui décide qu'un individu est étranger et peut être livré à une puissance étrangère. Depuis quelques années, l'intéressé est interrogé, s'il y a lieu, par le procureur de la République ; c'est une garantie qu'il n'avait même pas auparavant. Il en aura une autre si une loi soumise au Parlement est adoptée. Il sera traduit devant la Chambre de mise en accusation de la Cour dans le ressort de laquelle il aura été arrêté, et sera entendu en séance publique, assisté d'un conseil, s'il le désire. La Chambre, il est vrai, donnera seulement un *avis*, c'est donc encore le pouvoir administratif qui statuera en dernier ressort. Cependant c'est un grand pas fait dans la voie que nous indiquons [1].

Immatriculation dans un consulat français. — Il est recommandé aux Français qui résident à l'étranger de se faire immatriculer dans la chancellerie du consulat dans

---

[1] Au moment où nous mettons sous presse, cette loi est votée par le Sénat seulement. La loi néerlandaise sur l'extradition du 6 avril 1875 décide, dans son article 16, que si l'individu dont l'extradition est demandée aux Pays-Bas prétend être néerlandais, c'est la *Haute Cour* qui statue sur sa nationalité. Cette disposition devrait, dans son esprit du moins, être imitée en France. — Voir l'*Annuaire de lég. étrang.* de 1876, p. 655.

la circonscription duquel ils ont établi leur résidence. Cette formalité n'est pas indispensable en ce sens qu'aucune pénalité ne saurait être infligée à celui qui a négligé de l'accomplir, et qu'un consul ne saurait refuser de protéger un Français par le seul motif qu'il s'en serait dispensé. Cependant, un Français demeurant à l'étranger n'a le droit de figurer comme témoin instrumentaire et de devenir propriétaire unique d'un bâtiment portant notre pavillon, qu'autant qu'il a été immatriculé au consulat français.

Le consul ne peut pas se refuser à immatriculer un Français. Nos nationaux pourront donc avoir intérêt à établir leur nationalité devant le consul pour obtenir l'immatriculation. Enfin, ils auront le même intérêt s'ils veulent passer un acte au consulat, se marier, faire un testament, etc. Quel recours auront-ils si le consul, ne se croyant pas suffisamment éclairé, refuse de les considérer comme Français et de les traiter en conséquence? Ils pourront en appeler au ministère des affaires étrangères à Paris; mais, si leur demande est rejetée, quelle ressource leur restera-t-il?

Nous voudrions qu'ici encore ils pussent traduire le Gouvernement devant les tribunaux pour faire résoudre judiciairement leur statut personnel. Cette manière de procéder semble avoir été admise par le tribunal de la Seine dans un jugement du 28 août 1878 [1] ; mais, de même que sur d'autres points examinés ci-dessus, la jurisprudence ne saurait être considéré comme fixée [2].

---

[1] Voir annexe K. Le tribunal s'est déclaré incompétent, mais pour un autre motif sur lequel nous reviendrons ci-dessous.

[2] Voir sur l'immatriculation le *Guide des Consulats* par MM. de Clercq et de Vallat. Nous avons eu l'occasion ci-dessus, page 46, d'indiquer les différences entre l'immatriculation et la protection.

— Nous venons d'énumérer les principales hypothèses, où, à l'occasion d'une mesure d'ordre administrative, une question de nationalité peut être soulevée. Nous citerons encore quelques cas fournis par la jurisprudence.

Nous voyons, par exemple, la cour d'appel de Grenoble appelée à se prononcer sur la nationalité d'un individu que le préfet avait refusé d'inscrire sur les listes du jury en alléguant qu'il n'était pas Français [1]. En 1836 la cour de cassation est saisie de la réclamation d'un émigré à qui la commission de répartition de l'indemnité d'un milliard avait refusé de prendre sa demande en considération, en alléguant son extranéité. L'émigré a revendiqué la qualité de Français devant le tribunal civil et l'affaire est allée jusqu'à la cour suprême [2].

La même manière de procéder a été suivie deux ans plus tard par un habitant de la commune d'Avioth, à qui le maire avait refusé sa part dans les biens communaux, en prétendant qu'il était étranger [3].

II

On se rend compte par les pages qui précèdent des lacunes de notre législation. Dans nombre de cas, il est admis législativement que la justice est compétente pour juger les questions d'État qui se présentent à l'occasion des décisions du pouvoir administratif. Dans d'autres, la loi est muette et alors la jurisprudence est hésitante. Une mesure législative serait ici nécessaire, elle serait le complément naturel de l'abolition de l'article 75 de la

[1] Arrêt de la Cour de Grenoble du 16 décembre 1828.
[2] Arrêt du 15 novembre 1836, affaire d'Asbeck.
[3] Cassation, 26 février 1838.

constitution de l'an VIII qui ne permettait pas de traduire les fonctionnaires devant les tribunaux, et devrait poser en règle générale qu'il est toujours loisible à un individu ayant un intérêt né à faire constater sa nationalité au regard d'un autorité administrative, de saisir les tribunaux civils.

Actuellement, même dans les cas où l'on peut supposer que le tribunal se déclarera compétent, il se présente une autre difficulté pratique. Quel tribunal devra être saisi de l'affaire ? — On admet bien que le préfet est le représentant de l'État que c'est contre lui que devra être introduite l'instance, mais quel préfet devra être actionné?

Nous supposons, bien entendu, qu'il s'agit d'une décision du gouvernement central, et non d'une autorité locale. Tous les préfets représentent le Gouvernement, aussi bien les uns que les autres. Nous croyons donc qu'il ne faut pas se prononcer, comme on l'a fait quelquefois, pour la compétence exclusive du préfet de la Seine, par le motif qu'il est le préfet du département où siège le Gouvernement. Si l'intéressé a un domicile en France, il devra actionner le préfet de son département devant le tribunal de son arrondissement. Il semble juste qu'en pareille matière, comme lorsqu'il s'agit d'une rectification des actes de l'état civil, l'affaire soit produite devant le tribunal qui, siégeant au lieu où demeure l'intéressé, aura par cela même toutes les facilités pour s'entourer de lumières.

Dans le cas où le réclamant n'a pas de domicile en France, il est évident que le choix du préfet de la Seine s'impose. Cependant le tribunal de Paris a jugé dans un jugement très curieux du 28 août 1878, que s'il s'agissait de la nationalité française acquise en Algérie, la justice algérienne était en tous cas compétente [1]. C'est une opinion soute-

---

[1] Annexe K.

nable eu égard aux règles spéciales qui régissent la nationalité des Français d'Afrique.

Il convient de remarquer que, dans ces instances contre
un préfet représentant l'État, le rôle du préfet est souvent
nominal. Ainsi le tribunal de la Seine[2] a refusé d'admettre
l'opposition formée par le préfet de la Seine contre un
jugement précédemment rendu contre lui, sans qu'il eût été
représenté à l'audience. Un jugement contre un préfet
représentant l'État est regardé comme contradictoire par
cela même que le ministère public est intervenu, et dès
lors la voie de l'appel est la seule qui reste ouverte.

[2] Jugement du 10 février 1878.

ANNEXES

DOCUMENTS RELATIFS AUX QUESTIONS DE NATIONALITÉ

PREMIÈRE PARTIE

Documents Français

A

PRINCIPAUX TEXTES LÉGISLATIFS CONCERNANT L'ACQUISITION ET LA PERTE DE LA QUALITÉ DE FRANÇAIS.

1°. — *Code civil.*

ART. 9. — Tout individu né en France d'un étranger pourra, dans l'année qui suivra l'époque de sa majorité, réclamer la qualité de Français, pourvu que, dans le cas où il résiderait en France, il déclare que son intention est d'y fixer son domicile, et que, dans le cas où il résiderait en pays étranger, il fasse sa soumission de fixer en France son domicile, et qu'il l'y établisse dans l'année à compter de l'acte de soumission.

ART. 10. — Tout enfant né d'un Français en pays étranger est Français. — Tout enfant, né en pays étranger d'un Français qui aurait perdu la qualité de Français, pourra toujours recouvrer cette qualité, en remplissant les formalités prescrites par l'article 9.

ART. 12. — L'étrangère qui aura épousé un Français suivra la condition de son mari.

ART. 17. — La qualité de Français se perdra : 1° par la naturalisation acquise en pays étranger ; 2° par l'acceptation non autorisée par le Roi, de fonctions publiques conférées par un gouvernement étranger ; 3° enfin par tout établissement fait en pays étranger sans esprit de retour. — Les établissements de commerce ne pourront jamais être considérés comme ayant été faits sans esprit de retour.

ART. 18. — Le Français qui aura perdu sa qualité de Français, pourra toujours la recouvrer en rentrant en France avec l'autorisation du Roi, et en déclarant qu'il veut s'y fixer, et qu'il renonce à toute distinction contraire à la loi française.

ART. 19. — Une femme française qui épousera un étranger, suivra la condition de son mari. — Si elle devient veuve, elle recouvrera la qualité de Française, pourvu qu'elle réside en France, ou qu'elle y rentre avec l'autorisation du Roi, et en déclarant qu'elle veut s'y fixer.

ART. 20. — Les individus qui recouvreront la qualité de Français dans le cas prévu par les articles 10, 18 et 19, ne pourront s'en prévaloir qu'après avoir rempli les conditions qui leur sont imposées par ces articles, et seulement pour l'exercice des droits ouverts à leur profit depuis cette époque.

ART. 21. — Le Français qui, sans autorisation du Roi, prendrait du service militaire chez l'étranger, ou s'affilierait à une corporation militaire étrangère, perdra sa qualité de Français. — Il ne pourra rentrer en France qu'avec la permission du Roi, et recouvrer la qualité de Français qu'en remplissant les conditions imposées à l'étranger pour devenir citoyen ; le tout sans préjudice des peines prononcées par la loi criminelle contre les Français qui ont porté ou porteront les armes contre leur patrie.

2°. — Décret impérial du 26 août 1811, concernant les Français naturalisés étrangers avec ou sans autorisation de l'Empereur. (Extraits.)

ART. 1. — Aucun Français ne peut être naturalisé en pays étranger sans notre autorisation.

ART. 2. — Notre autorisation sera accordée par des lettres patentes dressées par notre grand juge, signées de notre main, contresignées par notre ministre secrétaire d'État, visées par notre cousin le prince archi-chancelier, insérées au *Bulletin des lois,* et enregistrées en la cour impériale du dernier domicile de celui qu'elles concernent.

ART. 5. — Les Français naturalisés en pays étranger, même avec notre autorisation, ne pourront jamais porter les armes contre la France, sous peine d'être traduits devant nos cours, et condamnés aux peines portées au Code pénal, liv. 3, art. 75 et suiv.

ART. 6. — Tout Français naturalisé en pays étranger sans notre autorisation encourra la perte de ses biens, qui seront confisqués ; il n'aura plus le droit de succéder ; et toutes les successions qui viendront à lui échoir passeront à celui qui est appelé après lui à les recueillir, pourvu qu'il soit regnicole.

ART. 7. — Il sera constaté par-devant la cour du dernier domicile du prévenu, à la diligence de notre procureur général ou sur la requête de la partie civile intéressée, que l'individu s'étant fait naturaliser en pays étranger, sans notre autorisation, a perdu ses droits civils en France ; et, en conséquence, la succession ouverte à son profit sera adjugée à qui de droit.

ART. 8. — Les individus dont la naturalisation en pays étranger sans notre autorisation aurait été constatée, ainsi qu'il est dit en l'article précédent, et qui auraient reçu distinctement, ou par transmission, des titres institués par le sénatus-consulte du 14 août 1806, en seront déchus.

ART. 9. — Ces titres et les biens y attachés seront dévolus à la personne restée française, appelée selon les lois, sauf les droits de la femme, qui seront reglés comme en cas de viduité.

ART. 10. — Si les individus mentionnés en l'art. 8 avaient reçu l'un de nos ordres, ils seront biffés des registres et états, et défenses leur seront faites d'en porter la décoration.

ART. 11. — Ceux qui étaient naturalisés en pays étranger, et contre lesquels il aura été procédé comme il est dit aux art. 6 et 7 ci-dessus, s'ils sont trouvés sur le territoire de l'Empire, seront, pour la première fois, arrêtés et reconduits au delà des frontières : en cas de récidive, ils seront poursuivis devant nos cours, et condamnés à être détenus pendant un temps qui ne pourra être moindre d'une année ni excéder dix ans.

ART. 12. — Ils ne pourront être relevés des déchéances et affranchis des peines ci-dessus que par des lettres de relief accordées par nous en conseil privé, comme les lettres de grâce.

ART. 13. — Tout individu naturalisé en pays étranger sans notre autorisation, qui porterait les armes contre la France, sera puni conformément à l'art. 75. du code pénal.

3° — *Loi des 14-17 octobre 1814, relative à la naturalisation des habitants des départements qui avaient été réunis à la France depuis 1791.*

ART. 1. — Tous les habitants des départements qui avaient été réunis au térritoire de la France depuis 1791, et qui, en vertu de cette réunion, se sont établis sur le territoire actuel de France, et y ont résidé sans interruption depuis dix années et depuis l'âge de vingt et un ans, sont censés avoir fait la déclaration exigée par l'article 3 de la loi du 22 frim., an VIII, à charge par eux de déclarer dans le délai de trois mois, à dater de la publication des présentes, qu'ils persistent dans la volonté de se fixer en France. — Ils obtiendront à cet effet, de nous, des lettres dé déclaration de naturalité, et pourront jouir, dès ce moment, des droits de citoyen français, à l'exception de ceux réservés dans l'article 1 de l'ord. du 4 juin, qui ne pourront être accordés qu'en vertu de lettres de naturalisation vérifiées dans les deux chambres.

ART. 2. — Ceux qui n'ont pas encore dix années de résidence réelle dans l'intérieur de la France acquerront les mêmes droits de citoyen français le jour où leurs dix ans de résidence seront révolus, à charge de faire, dans le même délai, la déclaration susdite. — Nous nous réservons néanmoins d'accorder, lorsque nous le jugerons convenable, même avant les dix ans de résidence révolus, des lettres de déclaration de naturalité.

ART. 3. — A l'égard des individus nés et encore domiciliés dans les départements qui, après avoir fait partie de la France, en ont été séparés par les derniers traités, nous pourrons leur accorder la permission de s'établir dans notre royaume, et d'y jouir des droits civils ; mais ils ne pourront exercer ceux de citoyen français qu'après avoir fait la déclaration prescrite, après avoir rempli les conditions imposées par la loi du 22 frim., an VIII, et avoir obtenu de nous des lettres de déclaration de naturalité. — Nous nous réservons, néanmoins, d'accorder lesdites lettres qnand nous le jugerons convenable, avant les dix ans de résidence révolus [1].

4° — *Loi des 22-25 mars 1849, qui modifie l'article 9 du Code civil.*

ART. UNIQUE. — L'individu né en France d'un étranger sera admis même après l'année qui suivra l'époque de sa majorité, à faire la déclaration prescrite par l'article 9 du Code civil, s'il se trouve dans l'une des deux conditions suivantes : — 1° s'il sert ou s'il a servi

---

1 Cette loi a été abrogée par la loi du 3 décembre 1849.

dans les armées françaises de terre ou de mer ; — 2° s'il a satisfait à la loi du recrutement sans exciper de son extranéité.

5°. — *Loi du 3 décembre 1849 sur la naturalisation et le séjour des étrangers en France.*

ART. 1er. — (Remplacé par la loi du 29 juin 1867.)

ART. 2. — (Remplacé par la loi du 29 juin 1867).

ART. 3. — Tant que la naturalisation n'aura pas été prononcée, l'autorisation accordée à l'étranger d'établir son domicile en France, pourra toujours être révoquée ou modifiée, par décision du Gouvernement, qui devra prendre l'avis du Conseil d'État.

ART. 4. — Les dispositions de la loi du 14 octobre 1814, concernant les habitants des départements réunis à la France, ne pourront plus être appliquées à l'avenir.

ART. 5. — Les dispositions qui précèdent ne portent aucune atteinte aux droits d'éligibilité à l'Assemblée nationale acquis aux étrangers naturalisés avant la promulgation de la présente loi [1].

6°. — *Loi du 7 février 1851, concernant les individus nés en France d'étrangers qui eux-mêmes y sont nés, et les enfants des étrangers naturalisés.*

ART. Ier. — (Remplacé par la loi ci-après du 16 décembre 1874).

ART. 2. — L'article 9 du Code civil est applicable aux enfants de l'étranger naturalisé, quoique nés en pays étranger, s'ils étaient mineurs lors de la naturalisation. — A l'égard des enfants nés en France ou à l'étranger, qui étaient majeurs à cette même époque, l'article 9 du Code civil leur est applicable dans l'année qui suivra celle de ladite naturalisation.

7°. — *Loi du 29 juin 1867 sur la naturalisation.*

ART. 1er. — Les articles 1 et 2 de la loi du 3 décembre 1849 sont remplacés par les dispositions suivantes :

1. — L'étranger qui, après l'âge de vingt et un ans accomplis, a, conformément à l'article 13 du Code Napoléon, obtenu l'autorisa-

---

[1] Abrogé par l'art. 2 de la loi du 29 juin 1867, au lieu de la dernière disposition de l'article 1er, par une erreur de rédaction.

tion d'établir son domicile en France, et y a résidé pendant trois années, peut être admis à jouir de tous les droits de citoyen français.

Les trois années courront à partir du jour où la demande d'autorisation aura été enregistrée au ministère de la justice.

Est assimilé à la résidence en France le séjour en pays étranger pour l'exercice d'une fonction conférée par le Gouvernement français.

Il est statué sur la demande en naturalisation, après enquête sur la moralité de l'étranger, par un décret de l'Empereur, rendu sur le rapport du ministre de la justice, le Conseil d'État entendu.

2. — Le délai de trois ans, fixé par l'article précédent, pourra être réduit à une seule année en faveur des étrangers qui auront rendu à la France des services importants, qui auront introduit en France soit une industrie, soit des inventions utiles, qui y auront apporté des talents distingués, qui y auront formé de grands établissements ou créé de grandes exploitations agricoles.

ART. 2. — L'article 5 de la loi du 3 décembre 1849 est abrogé.

8°. — *Loi du 16 décembre 1874 sur les individus nés en France de parents étrangers qui eux-mêmes y sont nés.*

ART. 1er. — L'article 1er de la loi du 12 février 1851 est ainsi modifié :

Est Français tout individu né en France d'un étranger qui lui-même y est né, à moins que, dans l'année qui suivra l'époque de sa majorité, telle qu'elle est fixée par la loi française, il ne réclame la qualité d'étranger par une déclaration faite, soit devant l'autorité municipale du lieu de sa résidence, soit devant les agents diplomatiques et consulaires de France à l'étranger, et qu'il ne justifie avoir conservé sa nationalité d'origine par une attestation en due forme de son Gouvernement, laquelle demeurera annexée à la déclaration.

Cette déclaration pourra être faite par procuration spéciale et authentique.

ART. 2. — Les jeunes gens auxquels s'applique l'article précédent peuvent, soit s'engager volontairement dans les armées de terre et de mer, soit contracter l'engagement conditionnel d'un an, conformément à la loi du 27 juillet 1872, titre IV, 3e section, soit entrer dans les écoles du Gouvernement à l'âge fixé par les lois et règlements, en déclarant qu'ils renoncent à réclamer la qualité d'étranger dans l'année qui suivra leur majorité.

Cette déclaration ne peut être faite qu'avec le consentement exprès et spécial du père, ou, à défaut de père, de la mère, ou, à défaut de père et de mère, qu'avec l'autorisation du conseil de famille. Elle ne doit être reçue qu'après les examens d'admission et s'ils sont favorables.

B

NOTE DU MINISTÈRE DE LA JUSTICE SUR L'ADMISSION A DOMICILE ET LA NATURALISATION DES ÉTRANGERS.

(Division du sceau.)

Aux termes de la loi du 29 juin 1867, l'étranger qui veut obtenir la qualité de Français doit d'abord être admis par décret à établir son domicile en France, conformément à l'article 13 du Code civil (admission qui lui donne la jouissance des droits civils, mais non la qualité de Français).

La demande tendant à l'*admission à domicile* en France doit être rédigée sur papier timbré et accompagnée de l'acte de naissance du pétitionnaire, traduit et légalisé. Elle doit contenir l'engagement d'acquitter les droits de sceau, s'élevant à la somme de 175 fr. 25 c.

La *naturalisation*, qui confère la qualité de Français, et à laquelle est attachée la jouissance de tous les droits de citoyen français, ne peut être sollicitée et obtenue que trois années après la demande d'admission à domicile. (Le délai court à partir du jour où cette demande a été enregistrée au Ministère de la Justice).

La naturalisation peut aussi être *exceptionnellement* accordée, un an après l'admission à domicile, aux étrangers qui auront rendu à la France des services importants; qui auront introduit en France, soit une industrie, soit des inventions utiles; qui y auront apporté des talents distingués; qui y auront formé de grands établissements ou créé de grandes exploitations agricoles (Art. 2 de la loi du 29 juin 1867).

La demande de naturalisation doit être adressée en double exemplaire, sur papier timbré, et doit contenir l'engagement de payer un nouveau droit de sceau de 175 fr. 25 cent.

Les Référendaires au sceau de France sont chargés de la perception et du versement des droits de sceau, et peuvent, en outre, dans la présentation des demandes, agir comme conseils ou mandataires des parties intéressées.

NOTA. — Toute demande doit être adressée, par la poste et sans être affranchie, au Garde des Sceaux, Ministre de la Justice.

C

Considérant que si, d'après les règles de notre ancien droit, l'enfant né en France, même de parents étrangers, était Français, il n'en est plus de même depuis le Code civil, qui ne reconnaît la nationalité française par droit de naissance qu'à l'enfant né d'un Français ;

Que, d'après les principes qui ont prévalu depuis cette époque, soit en France, soit chez la plupart des nations voisines, le changement de nationalité doit demeurer un acte libre, et que nul ne peut être contraint de devenir Français malgré lui ;

Considérant que les diverses dispositions législatives se rapportant à la situation des individus nés en France de parents étrangers n'ont jamais dérogé à ces deux règles de droit public, particulièrement importantes à maintenir, à raison de leur caractère et de leurs conséquences internationales ;

Que l'article 9 du Code civil, la loi du 22 mars 1849 et la loi du 7 février 1851 n'ont établi, en faveur des individus placés dans cette situation, qu'une faculté d'option, qui s'exerce, suivant les cas, par une déclaration positive ou par l'absence de déclaration négative, mais qui laisse intact le principe de la liberté du choix ;

Considérant que le projet de loi proposé par M. des Rotours part d'un principe tout différent, en ce qu'il déclare Français de plein droit l'individu né en France d'un père étranger, à moins qu'il n'établisse qu'il a satisfait à la loi du recrutement dans le pays d'origine de sa famille ; que cette disposition ne se justifierait, en droit, que si le fait de se soustraire au service militaire entraînait pour le réfractaire la perte de sa nationalité, ce qui n'existe ni dans la loi française, ni chez les autres nations ; qu'elle aurait l'apparence d'une mesure de police ou d'une sanction pénale mise à la disposition des nations étrangères pour assurer chez elles l'accomplissement du service militaire ; qu'elle attirerait sur nos nationaux établis à l'étranger un traitement semblable ; enfin, qu'elle ne pourrait s'appliquer aux individus appartenant par leur origine à des pays où le recrutement n'est pas en usage ;

Considérant néanmoins que l'agglomération sur certains points du

1 Voir ci-dessus, annexe A. 8°, p. 406.

territoire français d'une nombreuse population étrangère s'y perpé-
tuant de père en fils et échappant indéfiniment à l'obligation du
service militaire, présente, au point de vue de la population française
environnante, des inconvénients sérieux qu'il importe de faire disparaître ou d'atténuer dans la mesure du possible ;

Qu'à cet égard, il y a lieu d'établir une distinction entre ceux qui
appartiennent véritablement à une nationalité étrangère, et ceux qui,
fixés en France depuis une longue suite d'année, ne tiennent plus
par aucun lien à une autre nation ; que, pour les premiers, il convient de respecter en eux le principe de droit public ci-dessus
rappelé en vertu duquel nul ne peut être contraint de changer de
nationalité malgré lui ; mais qu'il n'en est pas de même des seconds ;
que leur prétention de demeurer sans patrie est inadmissible et que
leur exemple, s'il se perpétuait, aurait des conséquences funestes
pour le patriotisme de la population française ; que la France peut
les réclamer comme siens, leur accorder les droits et leur imposer
les devoirs de citoyen français, à moins qu'il ne se fassent reconnaître comme nationaux par un gouvernement étranger ;

Qu'au point de vue international comme au point de vue du droit
public français, la proposition formulée dans ce sens par la commission de l'Assemblée nationale paraît offrir les mêmes avantages que
celle de M. des Rotours, sans présenter les mêmes inconvénients
théoriques et pratiques ;

Qu'il convient seulement de modifier la rédaction de l'article 1er du
projet de la commission en autorisant les individus auxquels il
s'applique à faire la déclaration prescrite par la loi devant les agents
diplomatiques et consulaires français à l'étranger, aussi bien que
devant l'autorité municipale en France ;

En ce qui touche la situation des individus qui font l'objet du
projet de loi pendant leur minorité : considérant qu'elle est digne
de tout intérêt, qu'il importe de leur assurer autant que possible les
mêmes avantages qu'aux jeunes gens nés de parents français, et
que, pour atteindre complètement ce but, il convient de les autoriser à contracter, non-seulement l'engagement conditionnel d'un an
prévu par la loi du 27 juillet 1872, sur le recrutement, mais aussi
l'engagement volontaire proprement dit.

. . . .

      Est d'avis :

Qu'il y a lieu d'adopter le projet de loi proposé par la commission
de l'Assemblée nationale, en le modifiant conformément aux observations qui précèdent.

Cet avis a été délibéré et adopté par le conseil d'État dans ses
séances des 17 et 18 juin 1874.

D

NOTE SUR L'OPTION DES ALSACIENS-LORRAINS.

(*Journal officiel du* 14 *septembre* 1872.)

Le traité du 10 mai 1871 et la convention additionnelle de Francfort du 11 décembre de la même année, ont reçu, sur deux points importants, une interprétation différente, en France et en Allemagne.

1° L'article 2 du traité de paix s'applique aux « sujets français *originaires* des territoires cédés, *domiciliés* actuellement sur ces territoires. »

L'article 1er de la convention de Francfort règle les conditions de l'option, en ce qui concerne les individus *originaires* des territoires cédés, résidant, soit hors d'Europe, soit hors d'Allemagne.

Le gouvernement allemand a déclaré que le mot « originaire » ne s'applique qu'à ceux qui sont nés dans les territoires cédés.

Le Gouvernement français a conclu de ces textes et de cette déclaration, que la nationalité de ceux qui étaient seulement domiciliés dans les territoires cédés n'a pas été atteinte par l'annexion et qu'ils sont restés Français de plein droit.

Le gouvernement allemand soutient, au contraire, que tous les domiciliés, qu'ils soient ou non nés dans les territoires cédés, sont obligés pour conserver la nationalité française de transférer leur domicile en France avant le 1er octobre prochain.

M. le chargé d'affaires d'Allemagne à Paris a exprimé, ainsi qu'il suit, dans une dépêche du 1er de ce mois, l'opinion définitive de son gouvernement :

« Le gouvernement impérial a exprimé dès le principe que par le fait même de la cession de l'Alsace et de la Lorraine à l'Allemagne, ses *habitants* de nationalité française devenaient Allemands sans que cet effet dût même être expressément constaté dans le traité de paix, et l'article 2 n'a eu à ses yeux d'autre sens ni d'autre but que de fixer les conditions par l'observation desquelles une certaine catégorie d'habitants pourrait se soustraire à cette conséquence naturelle de la cession. En exigeant de ces derniers une déclaration formelle d'option en faveur de la France et la translation de leur domicile effectif, il n'a cependant pas entendu dispenser de toute formalité une autre catégorie de personnes qui, devenues, elles aussi, allemandes par suite de la cession du pays, désireraient reven‑diquer leur ancienne nationalité. »

2° Les procès-verbaux des conférences qui ont précédé et préparé la convention de Francfort contiennent sur la nationalité des mineurs les déclarations suivantes :

A la séance du 6 juillet, les plénipotentiaires français ont posé cette question : « Les mineurs émancipés ou non émancipés ont-ils la faculté d'option ? » Les plénipotentiaires allemands ont répondu :

« Il n'y a pas lieu de faire de distinction entre les mineurs émancipés et les mineurs non émancipés, et le concours de leurs représentants légaux sera nécessaire pour la déclaration d'option des mineurs. »

Cette réponse a été confirmée en ces termes à la séance du 13 juillet : « En ce qui touche les mineurs, émancipés ou non, les plénipotentiaires allemands confirment leurs précédentes explications : qu'il n'y a pas lieu de faire entre eux la moindre distinction quand au droit d'option. »

Le Gouvernement français a pensé que le droit d'option avait été ainsi formellement reconnu en principe aux mineurs ; qu'une seule condition avait été apportée à l'exercice de ce droit, l'assistance du représentant légal ; et que, cette condition accomplie, le mineur avait personnellement le droit d'*opter*, c'est-à-dire de *choisir* sa nationalité, quelle que dût être d'ailleurs celle de ses parents.

Telle n'est pas l'opinion des autorités allemandes : « Le gouvernement impérial, » dit M. le chargé d'affaires d'Allemagne dans une dépêche du 16 juillet dernier « n'a pas cru pouvoir reconnaître aux mineurs le droit d'option, mais devoir leur laisser, au contraire, la position que leur assigne en France le Code civil (article 108), d'après lequel ils ont leur domicile chez leurs père et mère ou chez leur tuteur.

« Les mineurs émancipés, auxquels sont conférés, par le fait même de l'émancipation, certains droits limités, parmi lesquels se trouve celui d'élire domicile, conserveront la nationalité française, dans le cas où la seule translation du domicile suffit à cet effet, c'est-à-dire lorsqu'ils ne sont pas nés en Alsace-Lorraine ; mais le gouvernement impérial ne saurait admettre qu'aux droits limités que la loi accorde par suite de l'émancipation, et qui tous concernent l'administration de la fortune, vienne se joindre, dans le cas présent, le droit de changer de nationalité. »

Dans une dernière communication, du 1er de ce mois, le gouvernement allemand a maintenu cette opinion ; il a ajouté que, dans sa pensée, « il n'avait été question, dans les conférences de Francfort, que des mineurs émancipés ; et que les plénipotentiaires allemands, en déclarant qu'il n'y avait point lieu de faire une distinction entre eux et les mineurs non émancipés, ont émis seulement l'opinion qu'ils ne devaient pas jouir d'avantages qui seraient refusés à ces derniers. »

Le Gouvernement de la République croit de son devoir de faire connaître aux intéressés ces divergences d'interprétation qu'il a combattues autant qu'il était en son pouvoir, mais qu'il n'a pu encore faire disparaître.

E

DÉCRET DU 30 JUIN 1860 RELATIF AUX HABITANTS DE LA SAVOIE ET DU COMTÉ DE NICE.

(Rapport à l'Empereur.)

SIRE,

L'article 6 du traité du 24 mars 1860 accorde aux sujets sardes, originaires de la Savoie et de l'arrondissement de Nice, ou domiciliés dans ces provinces, la faculté de conserver la nationalité sarde, moyennant une déclaration préalable.

Il semble juste de compléter cette disposition en permettant aux sujets sardes qui habitent depuis longtemps ces mêmes provinces, de solliciter immédiatement la naturalisation en France.

Autrement les sujets sardes qui, avant l'annexion, jouissaient de la nationalité au même titre que les autres habitants de la Savoie et de Nice et que leurs liaisons d'intérêt ou de famille y retiennent, ne seraient plus que des étrangers au milieu de ceux dont récemment ils étaient les compatriotes.

Je crois donc entrer dans les vues de Votre Majesté en Lui proposant d'autoriser les sujets sardes qui ne croient pas devoir profiter de la faculté que leur laisse l'article 6 précité du traité de 24 mars 1860, à demander la qualité de Français sans être astreints aux formalités et aux longs délais déterminés par la loi du 3 décembre 1849, pour l'obtention de la naturalisation, sauf à ne faire droit à ces demandes qu'après s'être assuré qu'elles ne présentent aucun inconvénient.

L'ordonnance du 14 octobre 1814 avait prescrit des mesures analogues en faveur des individus nés dans les pays qui venaient d'être séparés de la France.

Si Votre Majesté daigne approuver ma proposition, je La prie de vouloir bien signer le projet de décret ci-joint.

Décret du 30 juin 1860.

ART. 1er. — Les sujets sardes majeurs, et dont le domicile est établi dans les territoires réunis à la France par le traité du 24 mars 1860, pourront pendant le cours d'une année, à dater des présentes, réclamer la qualité de Français.

Les demandes adressées à cet effet aux préfets des départements où se trouve leur résidence seront, après information, transmises à notre Garde des Sceaux, Ministre de la Justice, sur le rapport duquel la naturalisation sera, s'il y échet, accordée sans formalités et sans paiement de droits.

ART. 2. — Les sujets sardes encore mineurs, nés en Savoie et dans l'arrondissement de Nice, pourront, dans l'année qui suivra l'époque de leur majorité, réclamer la qualité de Français, en se conformant à l'article 9 du Code Napoléon.

F

JUGEMENT DU TRIBUNAL DE LYON, DU 24 MARS 1877, RELATIF A LA NATIONALITÉ D'UN ORIGINAIRE DE LA SAVOIE (Extraits).

« Attendu que le sieur Pierre Durand, dont la nationalité française est contestée par le sieur Marius Conchon, est né à Cezerieux (Ain), le 25 avril 1820;

« Attendu que Étienne Durand, son père, était à ce moment de nationalité sarde; . . . .

« Attendu qu'il faut en conclure qu'Étienne Durand était Sarde et que Pierre Durand, suivant la condition de son père, a reçu en naissant la nationalité sarde;

« Attendu que l'article 6 du traité du 24 mars 1860, promulgué le 12 juin suivant, déclare Français: 1° les Sardes originaires de la Savoie; 2° les Sardes domiciliés en Savoie;

« Qu'il faut rechercher si Pierre Durand se trouve dans l'une ou l'autre de ces situations;

« Attendu que Pierre Durand ne saurait être considéré originaire de la Savoie dans le sens de l'article 6 du traité;

« Qu'il faut reconnaître que le mot « originaire » n'a pas, dans la langue diplomatique et des traités internationaux la signification étendue qu'il a dans le langage des lois civiles ;

« Qu'il est employé dans les traités diplomatiques comme indiquant le lieu de la naissance et non pas les liens de la filiation, et qu'on veut, par l'application restreinte de ce terme, éviter les difficultés pratiques qui résulteraient de la recherche de ces liens de filiation ;

« Que le mot « originaire » a été interprété en ce sens par la circulaire de M. le garde des sceaux, du 30 mars 1872 ;

« Mais attendu qu'il résulte des affirmations de Durand et des documents présentés par lui, sans qu'ils aient été contredits, la preuve que Pierre Durand, Sarde par sa filiation, avait transporté son domicile en Savoie quelque temps avant l'annexion ;

« Attendu, en effet, que Pierre Durand dans le but de se soustraire à l'action de l'administration française, avait fixé son domicile à Vions, province de Chambéry et y exerçait sa profession ;

« Que la preuve en est faite pour une époque très voisine de l'annexion et résulte notamment : . . . .

. . . .

« Attendu qu'il résulte de cet ensemble de faits et des documents rappelés, lesquels seront enregistrés avec le présent jugement, la preuve que Pierre Durand, Sarde et domicilié en Savoie, au moment de l'annexion, est devenu Français par l'effet du 24 mars 1860 ;

« Attendu que Marius Conchon soutient que l'article 1er du décret du 30 juin 1860 abrogeant sur ce point l'article 6 du traité imposant à Durand, s'il voulait devenir Français, l'obligation d'en faire la déclaration dans le délai d'un an, à défaut de quoi il conservait sa nationalité sarde ;

« Attendu qu'il est impossible d'admettre que le décret du 30 juin 1860 ait voulu abroger, dans une de ses dispositions les plus essentielles le traité du 24 mars, promulgué le 12 juin, c'est-à-dire quelques jours seulement auparavant ;

« Que, s'il en était ainsi, le décret s'en serait expliqué en termes formels et explicites ;

« Attendu qu'un traité international, tel que celui du 24 mars 1860, constituait un acte synallagmatique et solennel, qu'un simple décret rendu sur la proposition du ministre de la justice, en dehors de l'intervention législative et sans même que le Conseil d'État ait été entendu, était impuissant à modifier, alors que, par sa nature, ce décret ne rentrait pas dans les questions accessoires d'organisation intérieure sur lesquelles le sénatus-consulte du 12 juin 1860 donnait au chef de l'État le pouvoir de faire des règlements par des décrets ayant force de loi ;

« Attendu que la modification introduite ainsi audit traité eût été si essentielle et si profonde que, s'il était appliqué à la lettre, il aurait pour effet de priver de la nationalité française tous les Sardes qui, n'étant pas nés dans les provinces annexées, mais y étant domiciliés, se seraient confiés aux dispositions formelles du traité promulgué le 12 juin, et n'auraient pas fait la déclaration exigée par le nouveau décret ;

« Que l'esprit large et libéral qui a inspiré ces grandes transactions, le texte du traité et les dispositions générales du droit public, résistent également à cette interprétation ;

« Attendu, d'ailleurs, que la qualité de Français a été accordée d'une manière définitive et par la force même du traité à tous les Sardes domiciliés en Savoie au moment de l'annexion et que le décret du 30 juin ne saurait avoir d'effet rétroactif ;

« Attendu que le décret du 30 juin 1860 avait pour objet de régler certaines situations spéciales, telles que celles des Sardes originaires des provinces italiennes domiciliées en Savoie, et qu'il avait pour effet de leur conserver la nationalité italienne, qui semblait plus naturellement leur appartenir ;

« Qu'il n'y a donc pas lieu de l'appliquer d'une manière générale en contradiction avec le traité et surtout à des individus que leur naissance précédant l'annexion avait déjà faits originaires de la France ;

« Par ces motifs,

« Statuant en premier ressort dit que la requête du sieur Conchon est rejetée comme mal fondée ;

« Dit que le sieur Pierre Durand est devenu Français par l'effet du traité du 24 mars 1860.

G

JUGEMENTS DU TRIBUNAL CIVIL DE LA SEINE RELATIFS A DES PERSONNES AYANT ACQUIS LA NATURALISATION A L'ÉTRANGER, DANS UNE INTENTION FRAUDULEUSE.

1°. — *Jugement du 31 janvier 1877.* — *Affaire Vidal.*

Le tribunal.....

Attendu, en fait, que Vidal a contracté mariage à Paris, le 14 septembre 1854, avec Estelle Vankrenenburg, Hollandaise d'origine, qui est devenue Française par son union avec un Français;

Qu'un jugement de ce tribunal du 15 mars 1866 a déclaré les époux Vidal séparés de corps et de biens;

Que, le 22 octobre 1873, Vidal et sa femme ont d'un commun accord et par un acte collectif, daté de Paris, sollicité du Conseil d'État de Schaffouse des lettres de naturalisation dans le but d'acquérir l'un et l'autre la nationalité suisse;

Que le 27 janvier 1874, le grand conseil du canton de Schaffouse a octroyé à Vidal la naturalisation cantonale, et que, le 11 mars suivant, un titre de nationalité lui a été délivré, en qualité de bourgeois d'Osterfingen ;

Que d'une attestation émanée de la municipalité d'Osterfingen, à la date du 4 mars 1874, et d'un certificat délivré par la chancellerie du canton de Schaffouse, le 7 novembre 1876, il appert que la dame Vidal est devenue, par l'effet des mêmes actes, sujette suisse, conformément à la demande expresse qu'elle en avait faite; les enfants issus du mariage conservent d'ailleurs la nationalité française;

Attendu que, sa naturalisation à peine obtenue, et dès le 28 février 1874, Vidal a saisi le tribunal supérieur du canton de Schaffouse d'une demande en divorce ; qu'au mois d'août suivant, pareille demande a été formée par la dame Vidal; et que, le 4 septembre, une sentence définitive a déclaré leur mariage *dissous et complètement séparé*, les frais devant être supportés en commun; et aucune des parties n'ayant à prétendre d'indemnité pour le procès ;

Que le 19 octobre, un certificat de nationalité étant délivré par la municipalité d'Osterfingen à la dame Vidal, sous les noms d'Adèle-Estelle, née Vankrenenburg, divorcée judiciairement, le dit certificat, par une mention formelle, ne devant servir que pour faciliter son séjour à l'étranger et non pour le mariage, pour la validité duquel devaient être observées les conditions prescrites dans le canton;

Qu'un mois plus tard, le 19 novembre, une nouvelle sentence du tribunal cantonal autorisait la dame Vidal, épouse divorcée, à contracter une seconde union à partir du 4 décembre;

Qu'enfin le 23 janvier 1875 la dame Vidal a contracté mariage avec Louis Geoffroy devant l'officier de l'état civil du 1er arrondissement de Paris comme épouse divorcée de Guillaume Vidal, autorisée à se remarier depuis le 4 décembre, en vertu des décisions sus-énoncées;

Attendu que de ce qui précède et en même temps des autres documents de la cause il résulte que les époux Vidal ont sollicité la nationalité suisse et poursuivi un divorce, par suite d'une action concertée entre eux, dans le but de faire fraude au principe de la loi française, qui concerne l'indissolubilité du lien conjugal ;

Que ni l'un ni l'autre, ils n'ont acquis la nationalité suisse en vue d'exercer désormais tous les droits qu'elle confère, et sous la charge d'accomplir les obligations qu'elle impose ;

Que Vidal n'a pas quitté la France et qu'il a continué de résider à Paris, où il habite encore ;

Que pareillement, la dame Vidal ne s'est soumise à une loi étrangère que pour échapper par le divorce aux liens de son premier mariage, et pour en contracter aussssitôt un second par lequel elle a recouvré la qualité qu'elle venait d'abdiquer ;

Attendu, en droit, que le second mariage contracté avant la dissolution du premier est frappé par la loi française d'une nullité absolue ;

Attendu que les défendeurs opposent vainement soit à Vidal, soit au ministère public, l'acte de naturalisation qui a soumis les époux Vidal à l'empire de la loi suisse, et la sentence de divorce qui est intervenue entre eux, conformément à cette loi ;

Qu'ils ne sont pas fondés à soutenir contre Vidal qu'étant devenu volontairement sujet suisse, et ayant perdu régulièrement son droit marital, il est sans intérêt et sans qualité pour agir ;

Qu'ils ne sont pas fondés davantage à soutenir tant contre Vidal que contre le ministère public, que l'acte de naturalisation et la sentence de divorce, émanés d'autorités étrangères, indépendantes et souveraines, ne peuvent être infirmés par les tribunaux francais ;

Attendu, en effet, que la naturalisation d'un Français à l'étranger a pour résultat non-seulement de lui faire acquérir une nationalité étrangère, mais en même temps de lui faire perdre la qualité de Français ;

Que sous ce dernier rapport, elle ne peut porter préjudice à aucun droit antérieurement acquis à des tiers, sous la sauvegarde de la loi française ;

Qu'en outre, elle doit constituer de la part du Français qui l'obtient l'exercice d'un droit légitime, et non l'abus d'une faculté que cesserait par cela même de couvrir la protection légale ;

Que si, comme dans l'espèce, la naturalisation a été poursuivie exclusivement en vue de faire fraude à la loi française, et d'en éluder certaines prohibitions fondamentales, elle ne saurait être invoquée à l'encontre des intérêts d'ordre public et d'ordre privé que cette même loi a pour but de protéger ;

Attendu que le devoir des tribunaux français, ainsi envisagé, ne porte aucune atteinte au principe de l'indépendance respective des souverainetés ;

Que leurs décisions n'invalident pas l'acte émané de la puissance étrangère, qui en lui-même échappe à tout contrôle ;

Qu'elles se bornent à lui refuser effet au regard des personnes qu'il ne peut lier et pour lesquelles il est non avenu, ou à l'encontre de la loi nationale, dont elles doivent maintenir l'autorité ;

Attendu que les défendeurs ne pouvant dès lors se prévaloir de l'acte de naturalisation qu'ils invoquent, ne peuvent non plus exciper de la sentence de divorce, qui en a été la conséquence ;

Qu'il importe peu que Vidal ait prêté volontairement son concours à ces actes du moment où il n'a agi que dans une pensée de fraude, qu'il n'appartient pas au complice de cette même fraude de les lui opposer comme s'ils étaient intervenus dans des conditions régulières ;

Qu'en tous cas, fussent-ils opposables à Vidal, ils ne le seraient pas au ministère public, dont le droit demeurerait toujours entier ;

Attendu, par conséquent, que le mariage de la dame Vidal n'était pas *légalement* dissous, au regard de la loi française, lorsqu'elle a contracté le second, qui se trouve ainsi entaché d'une nullité radicale ;

Que les défendeurs invoquent inutilement la bonne foi qui aurait présidé à leur union, laquelle aurait été célébrée sous l'empire d'une erreur de droit partagée par l'officier de l'état civil lui-même ;

Que cette excuse est repoussée par tous les faits de la cause, tels qu'ils ont été ci-dessus déduits ;

. . . .

Par ces motifs :

Déclare nul et de nul effet le mariage contracté par la dame Vidal avec le sieur Geoffroy devant l'officier d'état civil du 1er arrondissement de Paris, le 23 janvier 1875 ;

. . . .

2°. — *Jugement du* 10 *mars* 1876, *affaire Bauffremont.*

Le tribunal.....

Attendu que pendant le mariage, la femme n'a pas capacité pour consentir, sans l'autorisation de son mari, des actes qui seraient de nature à engager son patrimoine ;

Qu'à plus forte raison, elle ne saurait, sans cette autorisation, modifier son état civil ou sa nationalité :

Que, sous ce dernier rapport, sa condition est fixée par la loi elle-même qui, dans le cas où elle est étrangère, avant le mariage, lui attribue de plein droit la qualité de Française ;

Que la loi en déterminant ainsi la nationalité de la femme aussi bien qu'en la soumettant au pouvoir marital pour les actes de la vie civile, a eu principalement en vue de maintenir l'autorité du mari, chef de la famille, en même temps que de l'association conjugale ;

Que, dès lors, la nécessité de l'autorisation maritale procède du mariage et qu'elle s'impose à la femme, tant que le mariage n'est pas dissous ;

Attendu que la séparation de corps et de biens a pour effet de relâcher le lien conjugal, sans le rompre ;

Que, maintenant le mariage, elle maintient le principe de l'autorité maritale, et ne relève la femme de son incapacité que dans la mesure étroite que la loi détermine ;

Qu'en ce qui concerne plus spécialement les obligations personnelles que le mariage lui impose, la femme demeure astreinte au devoir de fidélité, dans les mêmes conditions et sous les mêmes sanctions ;

Que, si le devoir de cohabitation ayant cessé, elle peut se choisir seule un domicile séparé, elle ne saurait exercer ce droit que tout autant qu'il ne porterait aucune atteinte à sa nationalité ;

« Que, spécialement, elle ne pourrait faire un établissement en pays étranger sans esprit de retour en dehors de l'autorisation maritale et répudier ainsi la qualité de Française, suivant l'article 17 du Code civil ;

Attendu que de ce qui précède, il résulte que la princesse Bauffremont n'a pu valablement acquérir, à défaut de l'autorisation de son mari, la nationalité de l'état de Saxe Altembourg et qu'elle était encore Française lors de son mariage contracté par elle le 24 octobre 1875 ;

. . . .

Par ces motifs :

Déclare nul et de nul effet le mariage contracté par la princesse Bauffremont, devant l'officier de l'état civil de Berlin, le 24 octobre 1875.

(L'arrêt de la Cour de Paris du 17 juillet 1876, reconnaît le bien fondé de cette théorie).

H

CIRCULAIRE DU MINISTÈRE DE LA JUSTICE DU 7 JUILLET 1819.

Monsieur, vous avez reçu par la circulaire de mon prédécesseur du 7 octobre 1818, des instructions relatives à l'exécution de la loi sur le recrutement, en ce qui concerne les tribunaux : il en reste encore quelques-unes à vous donner qui seront contenues dans la présente.

1° Les tribunaux ne sont compétents en matière de recrutement que pour les demandes en nullité des engagements volontaires et les questions concernant l'état ou les droits civils des jeunes gens appelés au recrutement. Toutes les réclamations d'une nature différente, celles relatives aux exemptions, aux dispenses, à la formation des listes et à la libération, leur est étranger (*sic*). Si des demandes de cette nature étaient portées devant eux, ils devraient se déclarer incompétents sur la réquisition de vos substituts, ou ceux-ci devraient élever le conflit, qui pourrait l'être aussi par le Préfet.

2° Le Préfet est la partie qui doit défendre aux réclamations, soit des engagés volontaires, soit des appelés qui élèvent des questions sur leur état ou leurs droits civils; l'article 16 de la loi le dit expressément, quant à ces dernières questions. Il y a la même raison de décider pour les actions en nullité des engagements volontaires; c'est l'Administration qui a intérêt à les repousser, et son défenseur naturel est le Préfet.

3° Le Préfet doit être reçu à instruire et à défendre sur toutes les demandes concernant le recrutement par simple mémoire et sans ministère d'avoué.

4° Le tribunal compétent est le tribunal de première instance au domicile, soit de l'engagé volontaire, soit de l'appelé.

5° L'article 16 de la loi veut qu'il soit statué par les tribunaux, sans délai, à la requête de la partie la plus diligente, qui sera presque toujours le Préfet. Vous veillerez à ce que ces causes soient promptement vidées comme sommaires et urgentes, tant en première instance qu'en cause d'appel.

6° Pour abréger le temps et diminuer les frais, à l'exemple de ce qui est établi pour les causes qui intéressent le Gouvernement, les jugements devront contenir seulement les conclusions, les motifs et le dispositif, sans que les mémoires puissent y être insérés. Les motifs doivent généralement être exprimés avec concision.

7° Les parties pourront même se faire délivrer, par simple extrait, le dispositif des jugements interlocutoires, et, s'il y a lieu à enquêtes, elles seront mises sous les yeux des juges.

8° Les appels seront portés à l'audience sur simple acte et sans autre procédure.

9° La partie qui succombera sera condamnée aux dépens, qui ne devront guère consister qu'en simples déboursés.

10° Vous remarquerez que la loi veut qu'on inscrive sur les listes du contingent des jeunes gens destinés à remplacer ceux qui ont fait des réclamations pour le cas où elles viendraient à être reconnues justes. La dernière disposition de l'article 17 dit qu'aussitôt qu'il aura été statué par les tribunaux sur les questions mentionnées dans l'article 16, le Conseil, d'après leur décision, prononcera la libération ou des réclamants ou des jeunes gens conditionnellement désignés pour les suppléer. Il suit de là deux choses :

La première, que les tribunaux n'ont jamais à prononcer la libération. Elle peut être une conséquence de leurs jugements, mais le conseil de révision seul peut l'ordonner.

La seconde, c'est que les jeunes gens qui négligent de présenter leurs réclamations avant que la liste départementale soit définitivement close et arrêtée, se rendent non recevables à les produire. En privant le conseil de révision des moyens de les remplacer, ils renoncent à leurs droits : leurs réclamations tardives ne peuvent soit diminuer le contingent, soit préjudicier aux jeunes gens du canton dont la libération aurait été prononcée.

Recevez, etc.

Signé : DE SERRE.

I

JUGEMENTS DU TRIBUNAL DE WISSEMBOURG, RELATIFS A UN FRANÇAIS NATURALISÉ AMÉRICAIN ET APPELÉ AU SERVICE DANS L'ARMÉE FRANÇAISE.

1°. — *Jugement du* 25 *avril* 1860.

Entre Michel Zeiter, cultivateur, domicilié aux États-Unis de l'Amérique, demandeur; contre le Préfet du Bas-Rhin, défendeur;

Attendu que les tribunaux sont compétents d'après l'article 26 de la loi du 21 mars 1832, pour décider les questions relatives à l'état ou aux droits civils des jeunes gens appelés à faire partie du contingent de l'armée; attendu que, d'après l'article 2 de la même loi, nul ne peut être admis dans les troupes françaises s'il n'est Français ;

Que le demandeur prétendant qu'il a perdu sa qualité de Français par sa naturalisation en pays étranger, il n'y a pas à s'inquiéter si cette naturalisation en pays étranger a eu lieu sans l'autorisation du Gouvernement français, contrairement aux prescriptions du décret du 26 août 1811, mais seulement si, au moment actuel, le demandeur est encore Français;

Attendu que le demandeur rapporte un certificat constatant

qu'il s'est présenté devant la cour des Plaids communs du Comté d'Essex, État de New-Jersey, et a fait la demande d'être admis à devenir citoyen des États-Unis d'Amérique, mais qu'il n'est pas justifié que cette formalité suffise pour conférer cette qualité; que le tribunal doit exiger un supplément de renseignements, tel, par exemple, qu'une attestation du Consul des États-Unis en France de reconnaissance du titre de citoyen des États-Unis d'Amérique;

Par ces motifs, le tribunal surseoit à statuer sur la demande jusqu'à ce que le demandeur rapporte une attestation du Consul des États-Unis en France, constatant qu'il a rempli toutes les formalités nécessaires pour devenir citoyen des États-Unis, ou toute autre pièce justificative de sa nouvelle nationalité et le condamne dès à présent aux dépens.

2°. — Jugement du 2 juin 1860.

Attendu que, par la production du certificat qui lui a été délivré le 28 mai dernier, par le Consul des États-Unis à Paris, et qui a été enregistré à Wissembourg aujourd'hui, le demandeur a justifié qu'il est citoyen américain :

Le tribunal donne acte au demandeur de ce que, par la production du dit certificat, il a satisfait au jugement rendu en ce siège le 25 avril dernier.

En conséquence, dit et reconnaît que le demandeur, Michel Zeiter, par sa naturalisation en pays étranger, a perdu la qualité de Français, et le condamne aux dépens.

J

JUGEMENTS DIVERS CONCERNANT DES INDIVIDUS INCORPORÉS DANS L'ARMÉE FRANÇAISE, ET DEMANDANT AUX TRIBUNAUX CIVILS LA RECONNAISSANCE DE LEUR EXTRANÉITÉ.

1°. — Jugement du tribunal civil de Toulouse du 16 août 1860.

Le Tribunal...

Attendu que l'art. 26 de la loi du 21 mars 1832 sur le recrutement de l'armée donne compétence aux Tribunaux ordinaires, pour connaître des questions relatives à l'État, ou aux droits civils des jeunes gens compris dans le contingent cantonal, lorsque les réclamations de ces derniers provoquent l'examen de questions de cette nature; .

Attendu que P, soldat de la classe de 1852, incorporé aujourd'hu-dans le 77ᵐᵉ de ligne, soutient qu'il ne peut être maintenu dans les cadres de l'armée, comme ayant perdu la qualité de Français;

Attendu qu'aux termes de l'article 17 du Code Napoléon la qualité de Français se perd par la naturalisation acquise en pays étranger;

Attendu que les documents placés sous les yeux du tribunal, visés par le Ministre plénipotentiaire des États-Unis d'Amérique, à Paris, prouvent qu'après plusieurs années de résidence, dans l'État de Californie, P. a été naturalisé citoyen américain à la date du 1ᵉʳ mars 1853;

Attendu que P. doit en conséquence être déclaré étranger;

Mais attendu qu'il n'appartient pas aux tribunaux d'ordonner, ainsi que P. le demande dans l'exploit introductif d'instance, que comme conséquence de la qualité d'étranger qui lui est reconnue, il sera rayé des contrôles de l'armée française : que cette radiation est en effet de la compétence exclusive de l'autorité administrative;

Attendu que les dépens sont à la charge de P. dans l'intérêt duquel ils sont exposés, et qui succombe d'ailleurs dans l'une de ses demandes;

Par ces motifs,

Le tribunal, jugeant en premier ressort et en matière sommaire, déclare que P. a été naturalisé citoyen américain le 1ᵉʳ mars 1853, et qu'il a en conséquence perdu sa qualité de Français;

Renvoie P. à se pourvoir devant qui de droit, quant à sa préten-tion d'obtenir sa radiation des contrôles de l'armée;

Condamne P. aux dépens.

2°. — Jugement du tribunal de la Seine du 28 juin 1860.

Le Tribunal,

Attendu que des documents et actes produits par Charles-Auguste D. de L., et notamment d'un certificat à lui délivré le 29 novembre dernier par le chargé d'affaires des États-Unis d'Amérique en France, il résulte que ledit Charles-Auguste est né dans la ville de Nouvelle-Orléans (Louisiane), le 18 septembre 1833, de parents amé-ricains, et qu'il est citoyen des États-Unis d'Amérique;

Qu'il ne saurait être dès lors admis à servir dans l'armée fran-çaise, et que c'est à tort qu'il a été compris dans le contingent du 1ᵉʳ arrondissement de Paris pour l'année 1858;

Attendu, en ce qui touche les dépens, que, d'une part, la pré-sente instance a été par lui engagée dans son intérêt personnel;

que, d'autre part, lors de la révision il n'a fait aucune réclamation au sujet de sa nationalité, et qu'il ne saurait imputer qu'à lui l'obligation où il s'est trouvé de recourir au Tribunal pour faire reconnaître sa qualité d'étranger;

Par ces motifs,

Déclare que Charles D. de L. n'est pas Français, et néanmoins le condamne aux dépens.

3°. — *Jugement du tribunal civil de la Seine du* 18 *février* 1875.

Le Tribunal,

Attendu que le Préfet n'est pas le contradicteur ordinaire des parties lorsqu'il s'agit de faire juger une question de nationalité; que la loi ne lui permet d'être, par exception, défendeur à la demande que dans le cas spécial prévu par l'article 26 de la loi du 21 mars 1832;

Attendu que Vanrullen ne se trouve pas dans le cas dudit article; qu'il n'a élevé aucune réclamation devant le conseil de révision, qu¹ a statué définitivement et l'a incorporé dans l'armée française, en qualité de Français, sans désigner un autre appelé dans le contingent pour le remplacer, dans le cas où la demande serait admise; qu'aucune décision ne peut donc plus être prise par le conseil de révision, présidé par le préfet, et que ce dernier n'a pas à reconnaître ou à contester la nouvelle nationalité que Vanrullen veut se faire attribuer;

Que le préfet n'a donc pas qualité pour défendre à l'instance;

Par ces motifs,

Statuant sur les conclusions du ministère public;

Déclare Vanrullen non-recevable en sa demande, l'en déboute, et le condamne aux dépens.

K

JUGEMENT DU TRIBUNAL CIVIL DE PARIS, DU 27 AOUT 1878, RELATIF A UN INDIVIDU ACTIONNANT LE GOUVERNEMENT EN VUE DE SE FAIRE RECONNAITRE LA QUALITÉ DE FRANÇAIS ALGÉRIEN.

Le Tribunal...

Attendu que d'après le dernier état de ses conclusions, A. ben A. ben H, dit M., réduit sa demande à la réclamation de la qualité de Français;

Qu'à l'appui de cette réclamation, il invoque l'article premier du sénatus-consulte du 18 juin 1865, qui déclare que les indigènes musulmans de l'Algérie sont Français;

Attendu que, bien que la nationalité française soit une, les revendications de cette nationalité ne peuvent être portées indifféremment devant tous les tribunaux de France; qu'il en est de la nationalité comme de l'état civil; qu'encore bien que l'état des personnes soit indépendant des lieux et des circonscriptions administratives, la demande en rectification d'un acte de l'état civil doit, en principe, être formée devant le tribunal de l'arrondissement dans lequel l'acte a été reçu c'est-à-dire devant le tribunal qui est le plus à même d'apprécier les critiques élevées contre l'acte; que de même, la demande en déclaration de nationalité compète régulièrement à la juridiction qui possède pour y statuer des éléments spéciaux de décision;

Attendu que, dans l'espèce, il s'agit de savoir si le demandeur est fondé à se prévaloir de la législation spéciale à l'Algérie; qu'il argue d'origine, de relations, de faits qui le rattacheraient à notre province africaine; que la question appartient donc par sa nature comme par les éléments de sa décision, à la justice algérienne; qu'il y a lieu de raisonner par analogie du cas où un indigène algérien demande son admission à la jouissance des droits de citoyen;

Qu'aux termes des articles 10, 12, 13 du décret du 21 avril 1866, c'est au maire de sa commune où au chef du bureau arabe de la circonscription qu'il doit d'abord s'adresser; que la demande est transmise, après enquête, au général commandant la province, puis au Gouverneur général, en dernier ressort seulement au garde des sceaux; dans les attributions ainsi conférées aux autorités locales tendent à assurer l'efficacité de l'instruction à laquelle il est procédé; que le même motif doit déterminer la compétence des tribunaux africains en matière de réclamation par un Musulman de la nationalité française;

Attendu, par conséquent, que la demande de ben H. ne devait être ni déférée au tribunal de la Seine, ni dirigée contre le Préfet de la Seine, qui n'a qualité, pour représenter l'État que dans les limites du département;

Par ces motifs;

Se déclare incompétent, renvoie la cause et les parties devant les juges qui doivent en connaître;

Et condamne A. ben A. ben H. aux dépens.

L

RAPPORT DÉPOSÉ SUR LE BUREAU DE L'ASSEMBLÉE NATIONALE, LE 17 MARS 1877, RELATIVEMENT A LA LOI PROPOSÉE PAR DIVERS DÉPUTÉS POUR MODIFIER LES RÈGLES DE LA NATURALISATION.

Messieurs, le 20 février dernier, MM. Escanyé, Massot, Escarguel, Folliet, Ducroz, Vignes et Loubet, députés, ont déposé une proposition ayant pour objet de modifier l'article 1er de la loi du 29 juin 1867 sur la naturalisation.

Ce projet, sans toucher aux principes essentiels de la législation en vigueur, propose quelques modifications dont l'expérience a démontré l'utilité.

Quelle que soit l'opinion que l'on se forme touchant la naturalisation, que l'on estime que la prudence et l'intérêt de la dignité du pays commandent d'en restreindre l'application, ou que l'on juge qu'une sage extension soit préférable à cette restriction, il ne convient en aucun cas de décourager les demandes par des entraves inutiles. Au nombre de ces dernières, les auteurs de la proposition placent l'obligation pour l'étranger de solliciter préliminairement l'autorisation de fixer son domicile en France et d'y résider pendant trois ans, qui ne courront qu'à partir du jour où la demande d'autorisation aura été enregistrée, alors même qu'il y réside depuis très longtemps.

Les étrangers établis en France y participent, par le seul fait de leur résidence, à tous les avantages de la vie civile, et, s'ils ne jouissent pas des droits politiques, il est souvent commode pour eux d'en être privés. Il faut donc chez eux une volonté bien arrêtée pour qu'ils se décident à demander une autorisation qui n'ajoute à peu près rien aux avantages dont ils jouissaient déjà, et qui ne s'obtient, d'ailleurs, que moyennant des droits à payer assez élevés.

Bien plus, un sénatus-consulte du 14 juillet 1865 a supprimé pour l'étranger qui veut résider en Algérie cette autorisation préalable ; de là deux modes différents pour obtenir la naturalisation, selon que l'étranger réside en France ou en Algérie, et cette conséquence singulière que, par le fait d'un séjour prolongé en Algérie, il peut s'établir en France tout en s'affranchissant d'une formalité prescrite par la loi.

En faisant de l'autorisation établie par la loi du 3 décembre 1849 le point de départ nécessaire pour obtenir la naturalisation, on étai guidé par cette considération que le Gouvernement, ainsi avisé de la demande qui devait se produire plus tard, serait mieux à même de recueillir sur l'étranger toutes les informations nécessaires; mais, la naturalisation étant une faveur, et non un droit, il est toujours facultatif au Gouvernement de ne l'accorder qu'après avoir obtenu sur l'étranger tous les renseignements de nature à l'édifier sur ses intentions et sa moralité.

En l'état, l'enquête une fois faite sur la demande d'autorisation, l'administration perd l'étranger de vue, et cette première enquête ne la dispense pas d'en faire une seconde quand elle est saisie de la demande de naturalisation.

D'autre part, les auteurs de la proposition, convaincus que c'est dans la durée de la résidence que se trouvent les plus sérieuses garanties et qu'elle n'entraîne pas avec elle l'inconvénient de faire obstacle aux demandes, comme la formalité de l'autorisation, estiment que le délai de résidence de trois ans est insuffisant, et proposent de le porter à cinq ans; cette augmentation du délai assigné à la résidence trouvera une ample compensation dans la disposition qui édicte qu'il devra être statué dans le délai d'une année sur la demande de naturalisation, contrairement à la législation actuelle qui n'impartit aucun délai à cet égard.

Enfin, la proposition supprime l'intervention du Conseil d'État en pareille matière, où tout gît dans l'appréciation des faits et non point dans les questions de droit à résoudre; que si la loi de 1849 avait exigé cette intervention, c'est qu'alors les membres du Conseil d'État étaient nommés par l'Assemblée, et qu'on associait ainsi, en quelque sorte, le pouvoir législatif à une mesure qui, en définitive, est un acte de souveraineté.

Votre 10e commission d'initiative parlementaire, appréciant la valeur des considérations qui précèdent, n'a pu hésiter à en adopter le principe.

Elle a donc l'honneur de vous proposer de prendre en considération la proposition de M. Escanyé et de nos autres honorables collègues.

DEUXIÈME PARTIE

Documents Étrangers.

M

ALLEMAGNE

DISPOSITIONS LÉGALES CONCERNANT LA NATIONALITÉ.

Loi du 1er juin 1870 sur l'acquisition et la perte de la nationalité [1].

ART. 1er. — La nationalité fédérale (*Bundesangehoerikeit*) est acquise à toute personne qui a la nationalité d'État (*Staatsangehoerigkeit*) dans un pays de la confédération et se perd avec elle [2].

ART. 2. — La nationalité d'État dans un pays de la Confédération ne sera dorénavant acquise que : 1° par la filiation (art. 3) ; 2° par la légitimation (art. 4) ; 3° par le mariage (art. 5) ; 4° pour un Allemand du Nord [3] par l'admission (*Aufnahme*) (art. 6), et 5° pour un étranger par la naturalisation. L'adoption n'a pas par elle seule d'influence sur la nationalité.

---

1 Applicable aujourd'hui à tout l'Empire allemand, y compris l'Alsace-Lorraine (ord. du 8 janvier 1873). Nous donnons la traduction publiée par M. Lyon-Caen, dans l'*Annuaire de lég. étr.* de 1872.

2 Nous croyons devoir supprimer la fin de l'article qui n'a plus de valeur depuis que l'Allemagne du Sud, et nommément la Hesse fait partie de l'Empire. Nous laisserons de côté les autres dispositions de la loi, devenues caduques pour ce motif. — On remarquera que le mot nationalité *fédérale* est devenue impropre. C'est *nationalité d'Empire* (*Reichsangehoerikeit*), qui est le mot propre aujourd'hui.

3 La loi allemande désigne par le mot *naturalisation* la naturalisation d'un étranger dans un État de l'Empire ; elle qualifie de *Aufnahme* la naturalisation dans un État de l'Empire, d'un Allemand appartenant à un autre État de l'Empire.

Art. 3.— Les enfants légitimes d'un Allemand du Nord suivent la nationalité d'État de leur père, et les enfants nés hors mariage celle de leur mère, encore qu'ils soient nés en pays étranger.

Art. 4. — Lorsque le père d'un enfant né hors mariage est Allemand du Nord et que la mère n'a pas la même nationalité d'État que le père, l'enfant acquiert la nationalité de son père par une légitimation accomplie conformément à la loi.

Art. 5. — Le mariage avec un Allemand du Nord entraîne pour sa femme l'acquisition de la nationalité de son mari.

Art. 6. — L'admission comme la naturalisation s'opère par un acte émanant de l'autorité administrative supérieure.

Art. 7. — Un acte d'admission est accordé à tout sujet d'un État de la Confédération qui le requiert et qui prouve qu'il s'est établi dans le pays où il demande à être naturalisé, s'il n'existe aucun des motifs qui, d'après les articles 2 à 5 de la loi sur la liberté d'émigration d'un État dans un autre (*Freizügigkeit*), du 1er novembre 1867, justifient le refus d'admettre un nouvel arrivant ou d'autoriser la continuation du séjour d'une personne déjà établie.

Art. 8. — La naturalisation ne doit être accordée aux étrangers que : 1° lorsqu'ils sont capables de disposer de leur personne d'après les lois du pays auquel ils ont appartenu jusqu'alors ou s'il ne jouissent pas de cette capacité, quand ils ont l'assentiment de leur père, de leur tuteur ou curateur; 2° lorsqu'ils ont mené une vie honorable; 3° lorsqu'ils ont un domicile propre ou qu'ils sont reçus chez des personnes domiciliées dans le lieu où ils veulent s'établir; 4° lorsqu'ils sont en état de pourvoir à leurs besoins et à ceux de leur famille. Avant la naturalisation, l'autorité administrative supérieure recevra les déclarations de la municipalité et celles de l'union hospitalière [1] du lieu où la personne à naturaliser veut s'établir, sur les conditions déterminées dans les nos 2, 3 et 4.

Art. 9. — L'acte de naturalisation ou, s'il y a lieu, l'acte d'admission est remplacé pour les étrangers ou les sujets d'un autre État de la Confédération par une nomination faite ou confirmée par le Gouvernement ou par une autorité administrative centrale ou supérieure d'un État fédéral, soit à un service public immédiat ou médiat, soit à une fonction ecclésiastique, scolaire ou municipale, en tant qu'aucune réserve n'est exprimée dans l'acte de nomination. Lorsqu'un étranger est nommé fonctionnaire fédéral, il acquiert la nationalité

_____

[1] Voir, sur la signification de cette expression, la loi du 6 juin 1870 sur le domicile de secours.

d'État dans l'État de la Confédération où il s'établit pour l'exercice de ses fonctions.

ART. 10. — L'acte de naturalisation, comme aussi l'acte d'admission, confère, à partir du jour de sa délivrance, tous les droits et impose toutes les obligations attachées à la nationalité d'État.

ART. 11. — La concession de la nationalité d'État s'étend, s'il n'est pas fait de dérogation, à la femme et aux enfants mineurs encore soumis à la puissance paternelle.

ART. 12. — L'Établissement du domicile dans un État de la Confédération ne fait point par lui seul acquérir la nationalité d'État.

ART. 13. — La nationalité d'État sera perdue dorénavant : 1° par le congé sur demande, *entlassung auf antrag* [1] ; 2° par une décision de l'autorité ; 3° par un séjour prolongé pendant dix ans en pays étranger ; 4° pour les enfants nés hors mariage, par une légitimation accomplie conformément à la loi, quand le père appartient à un autre État que la mère ; 5° pour une Allemande du Nord, par son mariage avec un sujet d'un autre État allemand ou avec un étranger.

ART. 14. — Le congé est concédé dans un acte délivré par une des autorités administratives supérieures du pays.

ART. 15. — Le congé est accordé à tout sujet d'un État qui prouve qu'il est naturalisé dans un État de la Confédération. A défaut de cette preuve il ne doit pas être accordé : 1° aux personnes tenues au service militaire, qui sont âgées de dix-sept ans accomplis à vingt-cinq ans accomplis, avant qu'elles produisent un certificat de la commission militaire du cercle attestant qu'elles ne requièrent pas le congé dans le but unique d'échapper à l'obligation de servir soit dans l'armée active, soit dans la flotte ; 2° aux militaires qui font partie de l'armée active ou de la flotte, aux officiers en congé et aux employés de l'armée, avant qu'ils aient été libérés du service ; 3° aux personnes faisant partie de la réserve de l'armée active et de la Landwehr, comme de la réserve de la flotte ou de la Seewehr, et n'ayant pas la qualité d'officier, à partir du jour où elles sont appelées au service actif.

ART. 16. — (Devenu inutile depuis la formation de l'Empire allemand.)

ART. 17. — En temps de paix, le congé ne peut être refusé pour d'autres causes que pour celles indiquées dans les art. 15 et 16.

---

1 Nous avons traduit ce mot par *expatriation*, qui nous paraît plus clair que celui de *congé*, adopté dans la traduction de M. Lyon Caen.

Pendant la guerre ou en cas de guerre imminente, le droit de prendre des mesures spéciales est réservé au Président de la Confédération.

ART. 18. — L'acte de congé entraîne du jour de sa délivrance la perte de la nationalité d'État. Le congé demeure toutefois sans effet lorsque celui qui l'a obtenu n'a, dans le délai de six mois après la délivrance de l'acte qui l'accorde, ni transporté son domicile hors du territoire fédéral, ni acquis la nationalité d'État dans un autre pays de la Confédération.

ART. 19. — Le congé s'étend, s'il n'y est pas fait de dérogation, à la femme et aux enfants mineurs encore soumis à la puissance paternelle.

ART. 20. — Les Allemands du Nord, qui résident à l'étranger, peuvent être déclarés déchus de leur nationalité d'État par une décision de l'autorité centrale de leur pays, lorsqu'en cas de guerre ou de danger de guerre, ils n'obéissent pas, dans le délai voulu, à la sommation formelle de revenir dans leur pays, faite pour tout le territoire fédéral par le Président de la Confédération.

ART. 21. — Les Allemands du Nord, qui quittent le territoire de la Confédération et résident sans interruption pendant dix ans à l'étranger, perdent par suite leur nationalité d'État. Le délai sus-indiqué court du jour de la sortie du territoire fédéral, ou lorsque la personne qui le quitte est en possession d'un passe-port ou de certificats de domicile, du jour où ces papiers cessent d'êtres valables [1]. Il est interrompu par l'inscription sur le registre matricule d'un consulat fédéral, il recommence à courir le jour qui suit la radiation sur le registre matricule.

La perte de la nationalité d'État s'étend à la femme ou aux enfants mineurs soumis à la puissance paternelle, s'ils se trouvent a l'étranger avec leur mari ou leur père.

Le délai de dix ans peut être réduit à cinq ans par des traités, pour les Allemands du Nord qui résident sans interruption durant cinq ans dans un pays étranger et acquièrent en même temps la nationalité d'État dans ce pays [2].

Les Allemands du Nord qui ont perdu leur nationalité d'État à raison de leur séjour à l'étranger prolongé pendant dix ans, et qui n'ont

1 Les passe-ports ne sont pas obligatoires pour sortir du territoire de l'Empire. Toutefois le Président de la Confédération peut les rendre temporairement obligatoires en raison d'une guerre et toutes les fois que la sécurité publique l'exige.

2 Un traité de ce genre avait déjà été conclu le 22 février 1868 avec es États-Unis d'Amérique. Voyez annexe II.

pas acquis d'autre nationalité peuvent recouvrer leur nationalité d'État dans leur ancien pays d'origine, même sans qu'ils viennent s'y établir.

Les Allemands du Nord qui ont perdu leur nationalité d'État par un séjour de dix ans à l'étranger, et qui reviennent ensuite sur le territoire fédéral, acquièrent la nationalité d'État dans le pays où ils s'établissent, en vertu d'un acte d'admission émanant de l'autorité administrative qui doit le leur accorder sur leur requête.

ART. 22. — Quand un Allemand du Nord est entré au service d'un Etat étranger sans autorisation de son gouvernement, l'autorité centrale de son pays peut le déclarer déchu de sa nationalité d'État, s'il n'obéit pas à l'injonction de se démettre de ses fonctions dans le délai qui lui est imparti.

ART. 23. — Quand un Allemand du Nord sert dans un pays étranger avec l'autorisation de son gouvernement, il conserve sa nationalité d'État.

ART. 24. — La délivrance des actes d'admission et des actes de congé dans le cas prévu à l'art. 15 a lieu sans frais. Pour les actes de congé dans les autres cas que dans ceux prévus à l'art. 15 (première phrase), il ne sera pas perçu plus d'un thaler au maximum pour droits de timbre et frais d'expédition.

ART. 25. — Pour les personnes se trouvant à l'étranger au moment où la présente loi est rendue, qui appartiennent à des États allemands dont les lois attachaient la perte de la nationalité à un séjour de dix ans ou plus en pays étranger, le cours de ce délai ne sera pas interrompu par la présente loi. Pour les sujets des autres États de la Confédération, le délai fixé dans l'art. 21 commencera à courir du jour de la mise en vigueur de la présente loi.

ART. 26. — Cette loi sera en vigueur à partir du 1er janvier 1871.

2°. — *Loi militaire du 2 mai 1874* (extraits).

ART. 11. — Les hommes qui ont quitté le territoire de l'Empire et ont perdu leur nationalité allemande, mais qui n'ont point acquis une autre nationalité ou l'ont reperdue, sont tenus de se présenter, lorsqu'ils viennent fixer leur domicile en Allemagne d'une manière permanente et peuvent être appelés rétroactivement sous les drapeaux, mais ne peuvent plus être retenus au service en temps de paix après l'âge de trente et un ans accomplis.

Il en est de même des fils de ceux qui, après avoir émigré, sont revenus sur le territoire de l'Empire d'Allemagne, à moins que ces fils n'aient acquis une autre nationalité.

Les dispositions qui précèdent sont aussi applicables aux émigrés qui ont acquis une autre nationalité, mais redeviennent citoyens avant l'âge de trente et un ans accomplis.

Art. 68. — Les hommes en état de congé qui, après avoir émigré, se font naturaliser de nouveau avant leur trente et unième année accomplie, rentrent dans la classe à laquelle ils auraient appartenu s'ils n'avaient point émigré.

Art. 69. — 7° Les hommes de la première classe de l'*Ersatzreserve*, qui après avoir émigré se font de nouveau naturaliser avant l'accomplissement de leur trente et unième année, rentrent dans la classe à laquelle ils auraient appartenu s'ils n'avaient point émigré.

8° Hors le cas d'une ordonnance spéciale pour la durée d'une guerre ou d'un danger de guerre, ils n'ont besoin d'aucune autorisation pour émigrer. Ils sont tenus toutefois de donner avis de leur intention d'émigrer à l'autorité militaire. L'omission ce cet avis est puni par l'art. 360 du Code pénal de l'Empire.

3° Loi du 4 mai 1874, tendant à empêcher l'exercice illégal des fonctions ecclésiastiques.

(Cette loi punit l'exercice illégal des fonctions ecclésiastiques de la perte de la nationalité, et de l'expulsion. La nationalité ne peut être recouvrée qu'avec l'autorisation du Conseil fédéral [1].)

4° Loi du 20 décembre 1875 sur la naturalisation des étrangers qui remplissent des fonctions au nom de l'Empire.

Article unique. — La naturalisation ne peut pas être refusée dans les pays de la Confédération dans lesquels ils réclament la concession de la nationalité aux étrangers qui, étant au service de l'Empire, reçoivent un traitement du Trésor impérial et ont leur résidence professionnelle en pays étranger.

5° Articles du Code pénal allemand de 1871, modifié par la loi du 26 février 1876.

Art. 140. — Sont punis pour infraction aux obligations de service militaire, savoir :

1° D'une amende de 150 à 3000 marcs ou d'un emprisonnement d'un mois à un an, tout homme assujetti au service militaire qui, en vue de se soustraire à l'incorporation dans l'armée de terre ou

1 Voir l'*Annuaire de lég. étr.* 1875.

de mer, quittera sans autorisation le territoire de la Confédération ou séjournera à l'étranger après avoir atteint l'âge du recrutement ;

2° D'un amende de 3000 marcs au plus, ou des arrêts, ou de l'emprisonnement pendant six mois au plus, tout officier, tout individu en état de congé avec rang d'officier qui émigrera sans autorisation ;

3° D'un emprisonnement de deux ans, au plus, et, en outre, d'une amende qui pourra s'élever jusqu'à 3000 marcs quiconque, étant assujetti au service militaire, émigrera en mépris d'une ordonnance spéciale de l'Empereur dûment publiée et rendue à l'occasion d'hostilités ouvertes ou imminentes.

La tentative est punissable.

Les biens du proscrit pourront être séquestrés jusqu'à concurrence de la somme reconnue nécessaire par le juge pour couvrir le montant de l'amende la plus élevée qui pourrait être prononcée ainsi que les frais de la procédure.

Art. 360. — Sont punis d'une amende de 150 marcs au plus :

3° Les soldats en congé, soit de la réserve, soit de la *Landwehr*, soit de la *Seewehr*, qui auront émigré sans autorisation, ou les hommes appartenant à la première classe de l'*ersatzreserve* qui auraient émigré sans avertir préalablement l'autorité militaire.

N

ANGLETERRE.

ACTE DU 12 MAI 1870 CONCERNANT LA CONDITION LÉGALE DES ÉTRANGERS ET DES SUJETS BRITANNIQUES. (Extraits.) [1]

Art. 3. — Toute personne, devenue par naturalisation sujet britannique, peut recouvrer sa nationalité primitive en faisant une déclaration d'extranéité :

1° Si elle réside dans le Royaume-Uni, devant un juge de paix ;

2° Si elle réside dans les possessions britanniques, devant un juge des Cours criminelles ou civiles ou tout autre fonctionnaire autorisé par la loi à recevoir un serment en matière judiciaire ou autre ;

---

[1] Traduction par M. Bertrand. *Annuaire de lég. étr.*, 1872, p. 7.

3° Si elle réside hors des possessions britanniques, devant un fonctionnaire diplomatique ou consulaire britannique.

Cette déclaration ne produira d'effets qu'autant que, par suite des traités ou aux termes d'une loi, elle aura la même valeur dans le pays auquel appartenait originairement le déclarant.

ART. 4. — Toute personne qui par le fait de sa naissance sur le territoire britannique est sujet britannique, mais qui se trouvait également à l'époque de sa naissance, sujet d'un pays étranger aux termes de la loi de ce pays, peut, lorsqu'elle a atteint sa majorité, si elle a la plénitude de sa capacité légale[1] se dépouiller par une déclaration semblable de sa nationalité britannique.

Toute personne née hors du territoire britannique d'un père sujet britannique peut, si elle justifie des mêmes conditions de capacité, renoncer de la même façon à sa nationalité britannique.

ART. 6. — La naturalisation obtenue en pays étranger, par un sujet britannique ayant toute sa capacité, lui fait perdre sa nationalité britannique. Cet effet résulte même de la naturalisation obtenue avant l'adoption du présent acte.

Le sujet britannique d'origine, naturalisé à ce jour en pays étranger, aura pendant deux ans à dater de l'adoption du présent acte, la faculté de faire une déclaration constatant qu'il entend demeurer sujet britannique. Il sera alors considéré comme n'ayant jamais cessé de l'être. Il doit cependant prêter le serment d'allégeance.

S'il continue à résider dans sa patrie d'adoption sa déclaration n'aura d'effet que si, aux termes des traités ou de la loi de ce pays, il n'y est plus considéré comme un national.

ART. 7. — Tout étranger peut demander au Secrétaire d'État un certificat de naturalisation si dans le délai qui sera ultérieurement fixé[1] par décision générale ou spéciale dudit secrétaire, il a résidé dans le Royaume-Uni pendant cinq ans au moins ou s'il a servi la couronne pendant un égal laps de temps et s'il manifeste l'intention soit de résider dans le Royaume-Uni, soit de servir la couronne.

Il devra produire à l'appui de sa demande telles justifications que le Secrétaire d'État pourra requérir.

Le Secrétaire d'État pourra alors prendre la demande en considération et, sans donner de motifs, accorder ou refuser le certificat. Sa décision est sans appel. Elle n'aura d'effet que lorsque le pétitionnaire aura prêté le serment d'allégeance.

---

1 C'est-à-dire si elle n'est ni aliénée, ni imbécile, ni femme mariée (art. 17.)

1 Un arrêté ministériel a fixé cette période aux huit années qui précèdent la demande.

L'étranger qui aura obtenu ce certificat jouira des mêmes droits, politiques ou autres, que le citoyen d'origine, pourvu toutefois qu'il soit considéré comme sujet britannique, dans sa patrie d'origine, s'il vient à y séjourner. Les sujets de la Grande-Bretagne dont la nationalité pourrait être l'objet d'un doute peuvent demander et obtenir le certificat de naturalisation. Mention de cette circonstance est faite sur le certificat duquel il ne peut être conclu que l'impétrant n'était pas antérieurement citoyen britannique.

La même faculté est accordée aux étrangers naturalisés avant l'adoption du présent acte.

ART. 8. — Le citoyen britannique d'origine devenu étranger en vertu du présent acte ou qui y est considéré comme tel, peut, s'il remplit les conditions et fournit les justifications exigées de l'étranger, demander et obtenir, s'il y a lieu, un certificat de réadmission dans la nationalité britannique, il devra prêter le serment d'allégeance.

Dans les possessions britanniques, ce certificat de réadmission est délivré par le gouverneur.

ART. 10. — 1° La femme mariée est considérée comme appartenant à la nationalité de son mari;

2° La femme veuve, britannique d'origine et devenue étrangère par le fait de son mariage, est considérée comme étrangère et peut obtenir à toute époque de son veuvage un certificat de réadmission dans la nationalité britannique;

3° Lorsqu'un père ou une mère veuve, de nationalité britannique, devient étranger en vertu du présent acte, ses enfants, s'ils ont résidé pendant leur minorité dans le pays où leurs parents sont naturalisés et s'ils y ont été naturalisés conformément aux lois de ce pays, sont considérés comme nationaux de ce pays et comme ayant cessé d'appartenir à la nationalité britannique;

4° Dans le cas de réadmission de son père ou de sa mère veuve dans la nationalité britannique, l'enfant, s'il a résidé pendant sa minorité sur le territoire britannique avec ses parents, est considéré comme réinvesti de la nationalité britannique;

5° Dans le cas de naturalisation obtenue dans le Royaume-Uni par son père ou sa mère veuve, l'enfant, s'il a résidé pendant sa minorité avec ses parents sur le territoire britannique, est considéré comme naturalisé citoyen britannique.

ART. 13. — Le présent acte n'enlève pas à la Reine la faculté d'accorder des lettres de denization.

ART. 15. — Le citoyen britannique devenu étranger en vertu de la présente loi, demeure responsable des actes par lui commis antérieurement à l'époque de son changement de nationalité.

ART. 16. — Les lois et ordonnances édictées par les législatures des possessions britanniques, et accordant à un individu la jouissance de tout ou partie des privilèges de la naturalisation dans les limites du territoire de cette possession, auront force de loi après la ratification de Sa Majesté, laquelle sera donnée dans les formes ordinaires.

O

RÉPUBLIQUE ARGENTINE.

LOI DU 1er OCTOBRE 1869 SUR L'ACQUISITION ET LA PERTE DE LA NATIONALITÉ.

ART 1er. — Sont Argentins :

1° Tous ceux qui sont nés dans la République, quelle qu'ait été la nationalité de leurs parents, à l'exception des enfants des Ministres étrangers et des membres de leurs Légations résidants dans la République ;

2° Les enfants d'Argentins qui, bien que nés à l'étranger, opteraient pour la nationalité du pays de leurs parents ;

3° Ceux nés dans les Légations ou à bord des navires de guerre de la République ;

4° Ceux nés dans les Républiques composant les Provinces Unies du Rio Plata, avant l'émancipation de ces Républiques, et qui résident sur le territoire national, en déclarant leur résolution de devenir citoyens Argentins ;

5° Ceux nés dans les eaux neutres, sous pavillon Argentin.

ART. 2. — Sont Argentins par naturalisation :

1° Les étrangers qui, ayant demeuré deux années consécutives dans la République, font devant les juges Fédéraux la déclaration de leur désir de devenir citoyens ;

2° Les étrangers qui ont rendu à l'État les services suivants, quelle qu'ait été la durée de leur résidence dans la République :

1° Avoir honorablement rempli, soit à l'intérieur, soit à l'étranger, un poste sous le Gouvernement national, ou le Gouvernement provincial ; — 2° Avoir servi dans l'armée de terre ou de mer, ou avoir aidé à la défense de la République ; — 3° Avoir établi, dans le pays, une nouvelle industrie, ou y avoir introduit une invention utile; — 4° Avoir été le fondateur ou le constructeur de chemins de fer dans les Provinces ; — 5° Les membres des colonies établies ou qui pourront s'établir sur le territoire National ou Provincial, et qui y possèdent des propriétés foncières ; — 6° Les personnes qui s'établissent sur les frontières ou au delà ; — 7° Les individus qui, dans les Provinces, épousent des femmes argentines ; — 8° Les professeurs de toutes les branches de l'industrie, et de l'éducation.

Art. 3. — L'enfant d'un citoyen naturalisé qui, lors de la naturalisation de son père était encore mineur, et qui serait né en pays étranger, peut obtenir des lettres de naturalisation en s'enrôlant dans la garde Nationale de la manière prescrite par la loi.

Art. 4. — L'enfant d'un citoyen naturalisé en pays étranger pourra, après la naturalisation de son père, obtenir des lettres de naturalisation en s'enrôlant dans la garde nationale à l'âge prescrit par la loi.

Art. 5. — Les enfants nés à l'étranger d'Argentins de naissance devront déclarer devant le juge fédéral leur qualité d'enfant d'Argentin.

Art. 6. — Les étrangers remplissant les conditions sus-mentionnées pourront obtenir du juge fédéral de section devant lequel ils comparaîtraient des lettres de naturalisation.

Art. 7. — Les Argentins âgés de dix-huit ans jouissent de droits politiques définis par la constitution et les lois de la République.

Art. 8. — Les personnes suivantes ne jouissent pas de droits politiques dans la République : les individus naturalisés en pays étranger, — ceux qui acceptent des emplois sous un Gouvernement étranger, sans l'autorisation du Congrès, — les banqueroutiers frauduleux, — les condamnés à mort, ou à une peine infâmante.

Art. 9. — Le Congrès seul a le pouvoir de restituer leurs droits à ceux qui ont perdu leur qualité de citoyen Argentin.

Art. 10. — Le lettres de naturalisation sont délivrées gratis.

Art. 11. — Les juges sectionaux seront munis d'un certain nombre de lettres de naturalisation imprimées, de sorte que toutes soient délivrées dans la même forme.

Art. 12. — Les enfants de citoyens argentins de naissance, et les étrangers jouissant des droits de citoyen argentin sont considérés comme des citoyens, sans avoir à se conformer à aucune des dispositions de la présente loi. Ils sont uniquement tenus de s'inscrire sur le registre civil national.

P

BELGIQUE.

LOIS DIVERSES CONCERNANT LA NATIONALITÉ.

1°. — Articles de la constitution de 1831.

ART. 4. — La qualité de Belge s'acquiert, se conserve et se perd d'après les règles déterminées par la loi civile...

ART. 5. — La naturalisation est accordée par le pouvoir législatif.

La grande naturalisation seule assimile l'étranger au Belge pour l'exercice des droits politiques.

ART. 133. — Les étrangers établis en Belgique avant le 1er janvier 1814 et qui ont continué d'y être domiciliés, sont considérés comme Belges de naissance, à la condition de déclarer que leur intention est de jouir du bénéfice de la présente disposition.

La déclaration devra être faite dans les six mois à compter du jour où la présente constitution sera obligatoire, s'ils sont majeurs, et dans l'année qui suivra leur majorité, s'ils sont mineurs.

Cette déclaration aura lieu devant l'autorité provinciale à laquelle ressortit le lieu où ils ont leur domicile. Elle sera faite en personne ou par un mandataire porteur d'une procuration spéciale et authentique.

2°. — Loi sur la nationalité du 22 septembre 1835.

ART. 1er. — Seront considérés comme Belges de naissance, et ouiront de tous les droits civils et politiques attachés à cette qualité :

1° Les individus nés Belges qui, ayant été sans autorisation au service militaire chez l'étranger et étant rentrés en Belgique avant le 1er janvier 1833, ont combattu pour la cause de la révolution, ou ont pris du service dans l'armée nationale, ou bien ont été admis à un emploi civil et ont depuis lors continué de résider en Belgique ;

2° Les habitants des provinces septentrionales de l'ancien royaume des Pays-Bas, qui étaient domiciliés ou qui sont venus demeurer en Belgique avant le 7 février 1831, et qui ont depuis lors continué d'y résider.

ART. 2. — Les personnes auxquelles s'applique l'article qui précèd devront déclarer que leur intention est de jouir du bénéfice de la présente loi.

Cette déclaration devra être faite dans les six mois, à compter du jour de la publication de la présente loi, dans la forme et devant l'autorité déterminée par l'article 133 de la constitution.

ART. 3. — Sont dispensés de cette déclaration les individus nés Belges, désignés dans l'art. 1er, qui seraient rentrés en Belgique avec l'autorisation du roi et auraient déjà fait la déclaration voulue par l'art. 18 du Code civil.

ART. 4. — Sont exceptés de la disposition de l'article 1er, les individus nés Belges restés après le 1er août 1831 au service d'une puissance en guerre avec la Belgique.

3°. — *Loi du 27 septembre* 1835, *sur la naturalisation.*

ART. 1er. — La naturalisation ordinaire confère à l'étranger tous les droits civils et politiques attachés à la qualité de Belge, à l'exception des droits politiques pour l'exercice desquels la constitution ou les lois exigent la grande naturalisation.

ART. 2. — La grande naturalisation ne peut être accordée que pour services éminents rendus à l'État.

Le Belge qui aura perdu la qualité de Belge, aux termes de l'article 21 du Code civil, est recevable à demander la grande naturalisation sans qu'il soit besoin de justifier qu'il ait rendu des services éminents à l'État.

Il en sera de même des individus habitant le royaume, nés en Belgique de parents y domiciliés, qui auraient négligé de faire la déclaration prescrite par l'art. 9 du Code civil.

Sont exceptés du bénéfice des dispositions qui précèdent, ceux qui sont restés, après le 1er août 1831, au service militaire d'une puissance en guerre avec la Belgique.

ART. 3. — La grande naturalisation sera toujours l'objet d'une disposition spéciale, hors le cas prévu par l'article 4.

L'admission de plusieurs étrangers à la naturalisation ordinaire pourra être prononcée par une seule disposition.

ART. 4. — La naturalisation du père assure à ses enfants mineurs la faculté de jouir du même avantage, pourvu qu'ils déclarent dans l'année de leur majorité, devant l'autorité communale du lieu où ils ont leur résidence, conformément à l'article 10, que leur intention est de jouir du bénéfice de la présente disposition.

Si les enfants et descendants sont majeurs, ils pourront, dans le cas où leur père obtiendrait la grande naturalisation, obtenir la même faveur pour services éminents rendus à l'État par leur père.

ART. 5. — La naturalisation ordinaire, hors le cas prévu par l'article précédent, ne sera accordée qu'à ceux qui auront accompli leur vingt et unième année et qui auront résidé pendant cinq ans en Belgique.

ART. 6. — Nul n'est n'est admis à la naturalisation qu'autant qu'il en a formé la demande par écrit.

La demande devra être signée par la personne qui la forme ou par son fondé de procuration spéciale et authentique.

Dans ce dernier cas, la procuration sera jointe à la demande.

ART. 7. — Toute demande en naturalisation ainsi que toute proposition du gouvernement ayant le même objet sera renvoyée par chaque Chambre à une commission qui présentera l'analyse de la demande et des pièces y annexées.

Sur le rapport de cette commission, la Chambre décidera, sans discussion et au scrutin secret, s'il y a lieu de prendre en considération la demande ou la proposition.

ART. 8. — Il est donné avis à l'autre Chambre de cette décision. La demande ou la proposition avec les pièces jointes lui est transmise pour y subir la même épreuve.

Il n'est donné aucune suite à la demande ou à la proposition, qu'autant qu'elle aura été prise en considération dans les deux Chambres.

ART. 9. — Dans les huit jours qui suivront la sanction royale de la disposition mentionnée à l'art. 3, le Ministre de la Justice délivrera à l'impétrant une expédition certifiée de l'acte de naturalisation.

ART. 10. — L'impétrant, muni de cette expédition, se présentera devant le Bourgmestre du lieu de sa résidence, et déclarera qu'il accepte la naturalisation qui lui est conférée.

Il sera immédiatement dressé procès-verbal de cette déclaration dans un registre à ce destiné.

ART. 11. — La déclaration prescrite par l'article précédent sera faite, sous peine de déchéance, dans les deux mois à compter de la date de la sanction Royale.

ART. 12. — L'autorité municipale enverra dans les huit jours au Ministre de la Justice une expédition dûment certifiée de l'acte d'acceptation.

ART. 13. — L'acte de naturalisation ne sera inséré au *Bulletin officiel* que sur le vu de cette expédition dont la date sera également insérée au *Bulletin officiel*.

4°. — *Loi du 4 juin 1839 sur la nationalité des individus originaires des parties du Limbourg et du Luxembourg, abandonnées par la Belgique.* (Extrait.)

Toute personne jouissant de la qualité de Belge, qui perdrait cette qualité par suite du traité du 19 avril 1839, peut la conserver à la condition de déclarer que son intention est de jouir du bénéfice de la présente disposition et de produire en même temps un certificat de l'administration d'une commune située dans le territoire qui constitue définitivement le royaume de Belgique que le déclarant à transféré son domicile dans cette commune.

Cette déclaration devra être faite dans les quatre ans à compter du jour de l'échange des ratifications de traités prémentionnés, si le déclarant est majeur ou s'il le devient avant le commencement de la quatrième année.

S'il ne devient majeur qu'après cette époque, il aura la faculté de faire la déclaration dans l'année qui suivra sa majorité.

5°. — *Loi du 1ᵉʳ avril 1879 ayant pour objet de faciliter l'acquisition de la qualité de Belge aux personnes qui ont omis de remplir ou ont imparfaitement rempli les formalités requises pour l'acquérir.*

ART. 1ᵉʳ. — L'individu, né en Belgique d'un étranger, qui aura négligé de faire devant l'autorité compétente, dans l'année qui a suivi l'époque de sa majorité, la déclaration prescrite par l'art. 9 du Code civil, ou qui aura fait une déclaration nulle ou insuffisante, sera admis à faire encore sa déclaration dans le délai d'une année, à compter du jour de la publication de la présente loi.

ART. 2. — Sera, dans le même délai d'une année, admis à recouvrer la qualité de Belge, en remplissant les formalités prescrites par l'art. 1ᵉʳ de la loi du 4 juin 1839, tout individu qui, ayant pu conserver cette qualité aux termes de cette loi, l'aura perdue en négligeant de faire la déclaration requise.

ART. 3. — Sera aussi admis, dans le même délai d'une année, à réclamer la qualité de Belge en remplissant les formalités prescrites par la loi du 22 sep'embre 1835, tout habitant des provinces septentrionales de l'ancien royaume des Pays-Bas, qui résidant en Belgique avant le 7 février 1831 et ayant depuis lors continué d'y résider, aura négligé de faire la déclaration prescrite par cette loi.

ART. 4. — Ceux qui deviendront Belges dans les cas prévus par les articles précédents ne pourront se prévaloir de cette qualité qu'après avoir rempli les conditions qui leur sont imposées par ces articles et seulement pour l'exercice des droits ouverts à leur profit depuis cette époque.

Leurs enfants et leurs descendants majeurs seront admis à réclamer la qualité de Belge, dans le délai d'une année à compter de la publication de la présente loi, en remplissant les formalités prescrites par les lois citées.

Leurs enfants et leurs descendants mineurs seront admis à faire cette réclamations, moyennant l'accomplissement des mêmes formalités, dans l'année qui suivra l'époque de leur majorité.

Q

BRÉSIL.

NOTE SUR LA NATURALISATION DES ÉTRANGERS, PUBLIÉE EN 1873 PAR LE JOURNAL OFFICIEL DE L'EMPIRE DU BRÉSIL. (Extraits.)

La naturalisation des étrangers a été réglée par la loi du 12 juillet 1871.

Par cette loi le gouvernement est autorisé à accorder des lettres de naturalisation à tout étranger âgé de plus de 21 ans qui, ayant résidé au Brésil, ou au dehors pour le service de l'État, pendant plus de deux ans, demande à être naturalisé, en déclarant son intention de résider au Brésil ou de servir l'État après sa naturalisation. (Art. 1.)

Le Gouvernement pourra dispenser du temps de résidence :

1° Celui qui est marié avec une brésilienne ;

2° Celui qui possède des biens fonds au Brésil ou une part dans un établissement industriel ;

3° L'inventeur ou l'introducteur d'une industrie nouvelle ;

4° Celui qui se recommande par ses talents littéraires ou autres, ou par son aptitude professionnelle à une industrie ;

5° Le fils de l'étranger naturalisé, né hors du Brésil avant la naturalisation de son père. (Art. 2.)

Les lettres de naturalisation sont exemptes de tout impôt sauf le droit de timbre de 25,000 reis (environ 65 francs). (Art. 4.)

Ces lettres ne pourront avoir aucun effet sans que les porteurs, soit directement, soit par mandataires spéciaux, jurent ou promettent obéissance et fidélité à la Constitution et aux lois du pays, jurant et promettant en même temps de reconnaître dorénavant le Brésil pour leur patrie. (Art. 5.)

La naturalisation des colons est réglée par le décret du 23 juin 1855.

Ce décret dispose :

Que les étrangers établis comme colons en divers lieux de l'Empire et non encore reconnus Brésiliens, seront tenus pour tels, en signant devant la Chambre municipale ou le juge de paix une déclaration qu'ils sont dans l'intention de fixer leur domicile au Brésil, en déclarant en même temps leur pays d'origine, leur religion, la position et le nombre de leurs enfants. (Art. 1.)

Que l'autorité chargée de recevoir les dites déclarations, après en avoir dressé procès-verbal, en délivrera copie authentique à la partie, et que les présidents de province, sur le vu de cette pièce, lui remettront gratuitement les lettres de naturalisation, après avoir reçu le serment de fidélité à la constitution et aux lois de l'Empire. (Art. 2.)

L'article 3 du décret du 23 juin 1855 a aussi autorisé le Gouvernement à donner des lettres de naturalisation, avant le délai fixé par la loi du 18 septembre 1850, aux colons jugés dignes de cette faveur.

Les pères, tuteurs ou curateurs des colons mineurs, nés hors de l'Empire avant la naturalisation de leurs parents, pourront faire pour eux la déclaration marquée dans l'art. 1er du décret du 23 juin 1855 et obtenir des lettres de naturalisation pour eux. Toutefois les mineurs auront le droit de changer de nationalité à leur majorité.

R

CHILI.

ACTES LÉGISLATIFS CONCERNANT LA NATIONALITÉ.

1°. — *Code civil.*

ART. 57. — La loi ne reconnaît pas de différence entre le Chilien et l'étranger pour l'obtention et la jouissance des droits civils réglés par ce code.

2°. — Constitution de 1833.

ART. 6. — Sont chiliens :

1° Les individus nés sur le territoire chilien ;

2° Les enfants de père ou mère chilien nés en territoire étranger par le seul fait d'habiter au Chili. Les enfants de Chiliens nés en territoire étranger dont le père se trouve en service actif pour la République sont Chiliens même nonobstant le cas ou les lois fondamentales ou toutes autres lois requièrent la naissance sur le territoire chilien ;

3° Les étrangers qui, s'occupant de science, d'arts ou d'industrie, ou possédant une propriété immeuble ou un capital en activité, auront déclaré devant la municipalité du territoire où ils résident leur intention de demeurer au Chili et auront accompli dix ans de résidence sur le territoire de la République.

Il leur suffira de six ans de résidence s'ils sont mariés et ont une famille au Chili, et de trois ans s'ils sont mariés avec une Chilienne ;

4° Ceux qui obtiendront du Congrès la naturalisation par faveur spéciale.

ART. 7. — C'est au Sénat qu'il appartient de déclarer, à l'égard de ceux qui ne sont pas nés sur le territoire chilien, s'ils sont ou non dans le cas d'obtenir la naturalisation conformément à l'article antérieur et le Président de la République expédiera en conséquence les lettres de naturalisation respectives.

S

COLOMBIE.

ACTES LÉGISLATIFS RELATIFS A LA NATIONALITÉ.

1°. — Articles de la Constitution, relatifs à la nationalité.

ART. 31. — Sont considérés comme Colombiens :

1° Les individus qui sont nés ou qui naîtront sur le territoire des Etats-Unis de Colombie, quoique fils de père étranger non domicilié (<i>transeuntes</i>), s'ils viennent s'établir dans le pays ;

2° Les fils de père ou de mère Colombien, qu'ils soient ou non nés sur le territoire des États-Unis de Colombie, si, dans le dernier cas, ils venaient s'y domicilier ;

3° Les étrangers qui auront obtenu des lettres de naturalisation;

4° Les individus nés dans une des Républiques Hispano-Améri-caines, toutes les fois qu'ils auront fixé leur résidence dans le terri-toire de l'Union, et qu'ils auront déclaré par-devant l'autorité com-pétente leur désir de devenir Colombiens.

ART. 32. — Les Colombiens qui se fixeront à l'étranger, y pren-dront domicile et y acquerront la nationalité étrangère, perdront leur qualité de Colombien.

2°. — *Loi du 11 avril 1843, sur la naturalisation des étrangers.*

ART. 1er. — Le pouvoir exécutif peut accorder des lettres de natu-ralisation à tout étranger qui en fait la demande.

ART. 2. — La naturalisation du mari entraînera celle de sa femme et de ses enfants au-dessous de vingt et un ans.

ART. 3. — La demande de naturalisation se fera au pouvoir exécutif au moyen d'un mémoire dans lequel le pétitionnaire indiquera le pays où il est né, et le gouvernement dont il est le sujet, ainsi que le nombre, les noms, l'âge et le sexe des personnes auxquelles devra s'étendre la naturalisation, suivant les disposi-tions de l'article 2 de cette loi. Ce mémoire sera adressé au secré-tariat de l'Intérieur et des relations extérieures par la Préfecture de la province où résidera l'intéressé.

ART. 4. — Le gouvernement, aussitôt qu'il aura reçu les lettres de naturalisation signées par le chargé du pouvoir exécutif, exigera du pétitionnaire, avant de les lui remettre, le serment (ou bien une protestation solennelle, dans le cas où sa religion ne lui permettrait point la prestation du serment), de renoncer à jamais à tous les liens qui l'unissent à un autre gouvernement, de soutenir et prêter obéissance à la Constitution et aux lois de la Républiqne.

T

LUXEMBOURG.

ACTES LÉGISLATIFS CONCERNANT LA NATIONALITÉ.

1° — *Dispositions constitutionnelles.*

ART. 9. — La qualité de Luxembourgeois s'acquiert, se conserve et se perd d'après les règles déterminées par la loi civile. — La présente constitution et les autres lois relatives aux droits politiques déterminent quelles sont, outre cette qualité, les conditions nécessaires pour l'exercice de ces droits.

ART. 10. — La naturalisation est accordée par le pouvoir législatif. Elle assimile l'étranger au Luxembourgeois pour l'exercice des droits politiques. — La naturalisation accordée au père profite à son enfant mineur, si celui-ci déclare, dans les deux années de sa majorité, vouloir revendiquer ce bénéfice.

2°. — *Loi sur la naturalisation du 12 novembre 1848, rectifiée et complétée par la loi du 27 janvier 1878.*

ART. 1er. — La naturalisation confère à l'étranger tous les droits civils et politiques attachés à la qualité de Luxembourgeois.

ART. 2. — La naturalisation ne pourra être accordée à des étrangers, lorsqu'elle ne se concilie pas avec les obligations qu'ils ont à remplir envers l'État auquel ils appartiennent, et qu'il pourrait en naître des conflits.

Elle ne pourra non plus être accordée à ceux qui n'auront pas atteint l'âge de vingt-cinq ans, ni résidé au moins pendant cinq ans dans le Grand-Duché.

La résidence pendant cinq ans n'est pas obligatoire lorsque celui qui sollicite la naturalisation :

1° Est né sur le sol Luxembourgeois ;

2° Qu'il a eu la qualité de Luxembourgeois et l'a perdue ;

3° Qu'il a rendu des services signalés à l'État ;

4° Qu'il est enfant majeur d'un étranger naturalisé pour services rendus.

ART. 3 — Pour être admis à la naturalisation, il faudra :

1° En former la demande par écrit, signée de son auteur ou du fondé de sa procuration spéciale et authentique ;

2° Joindre à cette demande l'acte de sa naissance ;

3° Le certificat constatant le chiffre des impositions payables à l'État ;

4° Celui constatant la durée de la résidence ;

5° Un certificat de moralité délivré par les bourgmestre et échevins des communes dans lesquelles l'étranger a séjourné pendant le temps de sa résidence dans le pays.

Le directeur général de la justice devra entendre le conseil communal de la dernière résidence de l'étranger, dans son avis motivé.

ART. 4. — La naturalisation pourra encore, en absence d'une demande, être proposée par le Gouvernement.

ART. 5. — Toute demande en naturalisation, ainsi que toute proposition du Gouvernement ayant le même objet, sera produite à la Chambre et, si elle est prise en considération, renvoyée aux sections; sur le rapport de la section centrale, la Chambre décide, après discussion s'il y a lieu, et à huis clos, si elle adopte ou si elle n'adopte pas la demande ou la proposition en naturalisation.

ART. 6. — La naturalisation pourra être gratuite toutes les fois qu'elle est accordée pour des services signalés rendus à l'État.

Dans les autres cas, elle est assujettie à un droit d'enregistrement de 300 à 1000 francs, à fixer par arrêté royal grand-ducal. Ce droit pourra être abaissé au chiffre de 50 francs, s'il s'agit de personnes nées sur le territoire grand-ducal, ou qui auraient été citoyens Luxembourgeois et auraient perdu cette qualité.

ART. 7. — Dans les huit jours qui suivront la sanction royale grande-ducale, l'Administrateur général de la justice délivrera, soit à celui qui a fait la demande, soit à l'intéressé lui-même, une expédition certifiée de l'acte de naturalisation.

ART. 8. — Muni de cette expédition, revêtue de la formalité de l'enregistrement, celui qui a fait la demande ou l'intéressé lui-même se présentera devant le bourgmestre de son domicile ou de sa résidence, et déclarera qu'il accepte la naturalisation qui lui est conférée.

Il sera dressé immédiatement procès-verbal de cette déclaration dans un registre à ce destiné.

ART. 9. — La déclaration prescrite par l'article précédent sera faite, sous peine de déchéance, dans les trois mois à compter de la sanction royale grand-ducale.

ART. 10. — L'autorité municipale enverra, dans les huit jours, à l'Administrateur général de la justice une expédition dûment certifiée de l'acte d'acceptation.

ART. 11. — La loi qui confère la naturalisation sera insérée au Mémorial législatif et administratif du Grand-Duché, mais seulement au vu de cette expédition de l'acte d'acceptation, dont la date y sera rapportée.

ARTICLE TRANSITOIRE. — Sont réputés Luxembourgeois, ceux qui sont nés dans l'ancien duché de Luxembourg et qui ont continué de résider dans le Grand-Duché actuel depuis 1814 jusqu'à ce jour.

Il en est de même de leurs enfants qui sont restés jusqu'ici habitants du Grand-Duché.

Sont pareillement réputés Luxembourgeois les individus nés avant 1839 sur le territoire cédé à la Belgique et qui, depuis 1839, ont habité le Grand-Duché jusqu'aujourd'hui.

Sont encore réputés Luxembourgeois ceux qui sont nés dans le Grand-Duché actuel de parents étrangers, mais qui ont omis de remplir les formalités voulues par la loi et sont restés au pays jusqu'à ce jour.

Ceux qui voudront profiter de la faveur accordée par les dispositions du présent article se conformeront aux articles 8 et 9 qui reçoivent leur application avec les articles 10 et 11 de la présente loi.

Dispositions additionnelles.

ART. 2. — Est Luxembourgeois tout individu ayant son domicile dans le Grand-Duché et né dans le pays d'un étranger qui y est né lui-même, et y a eu sa résidence jusqu'à la naissance de cet enfant, à moins que dans l'année qui suivra l'époque de sa majorité, telle qu'elle est fixée par la loi luxembourgeoise, cet enfant ne réclame la qualité d'étranger. A cet effet il devra en faire la déclaration devant l'autorité communale du lieu de sa dernière résidence, et justifier avoir conservé sa nationalité d'origine par une attestation en due forme de son Gouvernement, laquelle restera annexée à la déclaration.

Est également Luxembourgeoise celui qui, lors de la promulgation de la présente loi, jouit des conditions énumérées à l'alinéa précédent, mais a déjà atteint l'âge de la majorité d'après la loi Luxembourgeoise, à moins que, dans l'année qui suivra la publication de la loi, il ne remplisse les devoirs imposés par le dit alinéa à ceux qui veulent conserver la qualité d'étranger.

ART. 3. — Sont abrogés le n° 2 de l'article 17 et l'art. 21 du Code civil.

Les individus qui auront perdu la qualité de Luxembourgeois en vertu des dispositions précitées, la recouvreront de plein droit à partir de la mise en vigueur de la présente loi, mais ils ne pourront s'en prévaloir que pour l'exercice des droits ouverts à leur profit depuis cette époque [1].

---

[1] Les articles 2, 3, 5, 6, et les dispositions additionnelles appartiennent à la loi de 1878.

U

MONACO.

ORDONNANCE DU 8 JUILLET 1877.

ART. 1er. — Est sujet du Prince tout individu né dans la Principauté d'un étranger qui lui-même y est né, à moins que, dans l'année qui suivra l'époque de sa majorité telle qu'elle est fixée par le Code civil, il ne réclame la qualité d'étranger par une déclaration faite devant l'autorité municipale : ses enfants seront nécessairement sujets du Prince.

ART. 2. — Tous individus qui, après leur majorité, ont leur domicile dans la Principauté depuis dix ans seront admis à solliciter la qualité de sujet du Prince, et pourront l'obtenir par ordonnance souveraine.

On peut se passer de cette condition par faveur spéciale.

ART. 3. — Le bénéfice de l'art. 2 de l'ordonnance du 1er avril 1822, qui accorde la qualité de sujet du Prince à tout individu qui, après sa majorité, a son domicile dans la Principauté depuis dix ans, pourra être réclamé par lui pendant un an à partir d'aujourd'hui en déclarant durant l'autorité municipale son intention de fixer définitivement son domicile dans la Principauté.

ART. 4. — L'article 2 de l'ordonnance du 1er avril 1822 est abrogé.

V

PAYS-BAS.

LOI SUR LA NATIONALITÉ DU 29 JUILLET 1850.

ART. 1er. — Sont néerlandais en ce qui concerne l'exercice des droits civiques :

1° Ceux qui sont nés de parents établis sur le territoire de l'État en Europe;

2° Ceux qui, étant nés sur le territoire de l'État en Europe, de parents qui n'y sont pas établis, auront déclarés à la municipalité du lieu de leur domicile, dans l'année qui suivra l'époque à laquelle ils auront atteint vingt-trois ans révolus, leur intention de continuer à demeurer sur ce territoire;

. . . .

3° Ceux qui sont naturalisés;

4° Ceux qui descendent de personnes dénommées dans les alinéas qui précèdent, à moins que leur naissance n'ait eu lieu à une époque à laquelle leurs parents se seraient trouvés sous l'application de l'un des termes de l'article 9.

ART. 2. — Les enfants naturels reconnus par un père néerlandais;

Les enfants naturels d'une femme néerlandaise non reconnus par le père.

Les enfants trouvés recueillis sur le territoire de l'État en Europe, qui ont résidé sur ce territoire jusqu'à vingt-trois ans révolus, avec leurs descendants, en conformité aux dispositions du § 4 ci-dessus, sont également Néerlandais.

ART. 3. — Régnicoles établis sont ceux qui ont demeuré sur le territoire de l'État en Europe :

· 1° Durant les trois dernières années ;

2° Durant dix-huit mois après avoir déclaré à la municipalité du lieu de leur domicile l'intention de s'y établir.

. . . .

ART. 4. — Ceux dont la nationalité néerlandaise a pu être atteinte par la séparation des anciennes provinces des Pays-Bas, constituant aujourd'hui le royaume de Belgique, mais qui à l'époque de la ratification des traités du 19 avril 1839 avaient leur domicile sur le territoire de l'État en Europe ou dans les colonies ou possessions de l'État dans les autres parties du monde, qui s'y sont établis dans les deux années à partir de l'époque précitée et y ont depuis conservé leur domicile ou qui, tandis qu'ils avaient ce domicile, y sont décédés, sont Néerlandais où sont censés avoir possédé la qualité de Néerlandais jusqu'à leur mort.

ART. 5. — Les conditions exigées pour la naturalisation sont :

1° L'âge de vingt-trois ans révolus ;

2° Le domicile établi sur le territoire de l'État en Europe ou dans les colonies ou les possessions de l'État dans les autres parties du monde durant six années consécutives avec intention déclarée d'y rester établis.

ART. 6. — Doivent être annexés à la requête pour obtenir la naturalisation :

a. L'acte de naissance du requérant ou tel autre acte qui en tient lieu d'après la législation de l'État auquel appartient le requérant.

b. Un certificat constatant le séjour exigé de six années sur le territoire du royaume ou de ses colonies.

c. Un certificat délivré par l'administration municipale du lieu où le réquérant est domicilié constatant la déclaration faite durant cette administration de l'intention où il est de rester établi sur le territoire de l'État en Europe, où dans les colonies ou possessions de l'État dans les autres parties du monde.

ART. 7. — La naturalisation peut encore être accordée en récompense de services extraordinaires rendus à l'État en Europe ou à ses colonies ou possessions dans les autres parties du monde, ou pour d'autres motifs importants dans l'intérêt de l'État.

Les articles 5 et 6 ne sont pas applicables en pareil cas.

ART. 8. — Des lettres de naturalisation sont octroyées par Nous à toute personne naturalisée par la loi.

ART. 9. — La jouissance des droits obtenus par la naturalisation commence aussitôt que la loi par laquelle la naturalisation est accordée est devenue exécutoire, et que le naturalisé a produit à la municipalité du lieu de son domicile les lettres de naturalisation dûment enregistrées et fait la déclaration qu'il accepte la naturalisation.

Si, dans le cas prévu par l'article 7, le naturalisé est domicilié à l'étranger, l'acceptation a lieu par déclaration faite au Ministère des affaires étrangères. Lors de cette déclaration, il doit être produit des lettres de naturalisation dûment enregistrées.

Sauf dans le cas prévu par l'art. 7, la naturalisation perd sa validité si l'acceptation n'a pas eu lieu dans les six mois à partir de l'époque à laquelle la loi qui l'accorde est devenue exécutoire.

ART. 10. — La qualité de Néerlandais se perd :

1° Par l'acceptation de la naturalisation à l'étranger ;

2° Par l'entrée sans notre autorisation au service militaire à l'étranger, ou l'acceptation des fonctions publiques conférées par un Gouvernement étranger ;

3° Par un séjour de cinq années à l'étranger avec l'intention évidente de ne point faire retour.

L'esprit de retour est présumé lors de tout séjour à l'étranger en connexion avec les établissements commerciaux du royaume.

X

RUSSIE.

UKASE DU 6 MARS 1864 SUR LA NATURALISATION.

I. Les articles 1538 à 1558 des lois sur les conditions des personnes (Code des lois, t. IX, éd. 1857), relatifs à la naturalisation des étrangers en Russie et à l'abandon par eux de la sujétion russe, sont et demeurent remplacés par les dispositions ci-après :

Art. 1er. — Pour obtenir la naturalisation russe, un étranger doit avoir été préalablement établi en Russie.

Art. 2. — L'étranger qui désire s'établir sur le territoire de l'empire de Russie en fait la déclaration au chef de la province dans laquelle il a l'intention de se faire inscrire ou de fixer son domicile, et lui fait en même temps connaître la nature des occupations auxquelles il se livrait dans son pays et de celles auxquelles il se propose de se vouer en Russie. Le chef provincial lui délivre un certificat constatant la déclaration faite, et du jour de la signature de ce certificat l'étranger est réputé établi en Russie, sans toutefois cesser, jusqu'à sa naturalisation, d'être considéré comme étranger et d'être soumis à toutes les lois en vigueur concernant les étrangers.

Art. 3. — Les étrangers établis en Russie antérieurement à la promulgation du présent règlement, et qui se seront fait une réputation d'utilité en exerçant des arts, des métiers, le commerce, ou toute autre profession, pourront faire preuve de l'ancienneté de leur établissement en Russie au moyen de documents légaux autres que celui indiqué en l'art. 2. La date du plus ancien de ces documents est considérée comme étant celle de leur établissement dans le pays.

Art. 4. — Après cinq ans d'établissement en Russie, un étranger peut solliciter la naturalisation russe. Les cas dans lesquels ce délai pourra être abrégé sont déterminés ci-dessous, dans les articles 11 et 14.

Observation. — Pour les étrangers, sujets de puissances avec lesquelles il a été conclu à cet effet des conventions spéciales, ces dernières continueront à rester en vigueur.

Art. 5. — Les étrangères mariées ne peuvent être admises à la naturalisation russe séparément de leurs maris.

Art. 6. — La naturalisation russe est toujours personnelle, limitée à celui qui l'a obtenue, sauf l'exception statuée par l'art. 17 ci-dessous, et ne s'étend pas aux enfants, qu'ils soient majeurs ou mineurs, nés antérieurement. Les enfants nés postérieurement à la naturalisation sont considérés comme sujets russes..

Art. 7. — La demande en naturalisation doit être présentée au Ministre de l'Intérieur et contenir les indications suivantes : a. les lieux où le postulant a été domicilié pendant toute la durée de son établissement en Russie, les occupations auxquelles il s'est livré et les certificats qu'il peut fournir constatant son mode d'existence ; b. la classe et la corporation dans lesquelles il désire et il a droit de se faire inscrire ; c. la ville où il désire être admis à prêter serment ; d. enfin, si une abréviation de la durée de l'établissement préalable est sollicitée, les titres à l'appui de cette prétention. A la pétition doivent être joints : a. les actes de l'état civil du postulant, dressés conformément aux usages de son pays et légalisés par nos agents diplomatiques et le Ministère des Affaires étrangères, ou bien par le ministère lui-même s'il n'existe pas d'agents russes dans son pays ; b. un certificat constatant l'établissement préalable en Russie. Les étrangers soumis par les lois de leur pays à la conscription, s'ils sont sujets d'une des puissances avec lesquelles il a été conclu des cartels d'extradition des individus qui sont réclamés par la conscription, sont en outre tenus de fournir des certificats de leurs Gouvernements constatant que l'individu qui désire abandonner sa nationalité s'est acquitté du service militaire ou qu'il en est exempt.

Art. 8. — A la suite d'une demande en naturalisation présentée, le Ministre de l'Intérieur en autorise l'exécution, ou bien refuse au postulant la nationalité russe, quand même celui-ci aurait rempli toutes les formalités exigées à cet effet.

Art. 9. — La naturalisation s'accomplit par la prestation du serment de sujétion.

Art. 10. — Le serment de sujétion est prêté dans la forme prescrite à cet effet, par chacun en sa langue maternelle ou en toute autre langue qu'il connaisse, en séance de la régence du Gouvernement, entre les mains d'un ministre de la religion professée par celui qui le prête, ou bien, dans les lieux où la présence d'un ministre serait impossible, entre celles du fonctionnaire supérieur présent à la séance. Il est dressé procès-verbal de la prestation du serment, lequel procès-verbal, ainsi que la formule du serment, sont signés par celui qui a prêté le serment, par celui qui l'a reçu et par tous les fonctionnaires qui y ont assisté. Après quoi le fonctionnaire supérieur transmet les deux actes, en original, au chef de la province, qui délivre à l'assermenté un certificat de naturalisation.

1re *Observation*. — Il est loisible aux chefs des provinces d'autoriser pour des motifs qu'ils jugeront mériter d'être pris en considération la prestation du serment par-devant l'administration de la police locale au lieu de la régence.

2e *Observation*. — Dans des cas particuliers qui mériteront d'être pris en considération, et sur la demande de nos agents à l'étranger (ambassadeurs, ministres, etc.), la prestation du serment de naturalisation pourra aussi avoir lieu par-devant nos légations.

ART. 11. — La durée de l'établissement préalable qui doit précéder la naturalisation peut, avec l'autorisation du Ministre de l'Intérieur, être abrégée en faveur d'étrangers qui auront rendu des services importants à la Russie, ou se seront signalés par des talents remarquables, par leur érudition, etc., ou bien enfin auront placé des capitaux considérables dans des entreprises d'utilité publique russes. Sous tous les autres rapports, les règles générales établies ci-dessus seront également applicables à ces étrangers.

ART. 12. — Les enfants d'étrangers non naturalisés Russes, qui sont nés et ont été élevés en Russie, ou qui, quoique nés à l'étranger, ont fait leurs cours d'études dans les établissements d'instruction supérieurs ou secondaires russes, acquièrent par ce fait le droit d'obtenir la naturalisation russe dans l'année qui suit leur majorité. L'autorisation de prêter le serment de sujétion est accordée, à ceux qui n'ont pas laissé passer ce délai, par la régence locale de gouvernement, qui prend en même temps un arrêté au sujet de leur inscription dans la classe dans laquelle ils ont droit de se faire inscrire. Ceux de ces enfants d'étranger à qui l'établissement dans lequel ils ont reçu leur éducation confère le droit d'entrer au service civil, peuvent, s'ils le désirent, y être admis, en vertu du règlement sur le service civil, sans se faire naturaliser. Toutefois, dans tous les cas de prestation de serment, soit de sujétion, soit de service fidèle, les sujets de puissances avec lesquelles il existe des conventions de cartel seront tenus de produire les certificats indiqués en l'art. 7. Enfin, les enfants d'étrangers qui n'auront pas prêté le serment de sujétion ou ne seront pas entrés au service dans le délai ci-dessus fixé, ne pourront se faire naturaliser par la suite qu'en se conformant à toutes les règles générales prescrites dans le présent règlement pour les autres étrangers.

ART. 13. — Pourront se faire naturaliser de la même manière les enfants majeurs d'étrangers naturalisés conformément aux art. 1er à 11, soit simultanément avec leurs parents, soit dans le courant de l'année après la naturalisation de ces derniers, en présentant les documents énumérés en l'art. 7, à l'exception seulement du certificat d'établissement.

ART. 14. — Les étrangers au service militaire ou civil de la Russie, de même que les ministres des cultes étrangers invités, par disposition du Ministère de l'Intérieur, à venir servir en Russie, peuvent, s'il le désirent, être admis à prêter le serment de sujétion en tout temps et sans être assujettis à l'observation d'un délai quelconque, par une simple décision de leurs chefs immédiats : les militaires dans leurs régiments et corps, et les fonctionnaires publics dans leurs administrations. La formule du serment que l'étranger devra prêter en pareille circonstance sera dressée en double expédition et signée par tous les fonctionnaires qui auront assisté à la prestation de serment ; l'une de ces expéditions sera transmise au gouverneur local, et l'autre sera déposée dans les archives du corps ou de l'administration où la cérémonie du serment aura été accomplie.

ART. 15. — La femme sujette russe qui, ayant épousé un étranger, est en conséquence considérée comme étrangère, peut, à la mort de son mari ou après la cassation de son mariage avec lui, recouvrer sa qualité de Russe et n'est tenue de présenter à cet effet, au chef de la province qu'elle aura chosie pour y établir son domicile, que la preuve légale de la cessation de son état de mariage. Un certificat délivré par le chef de la province, constatant que ce document lui a été produit, fait preuve du retour de la femme qui en est munie à la nationalité russe.

ART. 16. — Les enfants d'une sujette russe qui, après avoir été mariée à un étranger, est devenue veuve ou a été divorcée d'avec son mari, doivent, en ce qui concerne leur naturalisation en Russie se conformer aux dispositions de l'article 12.

ART. 17. — Les étrangères qui épousent des sujets russes, ainsi que les femmes des étrangers qui se font naturaliser en Russie, deviennent par ce fait sujettes russes, sans prêter elles-mêmes de serment particulier. Les veuves et les femmes divorcées conservent la nationalité de leurs maris.

ART. 18. — Sont et demeurent à l'avenir en pleine vigueur les dispositions spéciales existantes qui règlent le mode d'admission à la sujétion russe des colons étrangers, ainsi que des ouvriers étrangers qui s'établissent en Russie pour y cultiver des terres par location de la part des propriétaires fonciers. Également ne sont pas abrogés les privilèges particuliers accordés à quelques catégories d'étrangers à leur immigration en Russie, comme, par exemple, aux Bulgares immigrants en Géorgie, et à d'autres immigrants nos coreligionnaires qui s'établissent dans la Nouvelle Russie (Code des impôts, art. 833), aux étrangers qui se font inscrire dans la bourgeoisie en immigrant du royaume de Pologne en Russie (Id. art. 490, etc.).

ART. 19. — Des étrangers naturalisés sujets russes obtiennent par là même tous les droits et se trouvent soumis à toutes les obligations inhérentes à la condition à laquelle ils se trouvent agrégés, sans qu'il y ait une différence quelconque entre eux et les sujets indigènes.

ART. 20. — Les détails relatifs à la procédure à suivre pour la naturalisation des étrangers en Russie et pour leur dénaturalisation de la sujétion russe, ainsi que les délais, aussi abrégés que possible, assignés pour l'achèvement des affaires de ce genre dans les tribunaux provinciaux, sont fixés par le Ministre de l'Intérieur, de concert avec les différentes administrations compétentes, et sont promulgués dans les feuilles publiques.

II. — Simultanément avec la publication des règlements ci-dessus, les dispositions suivantes sont ordonnées à titre de mesures transitoires :

1° Les étrangers naturalisés sujets russes antérieurement à la promulgation des présents règlements, ont le droit de retourner en tout temps à leur ancienne nationalité, après avoir acquitté les dettes et arrérages que le fisc, les corporations et les particuliers pourraient avoir à réclamer d'eux.

2° Il est loisible à ceux qui, sur les bases sus-mentionnées, auront renoncé à notre sujétion, de quitter la Russie, ou bien d'y résider ultérieurement en jouissant des droits équivalents à ceux des étrangers en général, — l'un et l'autre selon leur désir. Dans le dernier cas, ils sont tenus de se munir d'un passe-port ou d'un acte de légitimation de leur gouvernement ; jusqu'à ce qu'ils l'aient obtenu, ils peuvent être munis de billets de séjour par l'autorité supérieure de la province qu'ils habitent. Les délais suivants sont fixés auxdits étrangers pour se pourvoir de billets ou passeports nationaux : d'un an pour les étrangers séjournant dans la Russie d'Europe, et s'ils doivent recevoir le document d'un des gouvernements de l'Europe, de deux ans pour les étrangers séjournant en Sibérie, ou s'ils doivent recevoir leurs papiers de légitimation d'une partie du monde autre que l'Europe. Le délai court depuis le jour où l'individu présente la requête par laquelle il demande à être relevé de la sujétion russe ; ceux qui auront laissé écouler le délai sans s'être pourvus des papiers nationaux requis sont tenus, ou bien de quitter la Russie, ou bien d'embrasser de nouveau notre nationalité ; dans ce dernier cas, ceux qui auront déjà fait partie d'une classe de la population payant impôt personnel sont inscrits dans cette même condition, et on prélève sur eux les impôts et redevances prescrits par les lois, pour tout le temps écoulé depuis leurs derniers versements au fisc.

3° Ces dispositions s'appliquent également aux prisonniers de guerre et aux Asiatiques qui se seront naturalisés sujets russes, et qui, dans le cas où ils voudraient retourner dans leur patrie primitive, doivent être relevés de notre sujétion d'après le mode suivi à l'égard de tout autre étranger qui aurait prêté serment de sujétion à la Russie ; en conséquence, doivent être considérées comme abrogées les dispositions spéciales relatives à ce sujet et contenues dans les articles 1557 et 1558 du Code sur les conditions des personnes.

4° Doivent également être considérées comme abrogées les dispositions qui prescrivent aux sujettes russes qui auront épousé des étrangers, de vendre les biens-fonds qu'elles possèdent en Russie, à l'exception de ceux toutefois que, en leur qualité d'étrangère, elles ont perdu le droit de posséder à l'avenir. Pour ce qui concerne les dispositions qui imposent aux étrangers, quittant la sujétion russe, le payement de l'impôt pour trois ans et du droit de détraction, ces dispositions doivent être considérées comme abrogées à l'égard des sujets des puissances qui, par réciprocité, adopteront des mesures analogues en faveur des sujets russes.

III. — Sont et demeurent supprimées, au 1er § de l'art. 67 du Code civil (Code des lois, t. X, partie 1re), les dispositions qui imposent à un fiancé d'un culte étranger et sujet étranger de prêter serment de sujétion avant son mariage avec une fiancée orthodoxe, et les dispositions qui portent que l'autorisation souveraine doit être sollicitée chaque fois qu'il s'agit de la consécration de mariage entre fiancées orthodoxes et fiancés d'un culte étranger.

Y

SUÈDE.

ORDONNANCE ROYALE SUR LA NATURALISATION, EN DATE DU 27 FÉVRIER 1858.

§ 1er.

Celui qui veut devenir citoyen suédois doit en adresser la demande au Roi.

§ 2.

Le droit d'être citoyen suédois peut être obtenu par l'étranger :

1° Qui a atteint l'âge de vingt et un ans ;

2° Qui jouit d'une bonne réputation ;

3° Qui a demeuré trois ans dans le royaume ;

4° Qui peut subvenir à ses besoins.

Si, d'après ce qui est dit au § 28 de la forme du Gouvernement [1], un étranger a été admis au service de l'État et s'il s'est rendu célèbre par une remarquable habileté dans les sciences, dans les arts, dans l'agriculture, dans l'industrie des mines ou dans une autre industrie, ou si autrement sa naturalisation peut être utile au pays, le délai prescrit ci-dessus peut être abrégé.

§ 3.

Toute demande en naturalisation devra être accompagnée de certificats constatant l'âge du requérant, sa nationalité, le temps ou il est venu dans le royaume, son dernier ou ses derniers domiciles, sa bonne réputation et sa confession religieuse.

L'autorité, dont le Roi devra recevoir un rapport sur la requête, aura à prendre des informations ultérieures sur ces divers points, quand cela sera jugé nécessaire.

§ 4.

La demande en naturalisation accordée, le requérant, pour être admis à en jouir, devra, dans le délai fixé par le Roi : — d'une part, établir, s'il ne l'a déjà fait, qu'il a cessé d'être le sujet d'une puissance étrangère; — d'autre part, prêter serment de foi et de fidélité comme citoyen suédois.

Si le requérant appartient à un pays dont la législation ne l'autorise pas à s'affranchir de ses obligations comme sujet, il devra, en prêtant le serment de foi et de fidélité remettre une déclaration écrite attestant qu'il renonce à ses avantages et droits politiques dans ledit pays étranger

---

1. § 28. 1e... Le Roi pourra cependant, après avoir entendu les autorités compétentes, ou sur leur proposition, appeler et nommer des étrangers d'un mérite distingué et professant la pure doctrine évangélique, aux emplois de professeur des Universités, — les emplois de professeurs de théologie exceptés, — aux chaires de professeurs et aux autres emplois de toutes les autres institutions pour les sciences, les métiers et les beaux-arts, ainsi qu'aux emplois de médecin. Le Roi pourra de même employer des étrangers de rares talents dans les charges militaires, celle de commandant de forteresse exceptée.

Z

SUISSE.

LOI FÉDÉRALE DU 3 JUILLET 1876 SUR LA NATIONALITÉ.

ART. 1er. — L'étranger qui désire obtenir la nationalité suisse doit demander au Conseil fédéral l'autorisation de se faire recevoir citoyen d'un canton et d'une commune.

L'autorisation du Conseil fédéral doit également être demandée par l'entremise du gouvernement cantonal, s'il s'agit de la naturalisation à accorder à un étranger à titre de don.

ART. 2. — Le Conseil fédéral n'accordera cette autorisation qu'à des étrangers :

1º Qui ont leur domicile ordinaire en Suisse depuis deux ans ;

2º Dont les rapports avec l'État auquel ils ressortissent sont tels qu'il est à prévoir que leur admission à la nationalité suisse n'entraînera pour la Confédération aucun préjudice.

ART. 3. — La naturalisation s'étend à la femme de l'étranger naturalisé et à ses enfants mineurs, s'il n'est pas fait pour ceux-ci une exception formelle en vue de l'art. 2, chiffre 2.

ART. 4. — Toute décision accordant à un étranger la naturalisation cantonale et communale est nulle si elle n'a pas été précédée de l'autorisation du Conseil fédéral.

D'un autre côté, la nationalité suisse n'est acquise que lorsque l'autorisation du Conseil fédéral est suivie de la naturalisation cantonale et communale, conformément aux dispositions des lois d'un Canton.

L'autorisation du Conseil fédéral est périmée s'il n'en est pas fait usage dans le délai de deux ans à partir du jour où elle a été accordée.

ART. 5. — Nul ne peut réclamer vis-à-vis d'un État étranger, dans lequel il réside, les droits et la protection dus à la qualité de citoyen suisse, s'il a conservé la nationalité de cet État, indépendamment de la nationalité suisse.

ART. 6. — Un citoyen suisse peut renoncer à sa nationalité ; il doit à cet effet :

a. Ne plus avoir de domicile en Suisse ;

b. Jouir de sa capacité civile d'après les lois du pays dans lequel i réside ;

c. Avoir, dans le sens de l'article 8, dernier alinéa, une nationalité étrangère, acquise ou assurée pour lui, pour sa femme et pour ses enfants mineurs.

ART. 7. — La déclaration de renonciation à la nationalité suisse doit être présentée par écrit, avec les pièces justificatives, au Gouvernement cantonal. Celui-ci en donne connaissance aux autorités de la commune d'origine et fixe un délai d'opposition de quatre semaines au plus, pour la commune comme pour tous autres intéressés.

Si le droit de renoncer à la nationalité suisse est contesté, le Tribunal fédéral statue, conformément aux articles 61 à 63 de la loi sur l'organisation judiciaire fédérale du 27 juin 1874.

ART. 8. — Si les conditions mentionnées à l'article 6 sont remplies et qu'il n'y ait pas eu d'opposition, ou si l'opposition a été écartée par le juge, l'autorité compétente, aux termes de la loi cantonale, déclare le requérant libéré des liens de la nationalité cantonale et communale.

Cette libération, qui entraîne la perte du droit de cité suisse, date de la remise au requérant de l'acte de libération.

La libération s'étend à la femme et aux enfants mineurs, lorsqu'ils vivent en un ménage et qu'il n'est pas fait d'exception formelle à leur égard.

ART. 9. — La veuve ou la femme divorcée du citoyen suisse qui a renoncé à sa nationalité, et les enfants qui étaient encore mineurs au moment de cette renonciation, peuvent demander au Conseil fédéral d'être admis de nouveau à la nationalité suisse. Ce droit s'éteint après l'expiration de dix années, à partir, pour les enfants, de leur majorité, et pour la femme, de la dissolution du mariage.

Le Conseil fédéral accordera l'admission si les requérants remplissent les conditions prévues pour la naturalisation à l'article 2, chiffre 2, et s'ils résident en Suisse.

L'admission à la nationalité suisse datera de la remise de l'acte qui en sera dressé et rendra de plein droit la nationalité cantonale et communale.

Les cantons peuvent faciliter encore le retour à la nationalité suisse sous réserve toutefois des dispositions de l'article 2 de la présente loi.

AA.

TURQUIE.

DOCUMENTS RELATIFS A LA NATURALISATION EN TURQUIE.

1° — Loi sur la nationalité ottomane du 19 janvier 1869.

ART. 1ᵉʳ. — Tout individu né d'un père ottoman et d'une mère ottomane, ou seulement d'un père ottoman, est sujet ottoman.

ART. 2. — Tout individu né sur le territoire ottoman de parents étrangers peut, dans les trois années qui suivront sa majorité, revendiquer la qualité de sujet ottoman.

ART. 3. — Tout étranger majeur qui a résidé durant cinq années consécutives dans l'Empire ottoman peut obtenir la nationalité ottomane en adressant directement ou par intermédiaire sa demande au Ministre des Affaires étrangères.

ART. 4. — Le Gouvernement impérial pourra accorder extraordinairement la nationalité ottomane à l'étranger qui, sans remplir les conditions de l'article précédent, serait jugé digne de cette faveur exceptionnelle.

ART. 5. — Le sujet ottoman qui a acquis une nationalité étrangère avec l'autorisation du Gouvernement impérial est considéré et traité comme sujet étranger; si, au contraire, il s'est naturalisé étranger sans l'autorisation préalable du Gouvernement impérial, sa naturalisation sera considérée comme nulle et non avenue, et il continuera à être considéré et traité en tous points comme sujet ottoman.

Aucun sujet ottoman ne pourra, dans tous les cas, se naturaliser étranger qu'après avoir obtenu un acte d'autorisation délivré en vertu d'un iradé impérial.

ART. 6. — Néanmoins le Gouvernement impérial pourra prononcer la perte de la qualité de sujet ottoman contre tout sujet ottoman qui se sera naturalisé à l'étranger ou qui aura accepté des fonctions militaires près d'un Gouvernement étranger sans l'autorisation de son Souverain.

Dans ce cas, la perte de la qualité de sujet ottoman entraînera de plein droit l'interdiction, pour celui qui l'aura encourue, de rentrer dans l'Empire ottoman.

ART. 7. — La femme ottomane qui a épousé un étranger peut, si elle devient veuve, recouvrer sa qualité de sujette ottomane, en en faisant la déclaration dans les trois années qui suivront le décès de son mari. Cette disposition n'est toutefois applicable qu'à sa personne : ses propriétés sont soumises aux lois et règlements généraux qui les régissent.

ART. 8. — L'enfant même mineur d'un sujet ottoman qui s'est naturalisé étranger ou qui a perdu sa nationalité ne suit pas la condition de son père et reste sujet ottoman. L'enfant même mineur d'un étranger qui s'est naturalisé ottoman ne suit pas la condition de son père et reste étranger.

ART. 9. — Tout individu habitant le territoire ottoman est réputé sujet ottoman et traité comme tel, jusqu'à ce que sa qualité d'étranger ait été régulièrement constatée.

Sublime Porte, le 6 chewal (19 janvier 1869).

2° — *Circulaire adressée aux Gouverneurs généraux des vilayets de l'Empire, en date du 26 mars 1869.*

Je vous ai précédemment transmis la loi sur la nationalité ottomane, promulguée le 6 chewal 1285 (19 janvier 1869). Quoique, dans son ensemble, cette loi ne puisse donner lieu à des interprétations divergentes, je tiens à vous préciser l'esprit qui a dicté ses dispositions les plus importantes.

Je n'ai pas d'abord besoin de vous dire que cette loi, comme toute loi d'ailleurs, n'a pas d'effet rétroactif; tous ceux qui ont été déjà admis à la nationalité ottomane et tous les sujets ottomans d'origine qui, soit en vertu des traités, soit en vertu d'ententes spéciales intervenues entre la Sublime Porte et les Missions étrangères accréditées auprès d'elle, ont été reconnus par le Gouvernement impérial comme ayant acquis une nationalité étrangère, restent sujets ottomans ou étrangers, comme par le passé.

L'article 5 exige du sujet ottoman qui veut acquérir une nationalité étrangère de se munir préalablement d'un acte d'autorisation qui lui sera délivré en vertu d'un iradé impérial, sans quoi sa naturalisation sera toujours considérée comme nulle et non avenue, et le Gouvernement impérial pourra même (art. 6) prononcer contre lui la perte de la qualité de sujet ottoman, ce qui emportera de plein droit l'interdiction de rentrer dans l'Empire ottoman. Il appartient exclusivement au Gouvernement impérial de prononcer la peine édictée par l'article 6. Les Autorités impériales se borneront à considérer comme nulle et non avenue la naturalisation étrangère acquise sans autorisation par tout sujet ottoman d'origine, et elles ne prendront aucune mesure d'expulsion sans avoir préalablement reçu les les ordres directs de la Sublime Porte.

L'article 8 établit que la naturalisation du père n'emporte pas celle des enfants, lors même qu'ils seraient mineurs. Le bénéfice de la naturalisation, accordé au père, n'est étendu à ses enfants qu'autant qu'ils le veulent. S'ils sont majeurs, ils sont libres de suivre la condition de leur père en en faisant la demande; dans le cas contraire, ils peuvent le faire aussitôt qu'ils ont atteint leur majorité. Il est aisé de comprendre que cette disposition, conforme d'ailleurs à celles de la plupart des législations européennes, est édictée dans l'intérêt même des enfants, à qui la naturalisation du père pourrait parfois ne pas convenir ou être même préjudiciable.

Cette disposition ne s'applique pas, toutefois, aux enfants nés après la naturalisation du père. Ceux-là suivent la condition de leur père et font partie de la nation à laquelle ils appartiennent par suite de sa naturalisation.

La dernière disposition de la loi se rapporte exclusivement aux cas d'individus que l'on aurait des raisons de croire sujets ottomans et qui revendiqueraient une nationalité étrangère sans être en mesure de justifier leur dire. Il est clair que, en cas de contestation, la preuve de la nationalité étrangère incombe à celui qui la revendique, et jusqu'à ce qu'il fournisse cette preuve, les Autorités impériales doivent, en tant qu'il se trouve sur le territoire ottoman, le considérer et le traiter comme sujet ottoman.

Il est inutile d'ajouter que l'article 8 ne porte aucune atteinte aux droits acquis aux étrangers par les traités, et n'autorise point les Autorités impériales à se départir des règles découlant de ces traités dans leurs rapports avec les étrangers.

Je conclurai, Monsieur le Gouverneur général, en vous faisant observer que la naturalisation ne peut, en aucun cas, avoir pour effet de soustraire l'individu naturalisé aux poursuites civiles ou criminelles qui auraient été intentées contre lui, antérieurement à l'époque de sa naturalisation, par-devant l'autorité dont il relevait jusque-là.

Vous voudrez bien, Monsieur le Gouverneur général, vous conformer strictement à ces instructions dans l'application des dispositions de la nouvelle loi. Afin de faciliter votre tâche, cette communication sera également transmise aux Missions étrangères accréditées auprès de la Sublime Porte, pour être portée à la connaissance de leurs agents dans les provinces [1].

1 *Livre jaune* de novembre 1869.

3°. — *Constitution d'une commission chargée des Affaires de nationalité.*

(Règlement du 17 juillet 1869.)

ART. 1. — Il est institué au Ministère des Affaires étrangères une Commission spéciale ayant pour mandat de constater par une enquête basée sur les traités, conventions, lois et règlements existants, la nationalité véritable des individus, qui, présumés sujets ottomans prétendraient à une nationalité ou à une protection étrangère.

ART. 2. — Cette Commission est composée d'un Président et de quatre membres. Elle est permanente, et se réunira au moins une fois par semaine.

ART. 3. — La Commission devra prendre pour base de ses décisions en matière de nationalité les dispositions de la loi sur la nationalité ottomane du 14 zilhidjé 1285, ainsi que les instructions générales adressées aux autorités impériales en date du 4 sefer 1286 pour en préciser le sens et la portée.

ART. 4. — Les affaires du ressort de cette Commission lui seront déférées par un décret du Ministère des Affaires étrangères. Elle soumettra à ce Ministère un rapport motivé et circonstancié sur chaque affaire portée devant elle.

ART. 5. — Les rapports de la Commission sanctionnés par le Ministère des Affaires étrangères seront exécutoires pour toutes les administrations de l'Empire.

ART. 6. — La Commission recueillera dans l'accomplissement de sa tâche tous les éléments d'information qu'elle jugera nécessaires.

ART. 7. — Toutes les fois que la Commission aura à ouvrir une enquête, la mission ou le consulat dont la protection est revendiquée, aura, s'il le désire, la faculté d'envoyer un délégué qui assistera à l'enquête.

ART. 8. — Les personnes qui, à la suite de l'enquête de cette Commission, auraient été reconnues comme appartenant effectivement à une nationalité étrangère seront munies d'un certificat imprimé, destiné à faire foi de résultat de cette enquête en indiquant leur nationalité reconnue. Ces certificats seront valables pour tous les Tribunaux et Conseils de l'Empire.

ART. 9. — Une Commission munie de pouvoirs et d'attributions identiques sera instituée dans chaque chef-lieu de vilayet. Elle relèvera directement du Vali, auquel elle adressera ses rapports, lequel, à son tour, les transmettra au Ministère des Affaires étrangères, qui décidera la question [1].

BB

VÉNÉZUÉLA.

DOCUMENTS DIVERS RELATIFS A LA NATIONALITÉ.

1°. — *Articles de la Constitution.*

ART. 6. — Sont Vénézuéliens :

1° Toutes les personnes qui sont nées ou qui naîtront sur le territoire du Vénézuéla, quelle que soit la nationalité de leurs pères ;

2° Les enfants de père ou de mère vénézuélien, qui sont nés sur un autre territoire, s'ils viennent à fixer leur domicile dans le pays, et expriment la volonté de l'être ;

3° Les étrangers qui auront obtenu des lettres de nationalité, et

4° Ceux qui sont nés ou qui naîtront dans n'importe laquelle des Républiques Hispano-Américaines ou dans les Antilles espagnoles, pourvu qu'ils aient fixé leur domicile dans le territoire de l'Union et qu'ils veuillent l'être.

ART. 7. — Les personnes qui fixent leur domicile en pays étranger et qui y acquièrent la nationalité ne perdent pas leur caractère de Vénézuélien.

ART. 8. — Les Vénézuéliens mâles et âgés de vingt et un ans sont éligibles, sauf les exceptions contenues dans cette constitution.

ART. 9. — Tous les Vénézuéliens sont tenus de servir la nation conformément aux lois, et de faire le sacrifice de leurs biens et de leur vie, s'il est nécessaire pour la défendre.

ART. 10. — Les Vénézuéliens, fixés sur le territoire de n'importe quel État, y seront assujettis aux mêmes devoirs et y jouiront des mêmes droits que les habitants de l'État.

---

1 Voir l'ouvrage d'Aristarchi-Bey sur la *Législation ottomane*, à qui nous avons emprunté ce document.

ART. 11. — Les lois détermineront les droits qui correspondent à la condition d'étranger.

2°. — *Décret du 13 juin 1865 sur la naturalisation.*

Le Congrès des États-Unis de Vénézuéla décrète :

ART. 1er. — Pourront obtenir des lettres de naturalisation les étrangers qui les sollicitent, pourvu qu'ils résident dans le pays.

ART. 2. — L'étranger qui voudra des lettres de naturalisation s'adressera à l'exécutif national directement, ou par l'entremise du Président de l'État où il réside, au moyen d'un mémoire énonçant son désir de se faire naturaliser, son pays d'origine, sa profession, la promesse de fidélité à la Constitution et aux lois de l'Union et les autres raisons dont il voudra se prévaloir.

ART. 3. — L'exécutif national, sur le vu de la demande, expédiera les lettres de naturalisation.

ART. 4. — Une fois les lettres de naturalisation expédiées et enregistrées au Ministère des Relations extérieures, elles seront publiées par la presse.

ART. 5 — Les individus naturalisés jusqu'à ce jour en vertu des lois de la Colombie et du Vénézuéla continueront, conformément à ces lois, à jouir de leurs droits, sans avoir besoin de nouvelles lettres de naturalisation.

3°. — *Résolution du gouvernement Vénézuélien relative à la nationalité des immigrants.* (Extraits.)

Les étrangers se divisent en deux classes : les *passants*, qui traversent le territoire ou qui y séjournent comme voyageurs ou pour faire un commerce qui ne fait pas supposer l'intention d'y rester longtemps ; et les *domiciliés*, qui sont ceux à qui on permet de s'établir d'une manière permanente dans le pays sans acquérir la qualité de citoyen. — Comme on le voit aucune de ces deux dénominations ne convient aux émigrants. Vattel établit qu'on nomme émigrants ceux qui laissent leur patrie pour une raison légitime, dans le but d'aller se fixer dans une autre contrée et qui emmènent avec eux tous leurs biens et leur famille. Le droit d'émigration, par lequel un individu abandonne la société à laquelle il appartient pour s'incorporer dans une autre, est reconnu à un degré quelconque et pratiqué avec plus ou moins d'entraves chez les nations civilisées. De là il faut déduire que les émigrants ayant volontairement brisé les liens qui les attachaient à leur patrie ne peuvent conserver dans celle qu'ils adoptent en échange la nationalité primitive. C'est d'autant plus indubitable au Vénézuéla, que sa loi sur l'émigration du 18 mai 1855, déclare qu'il la favorise afin d'augmenter la population de la République. Pour obtenir ce but, elle ordonne qu'on l'encourage, consacrant annuellement jusqu'à la somme de 60,000 piastres à fonder dans les principaux ports des établissements où l'on prête toute sorte d'assistance gratuite aux émigrants, etc., etc.

Elle prescrit à l'exécutif d'engager dans leur propre intérêt les députations provinciales à protéger l'émigration, destinant à cette fin des sommes annuelles. Et ce qui est le plus important, elle impose aux émigrants l'obligation d'obtenir la naturalisation dès leur arrivée, sans nécessité de remplir les conditions requises que la loi sur la matière a établies et les exempte, pendant dix ans, à partir du jour de leur arrivée au Vénézuéla, de tout service militaire forcé, dans l'armée permanente dans la marine et dans les milices. Les autres articles de la loi ont pour but unique de développer de plus en plus l'idée dominante de la loi qui est de favoriser les émigrants, en créant à cet effet des comités et en déterminant leurs fonctions. Dans le décret de l'exécutif qui règlemente l'émigration, il faut remarquer l'article en vertu duquel les émigrants reçoivent leur lettre de naturalisation par l'entremise des gouvernements des provinces où ils ont fixé leur résidence et les mineurs sont compris dans la lettre de naturalisation accordée à leurs pères, laquelle exprimera les noms de tous.

Considérant la protection très spéciale qu'une telle loi, de même que les précédentes sur la matière, accorde aux émigrants, protection bien différente de celle qu'on doit aux étrangers conformément aux principes du droit des gens, en égard à l'immunité du service militaire qu'elle leur accorde pour dix ans et qui présuppose l'obligation du dit service, ou en d'autres termes la qualité de citoyen, puisque les étrangers sont exemptés dudit devoir soit par convention internationale soit par la coutume du pays, qui, par générosité, a accordé cette exemption, et vu surtout l'article 7 qui dit : « les immigrants obtiendront dès leur arrivée des lettres de nationalité », il n'est pas permis de douter de la vérité de la proposition ci-dessus énoncée. Qu'on ne dise pas que la loi offre une faveur qui peut être acceptée ou non au gré de la partie : le langage impératif, dont elle se sert, ne le permet pas.....

La République n'oblige pas à adopter sa nationalité, mais si, en vertu des concessions par lesquelles la loi les attire, les étrangers se décident à émigrer spontanément, elle les reçoit avec le plus grand plaisir et estimant, comme elle le doit, l'usage qu'ils font de ses faveurs, elle les déclarent en échange Vénézuéliens. S'il n'en était pas ainsi, les émigrants ne contribueraient pas à augmenter la population de la République ainsi que le législateur se l'est proposé.....

Les arguments qui précèdent ont engagé le chargé de la présidence de la République à déclarer que tous ceux qui sont venus ou qui viendront dans le pays en qualité d'émigrants et leurs enfants mineurs au moment de leur arrivée sont Vénézuéliens s'ils ont reçu les bénéfices des lois sur l'émigration.

Caracas, le 1er décembre 1865.

TROISIÈME PARTIE.

Documents internationaux.

CC

FRANCE - ANGLETERRE.

CIRCULAIRE DU MINISTÈRE FRANÇAIS DE LA GUERRE CONCERNANT LES JEUNES GENS D'ORIGINE ANGLAISE QUI SONT APPELÉS A SERVIR DANS L'ARMÉE FRANÇAISE.

Versailles, 26 décembre 1877.

Monsieur le Préfet, la circulaire du 13 décembre 1876 recommande aux Maires de ne pas inscrire sur les tableaux de recensement des classes les jeunes gens nés en France d'un père anglais, *quel que soit le lieu de la naissance de ce dernier*, lorsqu'ils produisent un certificat émanant du Gouvernement anglais, dont le modèle a été donné par une circulaire de M. le Ministre de la Justice, en date du 7 janvier 1876

Un certain nombre de sujets anglais ont, néanmoins, malgré leurs réclamations et malgré la production dudit certificat, été appelés à concourir au tirage, lors de la formation de la classe dernière, et n'ont pu obtenir leur radiation qu'en vertu d'ordres ministériels provoqués par l'ambassadeur d'Angleterre à Paris.

Afin de prévenir le retour de semblables difficultés, je vous prie de rappeler aux Maires de toutes les communes de votre département que les déclarations des jeunes gens nés en France, qui excipent de leur qualité de sujet anglais, pour ne pas satisfaire à la loi sur le recrutement, doivent être accueillies, du moment qu'elles sont appuyées de certificats conformes à l'un des deux modèles ci-joints.

La signature du Secrétaire d'État au département de l'intérieur, apposée sur ces certificats, sera légalisée par le Secrétaire d'État ou le Sous-Secrétaire d'État de S. M. Britannique au département des Affaires étrangères.

La signature du Secrétaire ou du Sous-Secrétaire d'État des

Affaires étrangères sera elle-même légalisée par le consul, le vice-consul ou tout autre agent du Gouvernement britannique chargé de délivrer le certificat à la partie intéressée.

Ce même agent certifiera la conformité de la traduction française dont seront accompagnés les certificats.

Aucune autre légalisation ou certification ne pourra être exigée.

Recevez, Monsieur le Préfet, l'assurance de ma considération très distinguée.

Le Ministre de la Guerre,
Gᵃˡ BOREL.

MODÈLE DES DEUX CERTIFICATS.

I

Certificat pour un sujet britannique dont le père est né en France, (ou dans un autre pays non soumis à la domination anglaise.

I hereby certify that L. has satisfied me :

1° That his nationality by origin is that of a natural-born British subject, by virtue of M., his paternal grandfather, having been a naturalborn British subject;

2° That the said L. still preserves such nationality.

Signé : A. B.

One of Her Majesty's Principal Secretaries of State,

Home Office.

White Hall, the　　　　　day of　　　　18　.

I certify the above to be the signature of A. B., Her Majesty's Principal Secretary of State for the Home Department.

Signé : C. D.

Her Majesty's Principal Secretary of State for Foreign Affairs.

Ou signé : E. F.

Under-Secretary of State for Foreign Affairs.

Foreign Office.

The　　　　　day of　　　　18　.

Vu pour la légalisation de la signature ci-dessus de C. D., principal Secrétaire d'État de Sa Majesté Britannique au département des Affaires étrangères (ou de E. F., Sous-Secrétaire d'État au département des Affaires étrangères).

Fait à　　　　　, le　　　　　18　.

Le Consul (ou Vice-Consul ou Agent consulaire)
de la Grande-Bretagne,
Signé : G. H.

Traduction.

Je certifie par les présentes que L. m'a prouvé :

1° Que sa nationalité d'origine est celle de sujet britannique, son grand-père paternel M. étant né sujet britannique ;

2° Que ledit L. conserve encore cette nationalité.

Signé : A. B.

L'un des principaux Secrétaires d'État de S. M. Britannique. Ministère de l'Intérieur.

White Hall, le

Pour traduction conforme à l'original :

Le Consul (ou Vice-Consul ou Agent consulaire) de la Grande-Bretagne,

Signé : G. H.

Fait à , le 18 .

II

Certificat pour un sujet anglais dont le père est né dans un pays soumis à la domination britannique.

I hereby certify that L. has satisfied me :

1° That his nationality by origin is that of a natural-born British subject, by virtue of M., his father, having been a natural-born British subject ;

2° That the said L. still preserves such nationality.

Signé : A. B.

One of Her Majesty's Principal Secretaries of State.

Home Office.

White Hall, the day of 18 .

I certify the above to be the signature of A. B., Her Majesty's Principal Secretary of State for the Home Department.

Signé : C. D.

Her Majesty's Principal Secretary of State for Foreign Affairs.

Ou signé : E. F.

Under-Secretary of State for Foreign Affairs.

Foreign Office.

The day of 18

Vu pour la légalisation de la signature ci-dessus de C. D., principal Secrétaire d'État de Sa Majesté Britannique au département des Affaires étrangères (ou de E. F., Sous-Secrétaire d'État au département des Affaires étrangères).

Fait à   , le   18   .

Le Consul (ou Vice-Consul ou Agent consulaire)
de la Grande-Bretagne,

Signé : G. H.

Traduction.

Je certifie par les présentes que L. m'a prouvé :

1° Que sa nationalité d'origine est celle de sujet britannique, M. son père étant né sujet britannique ;

2° Que ledit L. conserve encore cette nationalité.

Signé : A. B.

L'un des principaux Secrétaires d'État de S. M. Britannique. Ministère de l'Intérieur.

White Hall, le   18   .

Pour traduction conforme à l'original :

Le Consul (ou Vice-Consul ou Agent consulaire)
de la Grande-Bretagne,

Signé : G. H.

Fait à   , le   18   .

DD

FRANCE - BELGIQUE.

COMMUNICATION FAITE PAR M. LEEMANS, DIRECTEUR AU DÉPAR-
TEMENT DE L'INTÉRIEUR A BRUXELLES, A LA SOCIÉTÉ DE LÉGISLA-
TION COMPARÉE (AVRIL 1878) ET RELATIVE A UN PROJET DE CONVEN-
TION DE RECRUTEMENT A CONCLURE ENTRE LA FRANCE ET LA
BELGIQUE.

Les difficultés auxquelles il me paraît nécessaire de mettre un terme par une convention internationale consistent en ce que la France appelle au service avant leur majorité :

a. Le Français né en Belgique, qui pourra, à sa majorité, devenir Belge en vertu de l'article 9 du Code civil;

b. Le fils français d'un individu qui a perdu la qualité de Belge pour acquérir celle de Français, alors que ce jeune homme pourra, à sa majorité, devenir Belge en vertu de l'article 10, § 2 du Code civil;

c. Le fils français d'un Français naturalisé Belge, qui pourra, à sa majorité, réclamer la qualité de Belge en vertu de l'article 4 de la loi du 27 septembre 1835.

La France oblige au service le Belge né en France d'un Belge qui lui-même y est né, s'il a omis de faire la déclaration prescrite par l'article 1er de la loi française du 16 décembre 1874, alors même que cet individu veut rester Belge et sert ou a servi, au vœu de la loi belge, dans l'armée belge.

La France oblige au service les descendants de Français qui, sans perdre la qualité de Français, d'après la loi française, ont acquis la qualité de Belge au regard de la Belgique, en vertu de l'article 8 de la loi fondamentale du royaume des Pays-Bas et de l'article 133 de la Constitution belge, alors même que ces individus ont satisfait aux obligations de recrutement que la loi belge leur impose.

De son côté, la Belgique appelle au service avant leur majorité :

a. Le Belge né en France, qui pourra, à sa majorité, devenir Français en vertu de l'article 9 du Code civil;

b. Le fils belge d'un individu qui a perdu la qualité de Français, alors que ce jeune homme pourra, à sa majorité, devenir Français en vertu de l'article 10, § 2. du Code civil;

c. Le fils belge d'un Belge naturalisé Français, qui pourra, à sa majorité, réclamer la qualité de Français en vertu de la loi du 7 février 1851, article 2.

La Belgique appelle au service les jeunes gens que la loi dite *loi des Rotours* a faits Français, alors même qu'ils ont satisfait en France aux obligations militaires que cette loi leur impose.

La Belgique appelle au service les descendants des Français que ses lois constituantes de 1815 et de 1831 ont déclarés Belges, alors même qu'ils habitent la France et qu'ils y ont satisfait à leurs obligations militaires.

La Belgique astreint au service, en vertu des décisions de ses tribunaux, affirmant qu'ils ont perdu la nationalité française, des Français que la France considère comme étant restés tels et appelle sous les drapeaux.

Les mesures destinées à mettre un terme aux difficultés dont il s'agit seraient, suivant moi, aussi simples que pratiques : il suffirait de stipuler dans une convention que les individus signalés sous les lettres *a, b, c,* ne seront pas inscrits pour le service militaire, soit en

Belgique, soit en France, avant l'âge de vingt-deux ans accomplis, et que ceux qui justifieraient à cet âge avoir réclamé et obtenu la nationalité de leur pays de naissance ou d'origine, ou celle de leur père, acquise par la naturalisation, ne seront pas tenus au service militaire dans le pays dont ils ont abandonné la nationalité.

EE

FRANCE-ITALIE.

CORRESPONDANCE ÉCHANGÉE ENTRE LES GOUVERNEMENTS FRAN-ÇAIS ET ITALIEN, RELATIVEMENT A L'APPEL SOUS LES DRAPEAUX DES SAVOISIENS ET NIÇOIS MINEURS AU MOMENT DE L'ANNEXION [1].

1°. — *Le Chargé d'affaires d'Italie au Ministre des Affaires étrangères.*

Paris, 22 juillet 1874.

Monsieur le Ministre,

Je me suis empressé de porter à la connaissance de mon Gouvernement le contenu de la lettre que V. E. m'a fait l'honneur de m'adresser, en date du 16 de ce mois, à l'effet de proposer au Gouvernement royal un accord relativement à la nationalité des mineurs nés en Savoie et à Nice de parents originaires des provinces italiennes et appelés au service militaire.

J'ai l'honneur d'annoncer à V. E, que le Gouvernement de S. M. adhère à cette proposition.

Il demeure, par suite, convenu que les fils nés en Savoie et à Nice de pères originaires des provinces italiennes, et qui, à l'époque de l'annexion de la Savoie et de Nice à la France, étaient encore mineurs ; seront considérés, à défaut d'une option explicite, comme étant restés Italiens et par conséquent ils ne seront pas soumis au service militaire en France, mais inscrits sur les rôles de la levée en Italie.

Toutefois il est entendu que cette solution n'a qu'un caractère administratif et qu'elle n'empêchera pas les intéressés, dans le cas où ils ne voudraient pas s'y soumettre, de faire valoir leurs droits devant les tribunaux compétents.

---

1 Extrait du *Journal du Droit international privé*, année 1877, p. 105.

Le Gouvernement du Roi m'ayant, au surplus, autorisé à déclarer que, de même que V. E., il considère un échange de correspondance comme suffisant pour constater cet accord, j'ai l'honneur de vous prier, Monsieur le Ministre, de vouloir bien me faire parvenir une réponse pouvant servir à établir définitivement que la solution sus-indiquée a été acceptée de part et d'autre.

Veuillez...

(*Signé*) RESSMANN.

2°. — *Le Ministre des Affaires étrangères au Ministre d'Italie à Paris.*

Paris, 1er novembre 1874.

Monsieur le Chevalier,

Vous m'avez fait l'honneur de m'écrire, le 30 octobre dernier, au sujet de l'arrangement administratif projeté entre les deux Gouvernements en vertu duquel les fils nés en Savoie et à Nice de pères originaires des provinces italiennes et qui, à l'époque de l'annexion étaient encore mineurs, seront considérés, à défaut d'option formelle, comme Italiens et dès lors ne devront pas le service militaire en France.

Je n'avais pas répondu à la lettre de M. le Chargé d'Affaires d'Italie en date du 22 juillet dernier, pensant qu'au moyen de cette communication qui avait pour objet d'adhérer à la proposition antérieurement faite, l'accord dans les termes rappelés par votre dépêche du 30 octobre était complet entre les deux Gouvernements.

Veuillez...

(*Signé*) DECAZES.

FF.

FRANCE-SUISSE.

NÉGOCIATIONS EN VUE DE LA CONCLUSION D'UN ARRANGEMENT POUR FIXER LA NATIONALITÉ DES FILS MINEURS DES FRANÇAIS NATURALISÉS SUISSES [1].

1°. — *Le Ministre de Suisse à Paris, au Ministre des Affaires étrangères.*
(Extrait.)

Paris, le 6 juin 1872.

En présence des nombreuses difficultés qui résultent chaque

[1] *Livre jaune* de novembre 1873.

année de l'état de choses actuel et dont l'introduction du service militaire obligatoire en France augmentera encore considérablement la portée, le Conseil fédéral m'a chargé de formuler les bases d'un *modus vivendi* ou d'une convention dont le but serait de chercher à mettre fin à ce conflit. Les propositions du Conseil fédéral peuvent se résumer ainsi.

« 1° Les fils de Français naturalisés en Suisse ne pourront être « appelés sous les drapeaux en France qu'après avoir atteint l'âge « de majorité fixée par la loi française et avoir fait usage, en faveur « de la France, du droit qui leur est reconnu par la même législation « d'opter entre la nationalité française et la nationalité suisse ;

« 2° Les droits des personnes admises au bénéfice des dispositions « ci-dessus resteront définitivement acquis à celles-ci, alors même « que les deux Hautes Parties Contractantes croiraient devoir « revenir plus tard à l'état de choses actuel. Seront également admis « au bénéfice des mêmes dispositions les fils de parents français « naturalisés en Suisse qui ont élevé, par voie diplomatique, des « réclamations contre leur incorporation dans l'armée française, « et sur la requête desquels il n'a pas encore été statué définitive- « ment ;

« 3° La présente convention (ou le présent mode de vivre) de- « meurera obligatoire d'année en année, avec le droit, pour chacune « des Hautes Parties Contractantes, d'en revenir au *statu quo* après « en avoir annoncé l'intention un an à l'avance. »

2°. — *Le Ministre de Suisse, au Ministre des Affaires étrangères.*
(Extrait.)

Paris, 27 janvier 1873.

Le Gouvernement fédéral ne saurait que maintenir l'opinion constamment soutenue par lui, depuis que la question est pendante, que l'article 10 du Code civil français n'autorise pas l'autorité militaire à appeler sous les drapeaux en France les fils d'un Français qui s'est fait naturaliser en Suisse, lorsque ses fils étaient mineurs à l'époque du changement de nationalité de leur père. La seule exception, qui semble résulter de l'article 10, concerne ceux de ces jeunes gens qui voudraient remplir les formalités exigées par l'article 9 pour recouvrer la qualité de Français. C'est le cas de dire que l'exception confirme la règle, et qu'en exigeant l'accomplissement de certaines formalités pour redevenir Français, le législateur a entendu déclarer que ceux qui négligeront l'accomplissement de ces formalités ne sont pas Français. »

3°. — *Le Ministre des Affaires étrangères au Ministre de Suisse à Paris.*
(Extrait.)

Paris, le 30 juillet 1873.

La difficulté provient, non pas, comme les autorités fédérales le
pensent, d'une interprétation inexacte donnée en France aux lois
qui règlent le statut personnel des fils de Français naturalisés
Suisses, mais du conflit même des législations des deux pays
qui disposent en sens contraire dans les questions de nationalité.

D'après le Gouvernement fédéral, les enfants mineurs d'un
Français qui s'est fait naturaliser Suisse auraient perdu, comme
leur père, la qualité de Français, l'article 10 du Code civil les
autorisant à recouvrer cette qualité.

Cette interprétation, à laquelle nous ne saurions adhérer, provient d'une confusion. Pour appliquer exactement l'article 10, il
faut distinguer entre les enfants qui sont nés *avant* la naturalisation du père et ceux qui naissent *après*.

Les premiers sont nés d'un Français ; ils sont Français eux-
mêmes, aux termes du § 1er de l'article 10 (*tout enfant né d'un
Français à l'étranger est Français*), ils n'ont pas besoin de *recouvrer*
une qualité qui leur appartient. D'après notre loi, qui diffère, à
égard, de la législation en vigueur dans certains cantons de la
Confédération, la naturalisation acquise par le père à l'étranger
n'exerce aucune influence sur la condition de ses fils déjà nés,
personne en France n'ayant le droit, par son seul fait, de modifier l'état et la capacité d'autrui.

Quant aux enfants nés à l'étranger postérieurement au changement de nationalité du père, ils naissent étrangers ; mais, par
une faveur spéciale, la loi les autorise à réclamer l'ancienne
nationalité de leur père, en remplissant les formalités prescrites
par l'article 9. C'est à eux seulement que s'applique le § 2 de
l'article 10, qui leur permet de *recouvrer* ou, pour employer une
expression plus juste, d'*acquérir* la qualité de Français.

Il n'est donc pas exact de dire d'une manière absolue que les
enfants d'un *Français* naturalisé Suisse ont perdu la nationalité
française, la naturalisation du père n'ayant aucun effet sur l'état
de son fils déjà né. C'est un principe fondamental de notre loi que
la nationalité de l'enfant est fixée, à l'époque de sa naissance, par
celle que son père avait alors. D'autre part, on ne comprendrait
pas que la loi française pût considérer comme étrangers les
enfants du Français qui se fait, après leur naissance, naturaliser

·étranger, alors que cette loi respecte la nationalité des enfants, déjà nés, de l'étranger qui se fait naturaliser Français.

Une autre disposition du Code civil ferait encore obstacle, d'après les autorités fédérales, à ce que les fils d'un Français naturalisé Suisse pussent être régulièrement portés sur les tableaux du recrutement en France. Il résulte, en effet, de votre lettre du 6 juin 1872, que les mineurs dont il s'agit sont considérés en Suisse comme ayant acquis la nationalité suisse et sont tous appelés, à ce titre, à faire partie de l'armée fédérale : ils perdraient dès lors la qualité de Français, aux termes de l'article 21 du Code civil. En réponse à cette objection, il y a lieu de faire observer que le mineur, incapable de tous les actes de la vie civile, n'a pas le droit d'abdiquer sa nationalité. Le service qu'il prend à l'étranger ne peut la lui faire perdre. C'est ce qui a été décidé par deux arrêts de la cour de Metz, en date du 25 avril et du 10 juillet 1849, et par un arrêt de la cour de Chambéry du 22 décembre 1862. Le principe que l'enfant mineur ne peut aliéner sa nationalité d'origine est tellement absolu que la Cour de cassation a jugé que l'enfant mineur, né en France d'un étranger, ne peut, même avec l'assistance de son père et le consentement de son conseil de famille, réclamer, à titre provisoire, la qualité de Français (arrêt du 31 décembre 1860).

Enfin, la loi du 7 février 1851, sur laquelle s'appuie le Gouvernement suisse, a bien accordé à l'enfant de l'étranger naturalisé français la faculté d'acquérir, à sa majorité, par une simple déclaration, la nationalité de son père ; mais elle n'a jamais entendu conférer une faculté analogue au fils d'un Français qui se fait naturaliser étranger.

La Cour de Chambéry avait, il est vrai, comme vous l'avez fait remarquer dans votre lettre du 6 juin 1872, reconnu, par un arrêt du 5 juillet 1869, un droit d'option au fils du Français naturalisé étranger. Mais cette décision a été déférée à la censure de la Cour de cassation et cassée par un arrêt du 3 août 1871 :

« Attendu, dit la Cour suprême, que, si l'article 9 du Code Napo-
« léon autorise l'enfant né en France d'un père étranger à réclamer,
« dans l'année de sa majorité, la qualité de Français, il n'admet pas
« réciproquement que l'enfant né d'un Français en pays étranger
« puisse abdiquer sa nationalité pour acquérir celle du lieu de sa
« naissance; attendu que peu importe que la législation génevoise
« contienne des dispositions analogues à celles de l'article 9 du
« Code Napoléon, puisque cette législation ne peut produire en
« France aucun effet contraire à la loi française, chaque pays étant
« libre et indépendant dans l'exercice de sa souveraineté. »

De tout ce qui précède il résulte que les jeunes gens dont le père devient Suisse conservent leur nationalité d'origine, et, que la naturalisation qui leur serait conférée, soit directement, soit indirectement en Suisse, pendant leur minorité, ne peut produire aucun effet en France. C'est donc à bon droit qu'ils sont appelés à leur vingtième année à satisfaire au recrutement conformément aux dispositions de notre loi militaire.

. . . .

Une convention de cette nature, modifierait les principes de notre loi et devrait dès lors être soumise à l'Assemblée nationale. On ne peut se dissimuler qu'elle n'aurait aucune chance d'y rencontrer un accueil favorable. Les considérations qui ont amené le pouvoir législatif à faire peser sur tous, en France, l'obligation du service militaire, ne sont pas conciliables avec un arrangement qui faciliterait à un certain nombre de jeunes gens le moyen de se soustraire, en passant à l'étranger, à un devoir que la loi leur impose. Il y a là tout au moins une question d'opportunité dont le Gouvernement fédéral appréciera, comme nous, la valeur et qui ne nous permet pas, quant à présent, de donner suite à la négociation.

_____

GG

FRANCE-TÛRQUIE.

CORRESPONDANCE ENTRE LES GOUVERNEMENTS FRANÇAIS ET OTTO-MAN, AU SUJET DE LA LOI TURQUE RELATIVE A LA NATURALISATION [1].

1°. — *Aali Pacha, grand Visir, à Djemel Pacha, ambassadeur du Sultan à Paris.*

Sublime Porte, 21 avril 1869.

Monsieur l'Ambassadeur, j'ai l'honneur de vous transmettre ci-Joint un mémoire répondant aux objections soulevées de la part de quelques puissances contre la loi promulguée récemment sur la nationalité ottomane.

Je vous entretiendrai prochainement de nouveau sur cette question pour répondre plus particulièrement à un mémorandum adressé à ce sujet par le Gouvernement impérial de Russie aux cabinets européens.

_____

1 *Livre jaune* de novembre 1869.

En attendant, je vous autorise à communiquer le mémoire ci-annexé à S. E. le Ministre des Affaires étrangères de S. M. l'Empereur des Français.

Signé : AALI.

MÉMOIRE DU GOUVERNEMENT OTTOMAN.

En présence des attaques dirigées contre la loi sur la nationalité ottomane, la Sublime Porte croit utile de rappeler les causes qui ont amené la promulgation de cette loi, et de démontrer le peu de fondement des arguments par lesquels on s'efforce de contester au Gouvernement impérial le libre exercice du pouvoir législatif en cette matière.

Le Gouvernement impérial a de tout temps reconnu que le droit de l'individu de quitter son pays d'origine, d'adopter une nouvelle patrie et de s'établir là où l'appellent ses intérêts ou sa convenance, est un droit découlant de la liberté individuelle. Mais depuis long-temps il a eu à lutter contre les abus qui devaient, par la force des choses, découler des capitulations et qui augmentaient de jour en jour. Les sujets de Sa Majesté commençaient à ne sentir que trop la position exceptionnelle et privilégiée, créée par ces actes, aux étrangers résidant dans l'Empire. Le désir naturel d'en profiter leur faisait rechercher la protection d'une mission ou d'un consulat étrangers, et ces missions ou consulats trouvaient leur convenance à la leur accorder.

C'est ainsi qu'il s'était formé en Turquie tout un corps de protégés étrangers dont le nombre dépassait celui des sujets étrangers eux-mêmes. C'étaient tous des sujets ottomans qui, tout en ayant leur domicile permanent dans l'Empire, se soustrayaient à leur autorité législative. En dehors des protégés étrangers, la Sublime Porte s'est trouvée en présence d'un certain nombre de sujets ottomans qui revendiquaient les privilèges et les immunités octroyés par les capitulations en vertu d'une naturalisation étrangère.

Le Gouvernement impérial a cru avoir remédié en partie à cet état de choses par le règlement élaboré en 1863, qui limita le nombre des indigènes que chaque consulat pouvait employer à son service, et définit la nature, l'étendue et la durée de la protection acquise par les employés privilégiés.

Ce règlement a été élaboré par la Sublime Porte d'accord avec les Représentants des Puissances étrangères accrédités auprès d'elle. Il n'en pouvait être autrement, car il touchait à des dispositions de traités qu'on invoquait constamment. Notre espoir ne s'est cependant pas réalisé. Aussitôt que ce règlement fut promulgué, le nombre des sujets ottomans adoptant des nationalités étrangères augmentait sensiblement à mesure que celui des protégés diminuait.

Cependant la Sublime Porte patienta pendant quelques années. Elle pensait que, eu égard aux formalités requises partout pour la naturalisation, cette première ardeur s'arrêterait bientôt. Elle était portée à croire qu'aucune Puissance ne se souciait de protéger les indigènes en vue de se créer une influence dans l'Empire. Elle espérait enfin qu'une révision prochaine des capitulations, révision promise dès 1856 par un protocole du Congrès de Paris, viendrait mettre fin à la tentation, pour ses sujets, d'obtenir la protection étrangère.

Mais ces espérances ont été cruellement déçues. Plusieurs États ont changé leur loi de naturalisation; la condition du séjour obligatoire pendant un certain nombre d'années a été sensiblement modifiée; elle a été même abolie dans quelques pays. Certains États limitrophes enrôlent par centaines des sujets dans l'Empire; des patentes de naturalisation étaient délivrées à des sujets ottomans qui n'avaient jamais mis le pied hors du territoire; la révision des capitulations se faisait toujours attendre.

Il fallait à tout prix opposer une digue à cette inondation, le Gouvernement promulgua la loi du 19 janvier 1869.

En vue et dans le but unique d'empêcher le sujet ottoman ayant son domicile dans l'Empire de se soustraire à son autorité légitime, la loi exige l'autorisation préalable du Souverain pour le changement de nationalité. Le Gouvernement impérial est en devoir de poser et de maintenir cette condition qui paraît, il est vrai, restreindre les droits découlant de la liberté individuelle; mais tant que les étrangers continuent à ne plus être soumis au droit commun en Turquie, il n'a malheureusement pas d'autre alternative. D'ailleurs la plupart des États de l'Europe, qui n'ont pas accordé de droits exceptionnels aux étrangers, maintiennent cette clause dans leurs lois sur le changement de nationalité.

La loi du 19 janvier a été l'objet des critiques les plus sévères; mais elles sont toutes tombées devant la communication officielle de la Sublime Porte expliquant l'esprit qui avait dicté et dans lequel devait être appliquée chacune de ses dispositions.

Une seule objection ne pouvait, par sa nature, trouver sa réponse dans la susdite communication. C'est celle qui a trait à l'exercice du pouvoir législatif par la Sublime Porte en matière de nationalité.

La question de nationalité en Turquie, nous dit-on, est une question européenne; toutes les Puissances qui ont des traités avec la Sublime Porte y sont intéressées; toute loi ou règlement sur cette matière doit être l'œuvre commune de la Sublime Porte et des Représentants de ces Puissances.

Si la loi du 19 janvier avait un effet rétroactif et pouvait, par cette raison, frapper des sujets ottomans qui auraient été, antérieurement à cette loi, reconnus par le Gouvernement impérial comme naturaralisés étrangers, ou si elle eût porté la moindre atteinte aux droits acquis par les étrangers en vertu des traités, ou qu'elle eût en vue de toucher à une disposition quelconque de ces traités, l'objection aurait eu quelque valeur. Mais la loi en question ne doit pas avoir d'effet rétroactif et ne touche à aucune des dispositions des traités existants. Il y a des personnes qui paraissent croire que la loi aurait un effet rétroactif, parce que la Sublime Porte ne veut pas admettre la validité des changements de nationalité opérés abusivement et en dehors des prescriptions des lois mêmes des pays d'adoption de ces nouveaux sujets. Mais les dispositions de la loi ne concernent que les sujets ottomans dont le changement de nationalité se fait légalement. Les autres n'ont été acceptés à aucune époque.

Admettre le concours des Représentants des Puissances étrangères dans l'élaboration de la loi, c'eût été reconnaître à ces Puissances le droit de s'immiscer dans dans les rapports de S. M. I. le Sultan avec ses sujets et d'intervenir dans l'administration de l'Empire. A l'appui de cette objection, on invoque une Convention qui aurait été passée entre la Turquie et la Russie au mois d'avril 1863.

La Sublime Porte s'empresse de déclarer que l'acte auquel on fait allusion et qui se trouve ci-joint en copie [1] n'est qu'un arrangement fait à cette époque pour arrêter les bases de la procédure à suivre par la Commission mixte qui, d'un commun accord avec la Sublime Porte et l'Ambassade de Russie à Constantinople, était instituée dans la capitale et dans les provinces pour la vérification de la nationalité d'un certain nombre de sujets ottomans se prétendant naturalisés Russes.

Cet arrangement n'a jamais eu le caractère d'une Convention formelle ratifiée par les deux Gouvernements.

L'article 8 de cet arrangement porte, il est vrai, que les sujets ottomans qui se feraient par la suite sujets russes seraient soumis aux dispositions d'un règlement que la Sublime Porte conclurait, à cet effet, avec les Puissances européennes. Cette disposition ne saurait être interprêtée dans le sens qu'on lui attribue aujourd'hui, interprétation qui aurait pour effet de restreindre les droits souve-

[1] Cette convention ne figure pas au *Livre jaune* à la suite du présent memorandum. Voir ci-après, annexe JJ.

rains de S. M. I. le Sultan et de l'empêcher de régler les conditions de la nationalité de ses propres sujets.

Kiamil-Bey et le Général Bogouslawski, qui ont signé l'arrangement en question, ne pouvaient avoir et n'ont jamais eu un pareil mandat. En parlant d'arrangement à intervenir entre la Turquie et les Puissances européennes, la Sublime Porte ou plutôt son délégué ne pouvait avoir en vue que des arrangements ayant pour but la révision des capitulations et la réglementation de la situation des étrangers en Turquie, ce qu'elle poursuivait alors comme elle le poursuit encore aujourd'hui.

Une telle disposition serait d'ailleurs en opposition avec le second alinéa de l'article 8 du Traité de paix de 1856, qui interdit aux Puissances signataires de s'immiscer, soit collectivement, soit séparément, dans les rapports de S. M. I. le Sultan avec ses sujets et dans l'administration intérieure de son Empire, et ne pourrait avoir la valeur qu'on lui attribue qu'autant qu'elle aurait été stipulée dans un acte ayant le caractère d'un Traité ou d'une Convention internationale solennellement ratifiée par les deux Gouvernements.

2° — *Le Ministre des Affaires étrangères à l'Ambassadeur de France à Constantinople.*

Paris, le 27 mai 1869.

Monsieur, j'avais soumis à l'examen du Comité du contentieux du département des affaires étrangères le texte de la loi que le Gouvernement Turc a publiée, le 19 janvier 1869, en matière de naturalisation. Le résultat de cette étude vient d'être consignée dans le rapport dont vous trouverez une copie ci-annexée. Le comité était consulté sur les questions de savoir si la nouvelle loi est contraire, en tout ou partie de ses dispositions, au droit international en général et particulièrement si elle porte atteinte aux droits et privilèges reconnus par nos capitulations avec la Turquie. Après avoir pris connaissance des documents qui se rattachent à cette affaire et en avoir fait l'objet d'un examen approfondi, le Comité a conclu que la loi du 19 janvier est en harmonie avec les règles consacrées par la législation des États civilisés, et qu'aucune des dispositions de cet acte n'est contraire aux principes généraux du droit international, ni aux garanties spéciales qui résultent pour les puissances des capitulations qu'elles ont obtenues de la Porte. Le Gouvernement de l'Empereur ne peut que s'approprier l'opinion exprimée par des jurisconsultes éminents, dans les lumières desquels il a une pleine confiance, et nous n'avons dès lors aucune objection à élever contre la nouvelle législation ottomane en matière de naturalisation.

Agréez, etc.

Signé : LA VALETTE.

AVIS DU COMITÉ DE CONTENTIEUX INSTITUÉ AUPRÈS DU MINISTÈRE DES AFFAIRES ÉTRANGÈRES.

LE COMITÉ,

Consulté sur les questions de savoir si la loi ottomane sur la nationalité, publiée le 19 janvier 1869, est contraire dans tout ou partie de ses dispositions au droit international en général, et particulièrement si elle porte atteinte aux droits et privilèges reconnus par nos capitulations avec la Porte :

Vu la loi ottomane du 19 janvier 1869 ;

La circulaire du 26 mars suivant ;

Le traité du 28 mai 1740 ;

Considérant, sur la première question, que, pour apprécier le caractère et les effets généraux de la loi du 19 janvier 1869, il est nécessaire de bien déterminer le sens de chacune des dispositions qu'elle renferme ;

Que l'article 1er déclare sujet ottoman tout individu né d'un père ottoman ;

Que l'article 2 permet à tout individu né sur le territoire ottoman de revendiquer la qualité de sujet ottoman dans les trois années qui suivent sa majorité ;

Que les articles 3 et 4 déterminent les cas, les formes et les délais dans lesquels le Gouvernement impérial accorde la nationalité ottomane aux étrangers qui la demandent ;

Que l'article 7 autorise la femme ottomane qui, en épousant un étranger, a perdu sa nationalité d'origine, à la recouvrer, si elle devient veuve, en faisant la déclaration de son intention dans un délai déterminé ;

Que l'article 8 est fondé sur la doctrine que le changement de nationalité du père est sans influence sur la nationalité de ses enfants même mineurs ;

Que ces dispositions sont conformes à celles qui, depuis longtemps, ont trouvé place dans la législation de presque toutes les nations civilisées, notamment dans le Code Napoléon (articles 10, 9, 19) et dans les lois françaises des 22 mars et 3 décembre 1849, 7 février 1851 et 29 juin 1867 ;

Considérant que les articles 5 et 6 subordonnent la validité de la naturalisation des sujets ottomans en pays étranger à l'autorisation de leur Gouvernement, auquel ils réservent d'ailleurs la faculté de prononcer la perte de la qualité de sujet ottoman contre celui qui, sans autorisation, s'est fait naturaliser étranger ou a accepté des fonctions militaires près d'un Gouvernement étranger;

Que, si l'on peut reprocher à cette disposition de porter atteinte à la liberté individuelle, il est certain que les jurisconsultes et les publicistes, en posant le principe que chacun est libre d'adopter une nationalité autre que celle que lui a conférée sa naissance, admettent que des exceptions peuvent, en raison des circonstances, être apportées à cette règle ;

Que notre ancienne législation offre des exemples de semblables restrictions: que le décret du 26 août 1811 contient la déclaration formelle qu'aucun Français ne peut être naturalisé en pays étranger sans autorisation et prononce des pénalités sévères contre les infractions; qu'enfin, on trouve dans la législation de plusieurs autres pays des dispositions analogues;

Que la sanction donnée par la loi ottomane à la règle qu'elle établit consiste uniquement dans l'interdiction de rentrer dans le territoire ottoman ; que ce n'est là que la conséquence du droit d'expulsion qui appartient à presque tous les Gouvernements;

Qu'au surplus, les articles 5 et 6 de la loi du 19 janvier 1869 s'appliquent seulement aux sujets ottomans; qu'ils se bornent à règler leurs rapports avec le Gouvernement à la souveraineté duquel ils sont soumis; qu'ainsi ils ne portent et ne sauraient porter atteinte aux principes du droit international ;

Considérant qu'aux termes de l'article 9, tout individu habitant le territoire ottoman est réputé sujet ottoman jusqu'à ce que sa qualité d'étranger ait été régulièrement constatée; que, si cette présomption légale peut, dans quelques circonstances, placer des étrangers dans une position difficile, en leur imposant l'obligation de prouver leur extranéité, on ne peut raisonnablement admettre la présomption contraire ; que, d'ailleurs, l'article ne suppose point que le fait de la résidence, même lorsqu'il est joint au fait de la naissance sur le territoire ottoman, constitue la preuve absolue de la nationalité ottomane, puisqu'il résulte de la disposition de l'article 2 que l'enfant né sur le territoire ottoman de parents étrangers est étranger comme eux; que la présomption établie par l'article 9 entendu en ce sens est donc conforme aux principes généralement admis ;

Que, de ce qui précéde, il faut conclure que la nouvelle législation ottomane sur la nationalité est, dans son ensemble et dans toutes ses parties, en harmonie avec les règles et les dispositions consacrées par la législation des nations civilisées ; que, par conséquent, il est impossible d'y voir une atteinte quelconque aux principes du droit international ;

Considérant, sur la seconde question, que les capitulations et les usages qui en sont le complément, en réglant les rapports entre la Porte ottomane, la France et plusieurs nations européennes, ont eu pour but d'assurer aux étrangers résidant sur le territoire ottoman ou qui s'y trouvent temporairement une protection efficace contre la perception de certains impôts et contre des mesures qui pourraient porter atteinte à leur liberté personnelle ou à leurs intérêts pécuniaires; que notamment ils imposent des restrictions et des limites à la juridiction et à l'autorité des officiers publics et des tribunaux sur des faits accomplis dans l'étendue du territoire ottoman, soit en matière civile, soit en matière criminelle;

Que, pour qu'il résultât de la loi nouvelle une atteinte aux droits et privilèges conférés par les capitulations et les usages, il faudrait, ou que cette loi, en reconnaissant la qualité d'étranger à certains individus, leur enlevât, en tout ou en partie, les privilèges qui leur sont actuellement attribués, ou bien que, par une disposition rétroactive, elle retirât la qualité d'étrangers à ceux qui l'auraient régulièrement obtenue en vertu de la législation antérieure;

Qu'on devrait également considérer comme une atteinte indirecte aux capitulations toute disposition qui aurait pour effet d'imposer à certaines catégories d'étrangers la nationalité ottomane contrairement à leur volonté;

Considérant qu'aucune disposition de ce genre ne se trouve dans la loi du 19 janvier 1869;

Que d'abord elle ne modifie sur aucun point les droits et les privilèges que les capitulations confèrent aux étrangers;

Qu'en second lieu, aucune expression employée dans la rédaction ne peut avoir pour effet de donner à ses dispositions un effet retroactif; que, d'ailleurs, le Gouvernement ottoman a solennellement déclaré dans plusieurs actes, notamment dans la circulaire du 26 mars 1867, explicative de la loi du 19 janvier, que cette loi ne devait s'appliquer qu'à l'avenir et ne pourrait modifier en aucune manière les qualités et les droits antérieurement acquis;

Qu'enfin la nationalité ottomane n'est imposée par la loi nouvelle à aucun étranger contrairement à sa volonté; que les articles 2, 3, 4 et 7 ne la font résulter que de déclarations expresses faites spontanément par les parties intéressées; que l'article 8 n'admet même pas que la volonté du père puisse imposer à ses enfants la nationalité qu'il a lui-même obtenue;

Qu'ainsi les capitulations et les usages conserveront, après la publication de la loi du 19 janvier 1869, toute l'autorité qu'ils avaient précédemment;

Est d'avis:

Que la loi du 19 janvier 1869 n'a rien de contraire au droit international en général, et qu'elle ne porte aucune atteinte aux droits et privilèges reconnus par les capitulations et consacrés par les usages.

HH

ANGLETERRE-ÉTATS-UNIS.

CONVENTIONS RELATIVES A LA NATURALISATION.

1°. — *Convention du* 13 *mai* 1870.

ART. I. — British subjects who have become, or shall become, and are naturalized according to law within the United States of America as citizens thereof, shall, subject to the provisions of Article II, be held by Great Britain to be in all respects and for all purposes citizens of the United States, and shall be treated as such by Great Britain.

Reciprocally, citizens of the United States of América who have become, or shall become, and are naturalized according to law within the British dominions as British subjects, shall, subject to the provisions of Article II, be held by the United States to be in all respects and for all purposes British subjects, and shall be treated as such by the United States.

ART. II. — Such British subjects as aforesaid who have become and are naturalized as citizens within the United States, shall be at liberty to renounce their naturalization and to resume their British nationality, provided that such renunciation be publicly declared within two years after the twelfth day of May, 1870.

Such citizens of the United States as aforesaid who have become and are naturalized within the dominions of Her Britannic Majesty as British subjects, shall be at liberty to renounce their naturalization and to resume their nationality as citizens of the United States, provided that such renunciation be publicly declared within two years after the exchange of the ratifications of the present Convention.

The manner in which this renunciation may be made and publicly declared shall be agreed upon by the Governments of the respective countries.

ART. III. — If any such British subject as aforesaid, naturalized in the United States, should renew his residence within the dominions of Her Britannic Majesty, Her Majesty's Government may, on his own application and on such conditions as that Government may think fit to impose, readmit him to the characterprivis oe a anplgef British subject, and the United States shall not, in that case, claim him as a citizen of the United States on account of his former naturalization.

In the same manner, if any such citizen of the United States as aforesaid, naturalized within the dominions of Her Britannic Majesty, should renew his residence in the United States, the United States Government may, on his own application and on such conditions as that Government may think fit to impose, readmit him to the character and privileges of a citizen of the United States, and Great Britain shall not, in that case, claim him as a British subject on account of his former naturalization.

ART. IV. — The present Convention shall be ratified by Her Britannic Majesty and by the Président of the United States, by and with the advice and consent of the Senate thereof, and the ratifications shall be exchanged at London as soon as may be within twelve months from the date hereof.

2°. — *Convention additionnelle du 23 février 1871.*

ART. I. — Any person being originally a citizen of the United States who had, previously to May 13, 1870, been naturalized as a British subject, may at any time before August 10, 1872, and any British subject who, at the date first aforesaid, had been naturalized as a citizen within the United States, may at any time before May 12, 1872, publicly declare his renunciation of such naturalization by subscribing an instrument in writing, substantially in the form hereunto appended, and designated as Annex A.

Such renunciation by an original citizen of the United States of British nationality, shall, within the territories and jurisdiction of the United States, be made in duplicate, in the presence of any court authorized by law for the time being to admit aliens to naturalization, or before the clerk or protonotary of any such court : if the declarant be beyond the territories of the United States, it shall be made in duplicate, before any diplomatic or consular officer of the United States. One of such duplicates shall remain of record in the custody of the court or officer in whose presence it was made ; the other shall be, without delay, transmitted to the department of State.

Such renunciation, if declared by an original British subject of his acquired nationality as a citizen of the United States, shall, if the declarant be in the United Kingdom of Great Britain and Ireland, be made in duplicate, in the presence of a justice of the peace; if elsewhere in Her Britannic Majesty's dominions, in triplicate, in the presence of any judge of civil or criminal jurisdiction, of any justice of the peace, or of any other officer for the time being authorized by law, in the place in which the declarant is, to administer an oath for any judicial or other legal purpose; if out of Her Majesty's dominions, in triplicate, in the presence of any officer in the diplomatic or consular service of Her Majesty.

ART. II. — The contracting parties hereby engage to communicate each to the other, from time to time, lists of the persons who, within their respective dominions and territories, or before their diplomatic and consular officers, have declared their renunciation of naturalization, with the dates and places of making such declarations, and such information as to the abode of the declarants, and the times and places of their naturalization, as they may have furnished.

ART. III. — The present Convention shall be ratified by Her Britannic Majesty, and by the President of the United States by and with the advice and consent of the Senate thereof, and the ratifications shall be exchanged at Washington as soon as may be convenient.

II

ÉTAT-UNIS-PRUSSE.

TRAITÉ DE NATURALISATION CONCLU A BERLIN LE 22 FÉVRIER 1868.

ART. 1er. — Les nationaux de la Confédération de l'Allemagne du Nord, qui sont devenus par naturalisation citoyens des États-Unis d'Amérique et qui ont habité les États-Unis pendant cinq années consécutives, seront considérés et traités par la Confédération de l'Allemagne du Nord comme citoyens américains.

De même, les citoyens des États-Unis d'Amérique, qui ont obtenu la naturalisation dans la confédération de l'Allemagne du Nord et qui y ont passé cinq années consécutives, seront reconnus et traités par les États-Unis comme sujets de la dite Confédération.

La simple déclaration de vouloir devenir sujet de l'une ou de l'autre Partie Contractante ne produira pour aucune des dites Parties les effets de la naturalisation.

ART. 2. — Un citoyen naturalisé de l'une ou de l'autre Partie

Contractante, en cas de retour sur le territoire de l'autre (N. B. c'est-
à-dire sur son territoire d'origine), pourra être poursuivi et puni à
raison de faits qualifiés délits ou crimes par les lois de ce pays,
qu'il aurait commis avant son émigration, à moins que, d'après les
lois de sa patrie d'origine, il ne jouisse du bénéfice de la prescription.

ART. 3. — Le traité du 16 juin 1852, conclu entre les États-Unis,
d'une part, et la Prusse et d'autres États allemands, d'autre part,
relativement à l'extradition des criminels fugitifs, est étendu, par
la présente convention, à tous les États de la Confédération de
l'Allemagne du Nord.

ART. 4. — Lorsqu'un Allemand naturalisé Américain revient en
Allemagne et y fixe son domicile sans esprit de retour en Améri-
que, il sera considéré comme ayant renoncé à sa naturalisation aux
États-Unis.

De même, un Américain naturalisé dans la Confédération de l'Allemagne du Nord, qui fixera son domicile aux États-Unis sans
esprit de retour, sera réputé avoir renoncé à la naturalisation allemande.

On pourra considérer, comme impliquant renonciation au retour,
le fait que le naturalisé aura habité pendant plus de *deux ans*, le
pays où il sera revenu.

ART. 5. — Le présent traité entrera en vigueur immédiatement après
l'échange des ratifications et est valable pour dix ans, si aucune des
Parties Contractantes ne communique à l'autre six mois avant l'expiration de ces dix ans, l'intention de le dénoncer au bout de ce
terme, il restera encore en vigueur jusqu'à l'expiration de douze
mois, après que l'une des Parties Contractantes aura instruit l'autre
de cette intention.

ART. 6. — Le présent traité sera ratifié : par Sa Majesté le Roi de
Prusse, au nom de la Confédération de l'Allemagne du Nord ; et par
le Président, sous et avec l'approbation du Sénat des États-Unis.
Les ratifications seront échangées à Berlin dans un délai de six
mois à partir du présent jour.

JJ

TURQUIE-RUSSIE.

CIRCULAIRES VIZIRIELLES DE 1869 POUR L'EXÉCUTION D'UN ARRANGEMENT CONCLU ENTRE LA RUSSIE ET LA PORTE, EN VUE D'ÉTABLIR LA NATIONALITÉ DES INDIVIDUS DONT LE STATUT EST CONTESTÉ ENTRE LES DEUX PAYS [1].

1°. — *Circulaire du 17 Rébiul-Ewel 1286.*

La dépêche-circulaire en date du 4 sefer 1286 [2] a fait connaître quelques articles de la convention passée entre la S. Porte et l'ambassade de Russie au sujet de la vérification des droits des personnes qui élèvent des prétentions sur la nationalité russe.

Il faut, à cet effet, organiser de nouveau des commissions mixtes, dont un ou plusieurs membres seront nommés par les autorités locales et un membre par les consuls de Russie.

Les questions de nationalité résolues à l'unanimité par les commissions devront être considérées comme définitivement tranchées.

Quant aux questions qui ne pourront pas être réglées à l'unanimité, on devra en référer à Constantinople et attendre la décision que prendra la S. Porte d'accord avec l'ambassade de Russie. Il faudrait, pourtant, avant d'en référer à Constantinople, tâcher de résoudre la question sur les lieux mêmes. Ces arrangements ont été pris avec l'ambassade de Russie, et V. Ex. est priée de vouloir bien se mettre en rapport avec le Consul de Russie pour la compotion des susdites commissions, et de se conformer, du reste, aux instructions antérieures qu'elle à reçues à ce sujet.

2°. — *Circulaire du 9 chewal 1286.*

La dépêche-circulaire, en date du 17 Rébiul-Ewel 1286, contenait les attributions des commissions d'enquête établies pour vérifier les droits des personnes qui, dans l'Empire ottoman, élèvent des prétentions à la nationalité russe.

Les instructions données à ce sujet ayant besoin de certains éclaircissements, les décisions suivantes ont été prises d'accord avec l'ambassade de Russie :

1 Voir l'ouvrage précité d'Aristarchi-Bey.
2 Voir annexe AA.

1° Les enfants, qui, en 1858, n'avaient pas encore atteint leur majorité et dont les pères ont été reconnus Russes à cette époque, devront être également reconnus Russes ;

2° Les enfants des personnes dont le changement de nationalité, est postérieur à cette date, et qui se sont présentées devant les commissions de vérification, jouiront de la même nationalité que leur père, si, à l'époque de la convention sur la nationalité russe, du 30 mai 1863, ils n'avaient pas encore atteint l'âge de la majorité ;

3° Tous les enfants qui, à l'époque du changement de nationalité de leur père, soit en 1858, soit à la date de la convention de 1863, avaient déjà atteint leur majorité, et qui ne se trouvent pas inscrits sur les passeports de leur père, forment une catégorie à part ;et sont indépendants : ils pourront de leur côté établir et faire reconnaître leurs droits ;

4° Les commissions de vérification devront naturellement délivrer aux personnes dont la nationalité russe a été reconnue un certificat constatant leur nationalité.

Ces instructions ont été données à tous les Vilayets, et V. Ex. est priée de s'y conformer strictement.

Signé : AALY.

FIN.

TABLE DES MATIÈRES

CHAPITRE Iᵉʳ.

Considérations préliminaires.

CHAPITRE II.

Acquisition de la nationalité par la naissance.

CHAPITRE III.

De la naturalisation.

PREMIÈRE PARTIE.

Naturalisation d'un étranger en France.

DEUXIÈME PARTIE.

Naturalisation d'un Français à l'étranger.

CHAPITRE IV.

Naturalisation de la femme par le mariage.

CHAPITRE V.

Des causes de déchéance de la nationalité.

CHAPITRE VI.

Réintégration dans la nationalité perdue.

CHAPITRE VII.

Changements de nationalité résultant de cessions de territoire.

CHAPITRE VIII.

Constatation de la nationalité.

ANNEXES.

—

PREMIÈRE PARTIE.

Documents français.

DEUXIÈME PARTIE.

Documents étrangers.

TROISIÈME PARTIE.

Documents internationaux.

www.ingramcontent.com/pod-product-compliance
Lightning Source LLC
Chambersburg PA
CBHW052058230326
41599CB00054B/3021